Interdisziplinäre Antisemitismusforschung
Interdisciplinary Studies on Antisemitism

herausgegeben von
Prof. Dr. Samuel Salzborn

Wissenschaftlicher Beirat:
Prof. Dr. Raphael Gross (Berlin)
Prof. Dr. Richard S. Levy (Chicago)
Prof. Dr. Monika Schwarz-Friesel (Berlin)
Prof. Dr. Ekkehard W. Stegemann (Basel)
Prof. Dr. Natan Sznaider (Tel Aviv)
Prof. Dr. Andreas Zick (Bielefeld)

Band 13

Maria Kanitz | Lukas Geck [Hrsg.]

Klaviatur des Hasses

Antisemitismus in der Musik

 Nomos

Onlineversion
Nomos eLibrary

Die Deutsche Nationalbibliothek verzeichnet diese Publikation in
der Deutschen Nationalbibliografie; detaillierte bibliografische
Daten sind im Internet über http://dnb.d-nb.de abrufbar.

ISBN 978-3-8487-7147-9 (Print)
ISBN 978-3-7489-1198-2 (ePDF)

Inhalt

Inhalt

Einleitung: Klaviatur des Hasses

Maria Kanitz/Lukas Geck

Musik ist allgegenwärtig. Sie vermittelt Inhalte, kann unterschiedliche Emotionen hervorrufen, zum Denken anregen, unterhalten, leidenschaftlich sein oder aggressiv machen. Musik kann Politisierungsprozesse anstoßen, Weltbilder formen, identitätsstiftend und gemeinschaftsfördernd sein. Sie begleitet und formt Subkulturen, die ihre je eigenen Stile, Ästhetiken und Normen herausbilden. Musik kann auf politische und wirtschaftliche Missstände aufmerksam machen oder soziale Ungerechtigkeiten kritisieren. Sie kann aber auch als Sprachrohr für menschenfeindliche Ideologien, Ressentiments und Stereotype dienen.

In diesem Zusammenhang stand in jüngster Zeit insbesondere das Thema Antisemitismus im deutschsprachigen Rap im öffentlichen Fokus – ausgelöst durch die Verleihung des Musikpreises ECHO an die Gangsta-Rapper Kollegah und Farid Bang im Jahr 2018. Obwohl Antisemitismus bereits seit einigen Jahren auf vielfältige Weise im Rap artikuliert wird, löste erst die verächtliche Bezugnahme auf Opfer der Shoah im Lied „0815" eine Auseinandersetzung mit Kollegahs Musik aus (vgl. Baier 2019: 122). Antisemitismus äußert sich jedoch nicht nur in Bezügen auf den Nationalsozialismus, sondern vor allem in Verschwörungsmythen, klassischen antisemitischen Stereotypen und im Hass auf Israel. Die ECHO-Debatte zeigte, dass die Facetten des modernen Antisemitismus häufig nicht erkannt und verstanden werden. Zudem werden antisemitische Äußerungen häufig bagatellisiert, indem behauptet wird, sie seien im Rap lediglich Stilmittel der Provokation (vgl. Fritzsche/Jacobs/Schwarz-Friesel 2019) oder Kunstfreiheit. Antisemitismus tritt jedoch nicht nur im Rap zu Tage. Ein prominentes Beispiel ist der Pop-Musiker Xavier Naidoo, der in seinen Songtexten und öffentlichen Auftritten viele Jahre verschwörungsideologisches und antisemitisches Gedankengut verbreitete. Darüber hinaus ist die Rechtsrockszene zu nennen, in der sich antisemitische Ressentiments und NS-Bezüge häufig in Liedtexten und szenetypischer Kleidung äußern.

Während manche Musikrichtungen und -szenen bereits Gegenstand wissenschaftlicher und zum Teil öffentlicher Auseinandersetzungen mit Blick auf Antisemitismus sind, fehlt dies für einen Großteil populärer Musik oder ist kaum vorhanden. Dabei ist die Musik in all ihren Facetten von besonderer Relevanz: Sie ist nicht nur integraler Bestandteil des gesellschaftlichen Lebens, sondern kann aufgrund ihrer spezifischen Verbindung aus emotionaler und kognitiver Dimension – Jean-Paul Sartre wies bereits 1945 auf diese Verbindung in Bezug auf Antisemitismus hin – Einfallstore für Antisemitismus bieten und die Weltsicht vieler Musikfans prägen. Daran knüpft dieses Buch[1] an und untersucht die unterschiedlichen Erscheinungs- und Artikulationsformen von Antisemitismus in der Musik. Dabei geht es nicht darum, Musikrichtungen insgesamt zu diskreditieren, sondern Impulse für eine kritische Auseinandersetzung mit antisemitischen Stereotypen und Fantasien zu liefern. Es werden mögliche Einfallstore, antisemitische Strukturen und Merkmale in den Blick genommen und gezeigt, wie wandelbar und anpassungsfähig sie je nach Musikrichtung sein können.

Die Beiträge

Angetreten, den arabischen Wirtschaftskrieg gegen Israel zivilgesellschaftlich fortzuführen, hat sich die Boykottkampagne BDS darauf verlegt, Druck auf die Kulturszene auszuüben: Insbesondere Künstler*innen sollen eingeschüchtert werden, sich gegen Israel zu positionieren. In Deutschland ist die Bewegung zahlenmäßig überschaubar, findet jedoch Verteidiger*innen in etablierten Kulturinstitutionen und einem gesamtgesellschaftlichen Klima, in welchem israelbezogener Antisemitismus als legitimer Ausdruck des Ressentiments gilt. In dem Beitrag von *Nathalie Friedlender* und *Tom D. Uhlig* wird die Geschichte der BDS-Bewegung skizziert und ihre Einschüchterungstaktiken untersucht.

Nicholas Potter findet heraus, dass die antisemitische BDS-Bewegung in der elektronischen Musikszene nicht trotz, sondern wegen der emanzipatorischen und subversiven Wurzeln des Genres auf fruchtbaren Boden fällt. Über Social-Media-Kampagnen wie #DJsForPalestine wird der Nahostkonflikt als einfacher Kampf zwischen Gut und Böse inszeniert. Dabei wird das Existenzrecht Israels immer wieder in Frage gestellt und der jüdische Staat mit doppelten Standards delegitimiert und dämonisiert. Stars der Szene rufen zum Boykott Israels auf. Gleichzeitig wird vor allem

---

1 Für das Zustandekommen des vorliegenden Buches danken wir Samuel Salzborn sowie nachdrücklich allen Autorinnen und Autoren für ihre Beiträge. Wir danken auch dem Verlag und Rahel Stennes für die Unterstützung bei Korrektur und Lektorat.

im kleinen Subgenre des „Dark Techno" der Nationalsozialismus und die Shoah durch eine provokative Ästhetik relativiert: Mit Tracktiteln wie „Holocaust" und „Auschwitz" feiern Fans apokalyptische Untergangsbilder. Kritik an beiden Phänomenen stößt in der elektronischen Musikszene oft auf erheblichen Gegenwind: Denn Antisemitismusvorwürfe kollidieren mit dem Selbstbild einer progressiven Partywelt. Clubs, die sich antisemitismuskritisch positionieren, müssen ebenfalls mit Boykottaufrufen rechnen.

Niels Penke unternimmt in seinem Beitrag, Antisemitismus im Metal mit dessen Affinität zum Konkreten zu verknüpfen. Was als ‚wahr', ‚echt' und ‚natürlich' markiert wird, setzt immer auch dessen Gegenteil. Antimoderne Kulturkritik ist das Haupteinfallstor für antisemitische Bilder und Codes, die Juden und Jüdinnen als die Verantwortlichen für die Verlust- und Bedrohungsszenarien der (kapitalistischen) Moderne identifizieren. Besonders im Black Metal werden diese Tendenzen mit großem Ernst und besonderer Schärfe ausformuliert. Ein offensiver, eliminatorischer Antisemitismus, der im sogenannten National Socialist Black Metal (NSBM) Anschlüsse an den Nationalsozialismus sucht, ist dabei nur eine Erscheinungsform unter mehreren. Das Spektrum reicht über verschwörungsideologische Erzählungen vom ‚großen Austausch' bis zur Kooperation mit der BDS-Initiative.

Punk und Antisemitismus – das passt doch gar nicht zusammen, oder? Trägt Punk nicht den Anspruch in sich, alle Menschen so sein und leben zu lassen, wie sie sind und wollen? Diesen Fragen gehen *Annica Peter* und *Jan Schäfer* in ihrem Beitrag auf den Grund und stellen fest: so einfach ist es nicht. Zwar ist Punk kein Musikgenre, in dem Antisemitismus in Form eines aggressiven Judenhasses einen festen Platz hat, dennoch findet sich hier ein Mosaik subtiler Auswüchse des Antisemitismus, das in seinem Zusammenspiel ein problematisches Bild ergibt. In dem Beitrag gehen die Autor*innen den Spuren antisemitischer Ideologiefragmente in deutschen Punktexten nach und geben eine vielschichtige Antwort auf die Frage, welche Verbindungen es zwischen Punk und Antisemitismus gibt.

Maria Kanitz und *Lukas Geck* untersuchen, welche Rolle Verschwörungsmythen im Reggae spielen. Dabei zeigen sie, dass die in der Reggae-Szene zentrale Metapher „Babylon" eine manichäische Weltsicht sowie einfache und personifizierende Erklärungs- und Deutungsmuster für abstrakte gesellschaftliche Zusammenhänge enthält. In der verschwörungsideologischen Interpretation der Welt stehen die USA synonym für die unverstandene kapitalistische Moderne und dienen häufig als Projektionsfläche für alle negativen Entwicklungen weltweit. Anhand von ausgewählten Songtexten nimmt der Artikel Merkmale und Elemente verschwörungsideologischen Denkens in den Blick und zeigt, inwiefern antisemitische Stereotype im Reggae artikuliert werden.

In ihrem Artikel zeichnen *Jakob Baier* und *Melanie Hermann* den politischen Radikalisierungsprozess Xavier Naidoos nach, der parallel zu seinem musikalischen Werdegang verlief. Anhand von Naidoos Liedtexten, seinen öffentlichen Äußerungen und politischen Initiativen analysieren sie, welche Rolle antisemitische, verschwörungsideologische und autoritäre Narrative in seiner künstlerischen Selbstinszenierung spielten und es bis heute tun. Dabei wird insbesondere die mangelnde öffentliche Bereitschaft, die von ihm perpetuierten Ressentiments als solche zu erkennen und ernst zu nehmen, kritisch beleuchtet. Zudem wird aufgezeigt, dass Naidoos offenes Bekenntnis zu verschwörungsideologischen Weltdeutungen und rechtsextremen Akteur*innen nicht plötzlich und überraschend erfolgte. Vielmehr zeigen sich bereits in frühen Phasen seiner Karriere Elemente eines antimodernen, manichäischen und von Verschwörungsideologien geprägten Weltbildes.

Marcus Stiglegger diskutiert in seinem Beitrag zwei provokante Phänomene der slowenischen und deutschen Popkultur: Laibach und Rammstein. Die Band Laibach entstammt dem slowenischen Punkkontext der späten 1970er Jahre. Mit Blick auf die britischen Bands der Industrial Culture kombinierte sie den Nihilismus und die Schocktaktiken von Punk und Industrial, um dem Totalitarismus im eigenen Land Slowenien um 1980 zu begegnen. Da einfache Kritik oder Ironie nicht effektiv schienen, wählte man das Mittel der Überaffirmation totalitärer Ästhetik und Ideologiebausteine. Mit dem wachsenden internationalen Erfolg wurde die Palette an Stilmitteln erweitert, womit man sich in internationalen Kunstkreisen etablierte. Rammstein als deutsche Antwort auf Laibach orientiert sich oberflächlich an einigen Stilmitteln der Slowenen, doch inhaltlich geht es Rammstein nicht primär um politische Themen, sondern um andere, teilweise tabuisierte Lebensbereiche. Einen direkten Bezug zum Antisemitismus findet man im Werk von Rammstein nicht. Laibach hingegen betonen zwar, sie seien grundsätzlich unpolitisch, doch das seit 1980 entwickelte „Gesamtkunstwerk Laibach" beschäftigt sich offensiv mit totalitären Ideologien. Dabei wird die künstlerische Strategie der Überaffirmation sogar in sehr vorbelastete Bereiche wie antisemitische Tendenzen ausgeweitet.

Timo Büchner untersucht die Frage, welche Rolle antisemitische Tiermetaphern in Booklets und Liedtexten extrem rechter Musik spielen. Der Schwerpunkt des Artikels bildet der Vergleich zwischen Karikaturen der antisemitischen NS-Propagandazeitung „Der Stürmer" und ausgewählten Rechtsrock-Booklets und -Liedtexten. An den Beispielen des Parasiten und der Schlange wird die Kontinuität antisemitischer Bildsprache vom historischen Nationalsozialismus zur extremen Rechten der Bundesrepublik veranschaulicht. Die Beispiele machen die Nähe zwischen Dehumanisierung und Vernichtungswille deutlich.

In seinem Beitrag wirft *Lukas Geck* die Frage auf, inwiefern die Heimatkonstruktionen des Volkstümlichen Schlagers antisemitischen Ressentiments Vorschub leisten. Die Analyse zweier Lieder zeigt, dass die religiöse und nationale Überhöhung der Heimat als homogen imaginiertes Kollektiv sowie antimoderne Elemente, die in der hochstilisierten Ländlichkeit vorhanden sind, Anschluss an antisemitische Weltdeutungen bieten.

Jakob Baier und *Marc Grimm* beleuchten in ihrem Beitrag den Zusammenhang von Gangsta-Rap-Konsum und antisemitischen, autoritären und misogynen Einstellungsmustern seiner Hörer*innen. Ausgehend von den Ergebnissen einer qualitativen Befragung von jugendlichen Gangsta-Rap-Hörer*innen, die im Rahmen eines Forschungsprojekts die Suszeptibilität von Jugendlichen für Antisemitismus im Gangsta-Rap und Möglichkeiten der Prävention ermittelt wurden geben sie einen Einblick wie Jugendliche die über den Gangsta-Rap vermittelten Ideologiefragmente verstehen und deuten. Dies bildet den Ausgangspunkt einer Reflexion über die Herausforderungen, die sich bei der Entwicklung von Indizes zur qualitativen Untersuchung der Gangsta-Rap-Rezeption und dem Verhältnis von antisemitischen Einstellungen ergeben.

Der Fußball, und insbesondere der Fußball der Männer, ist weitaus mehr als ein Spiegelbild der Gesellschaft. Vielmehr ist er ein Brennglas, das gesellschaftliche Probleme konzentriert zum Vorschein bringt. In einem kulturellen Schmelztiegel aus unter anderem Alltags- und Popkulturen in der Unterstützung der eigenen Mannschaft kommt es in Fangesängen auch zur Herabwürdigung von gegnerischen Fans und ihres Teams, der Schiedsrichter*innen oder von Investor*innen durch antisemitische Erklärungsmuster. So erklärt *Nico Unkelbach* in seinem Beitrag an ausgewählten Beispielen die unterschiedlichen Formen dieser Muster in der Begleitung des Spielgeschehens durch Fans in und außerhalb des Stadions. Dabei nimmt der Beitrag Abstand von einer pauschalen Verurteilung von Fankultur, sondern sieht in ihr den Kern einer erfolgreichen Auseinandersetzung und Zurückdrängung des Antisemitismus als akustisches wie optisches Moment im Fußball.

Bis in die jüngste Vergangenheit galt Antisemitismus im Kontext zeitgenössischer Musik als ein Phänomen gesellschaftlich marginalisierter subkultureller extrem rechter Szenen (klassischer Rechtsrock). Seit ca. 20 Jahren findet jedoch eine ästhetische Diversifizierung rechter und menschenfeindlicher Musik statt. Rechte Musik und auch antisemitische Musik jenseits der extremen Rechten sind ein – z. T. sehr erfolgreicher – Teil des Mainstreams geworden. Die Politische Bildung hat diese Entwicklung bislang noch nicht ausreichend verfolgt und bearbeitet. Der Beitrag von *Kai E. Schubert* skizziert die neuere Entwicklung von antisemitischer Musik sowie grundsätzliche Überlegungen hinsichtlich Merkmale, Zielen und Herausforderungen einer pädagogischen Auseinandersetzung mit Antisemitismus. Um eine solche praktisch anzuregen, werden konkrete Beispiele benannt, die in didaktischen Settings aufgegriffen werden können.

Literatur

Baier, Jakob (2019): Die Echo-Debatte: Antisemitismus im Rap, in: Samuel Salzborn (Hg.): Antisemitismus seit 9/11. Ereignisse, Debatten, Kontroversen, Baden-Baden.

Fritzsche, Maria/Jacobs, Lisa/Schwarz-Friesel, Monika (2019): Antisemitismus im deutschsprachigen Rap und Pop, online, https://www.bpb.de/themen/antisemitismus/dossier-antisemitismus/285539/antisemitismus-im-deutschsprachigen-rap-und-pop/#footnote-reference-2, 01.09.2021.

The Sound of Silence: Die antisemitische BDS-Kampagne wütet durch den Kulturbetrieb

Nathalie Friedlender/Tom D. Uhlig

Einladungen und Absagen

2019 wurde der Rapper Ben Salomo zu einer Podiumsdiskussion beim Pop-Kultur Festival in Berlin eingeladen. Anlässlich des Skandals um die Echopreisverleihung an Kollegah und Farid Bang, die in einem ihrer Songs Opfer der Shoah verhöhnten, sollte Salomo zusammen mit Jasmin Kröger und Jens Balzer über „Rap, antisemitism, identity politics: on responsibility and pop" diskutieren. Im Vorfeld erhielt Salomo eine E-Mail[1], unterschrieben von „BOYCOTT! Supporting the Palestinian BDS Call from Within", in der er aufgefordert wurde, die Veranstaltung platzen zu lassen:

> „We are over a thousand citizens of Israel who oppose our government's policies of colonialism, military occupation, and apartheid against the indigenous Palestinian people. We write to you in support of The Palestinian Campaign for the Academic and Cultural Boycott of Israel (PACBI) call on all participating artists in Pop-Kultur Berlin festival to withdraw, due to its ongoing partnership with the Israeli embassy".

Wer die angeblichen tausend Bürger*innen Israels sind, die hinter dieser E-Mail stehen sollen, wird nicht weiter ausgeführt. Auf der Website der Organisation findet sich eine undatierte Unterschriftenliste mit 1001 Einträgen (vgl. Boykott from within o. J.). Nicht ersichtlich ist jedoch, ob die Menschen, die auf dieser Unterschriftenliste stehen, auch wirklich Kenntnis davon haben, dass in ihrem Namen Berliner Rapper angeschrieben werden, ein Gespräch über Antisemitismus abzusagen. Die Mail wirkt recht beiläufig und wurde wahrscheinlich an zahlreiche Künstler*innen geschickt, da sie auch im Wortlaut öffentlich online einsehbar ist (vgl. Boykott from within 2019). Viele Textbausteine sind offensichtlich aus ande-

---

1 Liegt den Autor*innen vor.

ren, ähnlichen Schreiben kopiert und beklagen Jahrzehnte vermeintlicher „Besatzung, Apartheid und militärischer Angriffe auf Zivilisten" durch Israel. Dem Pop-Kultur Festival wird konkret vorgeworfen, es würde die Zusammenarbeit mit der israelischen Botschaft über ihr künstlerisches Programm stellen. Der Einschüchterungsversuch, dem Salomo ausgesetzt war, reiht sich ein in eine länger anhaltende Kampagne der BDS-Bewegung gegen das Berliner Festival. Nach Angaben der Festivalbetreiber*innen (vgl. Pop-Kultur 2017) habe BDS 2017 „immensen Druck auf alle arabischen Künstler*innen" im Line-Up ausgeübt, sodass zunächst vier arabische Acts und schließlich einer aus Finnland und zwei aus Großbritannien absagten – am bekanntesten unter ihnen, die Band *Young Fathers*.[2] Gegenstand der Empörung der BDS-Bewegung war ein Fahrtkostenzuschuss in der Höhe von 500 Euro, den die israelische Botschaft Künstler*innen aus Israel gewährte. Auch im Folgejahr wurde das Festival Ziel der Boykottbemühungen. Diesmal ging es um 1200 Euro der israelischen Botschaft und namhafte Künstler*innen wie *John Maus* kündigten ihre Beteiligung auf. Im Jahr 2019 wurde erneut routiniert versucht, das Festival zu schädigen, dabei blieb ein größeres Medienecho jedoch aus. Der Kampagne ist es also scheinbar gelungen, mit einigen Rundschreiben zumindest für einige Künstler*innen zu plausibilisieren, bei der finanziell marginalen Unterstützung israelischer Acts handele es sich um einen Skandal staatspropagandistischer Vereinnahmung. Das ist längst nicht der einzige diskursive Erfolg der BDS-Gruppe „Call from Within". Auf ihrer Website brüsten sie sich damit, etwa 2010 dafür gesorgt zu haben, dass die Band *The Pixies* ihren Auftritt in Israel abgesagt hatten. Systematische Anschreiben an andere bekannte Künstler*innen wie *Joanna Newsom*, *Tindersticks* oder *McCoy Tyner* zeugen von einer stetigen Bemühung, die Kulturlandschaft in Israel ärmer zu machen.

Für Ben Salomo ist der Anschrieb nicht das erste Mal, dass er mit (israelbezogenem) Antisemitismus in der Kunstszene konfrontiert wird, nicht direkt mit der BDS-Kampagne, wohl aber mit der Aufforderung, „Jüdisches zu boykottieren", wie er sagt. Im Gespräch mit den Autor*innen[3] erzählt er, diese im Zuge seiner Veranstaltungsreihe „Rap am Mittwoch" erhalten zu haben: „Als man mitbekommen hat, dass ich Jude bin, dass ich Israeli bin, [...] gab's dann schon die Ersten, die Facebook-Kampagnen

---

2 Über diese Band wurde ein Jahr später viel berichtet, da sie zur Ruhrtriennale eingeladen wurden, sich jedoch nicht von BDS distanzieren wollten und daraufhin wieder ausgeladen wurden.

3 Das Interview wurde von den Autor*innen 2021 anlässlich dieses Textes geführt.

gemacht haben gegen mich". Als Reaktion auf eine Pöbelei an der Kasse einer Veranstaltung gegen eine jüdische Mitarbeiterin, die ein Davidstern-kettchen trug, und dem nachfolgenden Rausschmiss der Akteure, wurde bei Facebook „zu einem Boykott gegen mich und meine Veranstaltung aufgerufen". Es seien Kommentare gepostet worden, wie „Rap am Mitt-woch ist eine Judenveranstaltung, da soll man nicht mehr hingehen".

Die Haltung, die hinter BDS steht, ist in Deutschland wesentlich weiter-verbreitet als die Kampagne selbst. Während BDS öffentlich immer wieder geächtet wird, es einen Bundestagsbeschluss gibt, der empfiehlt, Akteur*in-nen der Kampagne weder Bundesmittel noch öffentliche Räume zur Ver-fügung zu stellen, und selbst Kritiker*innen dieses Beschlusses immer wie-der betonen, die Kampagne nicht zu unterstützen, ist israelbezogener Anti-semitismus in Deutschland ein Massenphänomen. Wie Julia Bernstein zu-sammenfasst, schwanken die Zustimmungswerte in den Jahren 2004 bis 2019 zu Aussagen wie „Bei der Politik, die Israel macht, kann ich gut verstehen, dass man etwas gegen Juden hat" zwischen 27 und 44 % (vgl. 2021: 82). Noch weiter verbreitet scheint die Tendenz, Jüdinnen und Ju-den die Zugehörigkeit zum Land abzusprechen: 2019 glaubten 49 % der Befragten, dass „[d]ie deutschen Juden [...] sich stärker mit Israel als mit Deutschland verbunden [fühlen]" (vgl. ebd.). Demnach ist BDS eher die Spitze des Eisbergs, Ausdruck einer Tendenz, die gesamtgesellschaftlich wesentlich mehr Rückhalt hat, als es die marginale Größe der Kampagne in Deutschland vermuten lässt. Gleichzeitig ist die Kampagne kein lokales Phänomen, sondern in zahlreichen Ländern aktiv, teilweise mit erheblich größerer Unterstützung. Der Druck muss nicht immer von jeweiligen Ortsgruppen kommen, wie der Fall Ben Salomos verdeutlicht.

Im Folgenden diskutieren wir die Agitation von BDS im deutschen Kulturbetrieb. Angefangen bei einer Darstellung der Geschichte von BDS mit besonderem Fokus auf die Zeit, da der Boykott noch von arabischen Staaten getragen war. Im Weiteren wird skizziert, welche Eigenschaften der BDS-Bewegung zu problematisieren sind und warum die Ziele der Kampagne keine Menschenrechtspolitik, sondern die Zerstörung Israels fordern. Schließlich werden wir auf die Strategien von BDS zur Einschüch-terung von Künstler*innen eingehen und letztlich die Verteidigung der Kampagne innerhalb der deutschen Kulturszene besprechen.

„For historical records, yes"

BDS steht für „Boycott, Divestment and Sanctions" (Boykott, Desinvesti-tionen und Sanktionen). Mithilfe dieser drei Druckmittel soll die israelische Regierung zu Zugeständnissen gegenüber den Palästinenser*innen gezwungen werden. Dabei gehen die Ziele von BDS allerdings weit über Forderungen konkreten Regierungshandelns hinaus. Die Gründung der BDS-Kampagne lässt sich nicht genau datieren. Sie selbst gibt auf ihrer Website Juli 2005 als Gründungsdatum an, allerdings gab es von den Akteur*innen auch schon frühere Boykottaufrufe. Die „Palestinian Campaign for the Academic and Cultural Boycott of Israel", kurz PACBI, gründete sich beispielsweise ein Jahr zuvor. Man versuchte mit der Kampagne auf Entspannung der Handelsbeziehungen Israels zu einigen Nachbarländern zu reagieren. Wurde 1945 noch die Losung arabischer Staaten ausgegeben, Israel ökonomisch, kulturell und politisch zu isolieren, erodierte diese Forderung Anfang der 2000er, sodass versucht wurde, den Boykott nun zivilgesellschaftlich fortzuführen.

Die Wurzeln der Strategie sind jedoch laut Alex Feuerherdt und Florian Markl (2021) in den Aktivitäten des „Zentralen Boykottbüros" der Arabischen Liga zu suchen. Dieses wurde noch vor dem ersten israelisch-arabischen Krieg gegründet, nämlich 1946, um die Boykottbemühungen gegen die Jüdinnen und Juden im britischen Mandatsgebiet zu koordinieren. Nach der Gründung Israels wurde dieser Boykott erweitert: Nicht mehr nur arabische Staaten wurden aufgefordert, kein Handel mit Israel zu betreiben, sondern auch Drittstaaten und sogar Unternehmen, die selbst keine wirtschaftlichen Beziehungen zu Israel unterhielten, aber mit Firmen kooperierten, die welche hatten. Feuerherdt und Markl zufolge unterschied sich dieser Boykott dadurch von ähnlichen Aufrufen der Handelsbeschränkungen: Von den sekundären und tertiären Boykottmaßnahmen „waren Akteure aus Drittstaaten betroffen, die genötigt wurden, sich selbst und potenzielle Kooperationspartner quasi zu Agenten des arabischen Wirtschaftskrieges gegen Israel zu machen" (ebd.: 23). Auch sei das Ziel des Boykottes – anders als z. B. in Südafrika – nicht etwa gewesen, Konzessionen von Israel einzufordern, sondern die Zerstörung des Staates (vgl. ebd.: 24). Mit der Zeit betraf dieser Boykott auch nicht mehr lediglich Firmen, sondern auch Künstler*innen, die nicht mehr in arabischen Staaten auftreten sollten, wie zum Beispiel Mick Jagger, Louis Armstrong oder Barbra Streisand. Historisch lässt sich die Wirksamkeit insbesondere des sekundären und tertiären Boykotts nur schwerlich rekonstruieren: Unternehmen oder Einzelpersonen gestehen ungern ein, dem Druck nachgegeben zu haben, sodass das Wissen über den Abbruch wirtschaftlichen oder kulturellen Austauschs äußerst lückenhaft ist.

Der Beginn des Friedensprozesses und die Unterzeichnung des Oslo-Abkommens leitete nach Feuerherdt und Markl eine Erosion des staatlich geführten Boykottes ein: Viele Staaten erklärten die sekundären und tertiären Maßnahmen für beendet. Heute werde der primäre Boykott lediglich von Syrien und dem Libanon verfolgt. Allerdings habe er in der BDS-Bewegung eine Nachfolgerin gefunden, wenngleich das von der Kampagne selten benannt werde: „Statt dieses historische Erbe anzuerkennen, behaupten sie viel lieber, mit ihren Aktivitäten nur einem Aufruf aus dem Jahr 2005 zu folgen, in dem die ‚palästinensische Zivilgesellschaft' einen Boykott, Desinvestitionen und Sanktionen gegen Israel gefordert habe" (ebd.: 49). Die Autoren legen dar, dass diese Selbsterzählung nicht aufgeht. Der neuerliche Aufruf zum Boykott sei nicht 2005 mit der Erklärung der BDS-Kampagne entstanden, sondern vier Jahre zuvor im Zuge der Weltkonferenz gegen Rassismus in Durban, die bereits im Vorfeld von antisemitischer Agitation und Ausschlüssen geprägt gewesen sei: „In der Abschlusserklärung wurde Israel als ‚rassistischer Apartheidstaat' an den Pranger gestellt. [...] Gefordert wurden die ‚komplette und totale Isolierung Israels' sowie die Verurteilung aller, die die israelische ‚Apartheid' unterstützen" (ebd.: 57). 2004 gründete sich dann die PACBI, die später Teil der BDS-Kampagne wurde und sich zunächst auf die Sabotage akademischen und künstlerischen Austauschs konzentrierte.

Auch darüber, wer denn nun eigentlich BDS gegründet hat, herrscht Uneinigkeit. Der Selbstbeschreibung nach waren es palästinensische Aktivist*innen, allerdings waren bereits zu Anfang NGOs und andere Akteure außerhalb der palästinensischen Gebiete, beispielsweise aus Großbritannien beteiligt. Ilan Pappé, ein israelischer Historiker und vehementer Befürworter von BDS, antwortete einmal auf die Frage, ob BDS von der palästinensischen Zivilgesellschaft gegründet worden sei: „Not really, but yes. OK. For historical records, yes." (zit. nach Hirsh 2018: 101). Wie auch immer die Gründung im Detail verlief, heute ist recht deutlich, dass die Bewegung nicht zum Großteil durch die palästinensische Zivilgesellschaft getragen wird, sondern global von antizionistischen Akteuren. Der Politikwissenschaftler Samuel Salzborn spricht hier von einer „antisemitischen Internationalen" (Salzborn 2018: 148). Was macht die Bewegung, die von sich behauptet, lediglich Menschenrechte einzufordern, aber eigentlich antisemitisch? Darüber geben die Ziele Aufschluss, die BDS in der Erklärung von 2005 formulierte.

Zerstörung über Umwege

Im Gründungsaufruf von BDS sind drei Ziele genannt. Israel möge...

> „1) [d]ie Besetzung und Kolonisation allen arabischen Landes beende[n] und die Mauer abreiße[n];
> 2) [d]as Grundrecht der arabisch-palästinensischen BürgerInnen Israels auf völlige Gleichheit anerkenne[n]; und
> 3) [d]ie Rechte der palästinensischen Flüchtlinge, in ihre Heimat und zu ihrem Eigentum zurückzukehren, wie es in der UN-Resolution 194 vereinbart wurde, respektiere[n], schütze[n] und förder[n]" (BDS-Kampagne 2005).

Jedes dieser Ziele ist auf seine Weise problematisch. So mag etwa die Forderung nach einem „Rückkehrrecht" der Palästinenser*innen erst einmal plausibel klingen und durch den Verweis auf die UN-Resolution auch legitim, allerdings verbirgt sich dahinter eine Maximalforderung, die das Ende des jüdischen Staates nach sich zöge. Im Jahr der israelischen Staatsgründung 1948 erklärten umliegende arabische Staaten (Ägypten, Jordanien, Libanon, Syrien und Irak) dem jungen Land den Krieg. In der Folge mussten etwa 850.000 Palästinenser*innen ihre Heimat verlassen, teilweise weil sie vertrieben wurden, Angst vor der kriegerischen Auseinandersetzung hatten oder von falschen Versprechen einer schnellen Rückkehr durch die arabischen Staaten gelockt wurden. Eine schnelle Rückkehr erwies sich allerdings als Illusion.

Die arabische Allianz verlor den Krieg. Im Waffenstillstandsabkommen wurde vereinbart, dass der Gaza-Streifen an Ägypten und das östliche Palästina sowie Ost-Jerusalem an Jordanien geht. Gleichzeitig mussten während des Krieges etwa 600.000 Jüdinnen und Juden aus arabischen Ländern nach Israel fliehen. Bis zu den 1970er Jahren sollten etwa 200.000 bis 400.000 hinzukommen – ein Umstand, der kaum je beachtet wird. Ein zentraler Unterschied dabei war natürlich, dass man sich in Israel einigermaßen bemühte, den jüdischen Geflüchteten eine neue Heimat zu bieten, was man von den arabischen Staaten nicht behaupten kann: Außer in Jordanien werden den palästinensischen Geflüchteten größtenteils bis heute die Bürgerrechte in den arabischen Aufnahmeländern verwehrt. Der palästinensische Flüchtlingsstatus vererbt sich – worin er weltweit einzigartig ist –, sodass es mittlerweile etwa fünf Millionen palästinensische Geflüchtete gibt, die oft in menschenunwürdigen Lagerstädten als politisches Faustpfand, als Druckmittel gegenüber Israel herhalten müssen, anstatt in den jeweiligen Gesellschaften aufgenommen zu werden. Eine „Rückkehr" dieser Geflüchteten und ihrer Nachkommen würde die demographischen

Mehrheitsverhältnisse in Israel kippen, sodass Israel kein jüdischer Staat mehr wäre. Hochgerechnet lässt sich die Forderung in etwa damit vergleichen, dass Deutschland 50 Millionen Geflüchtete aufnehmen solle. Es ist also eine Forderung, der Israel niemals wird nachkommen können.

Für palästinensische Geflüchtete wurde 1949 die UNRWA gegründet, ein Hilfswerk der Vereinten Nationen, das ausschließlich für palästinensische Geflüchtete zuständig ist, während es für alle übrigen Geflüchteten der Welt ein gemeinsames Hilfswerk der UN gibt. Die UNRWA arbeitet beständig daran, den Sonderstatus der Palästinenser*innen zu zementieren, der ihnen letztlich eine Bürde ist und dazu beiträgt, dass sie keine neue Heimat finden können. Christoph Schwarz (2012) hat Gruppendiskussionen mit palästinensischen Jugendlichen in einem Flüchtlingscamp in der Westbank geführt und arbeitet die Ausweglosigkeit heraus, ihre Jugend im Wartestand auf eine utopische, immer unrealistische „Rückkehr" verbringen zu müssen:

> „Das Flüchtlingsnarrativ stellt [...] auch eine Form des symbolischen, sozialen und kulturellen Kapitals dar, insbesondere vor dem Hintergrund der Versorgung durch die UNRWA, die als Institution gewissermaßen das Recht auf Rückkehr verkörpert. Der adoleszente Möglichkeitsraum, der Individuation verspricht, ist damit von der Paradoxie durchzogen, dass er nur unter Inszenierung des kollektiven Narrativs der Rückkehr aufrechterhalten werden kann" (ebd.: 237).

Werden die Palästinenser*innen in den Ländern, in denen sie Leben ständig entrechtet, so genießt der arabische Anteil der Bevölkerung Israels, der immerhin rund 20 % beträgt, volle Bürgerrechte. Die zweite Forderung der BDS Bewegung geht also fehl, wenn sie behauptet, es gäbe keine rechtliche Gleichheit. Selbstverständlich ist auch die israelische Gesellschaft nicht frei von Rassismus. Es gibt strukturelle Benachteiligungen, wie in allen Nationalstaaten, und genauso wie überall auch müssen sie kritisiert werden. Allerdings neigt BDS stark zur Dämonisierung, wenn Israel etwa mit der südafrikanischen Apartheid verglichen wird, wie es in der Bewegung gängig ist. In Südafrika der Apartheid durften Schwarze keine Liebesbeziehungen zu Weißen eingehen, keine Universitäten besuchen, kaum politische Mandate tragen, nur in bestimmten Gebieten wohnen etc. Zynischer noch als die Unterstellung von Apartheid ist der in BDS-Kreisen häufig auftauchende Vergleich mit dem Nationalsozialismus. Hier werden Opfern der Shoah und ihren Nachkommen unterstellt, sie würden die nationalsozialistische Vernichtungspolitik fortführen, was erstens einem Realitätsabgleich der Situation vor Ort in keiner Weise standhalten kann und zweitens das Leid der Opfer der Shoah verharmlost.

Die dritte Kernforderung von BDS ist der Abzug israelischer Truppen aus den besetzten Gebieten, also den Gebieten, die Israel, nachdem es 1967 von einer Allianz arabischer Staaten angegriffen wurde, nicht wieder aufgegeben hat. Einige dieser Gebiete können aber nicht so einfach abgegeben werden: Beispielsweise grenzen die Golanhöhen an die syrische Grenze, wo ein blutiger Bürgerkrieg tobt, in dessen Schatten auch der Iran – dessen Führer immer wieder die Vernichtung Israels ankündigen – versucht, Truppen in Stellung zu bringen. Auch ist fraglich, ob sich die Situation bei einem Abzug des israelischen Militärs aus den besetzten Gebieten wirklich zum Besseren wendet. Als sich Israel im Jahr 2005 aus dem Gaza-Streifen zurückzog, führte die Hamas dort einen Putsch durch, in dessen Folge etwa tausend Palästinenser*innen ermordet wurden. Seitdem hat sich die Situation vor Ort wesentlich verschlechtert und die islamistische Terrororganisation sich weiter radikalisiert. Die Mauer und die Zäune zu Israel, deren Abriss BDS ebenfalls fordert, stehen dort nicht, um die Palästinenser*innen einzusperren, sondern um israelische Bürger*innen vor dem Terror zu schützen. Sie wurden 2003 im Zuge der zweiten Intifada errichtet, um der Serie von Anschlägen entgegenzuwirken. Ohne die Mauer und Grenzkontrollen könnte man sich in Israel wie zur Zeit der Intifada in kein Café, keine Eisdiele und keinen Bus mehr setzen, ohne befürchten zu müssen, ermordet zu werden. Die Geringschätzung israelischer Sicherheitsinteressen durch BDS zeigt nur, wie wenig der Bewegung jüdisches Leben wert ist.

Es sollte deutlich geworden sein, dass die Ziele der BDS-Bewegung zwar in relativ harmlos klingender Menschenrechtsrhetorik formuliert wurden, in ihrer Konsequenz jedoch auf die Zerstörung Israels hinauslaufen würden. Israel wird delegitimiert, an Doppelstandards gemessen und dämonisiert, was nicht zuletzt in der Bildsprache der BDS-Agitation deutlich hervortritt: Alte antisemitische Motive, wie dass Juden verschlagen, gierig, blutrünstig, mächtig seien usw., werden auf Israel übertragen.

Trefft sie, wo ihr könnt

Die Strategie des ökonomischen Boykotts scheint kaum auf fruchtbaren Boden zu fallen. Der erfolgreichste Coup der BDS-Kampagne war, dass SodaStream, ein Hersteller von Trinkwassersprudlern, 2015 eine Fabrik in einer israelischen Siedlung im Westjordanland schloss. Die palästinensischen Arbeiter*innen der Fabrik sprachen sich gegen die Boykottkampagne aus, aufgrund derer 600 von ihnen ihren Job verloren. Ein Indiz für die fehlende ökonomische Schlagkraft von BDS gab eine Studie von *Finan-*

cial Immunities 2018, die angab, eine Befragung von Wirtschaftsmanagern habe ergeben, dass diese die Verluste zwischen 2010 und 2017 auf 0,004 % zu beziffern seien (vgl. Reuters 2018). Ungeachtet, ob diese Einschätzung realistisch ist, hat sich das israelische Wirtschaftswachstum seit Beginn der Kampagne kaum verändert. Nachvollziehbar scheint sich die Kampagne also auf das Gebiet verlegt zu haben, auf welchem die einfachsten Erfolge zu erzielen sind: der Kultur. Noch vor dem Gründungsaufruf von BDS konnten mit PACBI auf diesem Gebiet erste Erfahrungen gesammelt werden. Trotz personeller Überschneidungen zu BDS – etwa des Mitgründers Omar Barghouti – hat PACBI sich eine gewisse Eigenständigkeit bewahrt und im Nachhinein stellt sich diese Richtung wohl als wesentlich erfolgreicher heraus. Cary Nelson (2016) erklärt sich die Wirksamkeit des kulturellen Boykotts folgendermaßen:

> „Far easier to pursue than academic or economic boycotts – and more often successful – are cultural boycotts of arts and humanities events, which can be limited to pressuring one artist or speaker to cancel an Israeli tour, performance or lecture" (ebd.: 105).

Der kulturelle Boykott kann durch die Einschüchterung von Einzelpersonen mit wesentlich geringerem Aufwand Türen einrennen, die im Kulturbetrieb ohnehin manchmal weit offenstehen. Der Organisationsstruktur von BDS kommt das entgegen: Die Kampagne wird weniger zentral orchestriert, als dass sich ihr grundsätzlich jeder und jede anschließen kann. Die oftmals vorgebrachte Verteidigung von Unterstützer*innen, man sei kein Mitglied von BDS, ist allein deshalb schon irreführend, weil BDS keine Mitgliedsausweise vergibt. Gleichzeitig gibt es aber auch das palästinensische Nationalkomitee, das der Kampagne seit 2007 vorsteht. Darin hat auch der *Council of National and Islamic Forces in Palestine* einen Platz, in welchem Terrorgruppen wie die *PFLP*, *Hamas* und *Islamic Jihad Movement in Palestine* vertreten sind (vgl. Ionescu 2020: 15). Davon müssen die einzelnen Aktivist*innen aber nicht unbedingt wissen, da die Kampagne meist eher um eine mehr oder minder lose Assoziation regionaler Ortsgruppen organisiert ist. Diese Ortsgruppen treten jedoch nach außen als Teil einer internationalen Kampagne auf.

Das hat den Effekt, dass zumeist vollkommen unklar ist, wer eigentlich gerade spricht und wie viele, wenn beispielsweise von BDS Berlin der Aufruf zum Boykott einer Veranstaltung geteilt wird. So kann eine regionale Gruppe mit relativ wenigen Mitgliedern Gewicht simulieren, das unter Umständen mit dem tatsächlichen Einfluss nicht deckungsgleich ist. Eine Einzelperson kann der Reihe nach Acts eines Festivals mit Kettenmails anschreiben und dabei im Namen einer globalen Kampagne sprechen. Dieses

Bild bricht meist in sich zusammen, wenn BDS dann tatsächlich *in persona* vor einer Veranstaltung demonstriert. In Deutschland bekommen die Protestierenden zumeist nur eine Handvoll Menschen zusammen. Die Masse, die man bei einer so selbstbewusst auftretenden internationalen Kampagne erwarten dürfte, bleibt aus. Online jedoch kann die Inszenierung aufrechterhalten werden, nicht zuletzt durch die berühmten Fürsprecher*innen aus der Musik- und Kulturszene. Einige Prominente wie Roger Waters, der ehemalige Frontmann der Band *Pink Floyd*, Brian Eno oder Kate Tempest geben ihre Namen und Gesichter für BDS her. Gerade Waters tritt dabei besonders aggressiv auf, wenn er Kolleg*innen dazu auffordert, sich der Kampagne anzuschließen. Auch Künstler*innen, die dem Druck der Kampagne nicht standhalten konnten und zum Beispiel Konzerte in Israel abgesagt haben, werden von BDS immer wieder als Vorbilder angeführt.

Die Aktivitäten von BDS in Deutschland scheinen sich darauf zu konzentrieren, die eigene personelle Schwäche nicht allzu sichtbar werden zu lassen. So nimmt man beispielsweise immer wieder an internationalen Stichtagen wie der *Israeli Apartheid Week* teil oder versucht, linkspolitische Proteste zu vereinnahmen, also dort aufzutreten, wo bereits Öffentlichkeit hergestellt ist, ganz gleich, ob die antiisraelische Agitation zum Thema passt oder nicht.[4] Auch die Strategie, Künstler*innen anzuschreiben, passt in dieses Schema: Sie setzt primär auf Quantität, Adressen werden an möglichst viele Künstler*innen verschickt und als offene Briefe online gestellt. In der Argumentation und im Tonfall klingen diese Boykottaufrufe immer sehr ähnlich: Die Palästinenser*innen würden von Israel unterdrückt und mit der Teilnahme an dieser oder jener Veranstaltung würden die Künstler*innen ihren Beitrag dazu leisten und der israelischen *Public Diplomacy* in die Hände spielen. Erst wenn der Versuch der Einschüchterung verfängt, wird er zumeist über die Sozialen Netzwerke wie Twitter multipliziert und mittels Unterschriftenlisten zusätzlich bekräftigt. Auf den Seiten der jeweiligen Ortsgruppen sammeln sich vergebliche Boykottaufrufe, die zahlenmäßig die aufsehenerregenden Erfolge um ein Vielfaches überschreiten. Wenn aber Blixa Bargeld und Teho Teardo nicht auf den offenen Brief von etwa einem dutzend Ortsgruppen reagieren, verstaubt der Post im digitalen Archiv.

Entgegen einer Behauptung, die von BDS und PACBI immer wieder vorgetragen wird, nicht Einzelpersonen, sondern israelische Institutionen

---

4 So versuchten BDS und BDS-nahe Gruppen beispielsweise in jüngerer Zeit immer wieder Gedenkveranstaltungen zum rassistischen Attentat von Hanau als Plattform zu nutzen (vgl. *Uhlig* 2021).

angreifen zu wollen, sind Einzelpersonen das vornehmliche Ziel des kulturellen Boykotts. In der Ausgabe *Anti-Antisemitismus* der Zeitschrift *Texte zur Kunst* hält der Berliner Künstler und Kurator Daniel Laufer (2020) auch mit Blick auf die eigene Szene fest: „Die BDS-Bewegung – egal mit welcher Naivität oder Aggressivität sie unterstützt wird – trifft ausschließlich israelische und nicht israelische jüdische Künstler*innen; nicht weil diese Künstler*innen vermeintliche Vertreter*innen des israelischen Staates, sondern ganz einfach weil sie Jüd*innen sind" (ebd.: 59). Beispielsweise wurde im Vorfeld des *Eurovision Song Contests* (ESC) in Tel Aviv heftig gegen das Event agitiert. Unter anderem mit einem Banner, auf dem der ESC-Schriftzug von Stacheldraht umrankt dargestellt wurde, getrennt von einem zerbrochenen Herzen, an dessen Bruchstellen sich unschwer eine SS-Rune ausmachen lässt. Bei dieser Shoah-relativierenden Geschmacklosigkeit blieb die Kampagne allerdings nicht stehen, sondern personalisierte die Kritik ständig an der Sängerin Netta Barzilai, die als „Kulturbotschafterin für Israels Regime der Besatzung und Apartheid" diffamiert wurde. Aufschlussreich ist, wie PACBI in einem Statement versucht, diesen Widerspruch zwischen proklamierter Institutionskritik und praktizierter Hetze gegen Einzelpersonen einzuebnen:

> „Der Aufruf von PACBI zum kulturellen Boykott Israels ist streng institutionell, das heißt, er zielt auf israelische Institutionen ab, weil sie an der Unterdrückung der Palästinenser*innen durch Israel beteiligt sind. [...] Wenn eine Person jedoch den Staat Israel oder eine mitwirkende israelische Einrichtung vertritt oder zur Teilnahme an den Bemühungen Israels, ein ‚neues Image' zu schaffen, entsandt / angeworben wird, unterliegen ihre Aktivitäten dem von der BDS-Bewegung geforderten institutionellen Boykott" (BDS- Kampagne 2018).

Wer als Repräsentant*in des Staates oder einer mitwirkenden israelischen Einrichtung gilt, entscheidet dann BDS, um die Farce aufrechtzuerhalten, sie würden lediglich Institutionen boykottieren. Wie der eingangs angeführte Fall des Rappers Ben Salomo zeigte, werden israelische Einrichtungen sehr weit gefasst, wenn selbst ein Fahrtkostenzuschuss von 500 Euro, ein millionenschweres Festival zu einer israelischen Veranstaltung umdeutet. Immer wieder treffen die Boykottaufrufe jüdische Künstler*innen, unabhängig von ihrem tatsächlichen Bezug zu Israels Politik. Sie werden ständig aufgefordert, sich zu positionieren: „Die individuell boykottierte Person oder Institution wird nicht dafür in Haftung genommen, was sie tut (oder nicht tut), sondern ausschließlich dafür, was sie ist – oder für was sie die Antisemit(inn)en aus der BDS-Bewegung halten" (Salzborn 2018: 154).

Ächtung und Apologie

Der Bundestagsbeschluss gegen die BDS-Bewegung hat, wenngleich er rechtlich nicht verbindlich sein kann, ein politisches Statement gesetzt, das nicht allen passt. Von der Bühne des Deutschen Theaters in Berlin diskutierten Ende 2020 Vertreter*innen einiger der wichtigsten Kulturinstitutionen Deutschlands, die für sie offenbar drängende Frage, wie ihre Arbeit durch den Bundestagsbeschluss beeinträchtigt werde, aktiven BDS-Anhänger*innen keine Ressourcen zur Verfügung zu stellen. Das Engagement dieser *Initiative Weltoffenheit GG 5.3*, die nach eigenen Angaben seit Mai desselben Jahres über dieses Thema debattiert, muss verwundern: In einer Zeit, da die Corona-Pandemie die Gesellschaft in ihren Bann geschlagen hat, antisemitische Verschwörungstheorien massiv die Straßen und Sozialen Netzwerke erobern, zahlreiche Betriebe, Theater, Kneipen vor dem finanziellen Bankrott stehen, das kulturelle Leben stark eingeschränkt ist, sprechen etwa der Leiter des Goethe-Instituts, der Intendant der Berliner Festspiele und der Chef des Humboldt-Forums über vermeintliche Selbstzensur sogenannter Israelkritik.

Aus den angeführten Vorfällen wird diese Dringlichkeit nicht ersichtlich: Im Plädoyer der Initiative wird lediglich die Auseinandersetzung rund um den kamerunischen Philosophen Achille Mbembe genannt. Mbembe wurde zur Ruhrtriennale 2020 eingeladen, was unter anderem der Antisemitismusbeauftragte der Bundesregierung aufgrund Mbembes Unterstützung von BDS monierte. Die Veranstaltung musste ohnehin wegen der Pandemie abgesagt werden, sodass sich die Frage einer etwaigen Ausladung nicht stellte. Im Plädoyer heißt es: „Da wir den kulturellen und wissenschaftlichen Austausch für grundlegend halten, lehnen wir den Boykott Israels durch den BDS ab. Gleichzeitig halten wir auch die Logik des Boykotts, die die BDS-Resolution des Bundestages ausgelöst hat, für gefährlich" (vgl. Plädoyer der Initiative GG 5.3 Weltoffenheit). Es wird also ein äquidistanter Abstand sowohl zu BDS als auch dem Bundestagsbeschluss behauptet, wodurch beides nivelliert wird und gleich skandalös erscheint. Wie kommen staatlich gut versorgte Kulturgiganten dazu, sich für die Belange einer eher marginalen antiisraelischen Kampagne mit Energien und Ressourcen einzusetzen, die bei anderen Themen deutlich besser aufgehoben wäre?

Im Zentrum der Argumentation des Plädoyers der Initiative steht die Klage über eine vermeintliche Selbstprovinzialisierung Deutschlands. Es bestehe eine spezifische Herausforderung darin,

„die Besonderheiten der Vergangenheit unseren Kooperationspartner:innen in der ganzen Welt verantwortungsvoll zu vermitteln. [...] Eine Vergangenheit, die einerseits geprägt ist durch den beispiellosen Völkermord an den europäischen Juden und Jüdinnen und andererseits durch eine späte und relativ zögerliche Aufarbeitung der deutschen Kolonialgeschichte" (ebd.).

Offenbar wird sich aus Sorge, internationalen Kooperationspartner*innen die Shoah und die mangelnde Erinnerung an deutsche Kolonialherrschaft nicht verantwortungsvoll vermitteln zu können, gegen den Bundestagsbeschluss positioniert. Ähnlich irritierend geht es weiter: „Die historische Verantwortung Deutschlands darf nicht dazu führen, andere historische Erfahrungen von Gewalt und Unterdrückung moralisch oder politisch pauschal zu delegitimieren." Es wird suggeriert, die deutsche Erinnerungspolitik bezöge sich allein auf die Shoah und würde so Ausschlüsse produzieren. Der eigentliche Skandal, dass BDS den Ausschluss israelischer und auch immer wieder jüdischer Künstler*innen und Akademiker*innen fordert, rückt darüber in den Hintergrund. Jedenfalls war das den Akteur*innen der Initiative weder ein Zusammenschluss, noch ein Plädoyer oder eine Pressekonferenz wert. Der Argumentationsgang ist nur vor dem Hintergrund zu verstehen, dass BDS in Ländern wie Großbritannien oder den USA wesentlich populärer ist, und man sich offenbar ängstigt, diese Akteur*innen in der Kulturszene zu verprellen.

Seit dem Bundestagsbeschluss von 2019 werden die Versuche lauter, BDS diskutabel zu machen. Beispielsweise schreibt der renommierte Antisemitismusforscher Wolfgang Benz in der Einleitung seines Sammelbands *Streitfall Antisemitismus*: „Die nach ihrer Intention nicht judenfeindliche und das Existenzrecht Israels nicht bedrohende Boykottbewegung BDS will ohne Gewalt mit ökonomischen Mitteln eine Änderung der israelischen Politik in den besetzten Gebieten herbeiführen" (Benz 2020: 12). Zwar seien „in den weit verzweigten Organisationen der Bewegungen auch antisemitische Mitglieder zu finden", räumt Benz ein, jedoch sei die Resolution des Bundestages „ein drastisches Exempel für Willfährigkeit gegenüber politischem Druck" (ebd.). Die Heterogenität der Anhänger*innen von BDS zu betonen, sieht häufig davon ab, dass die Politiken der Kampagne eindeutig ignorant gegenüber dem Leben von Jüdinnen und Juden in Israel und darüber hinaus sind. Es wird versucht, diesen israelbezogenen Antisemitismus zu subjektivieren, zu einer Frage der persönlichen Motivation zu machen, die in letzter Instanz niemand ergründen kann, außer die Individuen selbst, und damit der genuin antisemitische Gehalt der Kampagne verschleiert. Ob Aussagen problematisch sind oder nicht, wird dabei vom Sprechort abhängig gemacht: Die Kampagne versucht sich über jüdische und israelische Unterstützer*innen gegen Kritik zu immunisieren, ganz so als würden Zweck und Mittel dadurch unbedenklich.

BDS ist in Deutschland eine marginale Bewegung, die sich mit der geborgten Pracht ihrer internationalen Schwestergruppen schmückt. Jedoch offenbart ihre Verteidigung, dass die Politik des Boykotts, wenngleich sie nicht offen unterstützt, sondern lediglich durch finanzielle Ressourcen und Bühnen amplifiziert wird, scheinbar breiteren Anklang findet. Die Kulturvertreter*innen der *Initiative Weltoffenheit GG 5.3* haben sich nicht für die vom Verfassungsschutz drangsalierte Rote Hilfe oder Ende Gelände zusammengefunden, sich nicht gegen den Entzug der Gemeinnützigkeit der VVN-BdA (Vereinigung der Verfolgten des Naziregimes-Bund der Antifaschistinnen und Antifaschisten) oder Campact stark gemacht, sich auch nicht auf der Theaterbühne darüber empört, dass das besetzte Haus Liebig34 in Berlin-Friedrichshain geräumt wurde. Diese Fälle staatlicher Repression gegenüber linken Vereinigungen haben nicht die Bindekraft einer antisemitischen Kampagne, die als förderungsunwürdig erklärt wird, wodurch deren Anhänger*innen und Befürworter*innen die Meinungsfreiheit in Gefahr sehen. Darin liegt das größte destruktive Potenzial der BDS-Bewegung: Sie selbst mag zu plump agieren, um unter der Aufmerksamkeitsschwelle für Antisemitismus ihre Propaganda verbreiten zu können, jedoch zeigt sie auf, was für relevante gesellschaftliche Kräfte ihr im Notfall beizuspringen bereit sind, und sei es *nur* um sie diskussionswürdig zu machen.

Literatur

Benz, Wolfgang (2020): Warum dieses Buch?, in: Wolfgang Benz (Hg.): Streitfall Antisemitismus. Anspruch auf Deutungsmacht und politische Interessen, Berlin, S. 7–17.

Bernstein, Julia (2021): Israelbezogener Antisemitismus. Erkennen – Handeln – Vorbeugen, Frankfurt am Main.

Feuerherdt, Alex/Markl, Florian (2020): Die Israel-Boykottbewegung. Alter Hass in neuem Gewand, Berlin.

Hirsh, David (2017): Contemporary Left Antisemitism, London/New York.

Ionescu, Dana (2020): BDS-Bewegung / Antisemitische Boykottkampagnen gegen Israel, online, https://www.berlin.de/sen/lads/schwerpunkte/rechtsextremismus-rassismus-antisemitismus/ansprechpartner-fuer-antisemitismus/dossier_ionescu.pdf, 02.05.2021.

Laufer, Daniel (2020): Pseudohumanismus, in: Texte zur Kunst, 30. Jg., H.119, S. 53–59.

Nelson, Cary (2016): Dreams Deferred. A Concise Guide to the Israeli-Palestinian Conflict and the Movement to Boycott Israel, Chicago/New York.

Reuter, Adam (2018): BDS has zero impact on Israeli businesses, online, https://en.globes.co.il/en/article-bds-has-zero-impact-on-israeli-businesses-1001255776, 02.05.2021.

Salzborn, Samuel (2018): Globaler Antisemitismus. Eine Spurensuche in den Abgründen der Moderne, Frankfurt.

Schwarz, Christoph (2012): „Ich habe mein Dorf noch nie gesehen, doch eines Tages werden wir dorthin zurückkehren", Adoleszenz und politische Sozialisation in einem Flüchtlingscamp in der Westbank, in: Markus Brunner/Jan Lohl/Rolf Pohl/Marc Schwietring/Sebastian Winter (Hg.): Politische Psychologie heute? Themen, Theorien und Perspektiven der psychoanalytischen Sozialforschung, Gießen, S. 223–240.

Uhlig, Tom (2021): Vom Jordan bis nach Hanau, online, https://jungle.world/artikel/2021/10/vom-jordan-bis-nach-hanau, 02.05.2021.

Quellen

BDS-Kampagne (2018): Netta Barzilai, Kulturbotschafterin für Israels Regime der Besatzung und Apartheid, online, http://bds-kampagne.de/2018/10/30/netta-barzilai-kulturbotschafterin-fuer-israels-regime-der-besatzung-und-apartheid/, 02.05.2021.

BDS-Kampagne (2005): Der Aufruf der palästinensischen Zivilgesellschaft zu BDS, online, http://bds-kampagne.de/aufruf/aufruf-der-palstinensischen-zivilgesellschaft/, 02.05.2021

Boykott from within (2019): Offener Brief israelischer Staatsbürger*innen an die am Festival Pop-Kultur Berlin teilnehmenden Künstler*innen, online, http://www.boycottisrael.info/node/385, 02.05.2021.

Boykott from within (o. J.): Unterschriftenliste, online, http://www.boycottisrael.info/points-of-unity, 02.05.2021.

Initiative GG 5.3 Weltoffenheit (o. J.): Plädoyer der „Initiative GG 5.3 Weltoffenheit", online, https://www.hebbel-am-ufer.de/fileadmin/Hau/website_material/pdfs/201210_PlaedoyerFuerWeltoffenheit.pdf, 02.05.2021.

Pop-Kultur (2017): Statement: BDS-Kampagne gegen Pop-Kultur, online, https://www.pop-kultur.berlin/statement-bds-boykott-kampagne, 02.05.2021.

Beats, Bass und Judenhass: Antisemitismus im Techno

Nicholas Potter

> *„Music is the least interesting thing about clubs. "*
> *(DJ Sprinkles 2014)*

> *„Wir haben euch was mitgebracht: Bass, Bass, Bass.*
> *Für's Nazi- und Rassistenpack gibt's: Hass, Hass, Hass. "*
> *(Egotronic 2008 „Raven gegen Deutschland (Frittenbude Indiefresse Remix) ")*

Seit ihrer Geburtsstunde hat elektronische Tanzmusik einen emanzipatorischen Anspruch: Raven war und ist politisch. Da sich Fans und Künstler*innen in dieser progressiven Tradition sehen, sind rechtsextreme Inhalte und antisemitische Ressentiments in dieser Szene keineswegs häufig oder repräsentativ. Allerdings stößt die Problematisierung solcher Tendenzen, die wohl auch im Techno existieren, oft auf Widerspruch oder sogar Leugnung und Unverständnis. Die Genres Techno und House entstanden in den achtziger Jahren in überwiegend schwarzen Communitys in den USA. Die Musik war eine Antwort auf eine weiße Kulturindustrie, die schwarze Künstler*innen systematisch ausbeutete, auf eine politische Gegenwart, die wenig Hoffnung bot, auf die spätkapitalistische Deindustrialisierung in den Autostädten des Rust Belts, in der viele keine Zukunft sahen. So komponierten junge schwarze Musiker*innen auf Drummaschinen und Synthesizern den rhythmischen Soundtrack einer besseren Zukunft: Die von Sci-Fi inspirierten Geräuschkulissen aus Pieptönen und maschinellen Klängen haben etwas Futuristisches, gar Utopisches, erinnern aber gleichzeitig an die mechanischen Geräusche der Produktionsstätten in fordistischen Fabriken.

Das 1989 gegründete Elektronik-Duo Gerald Donald und James Stinson, besser unter dem Namen Drexciya bekannt, gilt als Pionier der Techno-Subkultur: Die afroamerikanischen Produzenten imaginierten durch Tracktitel und Plattencover eine Parallelgeschichte ohne Sklaverei, in der es eine emanzipierte Zukunft für schwarze Menschen geben könnte.[1] Auch das Detroiter Technokollektiv Underground Resistance, gegründet 1989 von „Mad" Mike Banks, Jeff Mills und Robert Hood, gilt als Vorreiter des Technogenres. Die Musik des Underground Resistance war DIY-Techno von schwarzen Arbeiter*innen für schwarze Arbeiter*innen: Die antikapitalistische und antikommerzielle Haltung der Gruppe bot ein kulturelles Gegennarrativ zu den neoliberalen „Reaganomics" der achtziger Jahre. Jeff Mills und Robert Hood wurden später internationale Stars der Szene, Mike Banks arbeitet bis heute noch nebenbei als Automechaniker in einer Werkstatt in Detroit.

Auch die queere Community in den USA spielte eine entscheidende Rolle in der Entwicklung elektronischer Tanzmusik: In den siebziger und achtziger Jahren boten Tanzflächen von Los Angeles bis New York wichtige Schutzräume für marginalisierte Menschen, allen voran schwarzen und lateinamerikanischen Homosexuellen und trans Menschen. In diesen Räumen konnten sie abseits einer heteronormativen und patriarchal geprägten Mehrheitsgesellschaft ihre sexuelle Identität entfalten. Der Soundtrack dazu: zunächst Disco, später Garage, Chicago House und Detroit Techno. Clubs wie die Paradise Garage in New York und The Warehouse in Chicago und ihre Resident-DJs Larry Levan und Frankie Knuckles erlangten einen Kultstatus in der queeren Community.

Friede, Freude, Eierkuchen: Zwischen Gegenkultur und Massenbewegung

Bereits in den neunziger Jahren eroberten die elektronischen Klänge des Undergrounds den musikalischen Mainstream weltweit. Ende des Jahrzehnts zog beispielsweise die damals noch in Berlin stattfindende Love Parade jährlich mehr als eine Million feierwütige Raver*innen zur Siegessäule. Aus einer schwarzen Gegenkultur wurde eine massentaugliche, lukrative und oft entpolitisierte Kulturindustrie.[2] Doch auch in Berlin

---

1 Der Detroiter Künstler *Abdul Qadim Haqq* hat die afrofuturistische Mythologie des Drexciya-Universums in seinem 2020 erschienen Graphic Novel „The Book of Drexciya. Volume 1" künstlerisch interpretiert.
2 „Friede, Freude, Eierkuchen" war das Motto der ersten „Love Parade" im Jahr 1989. „Friede" stand zwar für Abrüstung, „Freude" für Musik als „Mittel der Völkerverständigung" und „Eierkuchen" für eine gerechte Nahrungsmittelverteilung, die politischen Botschaften standen allerdings eher im Hintergrund der Parade und dienten vor allem dazu, die Tanzveranstaltung als politische Demonstration anzumelden.

spielte elektronische Musik eine politische und emanzipatorische Rolle: Jugendliche von beiden Seiten der Berliner Mauer fanden sich nach der Wende auf den oft improvisierten Tanzflächen der postindustriellen und nun wiedervereinigten Stadt wieder.[3] Techno war der Soundtrack zu den anarchischen Nachwendejahren, als die Stadt noch reichlich Freiraum in Form von stillgelegten Fabriken, unbewachten Brachen und leerstehenden Mietskasernen bot. In den Nullerjahren entwickelte sich Techno zum Markenzeichen, zur kulturellen Identität der neuen Hauptstadt Deutschlands, eine Stadt, die sich nach dem „Ende der Geschichte" neu zu definieren versuchte (vgl. Rapp 2009). Gleichzeitig gehörte Techno auch zum gegenkulturellen Programm in linksradikalen Orten wie der Hamburger Roten Flora und dem Leipziger Conne Island, Räume, die für ihre linken und antisemitismuskritischen Positionen bundesweit, wenn nicht international, bekannt sind.

Heute beträgt laut der Clubcommission, einem Interessenverband der Berliner Party- und Musikveranstaltungsbranche, der jährliche Umsatz der Berliner Clubszene 168 Millionen Euro (vgl. 2019). Im Januar 2020 kündigte der deutsche Techno-DJ Dr. Motte, Mitbegründer der Love Parade und bis 2006 Miteigentümer der Love Parade GmbH, ein ambitioniertes Vorhaben an: Elektronische Tanzmusikkultur soll zum Weltkulturerbe unter dem Schutz der UNESCO werden, dazu soll ein gesetzlicher Feiertag etabliert werden (vgl. Zipper 2020). Von diesen größenwahnsinnigen Plänen ist noch nichts zu sehen, doch das Beispiel zeigt, wie sich eine politisierte Gegenkultur zu einer einträglichen Marke des Mainstreams entwickelt hat.

Mit dem Aufstieg des Technos zur globalen Massenbewegung war auch das Phänomen des Whitewashing und des Straightwashing zu beobachten: Die schwarzen und lateinamerikanischen, genauso wie die queeren Wurzeln des Genres wurden ausgeblendet, die Szene wurde vor allem von heterosexuellen weißen Cis-Männern erobert. Für den legendären Detroiter Produzent und DJ Theo Parrish eine problematische Entwicklung. Parrish beschrieb 2016 auf der Social-Media-Plattform Facebook, nachdem in den USA die „Black Lives Matter"-Demonstrationen angesichts alarmierend vieler Fälle rassistischer Polizeigewalt mit tödlichen Folgen einen neuen Höhepunkt erreichten, elektronische Tanzmusik als eine „art form rooted in reaction to racism, birthed in struggle". Er fragte rhetorisch:

---

3 Eine Oral History der Berliner Technoszene in den Nachwendejahren veröffentlichten *Felix Denk* und *Sven von Thülen* 2012 in ihrem Buch „Klang der Familie: Berlin Techno und die Wende".

„How do you dance to this? Somehow you better. Somehow you better realize when the music you're dancing to comes from people that have been exploited, the best tribute you can have is setting yourself loose in unity with the exploited...Escapism has always been an adjective used to describe the dance. That's an outsider's view. Solidarity is what it really offers" (Parrish 2016).

Diese solidarische Funktion war und ist auch für die queere Community eine wichtige. Loren Granic, besser unter dem Künstlernamen Goddollars bekannt, ist Mitbegründer und Resident-DJ der queeren Los Angeles Partyreihe A Club Called Rhonda. Granic sagte *Resident Advisor*, dem führenden Organ der globalen elektronischen Musikszene, 2014 im Interview:

„We're currently experiencing a total mainstreaming of dance music in America. Many of these newcomers are straight/white kids who are very far removed from the LGBT community, despite fist-pumping by the millions to a music that was born from gay people of color sweating their asses off at 5 AM in a Chicago warehouse" (Garcia 2014).

Wenn man rechtsextreme und antisemitische Tendenzen in der elektronischen Musikszene verstehen will, sind die politischen und emanzipatorischen Wurzeln des Genres essenziell. Denn viele Fans und Künstler*innen verstehen sich als progressiv und liberal, viele auch als links und alternativ – auch im weißen, bürgerlichen Mainstream des Genres. Sie knüpfen an eine Musik an, die, wie Theo Parrish es formuliert, im Kampf geboren wurde. Das führt häufig zu einer Blindheit bezüglich eigener Privilegien, schlimmstenfalls zu einer aktiven Resistenz gegenüber Kritik. Dass auch in der elektronischen Musikszene Unterdrückungsmuster, rassistische und/oder antisemitische Diskriminierungsformen oder gar rechtsextreme Inhalte reproduziert werden, ist eine sehr unbeliebte und unangenehme Wahrheit, die zu äußern, auf heftigen Widerstand in der Szene stößt.

Eines vorweg: Die elektronische Musikszene fällt in der Regel nicht antisemitisch auf, im Genre ist kein ausgeprägter Judenhass zu finden, wie zum Beispiel in Teilen der Deutschrapszene oder im Rechtsrock. Das liegt zum einen daran, dass die Szene einfach zu vielfältig und heterogen ist, zu viele unterschiedliche Milieus umfasst, um von einem strukturellen Problem zu sprechen: Sie ist eine weltweite Community aus zahllosen Szenen, groß und klein, in fast allen Ecken des Planeten. Zum anderen ist elektronische Musik ein Genre, das nur schwer konkrete Inhalte vermittelt: Es besteht überwiegend aus textlosen, rhythmischen Tracks, die auf der einen Seite in ihrem Universalismus Menschen weltweit und sprachenübergreifend zusammenbringen, wie es beispielsweise Schlager und Deutschrap nicht so einfach können, die aber auf der anderen Seite als Projektionsflächen fungieren, die mit wechselhaften Inhalten – seien es identitätspolitische oder rein hedonistische – gefüllt werden können. In Detroit stand Techno für schwarze Befreiung, in New York für queere Emanzipation, in Berlin für die subkulturelle Anarchie der Nachwendejahre und heute unter anderem für antifaschistischen Protest gegen die rechtsradikale Partei AfD durch Bündnisse wie Reclaim Club Culture, ein Zusammenschluss von Berliner Clubbetreiber*innen, der strategische Tanzdemos gegen rechte Aufmärsche organisiert (vgl. Rosa Rave et al. 2019). In der georgischen Hauptstadt Tiflis steht Techno für LGBTIQ*-Rechte und progressiven Aktivismus in einer erzkonservativen christlichen Gesellschaft, die von einer grassierenden Homofeindlichkeit geprägt ist (vgl. Melchers 2018 und Eidinger/Mense 2018). Kurzum: Techno war und ist eine Utopie, deren Ausrichtung seine Tänzer*innen selbst bestimmen.

Im Umkehrschluss bedeutet das allerdings auch, dass elektronische Tanzmusik auch mit reaktionären, antiprogressiven und auch antisemitischen Inhalten gefüllt werden kann. Vor allem durch eine gewisse Ästhetik, die über Tracktitel, Künstlernamen und Artwork vermittelt wird, kann eine rechtsextreme und antisemitische Weltanschauung verbreitet werden. So werden rechtsextreme Ideen normalisiert und der Nationalsozialismus verharmlost. Häufig sind die entsprechenden Musiker*innen und Labels keine ideologisch überzeugten Rechtsextremen, keine hartgesottenen Nazis, sondern bedienen sich augenzwinkernd einer militanten rechtsextremen oder faschistischen Ästhetik aus vermeintlich künstlerischen Gründen. Dieses Phänomen ist alarmierend, wird allerdings bisher kaum kritisiert.

Ein weiteres Problem bezüglich Antisemitismus in der elektronischen Musikszene ist ihre Anfälligkeit für israelbezogenen Antisemitismus durch Unterstützung der „Boycott, Divestment and Sanctions"-Kampagne (zu Deutsch: „Boykott, Desinvestitionen und Sanktionen"), kurz BDS. Vor allem die Boykott-Kampagne #DJsForPalestine, die auf Social Media zum kulturellen Boykott Israels aufruft, fällt in der elektronischen Musikszene auf fruchtbaren Boden: Viele namhafte internationale DJs unterstützen die Kampagne auf Twitter, Facebook und Instagram und weigern sich, in Israel zu spielen. Die Kampagne führt auch dazu, dass israelische Clubs und Festivals mit Absagen rechnen müssen, wenn sie Künstler*innen aus dem Ausland anfragen. Das kann gravierende finanzielle Folgen für die Szene vor Ort haben. Doch es gibt auch Leuchttürme in der Szene: Clubs und Institutionen, die sich klar gegen Nationalismus, Antisemitismus und Rechtsextremismus positionieren, die ihr emanzipatorisches Selbstverständnis konsequent durchziehen. Hier gelten beispielsweise die deutschen Technoclubs ://about blank in Berlin und das Institut für Zukunft in Leipzig als positive Beispiele.

Raven für Deutschland: Dark Techno

Die atonalen Geräuschkulissen und gesanglosen Beats des Techno bieten viel Interpretationsspielraum: Diese Ambiguität macht das Genre anschlussfähig für diverse Gruppen, die ihre eigenen Weltanschauungen, Werte und Ideologien hineinprojizieren können. In den meisten Fällen sind diese progressiv und emanzipatorisch. Doch in Teilen der elektronischen Musikszene, die wohlgemerkt weder zum lukrativen Mainstream noch zum angesehenen und etablierten Underground der Szene gehören, werden problematische, gar menschenverachtende Inhalte verbreitet. Vor allem im „Dark Techno", eine kleine, besonders düstere und apokalyptisch klingende Nische des Genres, die sich durch einen schnellen, martialisch-maschinellen Rhythmus und bedrohliche industrielle Klänge auszeichnet, sind rechtsextreme Anspielungen sowie Bezüge zum Nationalsozialismus häufig zu finden.

So veröffentlichte der bulgarische Produzent Mihail Grozdanov, der als Grozdanoff auftritt, auf dem Label NGRecords (New Generation) die Single „Gas Chamber" (2019) – ein Titel, der unmittelbar an die Gaskammern der nationalsozialistischen Vernichtungslager während der Shoah erinnert. Der Titeltrack – eine verzerrte Komposition mit einem schnellen Tempo von 133 BMP (Beats per Minute) über sechs Minuten und 36 Sekunden – hat eine bedrohliche Ästhetik und einen maschinellen Rhythmus, die – im Zusammenhang mit dem Titel – Assoziationen der industriellen Vernichtung der europäischen Juden und Jüdinnen hervorrufen könnten. Ob das allerdings die Absicht des Komponisten war, bleibt reine Spekulation, die Ästhetik und der Titel des Tracks bieten aber durchaus Anhaltspunkte für eine solche Interpretation. Zu Grozdanoffs anderen Veröffentlichungen gehören beispielsweise Titel wie „Retarded" („behindert"), „Battle Centre", „Zerstorung" [sic], „Drums of Death" und ein Remix des Tracks „Industries of Tschernobyl" von P.Brock & Neusn. Diese Titel sprechen nicht explizit für eine rechtsextreme oder NS-verherrlichende Weltanschauung, bedienen sich jedoch einer gewissen Ästhetik des Todes, des Ableismus, der Zerstörung und des Krieges.

Der Track „Gas Chamber" war unter anderem auf Beatport, einem Online-Dienst für elektronische Musik, käuflich zu erwerben. Nachdem Beatport während dieser Recherche mit einem Hinweis auf den problematischen Titel kontaktiert und um eine Stellungnahme gebeten wurde, wurde der Track kommentarlos von der Seite entfernt. Die Single ist allerdings immer noch auf den Plattformen Soundcloud, YouTube, iTunes, Deezer und Spotify zu finden. Grozdanoffs „Gas Chamber" ist kein Einzelfall: Auf Beatport sind mehr als zehn weitere Tracks mit dem gleichen Titel zu kaufen – wie beispielsweise von den Techno-Produzent*innen DJ Kristal, Antolc, Clesk, Johnny Beast und MGUN, sowie der Track „Sentenced to the Gas" („Zum Gas verurteilt") von dem Produzenten Plague. Hinzu kommen auf Beatport noch rund hundert Tracks von diversen Künstler*innen der elektronischen Musik mit dem Titel „Genocide", mehr als 30 mit dem Titel „Holocaust" und sechs mit dem Wort „Auschwitz" im Titel (siehe Bild 1).

Bild 1:   Screenshot einer Suche nach dem Begriff „Auschwitz" auf der Webseite von Beatport (2021)

Ein Fragenkatalog an Beatport bezüglich der Moderationsrichtlinien der Plattform und der Problematik, dass Beatport mit solchen Tracktiteln sogar Gewinn erzielt und ihnen eine breitere Öffentlichkeit verschafft, blieb unbeantwortet. Das Unternehmen teilte auf Anfrage des Autors nur mit, dass es wöchentlich 25.000 neue Tracks verarbeiten müsse und weiterhin versuchen werde, problematische Tracktitel und Künstlernamen nicht zu veröffentlichen. „Any DJ or artist convicted of sexual assault or promoting hate speech will have their images removed from Beatport and will not be featured in any playlists or promotions", heißt es weiter. Die von diesem Autor genannten Beispiele würden überprüft werden, so ein Beatport-Sprecher, was allerdings aufgrund des manuellen Prozesses und der großen Menge an Tracks viel Zeit in Anspruch nehmen werde. Auf eine Anfrage mit einem ähnlichen Fragenkatalog an Soundcloud reagierte die Plattform nicht.

Auf der Grozdanoff Single „Gas Chamber" (2019) ist auch ein Remix des deutschen DJs und Produzenten Pascal Hüllenhütter aus Dortmund alias Champas. Dieser Track wurde von Beatport bislang nicht entfernt. Champas hat ein bescheidenes, aber für seine kleine Nische immerhin stabiles Following auf Social Media: Auf Facebook hat er 3.200 Abonnent*innen, auf Soundcloud über 7.000 Follower*innen, auf Instagram knapp 2.000 Follower*innen. Zu Champas anderen Veröffentlichungen gehören Titel wie die ominös klingenden und in einem deutschen Kontext historisch aufgeladenen „1945" und „1936", zwei Original-Tracks auf seiner im November 2020 auf dem Warschauer Label Carnivor Records erschienen EP „19th Century".[4]

Konkreter wird es mit Tracktiteln wie „Human Elimination" (2019) und „Annihilate" (zu Deutsch: „Menschenvernichtung" und „Auslöschen"), die ebenfalls zu seinem Repertoire gehören. Auch Champas hat einen Track mit dem Titel „Holocaust" (2019) veröffentlicht – eine aggressive und maschinelle Drohkulisse mit einem besonders schnellen Tempo von 143 BPM. Solche Bezüge lassen andere Tracktitel wie „A8X" (2019) anders deuten. Für sich genommen wirkt dieser Titel abstrakt, doch in Verbindung mit Begriffen wie „Human Elimination", „Holocaust" und „1945" liegt auch eine rechtsextreme Interpretation nahe: „18" ist ein beliebter Neonazi-Code für „AH", die ersten und achten Buchstaben des Alphabets, oder um es konkreter zu formulieren: Adolf Hitler. Womöglich ist mit dem Titel „A8X" also „Adolf Hitler X" gemeint. Eine weitere Interpretation des Tracktitels wäre der Spielfilm aus dem Jahr 1998 „American History X", der sich um die Neonazi-Szene in Kalifornien dreht. Neben solchen suggestiven Tracktiteln ist die Ästhetik Champas von Frakturschrift und düsteren Bildern von stillgelegten Fabriken und satanistischer Symbolik geprägt. Daraus entsteht ein nihilistisches Weltbild, das Weltuntergangsfantasien feiert und durch Assoziationen mit Labels wie „Endzeit" untermauert wird, auf dessen Partys Champas aufgetreten ist und welches die Single „Holocaust" veröffentlichte. Das Label „Endzeit" hat sich mittlerweile von Rassismus und „rechten Inhalten jeglicher Art" distanziert, das Label stehe für „Freiheit, Liebe, Gemeinsamkeit und Vielfalt" (Potter 2020), heißt es in einem Statement.

---

4 Dass die Jahre 1945 und 1936 natürlich nicht im 19., sondern im 20. Jahrhundert liegen, wird in der Pressemitteilung der Veröffentlichung nicht thematisiert.

Auf eine Kritik seiner Tracktitel zeigte Champas bislang wenig Verständnis. Nachdem ein Nutzer auf den problematischen Titel „Holocaust" auf Facebook hinwies, antwortete Champas: „tu mir ein Gefallen und erzähl doch bitte deinem Frisör wie doof das alles war mit dem bestialischem Völkermord damals apropo Völkermord ich glaub so nen ich mein nächsten Track" [sic]. Doch in den Kommentaren zum Track auf Soundcloud ist auch reichlich Lob für den Titel zu finden: „Killer", schreibt ein Nutzer. Ein anderer: „Der Track ist richtig Holocaust!! :D aber sehr geil" (Champas 2019). Auf Anfrage will der Künstler nur bestätigen, dass er nicht rechtsradikal sei. Weitere Fragen zur Bedeutung und Interpretation seiner Tracktitel blieben unbeantwortet.

Man kann aufgrund einiger unreflektiert gewählter Tracktitel und einem düsteren Stil keinem Produzenten oder Label eine rechtsextreme Weltanschauung attestieren. Allein genommen könnte jeder Titel eine Frage der künstlerischen Interpretation sein. Zusammen betrachtet entsteht aber vor allem in der Nische des Dark Techno ein ästhetisches Bild, das spezifische Assoziationen hervorruft: Genozid, Vernichtung, Krieg, Zerstörung. Hier bedienen sich Produzent*innen und Labels ganz bewusst einer gewissen Ästhetik, die eine bedrohliche Stimmung vermitteln soll, eine Ästhetik, die als vermeintlich rebellische Provokation verpackt wird. Im besten Fall werden durch solche Titel die Shoah und das NS-Regime verharmlost, im schlimmsten Fall fungieren sie als sogenannte „Dog Whistles", also Chiffren, die von Eingeweihten als klare Bezüge und Botschaften verstanden werden, die allerdings für Außenstehende als unverfänglich erscheinen. Das heißt nicht, dass Teile der Dark-Techno-Szene an sich rechtsextrem sind, wohl aber, dass ihre Ästhetik und Bezüge für Rechtsextreme, Neonazis und Antisemit*innen jeglicher Couleur durchaus anschlussfähig sind.

Da zum Beispiel in Deutschland viele rechtsextreme Codes und Symbole verboten sind, wie SS-Runen und Hakenkreuze, und viele rechtsextreme Alben indiziert wurden, suchen Rechtsextreme immer aktiv nach anderen Möglichkeiten, ihre menschenverachtende Ideologie kundzutun und ihre Zugehörigkeit in der rechtsextremen Szene offen zu zeigen. Teile der Dark-Techno-Szene haben es insofern Rechtsextremen besonders leicht gemacht.

Aus der Perspektive von Betroffenen rechtsextremer und antisemitischer Gewalt oder Menschen, deren Familienmitgliedern und Freund*innen im Nationalsozialismus ermordet wurden, wirken solche Tracktitel wie eine Verhöhnung, die in Geschmacklosigkeit kaum zu überbieten sind. Dass ausgerechnet und vor allem in Deutschland, dem Land der systematischen und industriellen Vernichtung europäischer Jüdinnen und Juden, solche Bezüge im Techno anzutreffen sind, ist ein besonders alarmierender Trend. Doch genau eine solche Empörung soll solche Bezüge im Dark Techno auslösen: So wird Geschmacklosigkeit sogar zum ästhetischen Ziel der Künstler*innen, so wird mit Tabuisierung bewusst gespielt. Das ist dennoch problematisch: Denn solche aufgeladenen Bezüge haben eine verharmlosende, normalisierende Funktion, die die Grausamkeit der Shoah auf eine künstlerische Provokation reduzieren und damit die Massenvernichtung der Jüdinnen und Juden sowie der Sinti*zze und Rom*nja und weiterer Gruppen relativieren. Darüber hinaus wird die Massenvernichtung des NS-Regimes nicht nur künstlerisch angeeignet, sondern in einem eigentlich hedonistisch geprägten Kontext aktiv gefeiert und durch den Verkauf von Tracks sogar kommerzialisiert, was zu einer Kulturindustrialisierung des Holocausts führt.

Rechtsextreme Einflüsse: Von „Blood & Honour" bis zur Wehrmacht

Auch explizite Bezüge zu rechtsterroristischen Organisationen sind im Subgenre des Dark Techno zu finden. Der hessische Produzent Marcel Paul betitelte seine 2019 auf dem Koblenzer Label Feind veröffentlichte EP „Blood & Hornor" [sic]. Der Titel weckt sogleich die Assoziationen auf das in Großbritannien gegründete, international aktive und in Deutschland seit 2000 verbotene rechtsextreme und besonders militante Netzwerk „Blood & Honour", zu Deutsch: Blut und Ehre, was wiederum ein Schlagwort der Hitlerjugend war. Das Netzwerk wurde vom britischen Neonazi Ian Stuart Donaldson, Sänger der rechtsextremen und antikommunistischen Punk-Band Skrewdriver, in den achtziger Jahren gegründet. Es organisiert unter anderem Rechtsrock-Konzerte und vertreibt Veröffentlichungen rechtsextremer Bands, die zum Beispiel in Deutschland indiziert wurden und nicht verbreitet werden dürfen. Das Netzwerk unterstützte aber auch jahrelang das untergetauchte rechtsterroristische NSU-Kerntrio (vgl. NSU Watch 2020). Die NSU-Terrorist*innen Uwe Mundlos, Uwe Böhnhardt und Beate Zschäpe zählten laut dem thüringischen Landeskriminalamt in den späten neunziger Jahren sogar zum „harten Kern der Blood & Honour-Bewegung" (Röpke 2013: 155). Trotz Verbot sind die Strukturen allerdings weiterhin aktiv. Als bewaffneter Arm von „Blood & Honour" gilt die rechtsterroristische Organisation „Combat 18", die im Januar 2020 ebenfalls in Deutschland verboten wurde und deren früheres Mitglied Stephan Ernst 2019 den Kasseler Regierungspräsidenten Walter Lübcke (CDU) ermordete. Auch Mitglieder von „Combat 18" betrieben neben ihren klandestinen rechtsterroristischen Aktivitäten Handel für Rechtsrockmusik.

In einem Facebook-Post schreibt der Produzent Marcel Paul, um die EP zu bewerben den Titel als „Blood & Honor" – also die US-amerikanische Schreibweise, hier allerdings ohne den Rechtschreibfehler „Hornor". Es habe sich „irgendwann und irgendwo" auf dem Weg der EP ein winziger Formfehler eingeschlichen, postet Paul mit vielen grinsenden und lachenden Emojis. So erweckt er den Eindruck, dass er mit der Schreibweise „Hornor" eine mögliche Zensur des Titels verhindern wollte. Auch diese EP wurde von Beatport kommentarlos entfernt, nachdem der Dienst mit einem Hinweis auf den Titel und einer Liste von Fragen kontaktiert wurde. Doch die EP war weiterhin auf anderen Plattformen wie Spotify zu finden. Der Titel ist kein Einzelfall: Zu Pauls anderen Tracks gehören auch Titel wie „Iron Fist" (2016). Die völkisch-nationalistische Organisation „Eiserne Faust" existierte von 1919 bis 1934 und diente als informelle Vereinigung von Reichswehroffizieren. Als Redewendung bedeutet zum Beispiel „mit eiserner Faust" diktatorisch, autoritär oder mit Gewalt zu regieren. Auch Tracktitel wie „Frontline" (2018) vermitteln eine martialische Ästhetik des Krieges und der Gewalt. Auf eine Anfrage zur Bedeutung seiner Tracktitel und seiner politischen Einstellung reagierte Marcel Paul nicht.

Mit dem Techno-Label Feind, das die „Blood & Hornor"-EP veröffentlichte, ist auch der Düsseldorfer DJ und Produzent Tim Wermacht assoziiert. Sein Name kann nur als eine Anspielung auf die nationalsozialistischen Streitkräfte verstanden werden. Auch in Tracktiteln wie „Wir marschieren" wird Tim Wermachts Neigung zum Faschistisch-Militärischen deutlich. Das Label Feind bietet mittlerweile eine andere Erklärung für den Namen Tim Wermacht.

In einem öffentlichen Statement auf Facebook, nachdem der am 25. August 2020 auf dem Online-Portal *Belltower.News* erschienene Artikel „Rechtsextremer Techno: Raven für Deutschland", der vom Autor dieses Beitrags verfasst wurde, unter anderem den Künstlernamen kritisierte, schreibt der Label-Chef Eugen Kunz: „Sein Name setzt sich wie folgt zusammen: Wer-Macht-Techno? Tim!" (Potter 2020). Dennoch habe das Label den Künstler aufgefordert, öffentlich Stellung zu beziehen und eine Namensänderung zu vollziehen, hieß es. Doch dies ist immer noch nicht geschehen: Der Künstler veröffentlicht und spielt immer noch unter dem Namen Tim Wermacht, seiner Soundcloud- und Facebook-Seiten zufolge ist er immer noch mit dem Label Feind assoziiert. Auf Anfrage bestätigt Label-Chef Kunz, dass er und Tim Wermacht gemeinsam zu dem Schluss gekommen seien, dass sein Name so bleiben solle, da eine Änderung enormen Schaden für eine musikalische Karriere zur Folge hätte, beispielsweise auf Streamingdiensten. Der Künstler habe zudem versichert, dass er weder eine politisch rechte Weltanschauung vertrete noch wolle er Hass verbreiten, so Kunz. Auf eine Anfrage reagierte der Künstler Tim Wermacht mit einem langen Statement. Darin heißt es unter anderem, dass er sich nicht für Politik interessiere, in „keinster Weise" rechts sei und noch nie gewählt habe. Seinen Namen wolle er nicht ändern, weil eine Änderung gezeigt hätte, dass der Autor dieses Textes „in irgendeiner form damit recht haben" [sic] könnte.

Die Kritik des erwähnten *Belltower.News*-Artikels löste eine heftige Diskussion in der Szene aus (vgl. FAZE Redaktion 2020 und Grille 2020). In Kommentaren auf Social-Media-Plattformen und Leserbriefen an die *Belltower.News*-Redaktion zeigten viele Fans des Subgenres lediglich wütendes Unverständnis: Techno sei unpolitisch, sei progressiv, könne mit Rechtsextremismus gar nichts zu tun haben. Es folgten Hasskommentare, Beleidigungen und gar Bedrohungen gegen den Autor. Die Veröffentlichung des *Belltower.News*-Artikels und die darauffolgende Diskussion auf Social Media hatte weitreichende Konsequenzen für das Label Feind: Laut dem Labelbetreiber seien alle Veröffentlichungen von sämtlichen Musikportalen gelöscht worden, der Vertrieb habe die Zusammenarbeit mit dem Label beendet, es sei nicht mehr möglich, Musik unter dem Labelnamen zu veröffentlichen, so Label-Chef Kunz in einer Email. In seinem Statement auf Facebook nach Erscheinung des *Belltower.News*-Artikels distanzierte sich das Label Feind ausdrücklich vom Rechtsextremismus. Darin schreibt der Label-Chef Eugen Kunz:

> „Wir wollen keine Nazi-Tracknamen oder Rassisten auf unserer Veranstaltung und in unserer Szene. Techno steht für Toleranz und Vielfältigkeit, egal wie dark er ist…Es darf einfach nicht sein, dass solche Tracknamen unreflektiert verbreitet und gefeiert werden und darauf werden wir in Zukunft achtgeben!" (FEIND 2020).

Dem Label sei nicht aufgefallen, dass der Titel „Blood & Hornor" eine Anspielung auf ein rechtsterroristisches Netzwerk ist, da die Label-Mitglieder keinen Bezug zum Rechtsextremismus hätten und daher die Codes der Szene nicht kennen würden. Man kann darüber streiten, wie plausibel diese Erklärung tatsächlich ist. Das Label soll zudem die Zusammenarbeit mit dem Produzenten Marcel Paul beendet und alle genannten Titel von sämtlichen Plattformen gelöscht haben, wie es weiter im Statement heißt. Das Label versprach zudem, auch andere Konsequenzen aus der Kritik des Artikels zu ziehen: 50 Prozent der Einnahmen von einer demnächst erscheinenden Compilation des Labels sollen an eine Organisation gespendet werden, „die sich dem Kampf gegen Rassismus verschworen hat". Die Compilation sei noch in Planung, bestätigt das Label auf Anfrage, und wird „We Are One" heißen.

Andere Labels in dieser musikalischen Nische sind weniger einsichtig, relativieren und verharmlosen weiterhin das NS-Regime und die Shoah. Gleichzeitig muss betont werden, dass der Erfolg dieser Labels und Künstler*innen bescheiden bleibt: Ihr Einfluss auf die internationale Szene ist gering, die Zahl ihrer Abonnent*innen und Follower*innen auf Social-Media-Plattformen ist in der Regel lediglich im vierstelligen Bereich, solche DJs spielen in der Regel nicht in den renommierten Clubs der Szene, werden nicht in den üblichen Zeitschriften porträtiert, veröffentlichen nicht auf den viel gefeierten Labels. Doch auch im etablierten Underground der elektronischen Musikszene findet man problematische Bezüge, wie ein Track des britischen Produzenten und Skull Disco Label-Chefs mit dem terrorismusverherrlichenden Titel „Hamas Rule" zeigt. Eine Limited-Edition-Version der Schallplatte „The Sixth Reich Pax Amerikkkana" der Künstler*innen Unit Moebius und Polygamy Boys, die 2003 auf dem niederländischen Label Bunker Records erschien, zeigt eine US-amerikanische Flagge, die aus Hakenkreuzen besteht (vgl. Unit Moebius/Polygamy Boys 2003).

Anhand der beschriebenen Beispiele lassen sich drei Kategorien von Titeln mit rechtsextremen und antisemitischen Bezügen feststellen: Erstens, konkrete Bezüge wie „Holocaust" und „Auschwitz", die sich die Massenvernichtung der europäischen Jüdinnen und Juden künstlerisch aneignen und diese feiern. Zweitens, assoziative Bezüge wie „Annihilate" und „Zerstörung", die durch ihre Ambiguität verschieden interpretiert werden könnten, die allerdings in Verbindung mit konkreten Bezügen eine problematische Deutung nahelegen, die jedoch auch als künstlerische Provokation verstanden werden könnte. Und schließlich drittens, abstrakte Bezüge wie „A8X", die erst in Verbindung mit konkreten und/oder assoziativen Bezügen auf ein rechtsextremes Weltbild hindeuten und als szeneinterne Chiffren fungieren könnten.

From the River to the Sea: BDS und Techno

In der internationalen elektronischen Musikszene manifestiert sich Antisemitismus vor allem in einer pauschalisierenden und diffamierenden „Israelkritik", die den jüdischen Staat verteufelt. Auch Techno ist gegen die BDS-Bewegung nicht immun, im Gegenteil: Die elektronische Musikszene ist besonders anfällig für die Botschaften der BDS-Kampagne gegen Israel

– und die Debatte wird häufig in den Timelines und auf den Tanzflächen auf 120 Dezibel geführt. Wenn Kritik gegen den jüdischen Staat delegitimiert, dämonisiert und/oder doppelte Standards anwendet – wie es die BDS-Kampagne tut – ist sie antisemitisch.

Der ehemalige israelische Politiker und heutige Vorsitzende des Institute for the Study of Global Antisemitism and Policy, Natan Sharansky, erfand auf Basis dieser drei Kriterien den „3-D-Test" für Antisemitismus (vgl. Sharansky 2004). Von der International Holocaust Remembrance Alliance werden folgende Beispiele von Antisemitismus in ihrer Arbeitsdefinition von Antisemitismus genannt (vgl. International Holocaust Remembrance Alliance 2016): Die Anwendung doppelter Standards, indem man von Israel ein Verhalten fordert, das von keinem anderen demokratischen Staat erwartet oder gefordert würde. Außerdem die Aberkennung des Rechts des jüdischen Volkes auf Selbstbestimmung, zum Beispiel durch die Behauptung, die Existenz Israels sei ein rassistisches Unterfangen.

Die Forderungen der BDS-Kampagne sind zwar diffus und bieten viel Interpretationsspielraum, sprechen allerdings in ihren Implikationen letztendlich Israel das Existenzrecht ab. Anhänger*innen der Bewegung betonen häufig, dass die Kampagne friedlich sei, doch eine Untersuchung der amerikanisch-jüdischen NGO AMCHA und der Brandeis University zeigt, dass Israel-Boykottaktionen an Universitäten auch zu einer höheren Zahl antisemitischer Vorfälle führen (vgl. Amcha Initiative 2015). Bei Online-Kampagnen fallen viele Anhänger*innen der Bewegung oft als aggressiv und konfrontativ in ihrem Ton auf, eine Taktik, die darauf abzielt, Andersdenkende einzuschüchtern und den Diskurs zu polarisieren. Bekannte BDS-Aktivist*innen treten zudem immer wieder neben militanten und terroristischen Gruppen wie der „Volksfront zur Befreiung Palästinas" (PFLP) auf und weisen beispielsweise auch Verbindungen zur islamistischen Terrororganisation Hamas auf (vgl. Dahl 2016 und Leber 2017).

Inwiefern die BDS-Kampagne antisemitisch ist, wurde in der Forschung schon ausführlich diskutiert und belegt (vgl. Feuerherdt/Markl 2020; Salzborn 2020; Amadeu Antonio Stiftung 2017). Die Einstufung von BDS als antisemitisch gehört zumindest zum politischen Konsens im Bundestag: Ein gemeinsamer Antrag der CDU/CSU, SPD, FDP und Bündnis 90/Die Grünen mit dem Titel „BDS-Bewegung entschlossen entgegentreten – Antisemitismus bekämpfen" wurde im Mai 2019 vom Deutschen Bundestag angenommen. Auch die Linke und die rechtsradikale AfD stellten eigene Anträge, die die BDS-Bewegung kritisierten.[5]

Außerhalb des Bundestages gibt es noch keinen politischen Konsens: Dieser Beschluss ist zumindest in der deutschen und internationalen Kulturszene umstritten.[6] Vor allem im englischsprachigen Raum ist in sich als links und progressiv verstehenden Milieus, besonders im Kontext von Hochschulen und Kultureinrichtungen, eine Unterstützung der Boykott-Kampagne anzutreffen.[7] Das gilt auch für die elektronische Musikszene: Einige weltweit bekannte Größen der Szene, wie der chilenisch-deutsche Ricardo Villalobos oder der britische Matthew Herbert, treten seit Jahren oder gar Jahrzehnten nicht mehr in Israel auf, offenbar aus „politischen Gründen" (vgl. Frenkel 2018).

Dass die Boykott-Bewegung immer mehr Unterstützer*innen im Bereich der elektronischen Musik findet, liegt zum Teil an Entwicklungen im Nahostkonflikt – wie beispielsweise der bildstarken medialen Berichterstattung zum Gaza-Krieg 2014 und 2021 sowie dem 2018 verabschiedeten Nationalstaatsgesetz, das den jüdischen Charakter Israels festschreibt.

In diesem Zusammenhang ist auch die fast bedingungslose Unterstützung Donald Trumps für Israel und vor allem Benjamin Netanyahu und dem darauffolgenden Umzug der US-amerikanischen Botschaft nach Jerusalem zu nennen. Die Nähe zwischen Trump und Netanyahu führte vor allem in linksliberalen Kreisen in den USA zu einer vereinfachten Wahrnehmung des Staates Israel, nach der der jüdische Staat unter anderem als enger Verbündeter eines, als illiberalen und regressiven Regimes unter Trump zu Hause gesehen wird. Eine mögliche Erklärung für die breite Unterstützung der BDS-Kampagne in der Szene könnte aber auch darin

---

5 Die Linke scheiterte mit einem eigenen Antrag, „BDS-Bewegung ablehnen – Friedliche Lösung im Nahen Osten befördern", der Antrag der AfD trug den Titel „BDS-Bewegung verurteilen – Existenz des Staates Israel schützen", der ebenfalls abgelehnt wurde (vgl. Deutscher Bundestag 2019).
6 Die „Initiative GG 5.3 Weltoffenheit" veröffentlichte im Dezember 2020 einen offenen Brief, in dem zwar der Boykott Israels durch BDS abgelehnt wird, gleichzeitig aber vor einer Einschränkung der Kunst- und Wissenschaftsfreiheit gewarnt wird. Zu den Unterzeichner*innen gehören unter anderem Thomas Oberender, Intendant der Berliner Festspiele, Ulrich Khuon, Intendant des Deutschen Theaters und Johannes Ebert, Generalsekretär des Goethe Instituts (vgl. Initiative GG 5.3 Weltoffenheit 2020). Inwiefern der offene Brief problematisch ist, wurde von *Tom Uhlig* und *Leo Fischer* in der Zeitschrift *konkret* kritisiert (vgl. Fischer/Uhlig 2021).
7 „Israelkritik" und israelbezogener Antisemitismus hat auch eine lange Tradition in der deutschen Linken (vgl. Herf 2019).

bestehen, dass das Genre ursprünglich in einem politisierten schwarzen Milieu in den USA entstand, was zur Folge hat, dass ein antirassistisches und von der postkolonialen Theorie geprägtes Selbstverständnis herrscht. Damit sollen die teilweise wertvollen Verdienste der postkolonialen Theorie nicht negiert, sondern lediglich darauf hingewiesen werden, dass die postkoloniale Theorie häufig das Wesen des Antisemitismus verkennt (vgl. Cheema/Mendel 2020).[8] In manchen Fällen führt das dazu, dass Israel explizit oder implizit als „Kolonialmacht" gesehen und entsprechend kritisiert wird. Hinzu kommt, dass viele DJs und Fans in der elektronischen Musikszene an die emanzipatorischen Wurzeln des Genres anknüpfen möchten: So schlagen sie sich reflexartig auf die Seite des vermeintlichen „Underdogs" in einem vereinfachten Kampf von „Gut" gegen „Böse" und überidentifizieren sich mit der „palästinensischen Sache".

Die Auswirkung der BDS-Kampagne wurde spätestens im Sommer 2018 in der elektronischen Musikszene international sicht- und hörbar, als Künstler*innen reihenweise ihren Auftritt beim israelischen Musikfestival Meteor Festival abgesagt hatten – darunter die elektronischen Musik-DJs Volvox, Leon Vynehall, Mall Grab, Shanti Celeste, DJ Python und DJ Seinfeld (vgl. Guttridge-Hewitt 2018). Nach Angaben der BDS-Kampagne sagten insgesamt 20 Künstler*innen ihren Festivalauftritt ab (vgl. Palestinian Campaign for the Academic and Cultural Boycott of Israel 2018).

Die BDS-Kampagne rief zum Boykott des Festivals auf, da die eingeladenen Künstler*innen als „Botschafter*innen der israelischen Regierung" dienen würden – ein häufiger BDS-Vorwurf, obwohl beispielsweise in diesem Fall das unabhängige Festival keine staatliche Förderung oder Unterstützung erhielt. In der Nähe des Festivals, das im Kibbutz Lehavot HaBashan in Obergaliläa stattfand, seien zudem die Ruinen dutzender palästinensischer Städte und Dörfer, die bei der Staatsgründung Israels 1948 zerstört worden seien, so die Kritik der BDS-Bewegung am Festival. Die BDS-Bewegung warf dem Festival zudem vor, Unterkünfte in den benachbarten Golanhöhen empfohlen zu haben, die von Israel im Sechstagekrieg 1967 besetzt und 1981 annektiert wurden.

Nach dem Festival gerieten die Betreiber*innen in finanzielle Schwierigkeiten. In einem Statement der Veranstalter*innen gegenüber dem israelischen Fernsehsender „Channel 13" hieß es:

„The blow by BDS that we experienced a week before the festival led to thousands of ticket cancellations and severe losses to the company,

---

8 Siehe zur Kritik der Postcolonial Studies auch Vivek Chibber (2013).

which at the moment is in danger of bankruptcy and is making every effort to find investors and return to operations" (Chajut 2019).

Gegenüber der israelischen Zeitung *Haaretz* beschwerten sich viele Mitarbeiter*innen und Bands, dass sie nicht bezahlt wurden. Sie vermuten allerdings, dass die BDS-Kampagne nicht der alleinige Grund für die finanziellen Schwierigkeiten des Festivals war, sondern dass das Unternehmen bereits Schulden hatte (vgl. Chajut 2019). Dennoch: Die BDS-Bewegung konnte die Aktion als Erfolg verbuchen – was die israelische Politik nicht beeinflussen konnte, dafür aber die Kulturszene bestrafte.

Die pinke Kachel: #DJsForPalestine

Die Boykottbewegung gegen Israel erreichte wenige Tage nach dem Meteor Festival einen neuen Höhepunkt in der elektronischen Musikszene: Mit einer erfolgreichen Social-Media-Kampagne gelang es der BDS-Bewegung, den Israel-Palästina-Konflikt auf die politische Agenda der Technowelt zu setzen.

Unter dem Hashtag #DJsForPalestine riefen im September 2018 einflussreiche Protagonist*innen der Szene zum Boykott Israels auf – darunter namhafte DJs wie The Blessed Madonna, Call Super, Pariah, Four Tet, Laurel Halo, Caribou und das New Yorker Kollektiv Discwoman.[9] Szenegrößen sowie Künstler*innen des Undergrounds teilten Bilder und schrieben Posts auf Social Media, in denen sie ankündigten, nie wieder in Israel aufzutreten. So wurde ein einfaches binäres Weltbild von „Unterdrücker" und „Unterdrückte", von „Steinen gegen Panzer" vermittelt, das die Komplexität und lange Geschichte des Konflikts im Nahen Osten ausblendet und in dem Nuancen und Differenzierungen keinen Platz haben.

---

9 Die US-amerikanische Produzentin Laurel Halo hat jüdische Vorfahren und streitet das Existenzrecht Israels nicht ab, wie sie auf Social Media schreibt. Die Produzentin und DJ Marea Stamper hat ihren Künstlernamen „The Black Madonna" im Juli 2020 in „The Blessed Madonna" geändert. Anlass war eine Petition von kritischen Fans im Zuge der „Black Lives Matter"-Proteste in den USA, die Stamper vorwarfen, mit dem DJ-Namen unsensibel gegenüber dem Thema Rassismus zu sein. In der religiösen Kunst ist die „Schwarze Madonna" ein Jahrhunderte zurückgehendes Bild- und Statuemotiv von Maria. Stamper ist gläubige Katholikin.

> ## As long as the Israeli government continues its brutal and sustained oppression of the Palestinian people we respect their call for a boycott of Israel as a means of peaceful protest against the occupation.

Bild 2: Screenshot des Beitrags von Ben UFO auf Instagram (2018)

Mit der #DJsForPalestine-Kampagne wurde ein genereller Auftrittsboykott in Israel in der Szene noch salonfähiger. Offenbar der erste DJ, der die Kampagne unterstützte: der britische Ben Thomson alias Ben UFO, Darling der Szene und musikalisch einflussreicher Chef des hoch angesehenen Labels „Hessle Audio". Ein deutscher Club-Promoter beschreibt ihn in einem Hintergrundgespräch für diesen Beitrag als „eine der Speerspitzen der europäischen BDS-Anhänger*innen in der Technoszene". An seine damals 22.000 Instagram-Follower*innen postete Ben UFO am 12. September 2018 unter dem Hashtag #DJsForPalestine eine pinke Kachel mit weißem Text: „As long as the Israeli government continues its brutal and sustained oppression of the Palestinian people we respect their call for a boycott of Israel as a means of peaceful protest against the occupation" (Ben UFO 2018). In einem Beitrag zum Bild erklärt Ben UFO, dass sein Boykott-Aufruf aus einer antirassistischen Perspektive komme. Auf die Frage, warum er nur Israel als einziges Land boykottieren möchte, in anderen Worten also doppelte Standards anwendet, schreibt er, dass, würde es gegen ein anderes Land eine vergleichbare Boykott-Bewegung aus der dortigen „betroffenen unterdrückten Klasse" geben, er auch diese unterstützen würde. Für ihn sei die Sache eine Frage der Solidarität.

Doch die häufige Behauptung, die BDS-Bewegung sei ein zivilgesellschaftliches Projekt, stimmt nicht: 172 Organisationen und Verbände unterschrieben 2005 den Gründungsaufruf der Boykottbewegung, gleich als

erstes das „Council of Palestinian National and Islamic Forces in Palestine"
– eine Vereinigung, die kurz vor Beginn der zweiten „Intifada" gegründet
wurde und zu der unter anderem die Terrororganisationen Hamas, PFLP
und Islamischer Jihad sowie die Fatah gehören (vgl. Feuerherdt/Markl
2020: 60f.).

Ben UFOs Unterstützung der Kampagne war kein neues politisches
Anliegen: Er spielte zuletzt im Jahr 2013 in Israel im Tel Aviver Club
The Block, spendete seine Gage aber an den „Palestinian Children's Relief
Fund", wie er auf Anfrage des Autors in einer Email erzählt.[10] Es war sein
letzter Auftritt im jüdischen Staat, doch im Frühling 2020 sollte Ben UFO
in der arabisch geprägten Stadt Jaffa auf einer Party des palästinensischen
Tanzmusikkollektivs Jazar Crew spielen, ehe die Veranstaltung aufgrund
der Covid-19-Pandemie abgesagt wurde. „Ich hoffe, dass es noch stattfinden wird", schreibt Ben UFO. „Ich habe mich sehr darauf gefreut, eine
Show zu spielen, die von politisch aktiven Palästinenser*innen und Israelis
organisiert wird, die kollaborativ zusammenarbeiten."

Auch wenn Ben UFO künftig den Boykott eines anderen Landes nicht
ausschließt, wenn eine solche Aktion von einer unterdrückten Gruppe
gefordert werden würde, bleibt weiterhin der jüdische Staat das einzige
Land, das er boykottiert: Dass er in den vergangenen Jahren beispielsweise
in Russland trotz der tiefverwurzelten Homofeindlichkeit auf Staatsebene,
in der Türkei trotz der gewalttätigen und systematischen Unterdrückung
der kurdischen Bevölkerung, in China trotz der KZ-ähnlichen „Umerzie-
hungslager" für Muslim*innen in Xinjiang, gar in den USA angesichts
der rassistischen und unmenschlichen Grenzpolitik des ehemaligen Präsidenten Donald Trump weiterhin spielen würde, wird nicht thematisiert.
Jakob Baier bringt dieses Phänomen der doppelten Standards in einem
Artikel für *ze.tt* über den Einfluss der BDS-Kampagne auf subkulturelle
Musikszenen prägnant auf den Punkt:

> „Ein Auftritt in einem Land mit einer autoritär und repressiv agie-
> renden Regierung wird als Unterstützung der jeweiligen Kulturszene
> gedeutet. Ein Auftritt in Israel hingegen gilt – unabhängig vom Publi-
> kum – als Verrat an der vermeintlich guten Sache" (Baier 2020).

Oder wie die schwarze transgender DJ Honey Dijon aus Chicago in Bezug
auf ihren Auftritt beim Meteor Festival 2018 auf Twitter schrieb:

---

10 Das Interview mit Ben UFO wurde vom Autor am 15. Februar 2021 via Email geführt.

„All of you people criticizing me about playing in Israel, when you come to America and stand up for the murder of black trans women and the prison industrial complex of black men then we can debate. I play for people not governments" (Dijon 2018).

Medienberichten zufolge sagte Honey Dijon allerdings ihren Auftritt beim Festival nach öffentlichem Druck auf Social Media schließlich doch ab (vgl. Maine 2018). Klar wird: In solchen Entrüstungskampagnen im Internet findet eine Auseinandersetzung mit dem Thema Antisemitismus schlicht nicht statt. Israelbezogener Antisemitismus wird oft negiert, die Entstehung und der Kontext des Staates Israel, die demographische Heterogenität des Landes sowie seine Bedeutung als jüdischer Staat für verfolgte Jüdinnen und Juden weltweit findet selten Platz in der Diskussion um die Kampagne.

Nach Ben UFOs Post auf Instagram verbreitete sich die pinke Kachel mit der weißen Boykott-Botschaft schnell durch die elektronische Musikszene auf Social Media wie ein digitales Lauffeuer: Hunderte DJs teilten das Statement mit dem Hashtag #DJsForPalestine, die größten Organe der Szene wie *Resident Advisor* und *DJ Mag* berichteten auffällig unkritisch und schnell über die Aktion, was eine koordinierte Kampagne in der Szene nahelegt (vgl. DJ Mag 2018 und Resident Advisor 2018). Tatsächlich war die Hashtag-Kampagne geplant: #DJsForPalestine wurde von der 2004 gegründeten „Palästinensische Kampagne für den akademischen und kulturellen Boykott Israels" (kurz PACBI) initiiert, die im engen Kontakt zur BDS-Bewegung steht: Die PACBI war Gründungsmitglied des „Palestinian BDS National Committee" und ruft Wissenschaftler*innen, Intellektuelle, Lehrpersonal und Studierende auf, „von jeglicher Zusammenarbeit mit israelischen Forschungsinstituten, Universitäten, Bildungseinrichtungen etc. abzusehen", wie es auf der deutschsprachigen Webseite der BDS-Kampagne heißt (BDS-Kampagne 2014). Die #DJsForPalestine-Kampagne folgte einer ähnlichen Hashtag-Aktion in der Kunstszene: #ArtistsForPalestine.[11] Ben UFO zufolge wurde die Kampagne von zwei Londoner Aktivist*innen gestartet, die die pinke Kachel entwarfen. Andere Künstler*innen berichten, dass Ben UFO die Kampagne mitkoordiniert haben soll.[12]

Die Strategie der PACBI ging auf: #DJsForPalestine ist eine niedrigschwellige Online-Kampagne. Wer mitmachen will, muss lediglich ein

---

11 Im Zuge des Gazakriegs 2021 wurde zudem die Kampagne #MusiciansForPalestine initiiert (vgl. Chandran 2021).

12 Das schreibt zum Beispiel der*die Technoproduzent*in Rrose in einem Statement auf seiner*ihrer Webseite (vgl. Rrose 2018).

Bild auf Instagram oder Facebook mit dem entsprechenden Hashtag teilen. Ein Solidaritäts-Auftritt im Westjordanland gehört nicht zum Aktivismus der unterstützenden DJs, im Gazastreifen wäre das ohnehin nicht möglich, für queere DJs sogar lebensgefährlich. Auffällig ist, dass viele Unterstützer*innen der Kampagne sonst kaum politisch oder aktivistisch auftreten. Zu vielen anderen komplexen politischen Situationen weltweit veröffentlichen sie keine Statements.[13] Die Kritik der doppelten Standards und einer politischen Inkonsequenz wird in der Szene als bloßes „Whataboutism" abgeschmettert, also ein vermeintliches Ablenkungsmanöver, um Boykottaufrufe gegen den jüdischen Staat zu delegitimieren.

Sun City: Parallelen mit dem Apartheidsregime?

Immer wieder wird in der BDS-Bewegung der Boykott des rassistischen Regimes in Südafrika als Vorbild hochgehalten: So schrieb die PACBI in einem Statement auf Twitter am 12. September 2018, dem Tag, an dem die #DJsForPalestine-Kampagne gestartet wurde:

> „We welcome the DJs, producers, record labels, collectives and electronic musicians today endorsing the Palestinian call for the cultural boycott of Israel. Cultural boycott played a key role in the South African anti-apartheid movement, with progressive artists refusing to whitewash the oppression of the black majority. There should be no business-as-usual with Israel's regime of occupation, apartheid and settler-colonialism as long as it denies Palestinians our fundamental rights" (Palestinian Campaign for the Academic and Cultural Boycott of Israel 2018b).

Der geschichtsrelativierende und diffamierende Vergleich mit dem kulturellen Boykott gegen die Apartheidsregierung in Südafrika ab den sechziger Jahren ist eine effektive Rekrutierungstaktik: Große Teile der elektronischen Musikszene betrachten sich als progressiv und emanzipatorisch, wollen auf der richtigen Seite der Geschichte stehen. Der kulturelle Boykott gegen einen strukturell rassistischen Staat in Südafrika war nicht nur erfolgreich, sondern ist aus heutiger Sicht moralisch und politisch selbstverständlich. Die Kampagne hatte damals viele prominente Unter-

---

13 Hier gibt es wichtige Ausnahmen: The Blessed Madonna setzt sich beispielsweise seit Jahren für LGBTQ*-Rechte und Feminismus ein. Auch Ben UFO positioniert sich immer wieder gegen Rassismus und Unterdrückung.

stützer*innen in der Musikbranche: Die von Steven Van Zandt gegründete Gruppe „Artists United Against Apartheid" konnte beispielsweise einige der erfolgreichsten Musiker*innen der achtziger Jahre gewinnen. Prominente Musiker wie Miles Davis, Bob Dylan, Ringo Starr, U2 und Bruce Springsteen nahmen um 1985 die Single und das Album „Sun City" auf. Das Lied „Sun City", benannt nach dem gleichnamigen Resort, einem symbolischen Ort des Regimes, wo viele internationale Musiker*innen trotz Apartheid spielten, wurde zur Protesthymne der Anti-Apartheid-Bewegung. Auch The Beatles und The Rolling Stones weigerten sich damals, in Südafrika aufzutreten. Der Einfluss der Kampagne auf die Kulturszene war immens.

Vielmehr als ein tiefgründiges Interesse am oder eine ideologisch verfestigte Position zum Nahostkonflikt dürfte die im folgenden erläuterte Dynamik eine wichtigere Rolle spielen für die Bereitschaft von so vielen Protagonist*innen der elektronischen Musikszene, die von der BDS-Bewegung initiierte Israelboykott-Kampagne #DJsForPalestine zu unterstützen: Viele Künstler*innen wollen damit an die emanzipatorische Tradition des Genres anknüpfen, das sich schon immer für diverse Kämpfe gegen gesellschaftliche, vor allem identitätspolitische, Unterdrückung richtete. Die vermeintlichen Parallelen der BDS-Bewegung und des kulturellen Boykotts gegen Südafrika betont *Resident Advisor* in seinem 2018 veröffentlichten Artikel „Should DJs stand for Palestine? Perspectives on the cultural boycott of Israel":

> „South Africa was the subject of the first international cultural boycott, which many say contributed to the end of apartheid, alongside a sporting boycott and economic sanctions. BDS supporters cite parallels between South Africa and Israel – before his death, Nelson Mandela declared the Israeli-Palestinian conflict 'the greatest moral issue of our time'" (Faber 2018).

Im Artikel, den *Resident Advisor* am 8. November 2018 ausgerechnet einen Tag vor dem Gedenktag der nationalsozialistischen Novemberpogrome erscheinen ließ, kommen sieben Akteur*innen der elektronischen Musikszene für und gegen die BDS-Bewegung zu Wort, darunter der prominente BDS-Unterstützer und Ambient-Musiker Brian Eno. Der Vorwurf, die BDS-Bewegung sei antisemitisch, ist laut *Resident Advisor* vor allem eine Meinung der „linksaußen antideutschen Bewegung" (Faber 2018).

Die Boykottierten: Auswirkung auf die Szene

Durch ihre Strategie in den sozialen Netzwerken zwischen Vergleichen mit Apartheid zu Anprangerungstaktiken zu changieren, führt die BDS-Kampagne in der Szene zu einem Klima der Angst. Über Antisemitismus im Techno, auch in Bezug auf BDS, wollten viele angefragte israelische und jüdische DJs für diesen Text nicht öffentlich sprechen, auch wenn sie privat die Bewegung verurteilen und gar von ihren Auswirkungen direkt betroffen sind. Auch im *Resident Advisor*-Artikel wird unter anderem deutlich, welche konkrete Auswirkung die BDS-Bewegung auf die elektronische Musikszene in Israel hat: So schreibt Yaron Trax, Gründer des Clubs The Block in Tel Aviv, dass circa fünf Prozent der angefragten Künstler*innen einen Auftritt in seinem Club offenbar aus politischen Gründen absagen. Er schreibt:

> „With #DJsForPalestine, of course all of us felt really bad. You can't feel good when somebody's boycotting you. A couple of DJs changed their plans to come and play at the club. Some Israelis I know got angry and feel the boycott is anti-Semitic. That's a tricky one – there may be anti-Semitism, even unconsciously, but it's not black and white … But there are ways for musicians to make a statement about the Israeli government without boycotting … Some DJs came to play at The Block and then played in Ramallah. This is a beautiful solution, but not very practical, since many headliners have busy schedules. They could also play here and donate some of their earnings to an NGO working towards peace" (Faber 2018).

Genau das soll der Zeitung *Haaretz* zufolge die Berghain-Residentin Kerstin Egert alias Tama Sumo gemacht haben: Nach einem langjährigen Boykott des Landes trat sie 2016 und 2017 in The Block auf und soll ihre Gage an eine Menschenrechtsorganisation in den palästinensischen Gebieten gespendet haben (vgl. Frenkel 2018). Eine Stellungnahme dazu wollte Egert nicht geben, auf Anfrage des Autors bestätigt sie aber, dass sie ihre Gage spendete.

Doch eine vermeintliche Solidarität mit der palästinensischen Bevölkerung kann auch in die andere Richtung gehen: Die einflussreiche und reichweitenstarke Online-Plattform Boiler Room, die weltweit DJ-Auftritte ins Internet streamt, veröffentlichte im November 2018 die Dokumentation „Palestine Underground" (Regie: Jessica Kelly) (vgl. Boiler Room 2018). Darin wird die Bezeichnung Israel abgelehnt und stattdessen fast ausschließlich und unkritisch nur von „Occupied Palestine" gesprochen und damit die Existenz des jüdischen Staates negiert. Diese Bezeichnung stammt nicht nur von den palästinensischen Protagonist*innen im Film, sondern wird auch durch Texteinblendungen der Filmemacher*innen ständig reproduziert. Auf YouTube hat die Dokumentation bislang mehr als 250.000 Aufrufe (Stand: Juni 2021).

Boiler Room fing 2010 als eine kleine Partyreihe in London an, die DJ-Auftritte wurden live ins Internet übertragen. Bereits 2015 hatte Boiler Room nach Berechnungen des britischen *Guardian* über 3,5 Milliarden Minuten Musik gestreamt und hatte ein Online-Publikum von bis zu 400.000 Fans pro Party (vgl. McQuaid 2015). Mittlerweile schließt die Plattform lukrative Deals mit globalen Marken wie Ray Ban und Red Bull ab[14] und hat somit eine große Reichweite in der internationalen Szene, die die Plattform auch für politische Zwecke benutzt. 2020 postete Boiler Room einen Beitrag auf Instagram, der die Pläne der israelischen Regierung kritisierte, das Westjordanland zu annektieren, und rief dazu auf, die BDS-Kampagne zu unterstützen. Der BDS-Aufruf wurde nach wenigen Tagen kommentarlos aus dem Beitrag entfernt (vgl. Baier 2020). Inzwischen ist der ganze Beitrag nicht mehr aufrufbar und wurde offenbar von Boiler Room gelöscht. Ein Fragenkatalog an Boiler Room bezüglich der genauen Position der Plattform zur BDS-Kampagne blieb unbeantwortet, ebenfalls die Frage, ob Boiler Room künftig mit israelischen DJs zusammenarbeiten oder Veranstaltungen in Israel organisieren würde.

Diese Stimmung spaltet. Und seit den erfolgreichen Boykottaufrufen in der Szene verhalten sich viele DJs anders, sagt Clubgründer Trax der *Haaretz*: „Nasty responses that people are leaving for a DJ who announced an upcoming gig with us have led to fewer famous DJs announcing appearances at the Block – even those who always promote themselves" (Frenkel 2018). Einige große US-amerikanische DJs wie Moodyman, Kyle Hall und die Martinez Brothers, die bereits mehrmals in seinem Club spielten, wollen nicht wieder auftreten, auch wenn sie keinen Grund dafür angeben. Was allerdings bei solchen Boykotten gegen den Tel Aviver Club selten erwähnt wird: The Block ist tatsächlich ein vielfältiger und inklusiver Ort, nicht nur musikalisch. Der Manager des Clubs ist beispielsweise Araber, eine Seltenheit in der israelischen Technoszene. Das Programm und die Klientel des Clubs will divers sein, versucht, auch marginalisierte Stimmen

---

14 Boiler Room hat sich in Vergangenheit gegen Rechtspopulismus positioniert, zum Beispiel im Mai 2018, als die Plattform die Demonstration „AfD wegbassen" der Berliner Clubszene unterstützte. Boiler Room hat allerdings kein Problem damit, mit Unternehmen wie Red Bull zusammenzuarbeiten, dessen Gründer Dietrich Mateschitz wiederholt Verbindungen zum Rechtspopulismus vorgeworfen wird.

in der israelischen Gesellschaft Raum zu geben. Traxs Appell an die Szene: „Instead of boycott, let's meet" (Faber 2018) – ein Appell, der allerdings allzu häufig auf taube Ohren trifft.

Ähnlich sieht es Adi Shabat, eine Veteranin der Tel Aviver Technoszene. Shabat war in den neunziger Jahren Musikjournalistin und gründete die Zeitschrift *Israeli DJ Mag* sowie das Label SPAM. Heute ist die jüdische DJ und Produzentin Residentin im Club The Block. Fragt man sie über die Auswirkungen der BDS-Bewegung in der Clubbranche, antwortet sie in einem ruhigen aber positiven Ton. „Ich würde nicht sagen, dass es ein Problem mit Antisemitismus in der Technoszene gibt", sagt Shabat im Gespräch.[15] „Im Gegenteil: Die Szene ist eine der wenigen Orte, wo ich mich als Israeli und Jüdin nicht beurteilt fühle. Techno ist inklusiv und akzeptierend." Problematisch findet Shabat allerdings die doppelten Standards, die einige DJs anwenden, wenn es um Israel geht. „Ich persönlich sehe die BDS-Bewegung nicht als antisemitisch an sich. Viele DJs spielen jedoch gerne in den USA für hohe Gagen, haben aber dann ein Problem damit, in Israel aufzutreten. Das finde ich inkonsequent." Das heißt nicht, dass Shabat zum Boykott der USA aufruft, betont sie. „Boykotte halte ich für unschlau, denn Musik soll verbinden, nicht spalten – egal wo du herkommst, was deine Religion ist, welche sexuelle Orientierung du hast." Die Boykott-Bewegung sieht Shabat vor allem als „coolen Trend" in der Szene, der auch finanzielle Gründe hat: DJs machten sich Sorgen um ihr Image, schlossen sich deshalb der Kampagne an, ohne sich große Gedanken zu machen, so Shabat. „Hier spielt aber vielleicht manchmal auch Antisemitismus eine kleine Rolle", räumt sie ein.

Shabat nennt auch positive Beispiele wie die deutschen DJs und Produzenten Dixon und Âme, deren Partyreihe Lost in a Moment auch in Israel stattfindet, die aber auch in den Nachbarländern spielen. „DJs, die sich mit der politischen Situation hier auskennen, spielen in Tel Aviv und danach im Libanon. Wenn sie es könnten, würden sie auch in Ramallah spielen, das ist allerdings oft nicht möglich". Shabat selbst darf aufgrund ihrer israelischen Staatsangehörigkeit nicht im Libanon spielen. Die Kritik vieler DJs an der israelischen Politik kann Shabat dennoch gut nachvollziehen:

> „Ich unterstütze meine Regierung und ihre Taten auch nicht. Ich bin Linke in einem seit 20 Jahren sehr rechten Land. Es gibt aber besse-re Alternativen als Boykottaufrufe. Sie werden nicht funktionieren, sondern lediglich die Kulturschaffenden und Musikliebhaber*innen

---

15 Das Interview mit Adi Shabat wurde vom Autor am 4. Februar 2021 geführt.

treffen, die sich als progressiv und weltoffen verstehen. Und das ist nicht fair."

Ob die BDS-Bewegung eine große Auswirkung auf die israelische Techno-szene haben wird? „99,9 Prozent der DJs kommen immer noch nach Israel. Die Szene in Tel Aviv ist groß und aktiv. Die, die nicht kommen, brauchen wir eh nicht. Wir haben bereits viele tolle DJs, die hier spielen", resümiert Shabat entschlossen.

Auch Roy Siny sieht kein ausgeprägtes Problem mit Antisemitismus in der Technoszene, selbst wenn er im Rausch der Nacht immer wieder unreflektierte Kommentare über seine Herkunft hören muss, die er zu ignorieren versucht: So konnte beispielsweise ein deutscher Türsteher dem jüdischen Siny nicht glauben, dass er pleite sei, schließlich „seid ihr alle reich", habe der Türsteher gesagt – ein Spruch, den Siny dann doch vehement widersprach und kritisierte. Den antisemitischen Vorfall schildert Siny im Gespräch.[16]

Der in Tel Aviv geborene israelische Jude wohnt seit zehn Jahren in Deutschland, er organisiert Clubnächte und kulturelle Veranstaltungen, wie beispielsweise die Partyreihe Expeditions im Berliner Club ://about blank und den jährlichen Karneval de Purim zum gleichnamigen jüdi-schen Feiertag im Berliner Club Ritter Butzke. „Die Initiative #DJsforPa-lestine ist im Grunde eine legitime Aktion, die allerdings von einer nicht legitimen Bewegung, der BDS, initiiert wurde und angeführt wird", sagt Siny. Die BDS-Kampagne locke viele antirassistisch eingestellte Menschen an, die zwar gute Absichten haben, so Siny. Doch ihre Aktionen richteten sich letztendlich nur gegen den Staat Israel und erreichten wenig bis gar nichts für die palästinensische Sache: „Am Ende wird nur versucht, Israel zu schaden und seine Existenz abzulehnen."

Allerdings habe die BDS-Kampagne keine große Bedeutung in der elek-tronischen Musikszene, berichtet Siny. Das liege unter anderem daran, dass Techno sich darin auszeichnet, Identitäten zu überwinden. So spiele Herkunft keine besondere Rolle. Insofern ist der Erfolg der BDS-Bewe-gung begrenzt, doch es gibt trotzdem Erfolge der Kampagne. So organi-sierte Siny 2015 eine „Tel Aviv Jaffa Beach Party" am Sage Beach in Berlin-Kreuzberg, ein sandiger Openair-Club an der Spree. Was eigentlich eine unpolitische Party sein sollte, ging nicht ohne Gegenproteste und Boykottaufrufe der BDS-Kampagne über die Bühne. Auf Social Media wurde die Party wegen einer vermeintlichen Verbindung zu Israel kriti-

---

16 Das Interview mit Roy Siny wurde vom Autor am 9. Februar 2021 geführt.

siert. Eine vom ehemaligen Journalisten und umstrittenen pro-palästinensischen Medienaktivisten Martin Lejeune organisierte Gegenveranstaltung, das „Palestine Solidarity Festival", dessen Vorbild der „Gaza Beach" sein sollte, fand am gegenüberliegenden Ufer statt, konnte am Ende allerdings nur wenige Menschen mobilisieren. Medienberichten zufolge gab es im Voraus offenbar Pläne der BDS-Kampagne, eine „Flotilla" über die Spree zu fahren und Stinkbomben auf die „Tel Aviv Jaffa Beach Party" zu werfen, was aber am Ende nicht geschah (vgl. Glick/Balke 2015). Doch 20 antiisraelische Demonstrant*innen versammelten sich vor dem Eingang der Party mit Palästinaflaggen und Transparenten, sie riefen Parolen wie „From the River to the Sea, Palestine will be Free". „Die Tatsache, dass diese Party nichts mit Israel oder einem seiner nationalen Symbole zu tun hatte, war den Demonstrierenden egal", erzählt Siny. „Es war sehr unangenehm". Der Zeitung *Jüdische Allgemeine* sagte ein anwesender Medizinstudent, Tomer Friedler: „Eigentlich merkte man nur durch diese Demonstration, dass es sich um eine israelische Veranstaltung handelte" (Glick/Balke 2015).

Die differenzierte Sichtweise von Figuren wie Adi Shabat und Roy Siny zeigt, dass die Situation doch nicht so schwarz-weiß ist, wie Anhänger*innen der BDS-Bewegung gerne behaupten: Eine Kritik an der israelischen Politik ist möglich, ohne Israel pauschal zu boykottieren und in antisemitische Argumentationsmuster zu fallen. Doch immer wieder zielt die BDS-Kampagne auf Provokation und Polarisierung, statt einen konstruktiven Dialog zu suchen. Gleichzeitig muss hinterfragt werden, wie geeignet Partyräume für einen sinnvollen Beitrag zum Nahostkonflikt tatsächlich sind.

Raum für Widerstand: Die Situation in Deutschland

Die Kampagne #DJsForPalestine entstand nicht ohne Gegenwind: Im September 2018 sorgte das ://about blank für Schlagzeilen in der elektronischen Musikszene, nachdem das Clubkollektiv seine vierjährige Zusammenarbeit mit der queerfeministischen Partyreihe Room 4 Resistance wegen ihrer Unterstützung der #DJsForPalestine-Kampagne beendete und weitere geplante Partys absagte. Der Club begründete die Ausladung mit einem Facebook-Statement:

> „auf grund unüberbrückbarer politischer differenzen haben wir uns heute entschieden, die bevorstehende party room 4 resistance x come-me, die am samstag bei uns stattfinden sollte, abzusagen. boykottaufru-

fe gegenüber israel, wie sie vom room 4 resistance kollektiv unterstützt und verbreitet werden, widersprechen zutiefst unserem politischen selbstverständnis" [sic] (://about blank 2018a).

Das Room 4 Resistance-Kollektiv reagierte darauf mit einem eigenen Statement auf Facebook, in dem wieder einer antikolonialen Argumentation gefolgt und eine geschichtsrelativierende Parallele mit Südafrika gezogen wird:

> „In addition to being queer, femme and non-binary forward, trans-positive, and sex-positive, we are anti-racist, anti-fascist, anti-colonialist, anti-apartheid and therefore opposed to the violent oppression of the Palestinian people. Since they suffer this oppression at the hands of the state of Israel, we understand why Palestinian rights groups are calling for a peaceful protest and cultural boycott" (Room 4 Resistance 2018a).

Weiter heißt es, dass die Veranstalter*innen auch gegen „Ethnonationalismus" seien, ein Label, das sie der extremen Rechten zuordnen, mit dem sie aber gleichzeitig Israel zu diffamieren versuchen. Auch hier wird das 2018 verabschiedete jüdische Nationalstaatsgesetz als Argument verwendet. Wenige Tage später konnten der Club und das Partykollektiv sich wenigstens auf einen gemeinsamen Nenner einigen: Am 15. September 2018 veröffentlichten ://about blank und Room 4 Resistance nach internen Gesprächen ein kurzes gemeinsames Statement auf Facebook, in dem sich beide gegen Antisemitismus und die Hamas sowie Islamfeindlichkeit und Rassismus positionierten (vgl. ://about blank 2018b). Immerhin – doch die Wunden in der Szene bleiben.

Als am 12. September 2018 die #DJsForPalestine-Kampagne gestartet wurde, als Ben UFOs Instagram-Post viral ging, stand auch der Leipziger Club Institut für Zukunft (IfZ) vor einer schwierigen Entscheidung: Wenige Tage später sollte der*die Technoproduzent*in Seth Horvitz alias Rrose im Club auftreten, der*die die pinke BDS-Kachel geteilt hatte.[17] Das IfZ ist für seine antisemitismuskritische Haltung bekannt – fast eine Selbstverständlichkeit in der Technoszene einer Stadt mit einer langen israelsolidarischen Tradition. Vor allem in der dortigen linken Szene, aus der der Technoclub hervorgeht, gehört eine antisemitismuskritische Haltung zum Fundament des politischen Selbstverständnisses. Gegründet wurde der kol-

---

17 Der*die Künstler*in Rrose identifiziert sich als „genderfluid", also nicht-binär, und bevorzugt auf Englisch das Pronomen „they". Hier wird er*sie verwendet, weil die deutsche Sprache kein genderneutrales Pronomen hat.

lektiv betriebene Club 2014 im Leipziger Süden, ein Steinwurf vom linken Szenebezirk Connewitz entfernt. Das IfZ zählt circa 120 Mitarbeiter*innen, die in autonom agierende Arbeitsgruppen aufgeteilt sind. Entscheidungen, die den ganzen Club betreffen, werden von Delegierten der jeweiligen AGs bei einem Plenum getroffen.

Kurz vor Rroses Auftritt im Laden kam aus der Leipziger Szene viel Druck, den*die Künstler*in auszuladen. Eine Zwickmühle für den Club, der einerseits dem eigenen israelsolidarischen Anspruch gerecht sein wollte, andererseits zum schnellen Handeln gezwungen wurde und im Fall einer Absage finanzielle Schwierigkeiten hätte. „Wir stünden dann plötzlich drei Tage vor der Party ohne Headliner da", sagt Neele, Residentin-DJ und Bookerin des Clubs, im Gespräch.[18] Hinzu kommt, dass Rrose von einer der größten Techno-Agenturen in Deutschland vertreten wird – die für das Fortbestehen des Clubs wichtige Zusammenarbeit wäre also gefährdet.

Am Ende wurde Rrose nicht ausgeladen, der Club verfasste stattdessen ein kollektives Statement und suchte den Dialog mit dem*der Künstler*in. Im Statement heißt es: „Wir stellen uns gegen jeden Boykott gegen Israel, aber auch werden wir die an der Kampagne teilnehmenden Künstler*innen bis auf Weiteres nicht einfach ausladen." Der Club betonte auch: „Der Komplexität des Nahost-Konfliktes wird in keinem Wort der copy&paste Kampagne Rechnung getragen" (Institut für Zukunft 2018). Im Gespräch zwischen dem IfZ und Rrose versicherte der*die Künstler*in, dass er*sie Israel nicht das Existenzrecht abspreche – eine rote Linie für den Club. Fragt man heute das Clubkollektiv, ob es zu seiner Entscheidung steht, erhält man eine ambivalente Antwort: „Das fragen wir uns auch", sagt Neele. Rrose, der*die laut eigenen Angaben selbst jüdische Vorfahren hat, veröffentlichte wenige Tage nach seinem*ihrem Auftritt im IfZ ein Statement auf seiner*ihrer Webseite, um seine*ihre Unterstützung der BDS-Kampagne ausführlicher und differenzierter zu erklären. Im Statement interviewt der*die Künstler*in sich selbst und lehnt offenbar eine Verurteilung der Hamas ab:

> „A boycott against Hamas would effectively be a boycott of Gaza, which, unlike Israel is an economically choked country where many people die of preventable diseases because they can't get the medical treatments they need, because Israel controls everything about what comes in and out of the territory" (Rrose 2018).

---

18 Das Interview mit Neele wurde vom Autor am 24. Januar 2021 geführt.

Er*sie gibt zwar zu, dass sich Antisemit*innen womöglich der BDS-Kampagne anschließen würden, die Kernforderungen der Bewegung oder ihre Folgen seien allerdings nicht antisemitisch, so Rrose.

Das ://about blank und das IfZ sind nicht alleine mit ihrer Position in der elektronischen Musikszene: Andere linksalternative Clubs wie das Leipziger Conne Island und der Hamburger Golden Pudel haben sich ebenfalls gegen die BDS-Bewegung positioniert. So soll der PACBI zufolge das Golden Pudel Künstler*innen ausgeladen haben, die die BDS-Kampagne öffentlich unterstützen, obwohl der Club sich nicht öffentlich dazu geäußert hat (vgl. Murray 2019). Diese Position bleibt nicht ohne Folgen: Im August 2019 rief die PACBI in einem Online-Statement dazu auf, die Clubs ://about blank, Conne Island und Golden Pudel zu boykottieren (vgl. BDS Movement 2019). In ihrem Statement wirft die PACBI den Clubs „antipalästinensischen und antiarabischen Rassismus" vor. „Alle drei beteiligen sich daran, Israels Regime der Apartheid, des Siedler-Kolonialismus und der Besatzung zu fördern und es vor Kritik und Rechenschaftspflicht im Einklang mit dem Völkerrecht zu schützen", heißt es weiter (BDS Movement 2019).

Der Booker des Golden Pudel, Viktor Marek, reagierte auf das Statement der PACBI mit Überraschung. Der linksalternativen Zeitung *taz* erklärte er: „So was Abstruses hätte sich *Titanic* nicht besser ausdenken können. Wir nehmen es als Kompliment und gehen weiter unserer Wege!" (Weber 2019). Auch der Chef-Booker des Conne Island erzählte der israelischen Zeitung *Haaretz*, dass der Standpunkt des kollektiv organisierten Clubs im Leipziger Stadtteil Connewitz wesentlich differenzierter ist, als von der PACBI behauptet:

> „Es ist nicht so, dass wir sagen, wenn du [die #DJsforPalestine-Erklärung] geteilt hast, du nicht auftreten darfst. Wir fragen, warum du sie geteilt hast. Und wenn die Antwort schlecht ausfällt oder wenn es keine Antwort gibt, dann wirst du hier vielleicht nicht auftreten" (Rozovsky 2018).

Kurioserweise kommt dieses Zitat der Conne Island auch in einem Statement der PACBI vor, allerdings wird es in feinster polemischer Manier als „explizit McCarthyistischen politischen Loyalitätstest für Israel" gewertet (BDS-Kampagne 2019).

Der Boykott-Aufruf der PACBI gegen vermeintlich „proisraelische" Clubs war kein Einzelfall: Im Mai 2021 wurde in BDS-Kreisen ein Link zu einer Google-Tabelle geteilt, der „Index Palestine", der über 500 kulturelle Einrichtungen und Künstlerkollektive weltweit auflistete und sie als „Unterstützer", „prozionistisch" oder „silent" einstufte (vgl. Potter 2021a).

Jede*r mit dem Link kann die Tabelle ergänzen und bearbeiten. Ob der „Index" als schwarze Liste von Institutionen und Künstler*innen verstanden werden soll, die ebenfalls boykottiert werden sollen, wird nicht ausdrücklich erwähnt: Eine Anfrage des Autors an die Initiator*innen der Liste blieb unbeantwortet. Der Erfolg der Liste bleibt allerdings bislang eher bescheiden: Auf Instagram hat die Seite „Index Palestine" etwa 600 Follower*innen (Stand: Juni 2021), die Liste wird offenbar nur selten ergänzt und fand auf Social Media keine breitere Öffentlichkeit abseits der üblichen BDS-Blase. Aus der Technoszene wurden die Clubs ://about blank und Institut für Zukunft als „prozionistisch" kategorisiert. Für manche Einrichtungen, wie die Berliner Volksbühne, reichte lediglich ein Herzemoji unter einem Instagram-Beitrag des ://about blank gegen Antisemitismus, um auf der Liste als „Prozionist" zu landen (vgl. Potter 2021a).

Wenige Wochen, nachdem der „Index Palestine" die Runden machte, sorgte ein offener Brief der neu gegründeten Initiative „Berlin Nightlife Workers Against Apartheid" für erneut Aufregung in der Technoszene (vgl. Potter 2021b). Die Initiative wolle das „erstickende Schweigen in der kulturellen Szene der Stadt" zum Thema Israel brechen. Der Brief wurde am 22. Juni 2021 veröffentlicht und erlangte schnell 600 Unterschriften, wobei viele davon aber offenbar Trolle wie „Bernd Höcke" von der AfD oder „Ayatollah Khomeini" waren. Die Initiator*innen warfen Israel „ethnische Säuberung", „Kolonialismus" und „Rassenvorherrschaft" vor. „Deutsche Identitätspolitik" würde das kollektive Trauma der Jüdinnen und Juden „zur Waffe machen", Solidarität mit Israel in Deutschland sei nur auf „German guilt" zurückzuführen: „If the burden of the memory of your genocidal grandparents compels you to do anything, it should be to stand back and allow progressive Arab and Jewish voices to lead the way", schreibt etwa die Gruppe (Berlin Nightlife Workers Against Apartheid 2021). Der offene Brief traf auf lautstarke Zustimmung der Berliner Technoszene: Der Aufruf wurde unter anderem von einigen der bekanntesten queeren Partyreihen der Hauptstadt geteilt, wie Gegen, Cocktail d'Amore und Lecken. In den sozialen Medien wurden die Beiträge in kürzester Zeit mit tausenden Likes überhäuft.

Diese Beispiele zeigen: Statt zu einer tatsächlichen Verbesserung der Situation der Palästinenser*innen zum Beispiel im Gazastreifen oder der Westbank sinnvoll beizutragen, dienen die Taktiken der BDS-Bewegung in der elektronischen Musikszene lediglich zur Spaltung. So werden nach dieser Schwarz-Weiß-Logik Clubs und Künstler*innen entweder als Freund*innen oder Feind*innen gesehen. Vermeintliche Kollaborateure des jüdischen Staates werden ebenfalls boykottiert. Für Differenzierung oder gar Enthaltung in Bezug auf den Nahostkonflikt gibt es schlicht keinen Platz. Stattdessen werden Listen geführt, vermeintliche Beweise über politische Überzeugung gesammelt und Künstler*innen zur Positionierung gezwungen. Und am Ende leidet nur die Technoszene.

Clubs gegen rechts: About Antisemitism

Der Boykott-Aufruf der PACBI gegen Technoclubs wurde in der deutschen Szene zunächst verspottet, doch die zunehmende Polarisierung durch die BDS-Bewegung hat durchaus Folgen für die Subkultur, auch international. Von diesen negativen Konsequenzen berichtet Sulu Martini, ein Sprecher des 14-köpfigen Clubkollektivs hinter dem :://about blank, im Gespräch.[19] 2010 eröffnete der Club in einem ehemaligen Kindergarten im Berliner Stadtteil Friedrichshain seine Türen zum ersten Mal, seit der ersten Stunde stand sein politisches Selbstverständnis im Mittelpunkt des Geschehens: Der genossenschaftlich organisierte Betrieb sollte nicht nur ein Partyort sein, sondern emanzipatorischer Freiraum, eine Schnittstelle zwischen Aktivismus und Hedonismus. Im Garten des Clubs steht ein Denkmal aus Betonbuchstaben mit den Worten „Nie wieder Deutschland", ein Motto der nationalismuskritischen Linken seit der Wende. Programmatisch organisiert der Club neben Raves auch politische Podiumsdiskussionen und Benefizveranstaltungen für diverse Projekte im linken Spektrum. Ein Ort zum Mitmachen.

„Sich antinational zu verstehen, muss in Deutschland auch immer bedeuten, Antisemitismus zurückzuweisen", erklärt Sulu Martini. „Gerade der neue deutsche Nationalismus seit 1990 ist ohne den sekundären Antisemitismus gar nicht denkbar." Auch der Standort des Clubs spiele eine wichtige Rolle für sein politisches Selbstverständnis, die Stadt, in der die Shoah organisiert wurde. „So können wir Berlin nicht nur als Partymetropole denken, sondern als Ort der nationalsozialistischen Vernichtung. Und es gehört dazu, sich dazu zu positionieren."

Und dennoch: Als das Kollektiv das :://about blank aufmachte, war es nicht seine Absicht, den Israel-Palästina-Konflikt zu einem großen politischen Thema im Laden zu machen. „Wir halten es auch nicht für richtig, diesen Komplex auf dem Dancefloor austragen zu wollen." Diese Strategie funktionierte gut bis 2018 die #DJsForPalestine-Kampagne startete. Die Entscheidung, die langjährige Zusammenarbeit mit der queerfeminis-

---

19 Das Interview mit Sulu Martini wurde vom Autor am 24. Januar 2021 geführt.

tischen Partyreihe Room 4 Resistance zu beenden, fiel dem Club nicht leicht, erklärt Martini.

„Unsere Reaktion war harsch und zurecht umstritten. Es war aus unserer Perspektive ein Bruch von Absprachen: Im Rahmen vom :// about blank wird der Israel-Palästina-Konflikt nicht behandelt. Von einer gegen Israel gerichteten Boykott-Aktion wollten wir uns klar abgrenzen. Gleichzeitig haben wir damit Knall auf Fall einem queeren Partykollektiv den Veranstaltungsort entzogen."

Denn ein Technoclub sei nicht der richtige Ort, den Nahostkonflikt zu lösen, betont das ://about blank. „Wir sind ja keine Politgruppe. Unsere Idee ist nicht, dass unser Club zur Lösung des Konflikts relevant beitragen kann. Das wäre wirklich abstrus." Am Ende wurde der Konflikt an den Club herangetragen, was bis heute Folgen für den Laden hat. Dem Club wurde vorgeworfen, rassistisch gehandelt zu haben, indem sie eine Party-reihe von queeren, nicht-weißen Menschen aus dem Programm entfernte. So wurde die eigentliche Debatte um Antisemitismus ausgeblendet.

Die Anti-BDS-Position des Clubs hat vor allem in der queeren interna-tionalen Szene nachhaltige Konsequenzen, da gerade hier Vorwürfe des vermeintlichen „Pinkwashing" gegenüber dem Staat Israel häufig anzutref-fen sind (vgl. Blackmer 2019, Potter/Lauer 2021): „Vor allem in Großbri-tannien und den USA in sich als politisch links verstehenden Kreisen gibt es immer wieder Vorbehalte oder eine Abwehr, bei uns zu spielen", berichtet Martini. Das betreffe besonders die anderen queeren Partyreihen des Clubs, die vor allem aus diesem Milieu Künstler*innen buchen.

Danilo Rosato, Gründer und Veranstalter der queeren Partyreihe But-tons, die vor der Covid-19-Pandemie monatlich im ://about blank statt-fand, wirkt melancholisch, fragt man ihn nach der BDS-Kampagne für die Partyszene. Über die Sprengkraft der polarisierenden Debatte sagt er: „It takes years to build bridges and seconds to blow them up".[20] Im Gespräch erzählt Rosato, dass viele DJs, vor allem queere und trans DJs aus den USA, auf seiner Partyreihe nicht spielen wollen, weil sie im ://about blank stattfindet. Unter arabischen DJs sei diese Ablehnung noch ausgeprägter. Auch Sulu Martini bedauert die Situation:

„Das ist das Schmerzhafteste daran: Dass Teile dieser Szene so stark in diesem BDS-Lager zu verorten sind und es uns kaum gelingt, die mit unserem Standpunkt zu erreichen, was eigentlich unsere Absicht war."

---

20 Das Interview mit Danilo Rosato wurde vom Autor am 19. Februar 2021 geführt.

Als Reaktion auf die Boykott-Kampagne gegen den Club will das ://about blank allerdings kein Auftrittsverbot für BDS-Unterstützer*innen einführen: „Wir haben uns dagegen entschieden, eine Art Blacklisting zu betreiben: Wir finden es nicht hilfreich, auf diesen Konflikt mit Ausschlüssen und Gegenboykotts zu antworten", erklärt Martini. Stattdessen gehe der Club lieber in die Auseinandersetzung und spreche Leute darauf an. „Wir wollen die Entscheidung den Leuten überlassen, ob sie in einem Laden, der sich so explizit gegen BDS positioniert, spielen." Auf Facebook veröffentlichte ://about blank als Folge der Trennung von Room 4 Resistance ein ausführlicheres Statement zur Position des Clubs mit dem Titel „shit is fucked". Darin wird betont, dass die Betreiber*innen seit Beginn einen subkulturellen Ort zu schaffen versuchten, der auch die Kämpfe von queeren, nicht-binären, trans Menschen und People of Colour sichtbar macht. Einen Boykott-Aufruf halte der Club allerdings für strukturell antisemitisch und sei daher für den Laden nicht tragbar.

> „für uns bedeutet ein solcher boykottaufruf eine dämonisierung israels, die die schuldfrage im israel-pälastina-konflikt einseitig zulasten israels beantwortet und die verantwortungsanteile palästinensischer akteure ausblendet, verklärt oder als widerstand verherrlicht" [sic],

heißt es weiter (://about blank 2018c). Das Fazit des Clubs:

> „auch ein sich politisch verortender, an zahlreichen widersprüchen werkelnder technoclub kann nicht der ort sein, an dem ein so hochkomplexer und spannungsgeladener konflikt wie der um israel und pälastina gelöst wird. dass es auf diesen leidvollen konflikt verschiedene perspektiven, sprechorte und sichtweisen, erlebniswelten und persönliche hintergründe gibt, ist uns bewusst, weshalb wir dazu gewöhnlich nicht parteiisch stellung nehmen" (://about blank 2018c).

Doch diese Haltung stößt offenbar dennoch auf Ablehnung – und einige angefragte Künstler*innen wollen im Club trotzdem nicht auftreten, auch wenn sie dafür keine expliziten Gründe nennen. Die Betreiber*innen vermuten, dass die BDS-Kampagne hier eine Rolle spielen könnte.

Um aus dieser Polarisierung wieder heraus zu kommen, sucht der Club den Dialog: So fand beispielsweise am 15. August 2019 im Rahmen der Diskussionsreihe The Amplified Kitchen, die unter anderem von der Clubresidentin Nadine Moser alias resom organisiert wird, eine Veranstaltung mit dem Titel „BDS and Club Culture" statt: Die französische Produzentin und DJ Perrine Sauviat alias La Fraîcheur, die auf Social Media ihre Unterstützung der BDS-Bewegung geäußert hatte, und Roy Siny, Booker der Expeditions-Partyreihe im ://about blank, sowie das Publikum nahmen an der Diskussion teil (vgl. The Amplified Kitchen 2019).

Doch diese Strategie des Clubs, im Dialog zu bleiben, ist an anderer Stelle gescheitert: Wenige Monate nach dem Gespräch mit Danilo Rosato, Gründer und Veranstalter der queeren Partyreihe Buttons, für diesen Beitrag kündigten im Kontext mit der jüngsten Eskalation im Gazakrieg im Mai 2021 die Veranstalter*innen auf Facebook und Instagram an, dass sie ihre Zusammenarbeit mit dem ://about blank beenden werden (vgl. Potter/Lauer 2021). Grund sei die Haltung des Clubs zu Israel. In einem kurzen Statement des ://about blanks auf Facebook während des Gazakriegs positionierte sich der Club allerdings weder für noch gegen Palästina oder Israel, sondern gegen den sehr realen Antisemitismus in Europa im Zuge des Konflikts (vgl. ://about blank 2021). Doch für das Buttons-Kollektiv war eine weitere Kooperation aufgrund politischer Differenzen offenbar nicht möglich, so stark ist scheinbar der Druck innerhalb der queeren Partyszene, klare Kante zu zeigen.

Aus dem Buttons-Statement ist eine starke, verklärte Überidentifizierung mit dem Kampf der Palästinenser*innen zu entnehmen. So heißt es etwa: „Die queere Befreiung ist grundsätzlich mit den Träumen von der palästinensischen Befreiung verbunden: Selbstbestimmung, Würde und das Ende aller Unterdrückungssysteme" (Buttons 2021). Gleichzeitig wird das ://about blank kritisiert, weil es von „weißen Deutschen kontrolliert" werde, obwohl das Buttons-Teams überwiegend aus weißen Italienern besteht. Der Club würde jüdische und arabische Stimmen mundtot machen und habe eine Mitverantwortung an rassistischen und antisemitischen Angriffen, so lauten weitere Vorwürfe. So wird eine schweigende antizionistische jüdische Mehrheit imaginiert, die aufgrund der deutschen Erinnerungskultur an den Rand gedrängt wird. Beweise für ihre steilen Thesen liefert das Buttons-Kollektiv nicht. Das Buttons-Statement war offenbar Teil einer koordinierten Aktion aus der queeren Partyszene in Berlin. Am gleichen Tag und zum Teil mit gleichem Wortlaut wurde der bereits erwähnte und in der queeren Szene vielfach geteilte offene Brief der „Nightlife Workers Against Apartheid" veröffentlicht (vgl. Potter/Lauer 2021, Potter 2021b). Das Buttons-Statement verwies zudem auf den offenen Brief. Mindestens vier Mitarbeiter*innen des ://about blank unterschrieben diesen offenen Brief.

Von einem großen Shitstorm im Kontext der BDS-Kampagne wie beim ://about blank blieb das IfZ in Leipzig hingegen bislang verschont. Trotzdem bekommt der Club die Konsequenzen der Kampagne zu spüren und schätzt, dass 30 bis 40 Prozent der angefragten Künstler*innen aufgrund der israelsolidarischen und Anti-BDS-Haltung des Clubs nicht spielen wollen, auch wenn sie keine konkreten Gründe für ihre Absagen nennen. Als Folge dieser Auseinandersetzung organisierte der Club einen Workshop zum Thema Antisemitismus für alle Mitarbeiter*innen. Konkret ging es um den bereits erwähnten Fall Rrose und eine Analyse der BDS-Kampagne. „Wir wollten alle auf dem gleichen Wissensstand sein", erklärt Neele. Der Club hat zudem auch eine Antisemitismus-AG gegründet, die fallbezogen agiert und aus sechs Mitarbeiter*innen besteht. „Wir besprechen inhaltlich und theoretisch, was die Position des Clubs zu bestimmten Themen rund um Antisemitismus ist, und stellen unsere Ergebnisse dann beim Plenum vor, wo sie diskutiert werden. Wir arbeiten konsensbasiert", erklärt Neele.

Solche Initiativen machen Hoffnung in einer elektronischen Musikszene, die von holocaustrelativierenden und NS-verherrlichenden Bezügen auf Artwork und in Tracktiteln in der Dark-Techno-Szene bis eine pauschale „Israelkritik" mit antisemitischen Untertönen durch Boykottaufrufe dem eigenen emanzipatorischen Anspruch und progressiven Wurzeln des Genres allzu häufig nicht gerecht wird. Ebenfalls zu begrüßen ist die im Juni 2021 initiierte Kampagne des Egotronic-Frontsängers Torsun Burkhardt und Björn Peng „Artists Against Antisemitism", die sich vor allem gegen israelbezogenen Antisemitismus richtet und deren Aufruf inzwischen über 1.000 Unterzeichner*innen aus der Kulturbranche hat – darunter der Techno-DJ Finn Johannsen und die Bands Tocotronic und Frittenbude (vgl. Uthoff 2021). Doch die Bilanz ist ernüchternd – und auch im Rausch der Nacht findet Judenfeindlichkeit eine Bühne. Es ist zum Beispiel auffällig, wie viele große Namen der elektronischen Musikszene im Aufruf der „Artists Against Antisemitism" fehlen, wie wenig Aufmerksamkeit der Kampagne im Vergleich zu den wiederholten Boykottaufrufen gegen Israel in der Szene geschenkt wird. Nicht trotz sondern wegen der emanzipatorischen Tradition des Genres stößt das Thema Antisemitismus auf den Tanzflächen und in den Timelines immer wieder auf taube Ohren: Denn Antisemitismusvorwürfe kollidieren mit dem Selbstbild einer progressiven Partywelt.]

Literatur

Amadeu Antonio Stiftung (2017): „Man wird ja wohl Israel noch kritisieren dürfen...“? Eine pädagogische Handreichung zum Umgang mit israelbezogenen Antisemitismus, online, https://www.amadeu-antonio-stiftung.de/wp-content/u ploads/2018/12/paedagogischer-umgang-mit-israelbezogenem-antisemitismus.pd f, 10.06.2021.

Amcha Initiative (2015): Antisemitic Activity in 2015 at U.S. Colleges and Universities With the Largest Jewish Undergraduate Populations, online, https://amchainitiative.org/antisemitic-activity-schools-large-Jewish-report-2015, 13.02.2021.

Baier, Jakob (2020): Wie die antisemitische BDS-Kampagne Einfluss auf subkulturelle Musikszenen nimmt, online, https://ze.tt/wie-die-antisemitische-bds-kampa gne-einfluss-auf-subkulturelle-musikszenen-nimmt/, 10.06.2021.

Blackmer, Corrine E. (2019): Pinkwashing, in: Israel Studies, Vol. 24, No. 2, Word Crimes; Reclaiming The Language of the Israeli-Palestinian Conflict (Summer 2019), Indiana.

Chandran, Nyshka (2021): More than 600 artists sign #MusiciansForPalestine letter refusing to perform at Israel's cultural institutions, online, https://ra.co/news/ 75425, 02.07.2021.

Chajut, Aya (2019): Dozens of Performers at Israel's Meteor Music Festival, Nearly Brought Down by BDS, Still Haven't Been Paid, online, https://www.haaretz.co m/israel-news/.premium-many-performers-at-israel-s-meteor-festival-nearly-ruine d-by-bds-haven-t-been-paid-1.6824698, 10.06.2021.

Cheema, Saba-Nur/Mendel, Meron (2020): Postkoloniale Theoretiker: Leerstelle Antisemitismus, online, https://taz.de/Postkoloniale-Theoretiker/!5678482/, 10.06.2021.

Chibber, Vivek (2013): Postcolonial Theory and the Specter of Capital, London/New York.

Dahl, Ziva (2016): Birds of a Feather? The Link Between BDS and Hamas, online, https://observer.com/2016/04/birds-of-a-feather-the-link-between-bds-and-hamas/ , 10.06.2021.

Denk, Felix/von Thülen, Sven (2012): Klang der Familie: Berlin Techno und die Wende, Berlin.

DJ Mag (2018): DJs join online campaign in support of Palestine, online, https://dj mag.com/content/djs-join-online-campaign-support-palestine, 10.06.2021.

Eidinger, Irene/Mense, Thorsten (2018): Tanzen gegen die Reaktion, online, https:/ /jungle.world/artikel/2018/36/tanzen-gegen-die-reaktion, 10.06.2021.

Faber, Tom (2018): Should DJs stand for Palestine? Perspectives on the cultural boycott of Israel, online, https://ra.co/features/3345, 10.06.2021.

FAZE Redaktion (2020): Gibt es rechtsradikalen Techno? Eine Diskussion, online, https://www.fazemag.de/gibt-es-rechtsradikalen-techno-eine-diskussion/, 10.06.2021.

Nicholas Potter

Feuerherdt, Alex/Markl, Florian (2020): Die Israel-Boykottbewegung Alter Hass in neuem Gewand, Leipzig.

Fischer/Uhlig (2021): Wenn A nicht mehr A ist, in: konkret (2/2021).

Frenkel, Idit (2018): The Day the Music Died: Will BDS Bring Tel Aviv's Club Scene to a Standstill?, online, https://www.haaretz.com/israel-news/.premium.M AGAZINE-the-day-the-music-died-will-bds-halt-tel-aviv-s-club-scene-1.6462703, 10.06.2021.

Garcia, Luis (2014): An alternate history of sexuality in club culture, online, https:// ra.co/features/1927, 10.06.2021.

Glick/Balke (2015): An einem Sonntag an der Spree, online, https://www.juedische -allgemeine.de/unsere-woche/an-einem-sonntag-an-der-spree/, 10.06.2021.

Grille (2020): Wie konstruiert man rechtsextremen Techno?, online, https://ww w.toxicfamily.de/2020/08/27/wie-konstruiert-man-rechtsextremen-techno/, 10.06.2021.

Guttridge-Hewitt, Martin (2018): Shanti Celeste, DJ Seinfeld, Volvox, more pull out of Meteor Festival in Israel, online, https://djmag.com/content/shanti-celeste -dj-seinfeld-more-pull-out-meteor-festival-israel, 10.06.2021.

Haqq, Abdul Qadim (2020): The Book of Drexciya. Volume 1, Berlin.

Herf, Jeffrey (2019): Unerklärte Kriege gegen Israel: Die DDR und die westdeutsche radikale Linke, 1967-1989, Göttingen.

International Holocaust Remembrance Alliance (2016): Arbeitsdefinition von Antisemitismus, online, https://www.holocaustremembrance.com/de/resources/work ing-definitions-charters/arbeitsdefinition-von-antisemitismus, 10.06.2021.

Leber, Sebastian (2017): Anti-Israel-Kampagne: Wie BDS gegen Israel hetzt, online, https://www.tagesspiegel.de/themen/reportage/anti-israel-kampagne-wie-bds-geg en-israel-hetzt/20573168.html, 10.06.2021.

Maine, Samantha (2018): Four Tet, Caribou and The Black Madonna join dozens of DJs in cultural boycott of Israel, online, https://www.nme.com/news/music/fo ur-tet-caribou-djs-for-palestine-2378356, 10.06.2021.

McQuaid, Ian (2015): Stream team: how Boiler Room changed the face of live music, online, https://www.theguardian.com/music/2015/nov/30/boiler-room-bl aise-bellville, 10.06.2021.

Melchers, Carl (2018): Techno-Protest in Georgien: Wir sind die neue Macht, online, https://www.faz.net/aktuell/feuilleton/debatten/giorgi-kikonischwili-ueb er-techno-kirche-und-politik-in-georgien-15619815.html, 10.06.2021.

Murray, Eoin (2019): Three German clubs face boycott following official BDS Movement call, online, https://djmag.com/news/three-german-clubs-face-boycott -following-official-bds-movement-call, 02.07.2021.

NSU-Watch (2020): Aufklären und Einmischen: Der NSU-Komplex und der Münchener Prozess, Berlin.

Potter, Nicholas (2020): Raven für Deutschland, in: *Belltower.News*, online, https:/ /www.belltower.news/rechtsextremer-techno-raven-fuer-deutschland-102803/, 10.06.2021.

Potter, Nicholas (2021a): BDS-Liste denunziert „prozionistische" Kultureinrichtun-gen, online, https://www.belltower.news/israelboykott-bds-liste-denunziert-prozi onistische-kultureinrichtungen-117281/, 25.06.2021

Potter, Nicholas (2021b): Ballern gegen Israel, in: Jungle World (2021/27), 8. Juli 2021.

Potter, Nicholas/Lauer, Stefan (2021): Streit in der queeren Berliner Partyszene Ist Israelsolidarität Homonationalismus?, online, https://www.belltower.news/streit -in-der-queeren-berliner-partyszene-ist-israelsolidaritaet-homonationalismus-117 675/, 25.06.2021.

Rapp, Tobias (2009): Lost and Sound – Berlin, Techno und der Easyjetset, Berlin.

Resident Advisor (2018): DJs show solidarity with Palestine on social media, on-line, https://ra.co/news/42490, 10.06.2021.

Röpke, Andrea (2013): Der Terror von rechts – 1996 bis 2011, in: Andrea Röp-ke/Andreas Speit (Hg.): Blut und Ehre: Geschichte und Gegenwart rechter Ge-walt in Deutschland, Berlin.

Rozovsky, Liza (2018): How the Refugee Crisis, Israel and Trump Tore Germany's Radical Left Apart, online, https://www.haaretz.com/world-news/europe/.premi um.MAGAZINE-refugees-israel-and-trump-tore-germany-s-radical-left-apart-1.67 00688, 10.06.2021.

Salzborn, Samuel (2020): Globaler Antisemitismus: eine Spurensuche in den Ab-gründen der Moderne, 2. Auflage, Weinheim.

Sharansky, Natan (2004): 3D Test of Anti-Semitism: Demonization, Double Stan-dards, Delegitimization, in: Jewish Political Studies Review 16:3-4 (Fall 2004).

Uthoff, Jens (2021): Kulturschaffende über Antisemitismus: „Dämonisierung von Juden", online, https://taz.de/Kulturschaffende-ueber-Antisemitismus/!5779515/, 02.07.2021.

Weber, Julian (2019): BDS boykottiert drei deutsche Clubs: Kopfschütteln galo-re, in: online, https://taz.de/BDS-boykottiert-drei-deutsche-Clubs/!5616154, 10.06.2021.

Zipper, Leonard (2020): Dr. Motte: Techno als gesetzlicher Feiertag und Weltkul-turerbe, online, https://groove.de/2020/01/13/dr-motte-techno-als-gesetzlicher-fei ertag-und-weltkulturerbe/, 10.06.2021.

Quellen

://about blank (2018a): „//auf grund unüberbrückbarer politischer differenzen...", online, https://www.facebook.com/about.party/posts/10155878456292749, 10.06.2021.

://about blank (2018b): „Joint statement of Room 4 Resistance and ://about blank", online, https://www.facebook.com/aboutblank.li/posts/1181785435293986, 10.06.2021.

://about blank (2018c): „shit is fucked", online, https://www.facebook.com/about.p arty/posts/10155881002032749, 10.06.2021.

://about blank (2021): „in den angriffen auf synagogen und den israelfeindlichen parolen...", online, https://www.facebook.com/about.party/posts/101584014926 92749, 25.06.2021.

BDS Movement (2019): The BDS movement calls to boycott three anti-Palestinian German clubs, online, https://bdsmovement.net/news/bds-calls-to-boycott-three -german-clubs, 10.06.2021.

BDS-Kampagne (2014): Akademischer Boykott, online, http://bds-kampagne.de/bo ykott/akademischer-boykott/, 10.06.2021.

BDS-Kampagne (2019): Die BDS-Bewegung ruft zum Boykott dieser drei antipalästinensischen deutschen Clubs auf, online, http://bds-kampagne.de/2019/08/15/di e-bds-bewegung-ruft-zum-boykott-dieser-drei-antipalaestinensischen-deutschen-c lubs-auf/, 10.06.2021.

Berlin Nightlife Workers Against Apartheid (2021): „Berlin Nightlight Workers Against Apartheid", online, https://www.instagram.com/p/CQY5uL5LKws/, 02.07.2021.

Boiler Room (2018): Palestine Underground, Dokumentarfilm, online, https://ww w.youtube.com/watch?v=M-R8S7QwO1g, 10.06.2021.

Buttons (2021): „We are ending our long term relationship with @about.blank.berlin", online, https://www.instagram.com/p/CQa-Hm7hEAa/ , 25.06.2021.

Clubcommission Berlin e.V. (2019): Studie Clubkultur Berlin, online, https://www .clubcommission.de/clubkultur-studie/, 10.06.2021.

Deutscher Bundestag (2019): Bundestag verurteilt Boykottaufrufe gegen Israel, online, https://www.bundestag.de/dokumente/textarchiv/2019/kw20-de-bds-642892 , 10.06.2021.

Dijon, Honey (2018): „All of you people criticizing me about playing in Israel...", 21. August 2018, Twitter, https://twitter.com/honeydijon/status/1031880850814 722048, 10.06.2021.

FEIND (2020): „Hallo Freunde, wie sicher einige von euch mitbekommen haben, erschien gestern auf der Plattform Belltower.News ein Artikel...", Facebook, 10.06.2021.

Initiative GG 5.3 Weltoffenheit (2020): Plädoyer der „Initiative GG 5.3 Weltoffenheit", https://www.humboldtforum.org/wp-content/uploads/2020/12/201210_Pl aedoyerFuerWeltoffenheit.pdf, 10.06.2021.

Institut für Zukunft (2018): „Seit einigen Tagen kursiert eine Boykott-Kampagne gegen Israel...", online, https://www.facebook.com/institutfuerzukunft/posts/eng lish-belowlinks-and-references-in-the-commentsseit-einigen-tagen-kursiert-ein/10 156432578136488/, 10.06.2021.

Palestinian Campaign for the Academic and Cultural Boycott of Israel (2018a): „Update: Honey Dijon also withdrew from Meteor festival...", https://twitter.co m/pacbi/status/1039545146180874240, 10.06.2021.

Palestinian Campaign for the Academic and Cultural Boycott of Israel (2018b): „We welcome the DJs, producers, record labels, and electronic musicians...", https://twitter.com/PACBI/status/1039887040459010048, 10.06.2021.

Parrish, Theo (2016): „Overwhelmed. I wish I was shocked. Embarrassed at the lack of overt commentary from this art form...", https://www.facebook.com/permali nk.php?story_fbid=10155045234804676&id=375955904675, 10.06.2021.

Rave, Rosa et al. (2019): Gespräch mit Rosa Rave, der antifaschistischen Club-Kultur-Aktivistin aus der Zukunft, online, https://media.ccc.de/v/fusion19-8553-recl aim_club_culture, 10.06.2021.

Room 4 Resistance (2018a): „We, Room 4 Resistance, are here to bring politics back to the dancefloor...", online, https://www.facebook.com/room4resistance/p osts/926044430937655, 10.06.2021.

Rrose (2018): „Last Saturday, I performed at IfZ in Leipzig...", online, https://rrose. ro/statement, 10.06.2021.

The Amplified Kitchen (2019): The Amplified Kitchen: BDS and Club Culture, Podiumsdiskussion, https://soundcloud.com/about-blank-berlin/the-amplified-k itchen-bds-and-club-culture, 10.06.2021.

Unit Moebius/Polygamy Boys (2003): „The Sixth Reich Pax Amerikkkana", Discogs, https://www.discogs.com/Unit-Moebius-Polygamy-Boys-The-Sixth-Reic h-Pax-Amerikkkana/release/1155035, 10.06.2021.

Lieder

Artists United Against Apartheid (1985): Sun City, Album: Sun City, Manhattan.

Champas (2019): Human Elimination, online, https://soundcloud.com/champasoff icial/champas-synthethic-human-elimination-original-mix-previeww?in=champa ssofficial/sets/champas-synthethik, 01.07.2021.

Champas (2019): ..., Single: Gas Chamber, NGRecords (New Generation).

Champas (2020): 1936, EP: 19th Century, Carnivor Records.

Champas (2020): 1945, EP: 19th Century, Carnivor Records.

Champas (2020): Annihilate, Album: Ravenous, Vol. 1, Ravenous Records.

Champas (2019): Champas & Synthetik – Holocaust (Original Mix), online, https:/ /soundcloud.com/champasofficial/champas-synthethik-holocaust-original-mix-1 2, 01.07.2021.

Champas (2019): Daniel Herrmann & Champas – A8X, online, https://soundcloud. com/daniel_herrmann/champas-daniel-herrmann-a8x-original-mix-preview-sonn -endzeit, 01.07.2021.

Egotronic (2008): Raven gegen Deutschland (Frittenbude Indiefresse Remix), online, https://genius.com/Egotronic-raven-gegen-deutschland-frittenbude-indiefre sse-remix-lyrics, 01.07.2021.

Grozdanoff (2019): Gas Chamber, Single, NGRecords (New Generation).

Marcel Paul (2018): Frontline (Kai Pattenberg Remix), online, https://soundcloud.c om/kaipattenberg/marcel-paul-frontline-kai-pattenberg-remixsnippedsoon-on-en dzeit-records1, 01.07.2021.

Marcel Paul (2019): Blood and Hornor, EP, Feind.

Nicholas Potter

Marcel Paul & A Sens (2016): Iron Fist, online, https://soundcloud.com/marcel-paul-1/marcel-paul-a-sens-iron-fist-free-download, 01.07.2021.

Bildnachweise

Bild 1: Beatport (2021): Suche nach dem Begriff „Auschwitz", online, https://www.beatport.com/search?q=auschwitz, 25.06.2021

Bild 2: Ben UFO (2018): „#DJsForPalestine...", online, https://www.instagram.com/p/BnoJwFFHysP, 10.06.2021.

Die Vergötzung des Konkreten und das verhasste Abstrakte. Antisemitismus im Extreme Metal

Niels Penke

Warum Metal?

Antisemitismus hat im Metal seinen Platz in den extremen Spielformen, besonders im Black Metal und verwandten Subgenres wie dem Pagan Metal, gefunden. Antisemitische Codes und Aussagen finden sich dort in der Gesamtästhetik des NS-Black Metals, der in Wort und Bild unmissverständliche judenfeindliche Positionen profiliert. Aber nicht nur in den expliziten Bekenntnissen werden antisemitische Aussagen getätigt, sie finden sich auch in den Lyrics oder Interviews von Bands, die sich für unpolitisch erachten und nicht mit dem Nationalsozialismus assoziiert werden wollen. Die Frage, warum gerade in Metal-Kontexten häufig radikale antisemitische Äußerungen vorkommen, soll im Folgenden über die Anschlussfähigkeit einiger konstitutiver Ideologeme des Metals beantwortet werden. Sie finden zum einen in den emphatischen Bezügen auf das Echte, Wahre und Authentische eine ideale Disposition, an die zum anderen ein weit verbreitetes Unbehagen an der kapitalistischen Moderne anschließen kann, um Ursache und Verantwortung in einem Feindbild von Juden und Jüdinnen zusammenlaufen zu lassen, gegen die sich die anti-modernen ‚Korrekturmaßnahmen' richten (vgl. Postone 1982).

Wie in kaum einer anderen Szene dominiert der Anspruch auf Authentizität und Echtheit den Metal. Begründete sich dieser in den 1970er Jahren in Abgrenzung zu den künstlerisch immer ambitionierteren (und damit im Verdikt der Künstlichkeit stehenden) Entwicklungen des Progressive Rock, wird die „Trueness" in den 1980ern schließlich auch programmatisch: Sie wird zu Selbstbeschreibungszwecken herangezogen, um sich von jenen abzugrenzen, die sich nicht mit voller Überzeugung der Sache widmen. Bands wie die US-Amerikaner Manowar erheben den Anspruch auf den unbedingten True Metal, aber auch Fans ordnen sich dieser Beschreibung bei, um sich von jenen zu unterscheiden, die sich nicht vollständig dem Metal als Lebensstil verschreiben. Die ostentative Männlichkeit und Martialität, die viele Bands der achtziger Jahre an den

Tag legten, sollte diesen Gestus besonders betonen, der von nachfolgenden Bands sogar gesteigert wurde (vgl. Grünwald 2012).

Jede Setzung geht notwendigerweise mit ihrem Gegenteil einher – wer das Wahre und Echte definiert, bestimmt auch darüber, was als falsch und unecht gelten soll. Dieser binäre, kulturkritische Code stellt *eine* Anschluss*möglichkeit* für antisemitische Weltdeutungen dar, die im Metal erst in den 1990er Jahren eine feststellbare Resonanz gefunden haben. Diese wiederum ist zu einem Teil historisch über die Radikalisierung ästhetischer Ausdrucksformen zu erklären. Metal ist in den 1980er Jahre von einer starken Differenzierung der musikalischen wie gesamtästhetischen Ausdrucks- und Inszenierungsformen bestimmt. Mit Genrebezeichnungen wie Thrash, Death und Black Metal werden nicht nur immer feinere Unterschiede festgestellt, sondern auch immer extremere Spielformen zur Avantgarde des Metal erhoben. Vertreter dieser Spielarten setzten sich dabei wiederholt als Elite, die mit Verachtung und Spott, bestenfalls aus einer nostalgischen Perspektive auf die anderen, überwundenen evolutiven Stufen der Genre-Entwicklung zurückschauen.

Diese Entwicklungen kulminieren in den frühen 1990er Jahren im (vor allem norwegischen) Black Metal. Hier werden nicht nur musikalische Extreme ausgelotet, die auch drei Jahrzehnte später noch unübertroffen sind, sondern eine neuartige Verschränkung von Kunst und Leben behauptet, die wiederum in ihrer Selbstdarstellung keinen Rest und kein Außerhalb mehr kennt (vgl. Penke 2016 a). Neben der Selbstpositionierung als „Auserwählte", mit dem sich die Protagonisten qua Pseudonym zu Dämonen, Adligen oder Kriegerhelden stilisieren, zeigen diese auch an, dass die Persona, die in der Band eingenommen wird, die reale Person überschreibt. Besonders im Black Metal wird dieser Aspekt stark forciert, der in den frühen 1990er Jahren so weit führt, dass sämtliche Komponenten der Lebenswelt (Schule, Beruf, Familie, soziale Beziehungen, Alltag, Party) aus dem musikalischen Kosmos verschwinden. Black Metal wird zu einer ganzen Kultur – als „a whole way of life" (Williams 1967: XVIII), die sich absolut setzt und alles ihr Widersprechende ausschließt, als feindlich verwirft und bekämpft. Im Zuge dieser Entwicklung, die sich über die zahlreichen Selbstbeschreibungen der beteiligten Musiker nachvollziehen lässt[1], werden die Distinktionen noch einmal feiner, zugleich aber auch radikaler und politischer. Der Echtheits- und Authentizitätsfuror wird

---

[1] Vor allem das norwegische Magazin *Slayer* (1985–2010) ist eine unerlässliche Quelle zum Nachvollzug dieser historischen Entwicklung. Seit 2011 liegen sämtliche Ausgaben in einer Gesamtedition bei Bazillian Points vor.

zum leitenden Ideal einer destruktiven Praxis, die sich nicht mehr damit begnügt über Zerstörung, Tod und Teufel zu singen, sondern über Friedhofsschändungen und Kirchenbrandstiftungen bis zum Mord auch in die Tat umzusetzen. Was zuvor unbestimmt war, wird nun als Kampf gegen das Christentum und die bürgerliche Gesellschaft konkret gemacht. „The old bands just sang about it – today's bands do it!" bringt Bård Eithun (1992), unter dem Namen Faust Schlagzeuger der Band Emperor, diese Entwicklung auf den Punkt.

Die Radikalisierung wird in Form von Abgrenzungserzählungen (nach innen wie außen – gegen die jeweils ‚Anderen') offen ausgestellt: Musikalische, ästhetische und thematische Abgrenzungen ziehen nicht nur neue Grenzen zu unterschiedlichen Genres und Bands ein, sie nehmen auch Bewertungen vor, die mit steigendem Differenzierungsgrad an Entschiedenheit zunehmen. In einem evolutiven Fortschreiten, das Variation und Wiederholung beständig in Richtung des ‚Neuen' verschiebt, ist die Verschärfung stets eine Option, die immer wieder ergriffen wird, um sich gegenüber anderen, nunmehr konventionellen Bands und Akteuren zur Geltung zu bringen. Der Death Metal, in den Achtzigern noch die extremste Spielart mit thematischem Schwerpunkt auf Tod und Verderben, wird im Norwegen der 1990er Jahre zum Gegenstand einer Verfallsdiagnose: „It's a big trend today", sagt der Gitarrist der Band Mayhem, Oystein Aarseth unter dem Pseudonym Euronymous,

> „to look totally normal with these goddamn jogging suits and sing about, important matters', and call it Death Metal. These people can die, they have betrayed the scene. Death Metal is for brutal people who are capable of killing, it's not for idiotic children who want to have funny hobby after school. […]. I'd like to see a scene where the music is something gruesome and evil that normal people fear […]" (Aarseth 1991: 33).

Zwei Jahre später wird Aarseth selbst zum Opfer eines Mordanschlags, den Kristian Varg Vikernes, Musiker der Band Burzum, im August 1993 auf ihn verübt. Mit Vikernes wird nicht nur der Aktionismus zunehmend stärker politisiert, sondern auch in der medialen Selbstdarstellung als Intellektualisierung vorangetrieben. Mit Vikernes findet schließlich auch der Antisemitismus seinen Weg in den Black Metal. Die thematische Disposition ist vielfach anschlussfähig für eine faschistische Adaption und eine damit verbundene Feindbildsetzung, die sich aus den historischen Beständen des Antisemitismus speist. Das Spektrum reicht dabei von der expliziten Opposition ‚rassisch' begründeter, auf Unvereinbarkeit zielende

Niels Penke

Volkssemantiken, die in einem Krieg ausagiert werden muss, bis zu weit ausholenden Verschwörungserzählungen.

Dietmar Dath hat diese Verschiebungen in einem einschlägigen Aufsatz beschrieben. Er kommt darin zu diesem Fazit: „Der neuere Black Metal, dessen Verschiedenheit von und Besonderheit gegenüber älteren Formen dieser Musik vor allem in der Verschärfung bereits vorgefundener Ausdrucksformen und Gesinnungsmerkmale besteht, hat mit einer eingebildeten Zwangsläufigkeit, die mit der Vergötzung des „Echten" und „Wahren" im Metal zu tun hat, schließlich die Wendung zu „politischen" Größenwahnsepisoden vollzogen [...]" (Dath 2000: 72).

Was Dath beschreibt, ist ein Paradigmenwechsel, der mit der sogenannten zweiten Welle des Black Metals vollzogen wird. Mit den politischen „Größenwahnsepisoden" meint er die positiven Bezugnahmen auf den Zweiten Weltkrieg, den Nationalsozialismus und die Identifikation mit den Machthabenden faschistischer Diktaturen, denen der Antisemitismus immer (zumindest latent) eingeschrieben ist. Die Passung für antisemitische Weltdeutungen liegt aber noch aus einem weiteren Grund nahe, der in der Ideologie des Metals wurzelt. Das ‚Echte' und ‚Wahre' sind unter den Bedingungen der Moderne zu Problembegriffen im Sinne Luhmanns geworden, da alle Kommunikation stets verdoppelt wird: in der Schrift, in der Datafizierung, im Modus der Beobachtung zweiter Ordnung wird stets eine Differenz deutlich gemacht. „Alles, was es überhaupt gibt," schreibt Niklas Luhmann, „kann im Bedarfsfalle als Doppelgänger seiner selbst verstanden werden. Identität, Authentizität, Echtheit, Originalität im Sinne von Einzigartigkeit und Unvergleichbarkeit werden zu Problembegriffen" (Luhmann 2012: 51). Alles, was über diese Begriffe konturiert werden kann, steht damit im Zeichen von Kontingenz – es könnte nämlich auch jeweils alles anders sein – und Komplexität, denn es gibt stets mehr Optionen als Entscheidungsmöglichkeiten.

> „Für die Gesellschaft sind dies Kontrastformen, in denen sie *ihre Hoffnungslosigkeit, ihre Ausweglosigkeit, ihre Realität vor sich selber verbirgt. Denn all dies: Identität, Authentizität, Echtheit, Originalität, Einzigartigkeit läßt sich nicht kommunizieren.* Jeder Versuch dekonstruiert sich selbst, weil die konstative Komponente der Kommunikation durch die performative Komponente, die Information durch ihre Mitteilung widerlegt wird" (ebd.).

Wer vor diesem Hintergrund das Echte und Natürliche forciert, zeigt an, dass diese bezeichneten Dinge nicht mehr per se echt und natürlich sind, sondern als solche konstruiert werden. Sie sind Ausdruck eines „sentimentalischen" Bewusstseins (Schiller 2004), das sich in die „Naivität" der

74

Beobachtung erster Ordnung zurücksehnt. Diese Gemachtheit des Echten und Natürlichen muss indessen negiert (und delegiert) werden, um sich in seiner bruchlosen Echtheit präsentieren zu können. Denn echt und wahr, das ist man in der Inszenierungslogik des Metals immer selbst, während die Falschheit, das ‚Posertum' und der Verrat an der Sache immer bei den Anderen liegt.

Der Vergleich stellt diese Opposition unter die „Semantik der Kultur", das heißt, es „überzieht" diese mit dem Makel der „Kontingenz" (Luhmann 2012: 51). Kontingenz ist notwendigerweise Ausdruck eines transzendenzlosen[2] Daseins, in dem es keine feststehenden Werte und absoluten Wahrheiten gibt – diese Lage und die für sie Verantwortlichen gilt es daher zu bekämpfen. Das Leben als Kampf aufzufassen und die Welt mit Hilfe einer unerbittlichen Freund/Feind-Unterscheidung, die kein Drittes kennt, zu ordnen, bereitet der gewaltsamen Lösung von Dissens ebenfalls eine logische Grundlage. Daher rührt auch der unbedingte Ernst, mit dem Kunst und Leben im Black Metal verschränkt werden: um Kontingenz weitestmöglich zu negieren.

Der Kunstwissenschaftler Jörg Scheller hat auf das dem metallischen Anti-Modernismus innewohnende Paradox hingewiesen, das ihm als „Projektionsfläche für eskapistische Träume und naive Sehnsüchte" (Scheller 2014: 41) innewohnt. Er spricht von einer

> „spezifischen Doppelnatur des Heavy Metal: einerseits Träume von Freiheit, Individualismus, Heroismus, Enthemmung sowie als Kritik an der Moderne verstandene Rekurse auf Mythos und Vormoderne, andererseits moderne Technik, kapitalistische Produktions- und Distributionstechniken und modularisierte Kompositionselemente" (Scheller 2014: 39).

Diese Doppelnatur kann ebenso wenig aufgelöst werden, da ebendieser performative Widerspruch nur den wenigsten Akteuren bewusst ist. Es handelt sich um eine regressive Form der Kulturkritik, die keine anderen Auswege als die Elimination der als feindlich erachteten Mächte kennt

---

2 An diesem Befund arbeiten sich die zahlreichen ‚naturmystischen' Projekte ab, die eine Reintegration in ‚natürliche' Ordnungen versuchen. Diese werden nicht zuletzt auch in den Wäldern Norwegens verortet, in denen die Welt der Moderne „unreal and irrelevant" (Ulver nach Patterson 2013: 397) erscheint. Solche Regressionsbestrebungen sind nicht zwangsläufig antisemitisch, wenn sie es bei der Abkehr bewenden lassen. Als ‚retour offensiv' betrieben, geraten jedoch schnell entsprechende Feindbilder in den Blick.

Niels Penke

und dieses über die Restitution historisch zurückliegender Epochen avisiert.

In verschiedenen Graden tritt die antimoderne Kulturkritik im Metal in Erscheinung. Der Fantasy-affine Eskapismus im Power Metal oder die zivilisationsfeindlichen Regressionsfantasien im Folk und Pagan Metal sind gewiss nicht allesamt antisemitisch, sie teilen jedoch einige Prämissen, die anschlussfähig für solche Deutungen sein können. Neben dem Ernst und der Unbedingtheit, die der (Black) Metal für sich reklamiert, ist es vor allem die Emphase des Konkreten, in dem das Echte, Authentische und Natürliche als Synonyme zusammenkommen können, die eine besondere Anschlussfähigkeit für antisemitische Argumentationen bieten. Anerkennt man, dass Antisemitismus sich, wie Moishe Postone schreibt, primär durch einen „Hass auf das Abstrakte" (Postone 1982: 24) auszeichnet, dann ist damit nicht nur der grundsätzliche Konflikt mit den Prozessen moderner Vergesellschaftung vorgezeichnet, sondern zugleich werden auch Schuldige für diese depravierte Lage identifiziert. Funktionale und damit apersonale Herrschafts- und Verwaltungspraktiken, allgemeine Datafizierung und die Tendenz zur zahlenförmigen Erfassung und Verarbeitung von Welt können über die „Denkform" (Postone 1982: 16) des Antisemitismus ins Konkrete gewendet werden, indem sie Intentionen, Verantwortlichkeit und Nutzen (das verräterische „Cui bono?") auf einen einzigen Ausgangspunkt zurückführen. Über die generelle Schuldigkeit von Juden und Jüdinnen, die mit dem Abstrakten assoziiert werden, kann antisemitisches Denken ihnen alle unliebsamen sozialen Prozesse und historischen Ereignisse zuordnen. In dieser Denkform ist immer die Annahme falscher Machtverhältnisse enthalten, die den Juden und Jüdinnen außerordentliche Macht zuweist, während die eigene kollektive Identität (Nation, „Volk", „Rasse" o. ä.) als dieser unterworfen imaginiert wird.

Eine kleine Elite dominiert in dieser Vorstellung die egalisierten Unterworfenen. Im Hass auf die Abstraktion der Zahl, die mit dem „Geist" von 1789 oder 1776 (vgl. Eco 2020: 32) gesteigerte Bedeutung gewonnen hat, besteht zugleich einer der Grundzüge faschistischen Denkens, das mit antisemitischen Weltdeutungen nicht gleichzusetzen ist, wenn es auch zentrale Übereinstimmungen zwischen ihnen gibt. Diese liegen vor allem in der eliminatorischen Tendenz, mit der beide für sie feindlich erachtete Prinzipien (und die ihnen zugeordneten Menschen) aus der Welt zu schaffen versuchen. Der Antisemitismus und seine „Hypostasierung des existierenden Konkreten" münden daher „in einer einmütigen, grausamen – aber nicht notwendig haßerfüllten Mission: der Erlösung der Welt von der Quelle allen Übels in Gestalt der Juden" (Postone 1982: 24). Hier greift die antisemitische Weltdeutung auf alte Sündenbock-Stereotype zurück und identifiziert abermals Juden und Jüdinnen mit dem Ursprung aller historischen Verfehlungen (vgl. Salzborn 2010).

Diese grausame „Mission" muss nicht zwangsläufig „hasserfüllt" sein, wie Postone schreibt, im Black Metal aber ist sie es und stellt diesen Hass zumeist offen aus. Denn der Antisemitismus, wie er im Black Metal-Kontext auftritt, steht unter vornehmlich politisch rechten Vorzeichen und bezieht sich mehrheitlich positiv auf den Nationalsozialismus und seine Verbrechen.[3] Die Ermächtigungsfantasien führen zur Identifikation mit dem ultimativen Bösen und der destruktivsten Macht, die anders als im imaginierten Satan mit Hitler und anderen NS-Größen konkrete historische (Täter-)Gestalt annehmen.

Erscheinungsformen des Antisemitismus im Black Metal

Am Anfang war die Tat. Varg Vikernes ist nicht nur die entscheiden Figur, die dem Black Metal eine politische Philosophie zu geben versucht hat, er ist auch der entschiedenste Aktivist. Neben einer Reihe von spektakulären Brandanschlägen auf Kirchen und dem Mord an seinem zeitweiligen Mit-Musiker und Label-Chef Oystein Aarseth, der zu Vikernes' Inhaftierung führte, ist er auch der erste gewesen, der aus antisemitischer Motivation heraus agierte: der israelischen Band Salem, die 1990 auf ihrem Demo *Millions Slaughtered* eine der wenigen Auseinandersetzungen mit der Shoah im Metal unternahm, schickt er 1991, nachdem er herausgefunden hatte, dass die Band jüdische Mitglieder hatte, eine Briefbombe, die jedoch nicht detonierte (vgl. Kahn-Harris 2007: 77).

Während seiner sechzehnjährigen Haftzeit entwickelte Vikernes seine zunächst anti-christliche Ideologie weiter in Richtung eines von ihm so genannten „Odinismus", einer heidnisch geframeten Weltanschauung, die Motive der nordischen Mythologie mit rassistischen, antisemitischen und faschistischen Versatzstücken kombiniert (vgl. Penke 2016b). Diese hat Vikernes in einer großen Anzahl von Publikationen dokumentiert und immer wieder neu akzentuiert. Auch, weil er für verschiedene Publi-

---

3 Hierin ist auch eine Frontstellung zur ersten Politisierung des Metal zu sehen, die von ‚links' erfolgte und sich besonders im Thrash und Death Metal äußerte. Im Black Metal-Kontext ist die Faszination für die rigiden Herrschaftsformen realsozialistischer Staaten, die Mitglieder der Band Mayhem bekannten, eine seltene Ausnahme. Die Erinnerungen Abo Alslebens betonen diesen Aspekt stark, der zahlreiche Aussagen Euronymous' (Oystein Aarseth) zitiert (vgl. Alsleben 2020: u. a. 39, 56, 58, 105).

ka schrieb, die ihn weit über Metal-Kreise hinausgehend zu einem weltweit vernetzten Neonazi machte (Goodrick-Clarke 2003: 203ff.). Durch diese Veröffentlichungen hat Vikernes programmatische Verbindungen zwischen seiner „Germanomanie"[4] und der Denkform des Antisemitismus hergestellt, wenngleich es in den Lyrics und den Paratexten (Alben-Cover, Abbildungen und Motti, Flyer und Fotografien) seiner Band vordergründig um nordische Mythen, um Fantasy-Romane und romantische Naturschilderungen geht. Für sein Musikprojekt Burzum bediente er sich durchgängig einer Camouflage, mit der die Explikation politischer Aussagen im musikalischen Kontext vermieden wurde. Allerdings ergibt sich aus den aufgerufenen Bild- und Themenbereichen bereits eine deutliche Setzung, so dass die Bilder des „Eigenen", des „Germanischen" und Mythischen stets mit Vorstellungen eines negativ konnotierten Anderen einhergeht, das – über den Umweg der Schriften Vikernes – als jüdisch markiert wird.

Diese Differenzierung nimmt Vikernes bereits über ein frühes Statement vor, das sich in der CD-Hülle des Burzum-Albums *Det Som Engang Var* (1993) unter einer Darstellung des Gottes Odin findet: „So edel wie der altgermanische Mensch, so edel war seine Kunst. Sie verwirklicht die Traeume auf dieser Welt". Für sich allein betrachtet bleibt dieses Innencover nebulös – Vikernes und seine Labels machen nicht erkenntlich, dass der Spruch aus einer Veröffentlichung des „Reichsführers SS" *Der Untermensch aus dem Jahr 1942 stammt*, die im Auftrag von Heinrich Himmler herausgegeben wurde. Die Behauptung einer spezifischen Qualität des „alt-germanischen Menschen", seiner „edlen" Kunst und die sich verwirklichenden „Traeume" bleiben zunächst ebenso ungeklärt wie deren Verhältnis zur Gegenwart des Musikers. Epitextuell lassen sie sich jedoch erhellen, und konstruieren als Gegensatz des edlen alt-germanischen den als jüdisch markierten „Untermenschen".

In einem Interview des *C.O.T.I.M.*-Fanzines von 1994 expliziert Vikernes diesen Zusammenhang weiter, wenn er auf die Frage nach seiner Vorstellung einer idealen Gesellschaft das „Dritte Reich" nennt, das er als „eine judenfreie Welt" preist. Im selben Interview spricht Vikernes auch vom „weiß-arischen" „Übermenschen", dem er die „Untermensch-masses" gegenüberstellt. Seinen deutschen Anhängern empfiehlt er mit Bezug auf die NS-Zeit „take back your glory. Wotan mit uns." Auch für den Titel

---

4 In Anlehnung an Saul Ascher haben Matthias Teichert und ich unseren Band über die Germanomanie, eine emphatische Bezugnahme auf die eigenen vermeintlich germanischen Vorfahren und ihre idealisierte Kultur, perspektiviert, siehe Penke/Teichert 2016.

des Albums *Det Som Engang Var* liefert Vikernes in einem Interview eine konkrete Referenz: „Det som engang var – Was einst war – Wotans Reich" (Vikernes 1994). Ein solches heidnisches Reich wird auch im Text des Songs *Lost Wisdom* adressiert, in dem von einer durch das Christentum verdrängten und schließlich unterdrückten Weisheit die Rede ist. Indem Vikernes sich mit den unterworfenen Heiden identifiziert, eröffnet er einen Kulturkampf, der auf Widerstand und Reversion dieser behaupteten Landnahme ausgerichtet ist. Damit pflegt er einen *„Kult der Überlieferung"* (Eco 2020: 30), der gegen die jüdisch-christliche Moderne einen Irrationalismus setzt, der sich in einem *„Kult der Aktion"* (ebd.: 32) äußert und der Vorstellung des „Leben[s] für den Kampf" (ebd.: 35) bestätigt.

Diese auf dem Album diffus erscheinenden Vergangenheitsbezüge hat Vikernes bereits im selben Jahr 1994 in programmatischen Schriften auszuführen begonnen. Zunächst entstand mit *Vargsmål* eine Gesamtdarstellung seiner Weltanschauung. Bereits über den Titel sucht Vikernes den Anklang an die altnordische Literatur, genauer gesagt an die eddische *Hávamál*, das bedeutendste Beispiel der isländischen Weisheitsdichtung, in dem der Gott Odin Ratschläge für eine erfolgreiche Lebensführung gibt. Vikernes bezeugt damit nicht nur den Anschlussversuch an eine ‚germanische' kulturgeschichtliche Traditionslinie, in die er sich als Mythenexeget und Philosoph mit Zugriff auf ein geheimes Wissen einzuschreiben versucht, sondern inszeniert sich auch zugleich als Stellvertreter des höchsten nordischen Gottes.

Da die ‚Sprüche Vargs' wegen der Beschlagnahmung seines Computers zum Teil unter Zeitdruck verfasst worden sind und kein abschließendes Lektorat erfahren haben, bieten sie eine nur lose strukturierte Gemengelage aus verschiedenen Versatzstücken rechter Ideologie: völkische und rassistische Theoreme gepaart mit Geschichtsrevisionismus, Holocaustleugnung und Verschwörungstheorien, deren gemeinsames Fundament eine antisemitische Weltdeutung ist. Bereits das erste Kapitel *Blod og Jord* (dt. Blut und Boden) unternimmt eine essentialistische Unterscheidung von drei verschiedenen – ebenso ungleichen wie ungleichwertigen – Menschengruppen: „germaner", „jøder" und „neger" („Germanen", „Juden" und „Neger"). Ausgehend von dieser Setzung argumentiert Vikernes für die Natürlichkeit der heidnischen Religion, der Ásatrú (dt. Asenglaube), und ihrer grundsätzlichen Unvereinbarkeit mit den Traditionen des christlichen Europas: „Kristendomen er en jødisk religion, Jehova er jødenes

‚Gud', og den kristne kultur er en jødisk kultur. Den kan aldri bli Norsk!!"[5] (Vikernes 1997).

Vikernes führt in langen Passagen aus, dass Christentum wie Judentum den Menschen Mittel- und Nordeuropas ‚artfremd' seien – ein Gedanke, der bereits 1935 Eingang in die Nürnberger Gesetze „zum Schutz des deutschen Blutes" fand und zur rechtlichen Grundlage der Judenvernichtung wurde. Aus diesem Grundsatz folgt, dass Vikernes, je stärker er sich mit seiner Rolle als Germane oder Norweger identifiziert, desto deutlicher Position gegen alles bezieht, was er als feindlich definiert. Um den Tod seines „Volkes" abzuwenden und sich gegen die „judeo-christliche" Fremdherrschaft zu erwehren, muss es daher vorrangig darum gehen, die eigentlichen Germanen aus ihrem „christlichen Schlaf" (Vikernes 1997) zu erwecken.

Damit erhebt *Vargsmål* einen missionarischen Anspruch, der über die Darstellung einer Weltanschauung weit hinausgeht. Vikernes' anschließenden Schriften, die einzelne Aspekte dieses Themenspektrums vertieften, sind daher als Propagandaschriften zu verstehen. *Germansk Mytologi Og Verdensanskuelse* (2000; dt. „Germanische Mythologie und Weltanschauung"), *Guide To The Norse Gods And Their Names*[6] (2001; dt. „Führer zu den nordischen Göttern und ihren Namen"), *Sorcery And Religion In Ancient Scandinavia* (2011; dt. „Zauberei und Religion im alten Skandinavien") sowie eine längere Essay-Reihe unter dem Titel *Paganism*, die Vikernes auf seiner Webseite veröffentlichte.

Gemeinsam ist allen diesen Veröffentlichungen, dass Vikernes in ihnen trotz eines mitunter seriösen Erscheinungsbildes weit weniger wissenschaftliche Erklärungen bietet als eigene Interpretationen der nordeuropäischen Kulturgeschichte und seine persönlichen Ansichten darzulegen. *Germansk Mytologi Og Verdensanskuelse* ist ein als Kommentar zur ‚germanischen' Mythologie getarntes Weltanschauungsbuch, das hinter einem allgemein klingenden Titel abermals viele rassistische und antisemitische Positionen enthält. Über die scheinbare Wiedergabe eddischer Schöpfungs- und Untergangsvorstellungen oder Charakterisierungen von Göttern und anderen mythischen Wesen leitet Vikernes anschließend Aussagen über den ‚nordischen Menschen' und sein Rechtsverständnis ab. Gegen die

---

5 Auf Deutsch: „Das Christentum ist eine jüdische Religion, Jehova ein jüdischer ‚Gott', und die christliche Kultur ist eine jüdische Kultur. Diese kann niemals norwegisch werden!!" [Übersetzung Niels Penke].

6 Diese Publikation basiert nach eigenen Angaben auf der Korrespondenz von VHF und NHF, zwei international ausgerichteten neonazistischen Organisationen, an deren Gründung er beteiligt war.

erwartete Kritik versucht er sich durch die essentialistische These zu immunisieren, dass er als Germane eine ohnehin tiefere Einsicht in die ,germanische Weltanschauung' habe als andere, die er als Christen und „Geistesjuden" („åndsjøde", Vikernes 2000) identifiziert und ihnen als Außenstehenden jedes Verständnis abspricht. Als Angehöriger der wertigsten Menschenform (,Germanen') hält er sich auch für den überlegenen Beobachter und Weltdeuter, der nicht die Auseinandersetzung mit wissenschaftlichen Positionen sucht, sondern diesen per se darüber die Legitimation abspricht, dass sie von den falschen Leuten betrieben und formuliert werden. Denn für Vikernes ist klar, dass hinter allem, was seiner Weltanschauung widerspricht – er fragt bereits im Titel seiner Essays nach dem „Cui bono" –, jüdische Akteur*innen stehen:

> „[…] the Jews created Marxism, feminism, Christianity (need I tell you that Jesus and not least Paulus/Saul were both Jews?), so-called psychology, banking (money lending), the hippie-movement and all other ideologies and movements, which are aimed to destroy and de-construct all nations in Europe. Behind each and every one of them you will find a Jew (or some times a Freemason)" (Vikernes 2011).

Vikernes bestätigt mit diesen Ausführungen die Logik des Antisemitismus, hinter allen komplexen Phänomenen der Moderne eine „geheime Macht" (Postone 1982: 15) anzunehmen, die konspirativ arbeitet, und nur durch die Aufklärung des Antisemiten ,entlarvt' werden könne. Vikernes vertritt vor diesem Hintergrund die These, dass es sich beim „großen Austausch", der die angestammten ,Völker' Europas durch Migration ,zersetzen' werde, ebenfalls um ein jüdisches Projekt handele:

> „I have to stress too that Islam and Muslims are not the main threat to us. They are just a means used by Jews (who let them into Europe in the first place) to mongrelize us and finish us off as a race, and not least to make us fight for the Jews in their criminal wars. Our true enemy is the Jews! Never forget that!" (Vikernes 2012).

In ihrer Wahnhaftigkeit lässt sich die antisemitische Denkform nahezu unbegrenzt anwenden, sodass selbst der Rechtsterrorist Anders Breivik, der ebenfalls gegen den „großen Austausch" zu kämpfen behauptete, zum Agenten des Mossad erklärt werden kann.

> „Mr. Breivik was in fact executing orders from Mossad, to punish the Palestine-loving Marxist-governed Norway, but first and foremost to create a false banner for misinformed right-wing extremists to unite under" (Vikernes 2011).

Bei Vikernes wird ein Antisemitismus unter eindeutig faschistischen Vorzeichen formuliert. Demgegenüber macht seine Publizistik deutlich, wie es um die politischen Interpretationen dieses mythologischen und kulturellen ,Erbes' bestellt ist. Eine Kurzfassung seiner kämpferischen, antisemitischen Weltdeutung hat er in einem Plädoyer *Der Ruf zu den Waffen* (1998/1999) für das (mittlerweile indizierte) Mini-Album *Asgardsrei* der deutschen Band Absurd vorgelegt. Absurd gelten als deutsches Pendant Burzums, deren Mitglieder ebenfalls aufgrund eines Mordes inhaftiert wurden und eine ähnliche Radikalisierung zu international vernetzten neonazistischen Akteuren durchlaufen haben (vgl. Dornbuch/Killgus 2005: 147f.). Ausdruck dieser Vernetzung ist nicht zuletzt die Split-Veröffentlichung *Weltenfeind*, für die sie unter anderen mit den US-Amerikanern Grand Belial's Key kollaborierten, die mit ihren Alben *Judeobeast Assassination* (2001) und *Kosherat* (2005) nahezu monothematische Hasstiraden gegen das Judentum sowie Juden und Jüdinnen in die Welt gesetzt haben.

Nicht zuletzt durch den Aufruf hat Vikernes seine Rolle als Vordenker der radikalsten Erscheinung des (Black) Metals, die sich als NS-Black Metal unmissverständlich politisch positioniert, unterstrichen. Obwohl er diese Bezeichnung nicht zur Selbstbeschreibung seiner Band genutzt hat, beziehen sich viele Akteure des NSBM auf Vikernes' Vorreiterrolle, die sich unter anderem in vielen Cover-Songs[7] ausdrückt. Der Terminus NSBM (National Socialist Black Metal) hat sich seit der Jahrtausendwende als Terminus sowohl zur Fremd- als auch zur Selbstbeschreibung von Bands etabliert. In der Zeitschrift *Der Rechte Rand* hat Jan Raabe eine prägnante Definition versucht:

> „Die von der Szene selbst geschaffene Bezeichnung NSBM findet in der Regel Anwendung bei Bands, die eindeutige neo-nationalsozialistische Texte haben, in ihrer Symbolik und/oder im Layout ihrer Tonträger auf die Bildsprache des Nationalsozialismus zurückgreifen und/oder sich in Interviews eindeutig als Neonazis positionieren. Die Eigenzuschreibung aus der Szene und eine Fremdzuschreibung können jedoch variieren" (Raabe 2008: 25f.).

---

7 In der Encyclopedia Metallum sind aktuell über 1000 Cover-Versionen von Burzum-Songs verzeichnet. Nicht alle dieser Bands sind dem NSBM zuzurechnen, bei den entsprechenden Formationen wird über Band-Namen, Album-Titel und Bildmotive Eindeutigkeit hergestellt.

Die Bezeichnung wie die damit bezeichneten ästhetischen, lyrischen und musikalischen Erscheinungsformen sind nahezu global verbreitet. Primäres Kennzeichen ist die Identifikation mit den historischen ‚Opfern' einer ‚jüdischen Weltverschwörung' (heidnische Stämme und ‚Völker' unterschiedlicher Profession), aber auch mit dem Nationalsozialismus, der als das entscheidende Aufbegehren interpretiert wird. Paradigmatisch wird diese Denkfigur von der ukrainischen Band Nokturnal Mortum[8] im Song *The Taste of Victory* (2005) formuliert:

> „What incited Germans to go against slavs who made Russia to rot Ukraine Who sucked power from the world like a vampire who feels himself a master today [...] Towers have fallen but the persons do stand firm and the Mason's pyramides do stare into our souls The taste of victory is bitterness and sarcasm / It's price was Shekel and their scourge upon our trampled backs / Oh world beware new master this desert breed won't die on their own If they weren't burnt those 60 years ago they should be burnt today".

Was das deutsche Vernichtungsprojekt in den 1940er Jahren nicht vermochte, das soll nun ausgehend von militanten Metal-Bands wieder aufgenommen und zu Ende gebracht werden.

Hier artikuliert sich zudem die Rolle des ewig Bedrohten, der, um nicht zum Opfer feindlicher Mächte zu werden, seinem Selbstverständnis nach Notwehr betreibt. Damit werden nicht nur rückwirkend alle antisemitischen Mord- und Vernichtungsprojekte entschuldigt, sondern auch eine Identifikation mit den historischen Tätern vollzogen. Dies wird in verschiedenen text- und bildmedialen Strategien zum Ausdruck gebracht. Einige beziehen sich unmissverständlich auf den historischen Nationalsozialismus, dessen Ästhetik, Begriffe, Abzeichen und Codes aufgegriffen werden.

Die deutsche Band Morke (ab 1994) posierte als eine der ersten mit Flaggen und Symbolen des nationalsozialistischen Deutschlands. Die fran-

---

8 Die Band hat sich 2014 ‚offiziell' von den politischen Aussagen ihrer frühen Schaffensphase distanziert, verkehrt jedoch weiterhin in extrem rechten Kreisen und spielte u. a. wiederholt auf dem Asgardsrei-Festival in Kiew, das eine Scharnierfunktion zwischen (rechter) Metal-Szene und anderen rechten Akteuren bis zu rechtsterroristischen Gruppierungen erfüllt. Das Label Militant Zone etwa kooperiert mit der neonazistischen Misanthropic Division und mit dem Regiment Asow, das im Ukraine-Konflikt aktiv ist. Das umfangreiche Musik- und Kultur-Programm beweist mit jeder Neuauflage die Transnationalität der extremen Rechten (vgl. Hemmers/Martin 2020).

zösische Band Kristallnacht (ab 1996) machte bereits über ihren Namen den historischen Hauptbezugspunkt deutlich, während die deutsche Band Totenburg auf ihrem Album *Weltmacht oder Niedergang* (2000) eine brennende Synagoge abbildete.

Die nach Julius Streichers Hetzblatt benannte griechische Band Der Stürmer (seit 1998) beschrei(b)t auf ihrem Debüt-Album (2001) den Krieg der „arischen Herrenrasse" und zeigt mit dem Song „The Hammer Falls on Zion" an, gegen wen dieser Krieg geführt werden müsse.Auch die Split-Veröffentlichung mit der polnischen Band Capricornus *Polish-Hellenic Alliance Against Z.O.G.!* (2003) stellt den Feind als Usurpator[9] unverkennbar aus. Eine weitere Gemeinschaftsveröffentlichung von 2016 mit der finnischen Band Auschwitz Symphony Orchestra, deren thematisches Spektrum nahezu alle Verschwörungserzählungen[10] aufgreift gibt zu verstehen, dass es für die Verantwortlichen jenseits von („Rassen-")Krieg und Vernichtungsfantasien keine anderen Themen und Ziele mehr gibt.

Häufig finden sich auch Kombinationen aus verschiedenen Bildtraditionen. Das Cover der Split-Veröffentlichung der russischen Bands Nitberg und Волкотень *Hammer-Härte* (2004) zeigt einen SS-Mann, der auf riesenartige Gestalten einschlägt, die über hebräische Buchstaben als ‚jüdisch' markiert werden. Der SS-Mann wird hier mit dem Vorbild des nordischen Gottes Thor analog gesetzt, der in den eddischen Liedern wiederholt gegen Riesen kämpft und diese zumeist tötet. Die faschistische Grundüberzeugung vom Leben als Kampf wird in allen diesen Darstellungen zum Ausdruck gebracht, wobei es niemals ein unbestimmter Kampf ist wie er in vielen Kriegsfantasien im Metal besungen wird, sondern ein gegen das Judentum, den Staat Israel oder einzelne Juden und Jüdinnen gerichteter Kampf ist, von dessen Erfolg sich Erlösung und Umkehr aller falschen Verhältnisse versprochen wird. Ob auf den Alben eher unbekannter Bands wie den Brasilianern Seges Findere, die mit ihrem Album *DeSSemitize* (2012) mit Bezug auf die SS eine ‚Entsemitisierung' propagieren oder der italienischen Band Jewish Juice, die von einem *Fourth Reich* (2012) fantasiert – es gibt ähnliche Aussagen und Inhalte auch von etablierten Formationen. Eine von ihnen ist Deathspell Omega, die in einem frühen Interview mit

---

9 Z.O.G. steht für Zionist Occupied Government und stellt die Verschwörungsbehauptung auf, die Regierung sei von „Zionisten" besetzt oder zumindest gelenkt.

10 *United States of Israel, The Holocaust Never Happened, European Union Is a Jewish Conspiracy, 9/11 Was an Inside Job, War Is Good Business (for the Jewish Banks), The Myth of the 6 Million, People Without a Country, Pedophile Rabbi, Talmudistic Bioweapon, Zionists Orchestrated Islam Is the Cancer of Europe, J€wro, The Morgenthau Plan* sind nur einige ihrer Songtitel.

klaren Bekenntnissen zum Nationalsozialismus in Erscheinung getreten sind:

> „I of course am very proud of the brilliant actions of intolerance that took place during the National-Socialist era in Germany, and in Europe during WW2. To gaz the jews and so many liberal thinking people was fantastic. We, in Deathspell Omega, are definitely fascistic thinking people, and proud of it" (Interview mit Northern Heritage 2000).

Mikko Aspa, der dieses Interview mit der Band führte, stieg daraufhin bei ihnen als Sänger ein. Mit seiner eigenen Band Clandestine Blaze hatte er bereits von der Zerstörung Jerusalems gesungen.

> „War! / Strike to the holy city / Crush jerusalem / Torture the followers / Of weakening god / Let the blood stream / Through dirty streets / Zionist cancer Faces zero tolerance / Tearing down Jerusalem / Crushing Zionist Power / Victory of unholy forces Our Victory! / Destruction! / Sky high flames N/ apalm rain over Jerusalem / Screaming victims / In agonizing pain / Destructive flames / Leave schorched earth / Zionist dream Burned away"

heißt es im Song *Tearing Down Jerusalem* (1999).

In *Chambers* (2000) besingt er die Gaskammern und legitimiert den „Holocaust against the Weak". Mikko Aspa gehört zu jenen Musikern, deren Veröffentlichungen weite Verbreitung finden und nach wie vor vielen Musik-Versandhäusern angeboten werden.

Neuerdings geraten auch vereinzelt Metal-Bands in den Dunstkreis der Gruppierung/Bewegung BDS (Boycott, Divest, and Sanctions), die über einseitig delegitimierende Positionen Israel die Alleinschuld am Nahost-Konflikt zuweist und darüber hinaus dem Staat letztlich das Existenzrecht abspricht (siehe Friedlender/Uhlig in diesem Band). Die finnische Band Oranssi Pazuzu, bis dahin mehr für experimentelle Musik denn politische Statements bekannt, machte sich zum Verbündeten als sie ihren Auftritt beim Berliner *Popkultur*-Festival nach einer BDS-Kampagne (2017) absagten. Die Finnen zogen ihre Zusage mit der Begründung zurück, sie wollten sich nicht für eine politische Veranstaltung instrumentalisieren lassen. Stattdessen zogen sie es vor, sich von einer politischen Bewegung instrumentalisieren zu lassen, deren antisemitische Agenda sie offensichtlich für unpolitisch erachten. Die Band wird bis heute als „supporting act" (ebd.) auf der Webseite der Kampagne geführt.

Nicht alle, die Burzum hören und Gefallen an Vikernes' Musik finden, teilen seine politischen Aussagen und die antisemitische Weltdeutung. Solche Bekenntnisse und die damit verbundenen Diskussionen lassen sich in unzähligen Threads und Kommentarspalten bei Facebook oder YouTube nachvollziehen. Bei den nicht-antisemitischen Burzum-Befürwortern zeigt sich häufig ein Phänomen, das Keith Kahn-Harris als „reflexive anti-reflexivity" beschrieben hat, als eine Haltung des „knowing better but deciding not to know" (Kahn-Harris 2007: 145). Dabei handelt es sich um eine besondere Form der geistigen Trägheit, die sich auf das ästhetische Wohlgefallen beruft, um unliebsamen inhaltlichen Auseinandersetzungen und eventuellen Konsequenzen (wie dem Verzicht auf bestimmte Bands, ihre Musik und T-Shirts) aus dem Weg zu gehen. Dies mag mit der Unterhaltungs- und Freizeitfunktion von Musik zu tun haben, auf die sich einige Hörer berufen, um sich vom Vorwurf der Antisemitismus-Unterstützung freizumachen. Andere wiederum frönen einem Eskapismus, der politische Aussagen und Paratexte als unbedeutende Nebensächlichkeiten verwirft, und legen einen Unwillen an den Tag, Kunst und Künstler zusammenzudenken. In jedem Fall aber sucht es die „reflexive anti-reflexivity" zu vermeiden, der Kritik das Tor zu öffnen, die vieles kompliziert und problematisch macht, was sich ohne derartige Reflexion doch einfach genießen lässt – unter Ausblendung der Teilhabe an einem eliminatorischen Projekt der antisemitischen Internationale. Erstaunlich ist dies insofern, als dass vor allem im Black Metal-Kontext der Anspruch auf Bildung und Intellektualität als Bausteine des elitären Selbstverständnisses weit verbreitet sind.

Vikernes im Einzelnen und der NSBM im Allgemeinen mögen Extremfälle darstellen, die von vielen, die Metal machen, leben und hören, weit entfernt sind. Sie sind aufgrund ihrer ideologischen Prämissen jedoch keine isolierten Phänomene, sondern erscheinen im Vergleich zu anderen Bezugnahmen auf das Echte, Authentische und Natürliche, mitunter auch das ‚Germanische' oder andere ethno-kulturellen Referenzen mit vor-modernem Chronotopos, lediglich als drastische Formationen, die sich graduell, aber nicht prinzipiell unterscheiden. Ein reflektierter Umgang mit den Ideen- und Bildbeständen, die aus dem Reservoir antimodernen Denkens und seiner Kunst entsprungen sind, könnte hier durchaus hilfreich sein. Auch, um das Bewusstsein dafür wachzuhalten oder überhaupt erst zu wecken, dass der Antisemitismus genau das ist, „was er zu sein vorgibt: eine tödliche Gefahr für die Juden und nichts sonst" (Arendt 1991: 32). Jede antisemitische Fiktion hat ihren Bezug zur praktischen Umsetzung. Die Belege dafür sind im Black Metal zahlreich und drastisch; zu ihnen gilt es sich zu verhalten, will man sie nicht stillschweigend tolerieren und damit gutheißen.

Literatur

Arendt, Hannah (2001): Elemente und Ursprünge totaler Herrschaft, München.

Alsleben, Abo (2020): Mayhem live in Leipzig. Wie ich den Black Metal nach Ostdeutschland holte, Leipzig.

Dath, Dietmar (2000): Das mächtigste Feuer. Die Kriegsfantasie als Nukleus von Moderne und Gegenmoderne in Pop oder/und Avantgarde, in: Roger Behrens/ Martin Büsser/ Tine Plesch/ Johannes Ullmaier (Hg.): testcard #9: Pop und Krieg, Mainz, S. 66–73.

Dornbusch, Christian/Killguss, Hans-Peter (2005): Unheilige Allianzen. Black Metal zwischen Satanismus, Heidentum und Neonazismus, Münster.

Eco, Umberto (2020): Der ewige Faschismus, in: Ders.: Der ewige Faschismus. Mit einem Vorwort von Roberto Saviano. Aus dem Italienischen von Burkhart Kroeber, München, S. 15–42.

Grünwald, Jan G. (2012): Male spaces. Bildinszenierungen archaischer Männlichkeiten im Black Metal, Frankfurt am Main.

Kahn-Harris, Keith (2007): Extreme Metal. Music and Culture on the Edge, New York.

Hemmers, Simon/Martin, Sabri Deniz (2020): Wie ein rechtsextremes Freiwilligenregiment mit Black Metal Nachwuchs rekrutiert, online, https://www.belltower.news/ukraine-wie-ein-rechtsextremes-freiwilligenregiment-mit-black-metal-nachwuchs-rekrutiert-102385/, 13.08.2020.

Luhmann, Niklas (2012): Kultur als Vergleich, in: Ders.: Gesellschaftsstruktur und Semantik. Studien zur Wissenssoziologie der modernen Gesellschaft, Band 4 [EA 1995], Frankfurt am Main, S. 31–54.

Patterson, Dayal (2013): Black Metal. Evolution of the Cult, Port Townsend/WA.

Penke, Niels (2016a): „Only Death is Real, Only Black is True". Über Authentizität, Ernst und Tat im norwegischen Black Metal, in: Litlog. Göttinger eMagazin für Literatur – Kultur – Wissenschaft, online, http://www.litlog.de/pop -ii-only-death-is-real/, 10.05.2021.

Penke, Niels (2016b): Töten für Wotan. Zur Radikalisierung des Mythischen im Black Metal, in: Niels Penke/Matthias Teichert (Hg.): Zwischen Germanomanie und Antisemitismus. Transformationen altnordischer Mythologie in den Metal-Subkulturen, Interdisziplinäre Antisemitismusforschung, Bd. 4, Baden-Baden, S. 83–120.

Penke, Niels/ Teichert, Matthias (Hg.) (2016): Zwischen Germanomanie und Antisemitismus. Transformationen altnordischer Mythologie in den Metal-Subkulturen, Baden-Baden.

Postone, Moishe (1982): Die Logik des Antisemitismus, in: Merkur. Deutsche Zeitschrift für europäisches Denken. Nr. 403, 36. Jg., Jan. 1982, S. 13–25.

Raabe, Jan (2008): RechtsRock 2007. Zwischen Definitionsproblemen, weißen Flecken und Besorgnis, in: Der Rechte Rand, Nummer 111, März/April 2008, S. 25–26.

Salzborn, Samuel (2010): Antisemitismus als negative Leitidee der Moderne, Frankfurt.

Scheller, Jörg (2014): Adorning Heavy Metal. Kritische Theorie als Verstärker der Metal-Forschung, in: Florian Heesch/Anna-Katharina Höpflinger (Hg.): Methoden der Metal-Forschung, Münster, S. 33–45.

Schiller, Friedrich (2004): Über naive und sentimentalische Dichtung [EA 1795], in: Schiller, Friedrich: Sämtliche Werke. Bd. V: Erzählungen, Theoretische Schriften, hg. v. Wolfgang Riedel, München, S. 694–780.

Williams, Raymond (1967): Culture and Society. 1780–1950 [EA 1958], London.

Quellen

Aarseth, Oystein (Euronymous) (1991): Interview, in Slayer Mag. Nr. 8, 1991, S. 33.

BDS (2017): Palestinian Campaign for the Academic and Cultural Boycott of Israel (PACBI). Thank artists for withdrawing from Israeli government-backed Pop-Kultur in Berlin. 24. August 2017, online, https://bdsmovement.net/pop-kultur, 10.05.2021.

Eithun, Bård (Faust) (1992): Interview, in: Darkness Fanzine, o. S.

Nitberg / Волкотень (2004): Hammer-Härte, Stellar Winter Records.

Totenburg (2000): Weltmacht oder Niedergang, Fog of the Apocalypse.

Vikernes, Varg (1994): Interview, in: C.O.T.I.M. Nr. 4, 1994, online, https://www.burzum.org/eng/library/1994_interview_cotim.shtml, 10.05.2021.

Vikernes, Varg (1997): Vargsmål, o.O, online, http://www.burzum.com/burzum/library/text/ vargsmal, 10.05.2021.

Vikernes, Varg (2000): Germansk mytologi og verdensanskuelse, o.O., online, http://www.burzum.org/eng/library/germansk_mytologi_og_verdensanskuelse.shtml, 10.05.2021.

Vikernes, Varg (2011): War in Europe: Part I – Cui bono?, online, https://www.burzum.org/eng/library/war_in_europe01.shtml, 10.05.2021.

Vikernes, Varg (2012): War in Europe: Part VI – Regarding Adam Lanza and His Tribe, online, https://www.burzum.org/eng/library/war_in_europe02.shtml, 10.05.2021.

Lieder

Burzum (1993): Det Som Engang Var, Cymophane Productions.

Capricornus, Der Stürmer (2003): Polish-Hellenic Alliance Against Z.O.G.!., Wolftower Productions.

Clandestine Blaze (1999): Tearing Down Jerusalem, Album: On the Mission, Northern Heritage.

Clandestine Blaze (2000): Chambers, Album: Night Of The Unholy Flames, Northern Heritage.

Der Stürmer (2001): The Blood Calls for W.A.R.!, Wolftower Productions.

Der Stürmer (2001): The Hammer Falls on Zion, Album: The Blood Calls for W.A.R.!, Wolftower Records.

Jewish Juice (2012): Fourth Reich, Not on Label.

Nokturnal Mortum (2005): The Taste of Victory, Album: Weltanschauung, Oriana Productions.

Seges Findere (2012): DeSSemitize, Elegy Records.

„Ich bin schwul, ich bin jüdisch und ein Kommunist dazu" – Antisemitismus im Punk?

Annica Peter/Jan Schäfer

1. Punk's not dead – it's science now

> *„Punk's not dead*
> *It just deserves to die*
> *When it becomes another stale cartoon."*
> *(Dead Kennedys 1986 „Chickenshit Conformist")*

Was hat Punk mit Antisemitismus zu tun? Dieser Frage wird im Folgenden nachgegangen. Dabei muss gleich vorweggenommen werden, dass die Betrachtung einer solch facettenreichen Subkultur wie der des Punk immer nur fragmentarisch erfolgen kann. Für jedes Argument lassen sich zahlreiche Gegenbeispiele finden. Schon die Frage nach dem zu betrachtenden Gegenstand ist gar nicht so leicht zu beantworten. Was verstehen wir überhaupt unter Punk? Die Musik, die Subkultur? Fällt Hardcore darunter? Was ist mit der Veränderung im Laufe der Zeit? Am Anfang gab es zum Beispiel keine veganen oder vegetarischen Punks, in den 1990ern änderte sich dies schlagartig. Ist Punk Dosenbier oder *straight edge*? Oder ist es beides, ohne dabei in einen inneren Widerspruch zu geraten? Die Autor*innen versuchen diesen Fragen nachzugehen und widmen ihrer Beantwortung ein eigenes Kapitel auf den Spuren des Punk.

Tabubrüche und dadurch hervorgerufene Irritationen und Abwehr sind wesentliche Merkmale des Genres Punk: NS-Ästhetik, Holocaust-Humor, Gewaltfantasien – Punk spielt mit Grenzüberschreitungen.[1] Punk ist

---

[1] Beispielhaft für das Spiel mit NS-Ästhetik ist der legendäre Auftritt von Sid Vicious von den Sex Pistols in Hakenkreuz-Shirt oder auch Bands wie OHL (Abkürzung für Oberste Heeresleitung), die sich zwar von Rechtsextremismus und Nationalsozialismus abgrenzen, mit Song- bzw. Albumtiteln wie „Ein Volk ein Reich ein Führer" (OHL 2003) oder „Blitzkrieg" (OHL 1998) aber genau mit dieser Nähe kokettieren. Als Beispiel für einen geschmacklosen Versuch des humoristischen Umgangs mit der Shoa können hier die Lieder „Dachau" und „Party in der Gaskammer" herhalten. Aufrufe zur Gewalt und gewaltvolle Fantasien lassen sich

gegen den Staat und das kapitalistische System, gegen Autoritäten und Institutionen, gegen Krieg und Faschismus, gegen Polizeigewalt und gegen Religion. Punk ist gegen die Norm. Das bedeutet eben auch Normen von Anstand und Moral, und zwar nicht nur aus einer bürgerlichen, sondern auch einer linken Perspektive. So lassen sich aktuelle Aussagen wie die der Band Brdigung erklären: „Wo andere noch ‚Darf er das?' fragen, strecken BRDIGUNG der sogenannten ‚Political Correctness' den Mittelfinger ins Gesicht" (Brdigung 2020). Obwohl Punk gegen die Gesellschaft agiert, spiegelt diese sich gleichzeitig darin und nicht immer als Negativ. Sexismus zum Beispiel war und ist im Punk genauso normal, wie in allen anderen gesellschaftlichen Sphären auch.

Erst durch die *Riot Grrrl*-Bewegung in den 1990er Jahren wurde an den verkrusteten, teils misogynen Strukturen im Punk gerüttelt. Zwar findet sich im Punkrock gehäuft Sensibilität für rassistische oder antisemitische Tendenzen in der Gesellschaft, die kritisiert werden, dennoch sind die Protagonist*innen deswegen nicht selbst gänzlich frei von solchen Einstellungen. Erinnert sei nur an Johnny Rotten und seine rassistische Gewaltattacke gegenüber dem Bloc Party-Frontmann Kele Okereke (vgl. The Guardian 2008). In den folgenden Betrachtungen liegt der Fokus allerdings darauf, inwiefern sich Antisemitismus in den Lyrics von Punk-Songs niederschlägt. Im Folgenden wird dafür die Geschichte des Punk skizziert und den hier aufscheinenden ideologischen Verbindungen zu Antisemitismus nachgespürt. Anschließend werden Liedtexte unter die Lupe genommen, dabei konzentrieren wir uns auf den deutschen Punk. Zunächst braucht es dafür jedoch einen genaueren Punk-Begriff.

2. Was ist Punk?

> *„Punk ist keine Religion*
> *Punk ist für sein Leben klar zu steh'n*
> *Punk ist keine Religion*
> *Punk ist seinen eig'nen Weg zu geh'n."*
> *(Normahl 1993 „Punk ist keine Religion")*

Eine Besonderheit des Punk als Subkultur und Musik-Gattung ist die Außenwahrnehmung, die sich stark von den Innenansichten unterschei-

---

z. B. in den Songs „Kein Gerede" (WIZO 1991) und „Schlaflied" (Die Ärzte 1987) finden.

det. Beispielhaft für die Außenansicht definiert der deutsche Duden den Begriff „Punk" als „Protestbewegung von Jugendlichen mit bewusst rüdem, exaltiertem Auftreten und bewusst auffallender Aufmachung (grelle Haarfarbe, zerrissene Kleidung, Metallketten o. Ä.)" (Duden 2021), das Cambridge Dictionary als „a culture popular among young people, especially in the late 1970s, involving opposition to authority expressed through shocking behaviour, clothes, and hair, and fast, loud music" (Cambridge Dictionary 2021). Während die deutsche Definition die Musik gänzlich unter den Tisch fallen lässt, wird dieser wichtige Part in der englischen Variante als identitätsstiftendes Moment, neben Äußerlichkeiten und einer allgemeinen Einstellung, aufgeführt.

Ein weiterer augenfälliger Unterschied zwischen den beiden Definitionen besteht darin, dass der Duden mit dem Begriff „rüde" moralisch wertend bezeichnet, was das Cambridge Dictionary mit „shocking behaviour" neutraler fasst. Die Verfasser*innen bringen diese Ausdrucksweise außerdem direkt in Verbindung mit dem vermeintlichen Ziel der Bewegung, nämlich die Ablehnung von Autorität auszudrücken.

Der Zugang zur Innenansicht ist nicht ganz so leicht, weil die Punkbewegung inhaltlich – neben der Musik – stark von sogenannten Fanzines geprägt wurde und teils noch wird. Diese hatten oft eine eher niedrige Auflage und Reichweite, gleichzeitig gab es unzählige verschiedene dieser Hefte, die meist kleine Personengruppen in mühevoller Kleinarbeit zusammenstellten. Besonders oft stand die Musik im Vordergrund, in Form von Plattenrezensionen, Konzertdaten oder -berichten. Die Fanzines wurden kopiert und versandt oder in einschlägigen Läden und Treffpunkten verkauft. Sie spielten eine große Rolle für die Abbildung von Szene-Diskursen und waren gleichzeitig praktischer Ausdruck dessen, was die Szene ausmachte, nämlich eine weit verbreitete „Do it yourself" (DIY)-Einstellung. Weil „das System" und die in ihm existierende und sich aus ihm ergebende Kultur rigoros abgelehnt wurden, baute die Szene sich kurzerhand ein eigenes mediales Universum auf. Dieses zu untersuchen wäre äußerst fruchtbar, um eine tiefgehende, breite Analyse der verschiedenen Ausformungen des Punk zu leisten. Die meisten Fanzines sind jedoch nicht digital verfügbar und in vielen Fällen vergriffen.

Als Geburtsstunde des Punk werden verschiedene Zeitpunkte angegeben. Manche sehen sie bereits in den späten 1960ern und zu Beginn der 1970er in New York gekommen – andere um 1975/76 in Großbritannien. Wahrscheinlich ist, dass ersteres den Beginn des Musikstils markiert, während zweiteres die Verbindung mit dem optischen Stil und einer stärker politischen Ausrichtung darstellt (vgl. O'Hara 2001: 27). „Politische Ausrichtung" darf jedoch in diesem Kontext nicht als ideologische Festlegung missverstanden werden, sondern beschränkte sich zunächst auf eine offene Konfrontation mit dem Mainstream und dem Eintreten für Nonkonformismus – in Großbritannien noch ergänzt um eine „Working Class"-Attitüde, aus deren Schicht ein übergroßer Teil der britischen Anhänger*innen der neuen Subkultur entsprang (vgl. O'Hara 2001: 40).

Unabhängig von diesen Unterschieden, die in einer zunehmenden Politisierung des Punk in den 1980ern immer zahlreicher wurden, sieht O'Hara Rebellion als „[...] eine der wenigen unstrittigen Eigenschaften von Punk" (O'Hara 2001: 38). Darüber hinaus ist Autonomie als essentieller Kern des Punk zu verstehen: „Denke selbstständig, sei du selbst, nimm nicht einfach das, was die Gesellschaft dir anbietet, schaffe deine eigenen Regeln, lebe dein eigenes Leben" (Andersen 1985, zit. nach O'Hara 2001: 37). Diese Autonomie dürfe aber nicht mit Rücksichtslosigkeit gegenüber anderen gleichgesetzt werden, wie sie dem Punk in nicht-szeneaffinen Medien oft nachgesagt wurde – ganz im Gegenteil. Für O'Hara wie für Andersen gehört zum Punksein, Verantwortung zu übernehmen. Diese Verantwortung bedeutet, „[d]en eigenen Kopf anzustrengen, Leuten mit Respekt zu begegnen, kein Urteil aufgrund von Äußerlichkeiten zu fällen, andere im Kampf um das Recht »sie selbst« zu sein, zu unterstützen, ja sogar mitzuhelfen, eine positive Veränderung in der Welt zu bewirken" (Andersen 1985, zit. nach O'Hara 2001: 40).[2]

Der bereits gefallene Begriff des „Hardcore"[3] bezeichnet eine Ausdifferenzierung oder ein Subgenre des Punk, das in den 1980ern aufkommt.

---

2 Gleichzeitig darf dieses Ideal nicht darüber hinwegtäuschen, dass rücksichtsloses Verhalten durchaus zur Tagesordnung für viele Punks gehört(e). Man darf davon ausgehen, dass es sich ähnlich verhält, wie es O'Hara für die Gewaltbereitschaft mancher Punks beschreibt: Die negative Darstellung in der Öffentlichkeit – Neigung zu Gewalt oder Rücksichtslosigkeit – wird nicht unerheblich dazu beigetragen haben, dass Menschen mit ebensolchen Charaktereigenschaften von der Szene angezogen wurden (Vgl. O'Hara 2001: 45).

3 Im vorliegenden Text nehmen wir keine Ausdifferenzierung zwischen Punk und Hardcore vor und nutzen die Begriffe weitestgehend synonym (und werden auch nicht näher zwischen Post-Punk, Post-Hardcore und ähnlichen Weiterentwicklungen unterscheiden). Dies ist aus Szeneperspektive, wie auch aus Perspektive der Musikwissenschaft eine Verkürzung – jedoch fällt sie für unsere Zwecke nicht weiter ins Gewicht, da die Genres gemeinsame Ursprünge haben und die für unsere Arbeit grundlegenden Wesenszüge teilen. Außerdem darf man sich die verschiedenen Szenen nicht als strikt voneinander abgetrennt vorstellen. Sicherlich gab es bestimmte Unterausprägungen, deren Szene sich von Konzerten ferngehalten hat, die von Bands bestimmter anderer Unterausprägung des Punk oder Hardcore gespielt wurden – in den allermeisten Fällen war das Publikum jedoch bunt gemischt (vgl. Büsser 2006: 29). Dies gilt nicht nur für Konzerte, sondern

O'Hara subsummiert Hardcore unter dem Label Punk, während sich beispielsweise Büsser um eine stärkere Ausdifferenzierung bemüht. Als zentrale Neuerungen stellt er insbesondere heraus, dass Hardcore-Bands häufig ein ausformuliertes politisches Konzept haben.[4] Sie binden die, im Punk noch abstrakt vorgetragenen, Emotionen stärker in komplexe Betrachtungen über die Gesellschaft ein, verbinden das mit einer textlichen, wie musikalischen Verschärfung und weiten so das musikalische Schema aus (vgl. Büsser 2006: 22f.). Ergänzt werden muss diese Unterscheidung noch um das optische Auftreten. Während Punks sich betont von ihrer Umgebung und der „Spießergesellschaft" abhoben, war in der Hardcore-Szene eine Kleidung verbreitet, die sich betont unauffällig gab und mit der die Szenezugehörigkeit nur gegenüber Eingeweihten offenbart wurde. Aus diesem Grund blieb Hardcore für die breite Öffentlichkeit auch lange Zeit weitestgehend unsichtbar[5] – ganz im Gegensatz zum Punk mit seiner schrillen Optik[6] (vgl. Büsser 2006: 27f.). Der bürgerlichen Gesellschaft und ihrer Kunst sollte eine Anti-Kunst entgegengesetzt werden, die das Gewaltvolle der Gesellschaft nicht mit einer Fixierung aufs Schöne und Gute in der Kunst übertüncht. Diese Anti-Kunst versuchte sich selbst und

---

gleichermaßen für politische Aktionen. Bei den „großen Schlachten" der linken Szene im Deutschland der 1980er, beispielsweise die Proteste gegen die Startbahn West oder die Wiederaufbereitungsanlage für Atommüll in Wackersdorf, standen Punks, Hippies, Ökos und Anhänger*innen der Friedensbewegung Seite an Seite (vgl. Büsser 2006: 33).

4 Büsser stellt sogar die Frage in den Raum, ob Hardcore durch seine Nicht-Mehr-Verortbarkeit zum Überbegriff einer Musik geworden sei, die nicht mehr nach Stil, sondern nach „attitude" unterschieden werden könne (vgl. Büsser 2006: 18).

5 Das optische Abheben der Hardcore-Szene vom Punk war gleichzeitig auch inhaltliches Statement. Teile der Hardcore-Szene sahen in der schrillen Optik des Punk, und dem Versuch sich so vom Rest der Gesellschaft abzuheben, eine bloße Verdopplung dessen, was man an der Gesellschaft eigentlich kritisieren wollte, nämlich Oberflächlichkeit. Dem setzten sie ein Abheben vom Mainstream durch Inhalt entgegen (vgl. Büsser 2006: 30).

6 Optik spielte neben Musik eine sehr große Rolle. Doch waren Punks keineswegs betont hässlich – sondern betont anders gekleidet. Zerrissene Hosen oder gepatchte Jacken zeugten nicht von einem mangelnden Modebewusstsein. Vielmehr wurde so ein eigener Stil entwickelt, der von Kreativität und Abgrenzung geprägt war. Die enge Verbindung der Londoner Punkszene zu der Boutique von Vivienne Westwood und Malcolm McLaren waren kein Zufall. Das Urteil der bürgerlichen Presse wird spätestens dann als schlichter Ausdruck von Intoleranz entlarvt, wenn man betrachtet wie viele Trends oder Accessoires der Mainstream-Mode ihren Ursprung (zumindest auch) im Punk haben: Löchrige Jeans (allerdings in der Mainstream-Mode nicht DIY), Patches und Slogans auf der Kleidung, Springerstiefel, Bomberjacken, bunte Haare, Piercings usw. (vgl. Büsser 2006: 27f.).

andere in aller Fehlerhaftigkeit anzuerkennen und gegen die gängige Vorstellung einzutreten, Kunst müsse die Idee des Vollkommenen in sich tragen. Die Musik sollte Wut und deren Entladung transportieren, und nicht Ablenkung davon, wie man es etwa der Rockmusik vorwarf. Folgerichtig sieht Büsser im Funpunk, der insbesondere in den 1990ern aufkam, eine Spielart, die zwar mit Punkreferenzen kokettiert – jedoch das eigentliche Prinzip aufgegeben hat.

Der Hardcore streifte hingegen auf anderem Wege ab, was der Punk ästhetisch vorgegeben hatte: Anstelle von Ironie und bewusstem Dilettantismus traten Ernsthaftigkeit und Bekundungen, den Kampf mit dem „System" aufzunehmen (vgl. Büsser 2006: 85ff).

Kennzeichnend für den Punk war stets die gelebte Selbstorganisation, die sich in Konzerten in kleinen Clubs oder Jugendzentren, den unzähligen Fanzines, den eigenen Labels, Vertriebsstrukturen und Ähnlichem niederschlägt.[7] Punks betrachteten sich selbst als gesellschaftlich ausgegrenzt und grenzten sich auch gleichermaßen scharf von der Gesellschaft ab.

Die Musik war, so wie die Texte, von Anfang an geprägt von einer hohen Aggressivität. Die eigene Wut wurde herausgeschrien und damit das Gefühl eingefangen, das die Gesellschaft in einem erzeugte. Dabei wurde auf jegliche Diplomatie verzichtet und das eigene Dasein mit harschen Worten von Gruppen oder gleich der ganzen Gesellschaft abgegrenzt. Tiefgreifende Reflexion gehörte hier nicht hin. Und so sind die Objekte der Wut oftmals nicht „die Verhältnisse" oder „das System", sondern Personen, die in aller Regel auf persönlicher Ebene angegriffen oder beleidigt werden. Es geht also beispielsweise nicht gegen „das Kapital" sondern gegen „die Bonzen" oder „die da oben". Dies ist für die Frage nach antisemitischen Momenten im Punk relevant und wird im entsprechenden Kapitel später tiefgreifend aufgegriffen. Weit verbreitete Stilmittel in der Artikulation des Punk waren (und sind) offene Aggression, Respektlosigkeit und Sarkasmus. Ziel war unter anderem:

> „[...] das Offenlegen der Widersprüche in den Entwicklungen nach 68 und in den Positionen seiner Protagonist_innen. Sich im Dissens mit einer allgemein geteilten Haltung zu befinden galt per se als Indikator von Wahrhaftigkeit – das half sowohl gegen ältere, noch postfaschistisch geprägte Eltern und Großeltern wie gegen jüngere von 68 gepräg-

---

7 Da diese DIY-Kultur zentraler Aspekt der Punkszene war und ist, wird klar, warum der Vorwurf des „Ausverkaufs" und der „Kommerzialisierung", wie er viele Bands mit finanziellem Erfolg traf, ein enorm schwerwiegender ist, weil er an den Grundfesten rüttelt.

te Eltern oder ältere Geschwister und Lehrer_innen." (Diederichsen 2016).

Eine monolithische Bewertung des Punk kann es nicht geben, dafür ist die Szene viel zu heterogen. Beleuchtet werden sollen in diesem Text aber dennoch Tendenzen, die über die Zeit und über die verschiedenen Ausformungen einigermaßen stabil blieben sowie ideologische Anknüpfungspunkte, von denen ausgegangen werden kann, dass sie innerhalb der Szene wirkmächtig sind. Um der Kernfrage nach Antisemitismus und Punk nachgehen zu können, braucht es eine genauere Analyse der Ideologien, die mit Punk in Verbindung stehen.

3. Ist das noch Punk oder schon ideologisch?

> „*Klar, Punk hat das Intellektuelle gemieden, wie der Teufel das Weihwasser.*
> *Und doch hat Punk eigentlich nichts anderes getan als das,*
> *was seit jeher Grundlage der Philosophie gewesen ist:*
> *Alles in Frage zu stellen. Guter Musik nach Punk hörst du an,*
> *daß sie diesen Schritt vollzogen hat.*"
> *Tim Thomas (*„*BABE THE BLUE OX, zit. nach Büsser 2006: 89)*

Punk wird im Allgemeinen meist mit einer linken politischen Einstellung assoziiert. Wie bereits angeklungen, setzte diese Verzahnung aber erst im Laufe der 1980er ein – die frühe Punkszene war unpolitischer als die spätere. An dieser Stelle muss die Frage gestellt werden, ob „unpolitisch" überhaupt das richtige Wort ist. Zweifellos passten die Äußerungen und das Auftreten nicht in die ideologischen Schemata, die die politische Auseinandersetzung prägten und es wurden keine einfachen Auswege aus der eigenen Tristesse angepriesen. Doch gerade die fundamentale Ablehnung eines Gesellschaftssystems und der Gewalt, die von diesem ausgeht, ist hochpolitisch.

Ohne Frage werden in den 1980ern Konfliktlinien des gesellschaftlichen politischen Diskurses auch im Punk präsenter. Die Szene in Deutschland ist dabei – verglichen mit den USA und Großbritannien – von Anfang an wesentlich stärker mit linker Politik verquickt (vgl. Hiller 2001: 9). Die Politisierung der späten 1980er Jahre war dabei sowohl in den USA als auch in Großbritannien eine direkte Reaktion auf die politischen Umstände im jeweiligen Land. Während in Großbritannien Margaret Thatcher auf dem Höhepunkt ihrer Macht war und so zur Politisierung beitrug, war es in den USA die Politik Ronald Reagans, die Punk in politische Gefilde trieb.

Die unterschiedlichen Richtungen der Diskurse in den jeweiligen Ländern führten letztlich auch zu deutlichen Unterschieden darin, was im Punk als radikal gelten konnte. Während Punk in England kaum Schranken gesetzt waren, bestand Radikalität in den USA darin, Pluralismus und die Einhaltung demokratischer Prinzipien zu fordern (vgl. Büsser 2006: 35). Unabhängig vom Grad der Politisierung ist für O'Hara eine Nähe des Punk zum Anarchismus stets gegeben (O'Hara 2001: 69).

Die bestehende kapitalistische Gesellschaftsordnung wird als Ursprung von Klassendiskriminierung, Obdachlosigkeit und Ausbeutung von Mensch und Natur identifiziert. Allerdings klingt bei O'Hara stets durch, dass hier nicht ein unmenschliches System am Werk sei, sondern dass Einzelpersonen aus Gründen der Profitgier entsprechend handeln würden. Solche Verkürzungen finden sich nicht nur in Liedtexten, sondern auch in Flugblättern oder O'Haras Ausführungen zum Anarchismus. So lautet der Untertitel zu seinem Anarchismus-Kapitel: „Eine Alternative zu bestehenden Systemen. Was er ist und wieso er von Punks in der ganzen Welt übernommen wurde. Das Versagen der „gekauften" Politiker hat einer Gegenkultur den Weg geebnet, die die Vorstellung vertritt, dass es ohne diese Blutsauger besser ginge" (O'Hara 2001: 69). Damit bedient O'Hara eine alte antisemitische rhetorische Figur, nämlich die Metapher des Blutsaugers im Kontext einer Kapitalismuskritik. In die gleiche Kerbe schlägt seine Erklärung, der Kapitalismus sei ein „auf Habgier gegründetes System" (O'Hara 2001: 73). Habgier ist ein persönliches Motiv und verschleiert gleichermaßen den Blick auf Folgen wie auf Anforderungen des kapitalistischen Systems, die das Handeln der in ihm agierenden Individuen einschränkt und vorzeichnet.[8] O'Hara berichtet zudem, dass in der Punkszene das Studium der Texte von Michail Bakunin, Pjotr Alexejewitsch Kropotkin oder Emma Goldman üblich war und deren Schriften verbreitet wurden – genauso wie die von aktuellen linken Theoretiker*innen wie Noam Chomsky oder Howard Zinn (vgl. O'Hara 2001: 93). Letztlich kann keine klare Aussage darüber getroffen werden, inwieweit tatsächlich eine theoretische Auseinandersetzung innerhalb der Szene stattgefunden hat. In jedem Fall sind die Referenzen zu keiner ideologischen Strömung so zahlreich, wie zu der des Anarchismus. Nicht nur WIZO sehnten sich nach einer „Revolution für den Frieden und die Freiheit / Eine[r] Revolution

---

8 Ein weiteres analoges Beispiel folgt wenige Seiten später. Auch hier ist eindeutig nicht das „System", sondern sind die Personen und ihre Motive das Problem: „Eine gängige These besagt, dass Kapitalismus Kannibalismus ist. Diese Aussage soll versinnbildlichen, wie Konzernchefs oder Führungskräfte andere Menschen aus Profitgier ausbeuten" (O'Hara 2001: 74).

für die Anarchie" (WIZO 1991), auch Schleimkeim forderten „Chaos, Punk und Anarchie" (Schleimkeim 2000), die Kassierer sangen „ich bin als Anarchist bekannt" (Die Kassierer 1989) und auch in dem Song „Punk-rockgirl" von den Ärzten darf „logo Anarchie" (Die Ärzte 1994) nicht fehlen. Die Beispiele ließen sich ewig weiterführen. Anarchismus als Motiv ist im Punk fest verankert und ebenso vielfältig wie der Anarchismus ist, so zahlreich sind seine Niederschläge im Punk.

Jürgen Mümken und Siegbert Wolf haben 2013 in ihrem Sammelband „you name it" systematisch die Geschichte des Anarchismus in Bezug auf Antisemitismus untersucht. Insbesondere von zwei zentralen Akteuren des frühen Anarchismus, Pierre-Joseph Proudhon und Michail Bakunin, sind heftige antisemitische Aussagen überliefert. Die Anknüpfungspunkte sind zahlreich und haben ihre inhaltlichen Ursprünge im christlichen Antijuda-ismus, aber auch im aufkommenden Antisemitismus des 19. Jahrhunderts. Proudhon schrieb beispielsweise: „Es ist kein Zufall, daß die Christen sie Gottesmörder genannt haben. Der Jude ist der Feind der Menschengattung. Man muß diese Rasse nach Asien zurückschicken oder sie ausrotten" (Proudhon 1847, zit. nach Brumlik 1992: 40). Bakunin lässt in seiner Marx-Kritik ebenfalls kaum ein antisemitisches Motiv aus:

> „Nun, diese ganze jüdische Welt, die eine ausbeuterische Sekte, ein Blutegelvolk, einen einzigen fressenden Parasiten bildet, eng und in-tim nicht nur über die Staatsgrenzen hin, sondern auch über alle Ver-schiedenheiten der politischen Meinungen hinweg, – diese jüdische Welt steht heute zum großen Teil einerseits Marx, andererseits Roth-schild zur Verfügung. Ich bin sicher, dass die Rothschild auf der einen Seite die Verdienste von Marx schätzen, und dass Marx auf der ande-ren Seite intensive Anziehung und großen Respekt für die Rothschild empfindet" (Bakunin 1871, zitiert nach Pfahl-Traughber 2020).

Gleichzeitig ist es jedoch so, dass zahlreiche Anarchist*innen jüdische Vor-fahren hatten. Im Falle von Emma Goldman zum Beispiel wurde auch aktiv auf diesen Hintergrund Bezug genommen. Außerdem wurde teilwei-se schon im 19. Jahrhundert innerhalb der anarchistischen Theorie Bezug auf Antisemitismus genommen und versucht diesen argumentativ zu ent-kräften. Trotzdem darf nicht vergessen werden, dass in anarchistischen Theorien immer wieder Denkfiguren auftauchen, die Antisemitismus Vor-schub leisten. Doch auch aus einer oberflächlichen Auseinandersetzung mit dem Thema Anarchismus, wie sie vermutlich eher in Punk-Kontex-ten stattgefunden hat, lassen sich Einstellungen folgern, die vermutlich verbreitet anzutreffen sind. Beispielhaft ist hier eine grundlegende Skepsis gegenüber jedweder staatlichen Organisation, die leicht in einer direkten

Parteinahme mit allen auf niedrigerer Ebene organisiert scheinenden Subjekten mündet.

Die Ablehnung des Kapitalismus ist ein weiteres ideologisches Moment im Punk. Niederschlag fand die radikale Kritik an der kapitalistischen Wirtschaftsweise nicht nur in offener Opposition gegen diese. Büsser sieht in der ganz grundsätzlichen Ansicht, dass alles vergänglich und wertlos sei, eine radikale Kritik am Tausch- und Warenwert (vgl. Büsser 2006: 92). Diese Kritik muss dabei gar nicht zwingend Ergebnis tiefgreifender oder auch nur überhaupt bewusster Analysen sein, um diese Wirkung zu entfalten. Allein durch die Tatsache der grundlegenden Negation kapitalistischer Gesellschaftsordnung, nach der alles einen Tausch- oder Warenwert hat, wird ein subversives Moment erzeugt. Ungeachtet der Tatsache, dass es einige sich offen als kommunistisch bezeichnende Punkbands gab, lehnt die Punkszene größtenteils kommunistische Ideen ebenso grundsätzlich ab, wie den Kapitalismus (vgl. O'Hara 2001: 71). Einzelne Vertreter*innen gehen sogar so weit, Kommunismus und Faschismus nahezu auf eine Stufe zu stellen, wie die schottische Band Oi Polloi in ihrem Lied „Commies and Nazis" vom Album „Unite and Win" von 1987 zeigen.

Eine wichtige Figur des Punk in seinen Anfangsjahren in London war Malcolm McLaren. Neben den New York Dolls managte McLaren die Sex Pistols – er selbst nannte sich gar deren Erfinder. Zudem betrieb er, gemeinsam mit Vivienne Westwood, die Boutique „Let it rock!", die später in „Sex" umbenannt wurde und deren Design stilbildend für die junge Bewegung wirkte. McLaren bezeichnete sich selbst als Situationisten und brachte die Punkbewegung in Verbindung mit dieser vor allem in Frankreich wirkmächtigen Denkrichtung[9]. Der Kenner der Situationisten-Szene in Großbritannien, Sam Cooper, sieht im Punk ebenfalls das am ehesten mit dem Situationismus in Verbindung stehende Phänomen. Da-

---

9 Die Situationistische Internationale (SI) war eine von 1957 bis 1972 existierende Gruppe von rund 70 Personen (darunter sieben Frauen), die sich zur Aufgabe gemacht hatte, die Trennung von Politik und Kunst zu überwinden. Ziel war es aber nicht, politische Kunst zu machen, sondern Anti-Kunst. Ein zentraler Akteur der Gruppe war der Schriftsteller und Filmemacher Guy Debord – seine bedeutendste Schrift lautet „Die Gesellschaft des Spektakels" (1967). Die erste aufsehenerregende Aktion war die Verteilung eines Flugblattes an der Universität Straßburg, in dem schonungslos mit dem Universitätswesen abgerechnet und der konstruktiven Kritik eine Absage erteilt wurde. Die Situationistische Internationale war darüber hinaus zentrale Impulsgeberin der Studierendenproteste 1968 in Frankreich. Objekt der Kritik war oft auch die gesellschaftliche Linke, etwa der Proletkult, der zu der Zeit noch weit verbreitet war, jeglicher staatsgläubiger Reformismus oder der Realsozialismus des Ostblocks (vgl. Baumeister/Negator 2006: 7ff).

mit meint er sowohl die Musik als auch die kulturellen Ausdrucksformen. In besonderem Maße sieht er situationistische Ansätze in der Musik, den Texten, sowie der Ikonographie der Sex Pistols und anderer Erste Welle-Punkbands seit Mitte der 1970er am Werk. Auch er erkennt in der Person Malcolm McLaren die Verbindung zwischen Punk und Situationismus. McLaren bewegte sich im Umfeld des sogenannten Kings Mob, einer Gruppe, die sich nach der Herauslösung des englischen Situationisten-Ablegers aus der Situationistischen Internationale gegründet hatte. Angeblich geht die Gründung der Sex Pistols gar auf die Idee des Kings Mob-Mitglieds Chris Gray zurück, der eine „totally unpleasant pop group" schaffen wollte. Chris Gray hatte vermutlich über diverse Essays und andere Schriften Einfluss auf die frühe Punkszene in England.

Auch bei weiteren bekannten Bands wie Gang of Four oder Crass sind bei ihnen selbst oder in ihrem direkten Umfeld immer wieder Bezüge zu situationistischen Slogans und Gedanken nachzuweisen. Gleichermaßen lässt sich für diese Zeit ein starker situationistischer Bezug in Fanzines in Großbritannien belegen. Der Einfluss der Situationistischen Internationale auf den Punk sollte allerdings auch nicht überschätzt werden. Die Einflussnahme geschah zum einen nicht als aktive Unterwanderung – es ist fraglich, ob das in einer so autonomen Szene, wie es der junge Punk war, überhaupt möglich gewesen wäre –, zum anderen war die Beziehung der englischen Situationisten-Sektion mit der Situationistischen Internationale nicht die Beste und endete, wie bereits angeklungen, in deren Rausschmiss. Von einer Rezeption situationistischer Ideen ist dennoch auszugehen (vgl. Cooper 2019).

Debord und die Situationistische Internationale (SI) brachen zwar mit vielen Dogmen der linken Theoriebildung – in einem wichtigen Punkt gelang es ihnen jedoch nicht diese zu überwinden. Der Nationalsozialismus blieb eine Leerstelle und wurde nicht außerhalb der zu dieser Zeit vorherrschenden Faschismusthesen analysiert. So blieb der eliminatorische Antisemitismus, das zentrale Spezifikum des Nationalsozialismus, außen vor. Durch diese Leerstelle war der Theorie der SI auch ein adäquater Blick auf den Zionismus und den Staat Israel von Anfang an verstellt. Zunächst war für die SI Israel kein großes Thema und es sind nur einzelne Texte oder Passagen zu dem Thema verfasst worden. Zu Beginn dominierte ein gewisses Wohlwollen, das sich insbesondere auf die Kibbutz-Bewegung bezog und wohl auch damit zu tun hatte, dass mit Jacques Ovadia ein Israeli zu den führenden Köpfen gehörte. Dieter Kunzelmann, der wenige Jahre später ein Bombenattentat auf das jüdische Gemeindehaus in Berlin verüben sollte, wurde wegen seines „Nationalsituationismus" und Antisemitismus ausgeschlossen. Doch mit dem Sechstagekrieg 1967 änderte sich die Perspektive drastisch und auch bei Debord und seinen Mitstreiter*innen machte sich ein unreflektierter Antizionismus breit. So wird die Staatsgründung Israels von der SI als „Willkürakt" bezeichnet und die Auflösung des jüdischen Staates durch eine revolutionäre arabische Bewegung erhofft. Innerhalb von wenigen Jahren entwickelte sich die SI von einer Kritikerin israelischer Politik zu einer „Kritikerin" des jüdischen Staates (vgl. Grigat 2006: 66ff). Auch wenn es innerhalb der SI zu keinen derart offenen antisemitischen Ausfällen gekommen ist, wie dies für einzelne Anarchist*innen gilt, so muss doch zumindest konstatiert werden, dass die SI ihre meist sehr fortschrittlichen und undogmatischen Analysen weder in Bezug auf den Nationalsozialismus noch auf den Staat Israel und seine Bedrohung durch Antisemitismus zu leisten imstande war. Das Einsickern dieser Gedanken in die Punkszene kann mangels expliziter Bezüge nur vermutet werden, da die Auseinandersetzung mit den Schriften der SI jedoch belegt ist, ist diese Vermutung nicht weit hergeholt. Da die Bezugnahme auf Ideen der Situationist*innen auf das England der 1960er und 1970er beschränkt ist, blieb der Einfluss auf die Szene sicherlich deutlich geringer als der des Anarchismus in seinen verschiedenen Ausprägungen.

Ein ideologisches Phänomen im Punk – auch wenn es sehr randständig ist – sind Nazi-Punks. Diedrich Diederichsen, ein deutscher Musikjournalist, geht sogar so weit zu behaupten, dass diese Entwicklung nur folgerichtig war und führt vor allem die musikalische Ausrichtung als Ursprung dessen aus (vgl. Diederichsen 1993: 50). Er führt ins Feld, dass Punk die erste popkulturelle Musikrichtung war, die gänzlich ohne afro-amerikanische Einflüsse auskam. Dieses Argument zielt nicht nur darauf ab, dass andere Musikrichtungen weniger anziehend für Rechtsradikale waren, weil diese keine „nicht-arischen" Wurzeln in ihrer Subkultur wollten, sondern insbesondere auch darauf, dass afro-amerikanische Musikkultur ein anderes Gruppengefühl erzeugte, als dies im Punk der Fall war. Zwar wird in beiden Fällen Kollektivität erzeugt – im Punk aber eine, so Diederichsen, die auf Konformität und Bestätigung baut; bei afro-amerikanisch beeinflusster Musik ist das Kollektiv von Austausch und aktiven Individuen geprägt (vgl. Diederichsen 1993: 50). Letztlich scheint die Empirie Diederichsens These auf dem Umweg zu untermauern: Punk blieb stets von einer weißen Mittelschicht geprägt (die Ausnahme bildet Großbritannien, mit einer zeitweise starken Verbindung zur Arbeiterschicht) und die Anzahl an POC in der Punkszene blieb stets verschwindend gering (vgl. Büsser 2006: 44f.). Die Abgrenzung der Szene von Nazi-Punks erfolgte dennoch zahlreich, beispielsweise mit dem bekannten Song der Dead Kennedys

„Nazipunks Fuck Off"[10]. Auch die anfängliche Nähe von unpolitischen Skinheads und Punks ließ im Laufe der 1980er Jahre nach. Zwar gibt es noch der Szene nahestehende Skinheads, diese geben sich aber in der Regel betont politisch links.

Diederichsen charakterisiert darüber hinaus den Punk als eine musikalische Ausdrucksform, die eine Kollektivbildung durch Konformität befördere. Dies drücke sich beispielsweise in der Art und Weise der Konzerte aus und stehe der inhaltlichen Selbstwahrnehmung des Punk diametral entgegen. Besonders bei einer Jugendkultur, die die eigene Autonomie, das Hinterfragen und das eigenständige Denken in den Vordergrund rücke, sollte die Beeinflussung durch Einzelpersonen, Bands oder Fanzines etwas relativiert werden. Gleichzeitig müsse davon ausgegangen werden, dass die dadurch transportierten Aussagen, offen artikulierte politische Einstellungen oder Aufforderungen eine Wirkung entfalten. Insbesondere Jugendliche, die gerade im Prozess ihrer politischen Sozialisation sind, ließen sich dadurch beeinflussen und bildeten sich ihre Meinung in großen Teilen durch kulturelle Erzeugnisse. Diese Meinungsbildung – so Diederichsen – werde durch die Art und Weise der Kollektivbildung in der Punkszene noch einmal homogenisiert. Diese Homogenisierung habe ein deutlich größeres Ausmaß, als eine Szene, deren Anspruch an sich selbst vor allem durch Nonkonformität geprägt ist, erwarten ließe. So ist es für O'Hara beispielsweise kein größeres Problem, zunächst davon zu sprechen, wie wichtig es sei, anderen nichts vorzuschreiben, nur um wenige Seiten später den Hass auf sog. Konformisten (vgl. O'Hara 2001: 29) zu predigen. Grundsätzlich ist er sich jedoch genau dieser Gefahr bewusst. Er spricht etwa davon, dass manche Fanzines einen viel zu großen Einfluss auf das Denken der Szene oder zumindest Teile davon hätten, und bemängelt das teils unreflektierte Übernehmen von Meinungen.

Alles in allem lässt sich festhalten, dass Punk nie von „der einen" Ideologie beeinflusst wurde. Es gibt eine klare Tendenz zu linken Inhalten, insbesondere zu anarchistischen, die wiederum nicht selten in Verbindung mit antisemitischen Elementen erscheinen.

---

10 Es ist allerdings auch spannend zu sehen, mit welchem Argument Jello Biafra und die Dead Kennedys Nazipunks begegnen: Sie sprechen ihnen ab „echte" Nazis zu sein, wenn sie singen:
„The real Nazis run your schools / They're coaches, businessmen and cops / In a real fourth Reich you'll be the first to go" (Dead Kennedys 1981).

4. Antisemitismus und Punk

> *„Ich bin schwul, ich bin jüdisch*
> *Und ein Kommunist dazu*
> *Ich bin schwarz und behindert*
> *Doch genauso Mensch wie du."*
> *(WIZO 1994 „Raum der Zeit")*

Punk und offener Antisemitismus – das passt irgendwie nicht zusammen, oder? Trägt Punk nicht den Anspruch in sich, alle Menschen so sein und leben zu lassen, wie sie sind und wollen? Außer natürlich, wenn sie „Bonzenschweine" oder „Bullen" sind. Zwar ist dem Punk eine Religionskritik inhärent, die entsprechend auch das Judentum betrifft und getreuer Punk-Attitude gern ohne Rücksicht auf religiöse Gefühle geäußert wird: „Kathedralen zu Mitfickzentralen / Und Moscheen zu Sexmuseen / Sakristeien zu Brauereien / (...) Minarette zu Citytoiletten / (...) Synagogen zum Kaufhaus für Drogen" (Terrorgruppe 2003). Da diese Kritik sich für gewöhnlich an alle Religionen wendet, wäre es falsch hier von Antisemitismus zu sprechen. Im Punk spielt weniger der brachial judenfeindliche und explizit geäußerte Antisemitismus eine Rolle, vielmehr sind hier subtilere Formen dieser Ideologie zu finden. Struktureller Antisemitismus, verkürzte Kapitalismuskritik, vereinfachte Gut-Böse/Unten-Oben-Erzählungen und Verschwörungsdenken – das finden wir in den Artikulationen des Punk gehäuft. Dies zeugt nicht zwangsläufig davon, dass die Urheber*innen selbst antisemitische Weltbilder vor sich hertragen. Viel mehr werden wir im Folgenden Stellen aufspüren, an denen sich antisemitisches Denken (meist unbemerkt) bequem andocken kann. Wir legen Narrative und Figuren frei, durch welche die Brücke zu antisemitischen Weltbildern schnell geschlagen werden kann und die entsprechend eine Zuwendung zu derlei Denken begünstigen. Es sind somit antisemitische Ideologiefragmente, die im Punk zu finden sind.

Die antisemitische BDS-Bewegung („Boycott, Divestment and Sanctions") versucht regelmäßig Einfluss auf Musiker*innen zu nehmen, um sie zum Beispiel davon abzubringen, Konzerte in Israel zu spielen. So geschehen unter anderem 2011, als Jello Biafra, der ehemalige Leadsänger der Dead Kennedys, dazu gebracht wurde, einen Auftritt in Tel Aviv abzusagen (vgl. Biafra 2018). Im Zuge dieses Boykottaufrufs gründete sich der subkulturelle BDS-Ableger „Punks against apartheid". Auch die Szene-Debatte um die Band Oi Polloi steht in diesem Zusammenhang, weil diese sich immer wieder pro BDS positioniert hat und dabei auch nicht davor zurückschreckte, diverse NS-Vergleiche an Israel heranzutragen (vgl. Kirstein 2019). Solche Vergleiche sind ein typisches Indiz für antisemitische Denkstrukturen – eine Kritik an einer Demokratie sollte ohne einen dämonisierenden Vergleich mit dem Nationalsozialismus auskommen. Ein besonders extremes Beispiel dieser Grenzüberschreitung im Punk liefert die italienische Ska-Punkband Banda Bassotti, wenn sie, übersetzt, singen:

> „In Dachau haben sie gelernt wie man es macht
> Polizei, Polizei, Nazi-Zionisten Polizei
> die SS ist die Schule des Mossad
> Steine gegen Gewehre – in Palästina
> der Mut gegen die Feigheit
> nein es ist nicht vorbei und wird niemals aufhören
> solang bis auch der letzte Zionist verschwunden ist
> Polizei, Polizei, Nazi-Zionisten Polizei
> die Intifada wird euer Grab"
> (Banda Bassotti, Übersetzung, zit. nach Antifa Frankfurt 2003).

Auch der antizionistische Song „Haille Sellase, Up Your Ass" gehört in dieser Problematik erwähnt: „Mt. Zion's a minefield. The Westbank. The Gaza Strip / Soon to be a parking lot for American tourists and fascist cops / Fuck Zionism, fuck militarism, fuck Americanism, fuck nationalism, fuck religion" (Propagandhi 1993). Mit viel Wohlwollen könnte der Text so ausgelegt werden, als sei er die Konsequenz aus einer Punk-typischen antireligiösen Haltung – dieses Wohlwollen kann aber schwer aufrechterhalten werden, wenn bekannt ist, dass die kanadische Punkband Propagandhi offensive Unterstützer von BDS sind (vgl. Propagandhi 2010). Noch dazu wird im entsprechenden Lied mit keinem Wort islamistischer Terror und arabischer Nationalismus erwähnt. Von „ausgewogener" Religionskritik oder einer allgemeinen Kritik von Nationalismen kann also keine Rede sein.

Davon ausgehend, dass Musik ein wichtiger Einflussfaktor für (insbesondere jugendliche) Denkhorizonte ist und entsprechend Grundlagen für Weltbilder schaffen kann, untersuchen wir im Folgenden die Texte einiger exemplarischer Lieder aus dem Punk. *Hey! Ho! Let's Go!*

Die Strukturen antisemitischer Ideologie sind komplex und in der breiten Gesellschaft anzutreffen – auch in explizit linken Kontexten. Antisemitismus ausschließlich als Feindschaft gegen Jüd*innen zu begreifen, verkennt die Tiefe dieser Ideologie, die mehr ist als eine bloße Abneigung, Abwertung oder Ressentiment gegenüber einer Menschengruppe. In der langen Geschichte des Antisemitismus haben sich verschiedene Formen

herausgebildet, die unter anderem religiös, rassistisch oder verschwörungsideologisch motiviert sind.

> „Allen Formen des Antisemitismus ist eine Vorstellung von jüdischer
> Macht gemein: die Macht, Gott zu töten, die Beulenpest loszulassen
> oder, in jüngerer Zeit, Kapitalismus und Sozialismus herbeizuführen.
> Seine Denkweise ist manichäisch, mit den Juden in der Rolle der
> Kinder der Finsternis" (Postone 2005: 178).

Die Verquickung von Antisemitismus und Verschwörungsmythen hat
eine ebenso lange Tradition wie der Antisemitismus selbst und darf als
Moment dieses Weltbildes nicht verkannt werden. Beide „haben dieselbe
Struktur und Funktion, sind verwandt" (Lelle/Balsam 2020). Der Verweis
auf eine Verschwörung von undefinierten Mächten im Hintergrund trägt
darum immer auch das Potenzial antisemitischer Trugbilder in sich. Bezeichnet wird dieses Phänomen als Struktureller Antisemitismus, weil er
ganz ohne Jüd*innen funktioniert.

> „Struktureller Antisemitismus ist (...) nicht nur ein Antisemitismus
> ohne Juden. Vielmehr, und dies muss betont werden, ist es ein Anti-
> semitismus noch ohne Juden. Die explizit antisemitischen Implikatio-
> nen werden entweder vorerst noch nicht ausgesprochen, was durchaus
> taktische Gründe haben kann, oder der Judenhass ist ‚noch nicht
> ausgebrochen'. Das heißt aber auch, dass in vielen Verschwörungsmy-
> then uralte antisemitische Ressentiments schlummern, die jederzeit
> geweckt werden können. Die Gefahr darf nicht unterschätzt werden"
> (Lelle/Balsam 2020).

Es gibt Keywords, die auf solche gefährlichen Weltbilder verweisen, und
in einer antisemitischen Tradition stehen, z. B. „Strippenzieher" oder „Marionetten". Mit diesen Begriffen zu hantieren, birgt darum immer das
Potenzial, antisemitische Denkräume zu öffnen, auch wenn das gar nicht
beabsichtigt ist, wie in diesem Beispiel vermutlich der Fall ist: „Ihr seid
verstrickt in eig'ne Regeln / und tanzt den Marionetten Tanz / Doch ich
bin keine Marionette / und mach nicht was andere sagen / Denn ich mach
mich doch nicht abhängig / von einem seidenen Faden" (Alarmsignal
2006).
Dasselbe gilt für „Verlorenes Paradies": „Wieder haben die da oben /
Alle Fäden in der Hand" (Dritte Wahl 1994). Eindeutiger ist die Figur
der fremdgesteuerten Regierenden in dem Song „Todesschlaf": „Hat man
denn euch da oben allen euer Hirn kastriert?! / In Lächerlichkeit seid ihr
verblasst / Zu Marionetten degradiert / Langsam zeigt sich wirklich / Wer
die Fäden dirigiert" (Baffdecks 2014). Die antisemitisch konnotierte Figur

der Puppenspieler findet sich zum Beispiel auch in „Feige Helden": „Blöde Marionetten ohne Herz und ohne Verstand / Und die Puppenspieler halten fest die Fäden in der Hand" (Dritte Wahl 2005). Nicht nur in Songtexten findet sich diese belastete Allegorie, sondern auch in der Bildsprache – zum Beispiel auf dem Cover des Albums „El Vals Del Obrero" von Ska-P[11].

Das im Punk oft artikulierte Misstrauen gegenüber politischen Akteur*innen gerät auf diese Weise in trübes Fahrwasser, das viel zu leicht in antisemitische Gefilde tragen kann. Auch das verkürzte Wettern gegen „Die da oben" schlägt in eine ähnlich ungünstige Kerbe. Denn jedes „Die da oben" trägt auch die Idee einer verschworenen Machtgruppe in sich, wenn es unspezifisch bleibt. Zwar handelt es sich keineswegs um Antisemitismus, wenn beispielsweise Normahl singen „Die da oben werden es richten / Erzählen weiter Lügengeschichten" (Normahl 1989). Das ständige Bedienen des vereinfachten Oben-Unten-Weltbildes verbunden mit Lug und Trug und Machtmissbrauch schafft jedoch Denkstrukturen, die anfällig für antisemitische Schlussfolgerungen sind. Diese simplen Weltbilder werden durch die anarchistischen Tendenzen im Punk, artikuliert in einer grundsätzlichen Ablehnung und Misstrauen gegen die Politik, geschliffen, statt aufgebrochen. „Die Politiker" werden zum Feindbild, in dem kein Raum für Differenzierung bleibt:

„Doch ich will in die Politik,
ich will lernen wie man Lügt,
ich will in der Zeitung stehen,
ich will Tatsachen verdrehen,
ich will große Reden halten,
ich will Spielgelder verwalten.

---

11 Zu sehen ist die Karikatur eines Kapitalisten mit der Marionette eines Arbeiters in der Hand. Der Kapitalist wird kenntlich gemacht durch ein Geldbündel in seiner Hemdtasche, einer dicken Zigarre mit Rauch in Form von Dollarzeichen, Goldschmuck und -zahn, auffällig ist auch seine große hakenförmige Nase. Diese Nasen in Karikaturen haben eine antisemitische Geschichte und es ist kein Zufall, dass Kapitalistenkarikaturen auffällig oft mit großer Nase bestückt sind. Weiterführende Literatur dazu Monika Kucharz: Das antisemitische Stereotyp der „jüdischen Physiognomie". Seine Entwicklung in Kunst und Literatur (2017), sowie Schulz, Oliver (2019): Der ‚jüdische Kapitalist'. Anmerkung zu Ursprung und Entwicklung eines antisemitischen Stereotyps im Frankreich der 1840er-Jahre, in: König, Mareike/Schulz, Oliver (Hg.): Antisemitismus im 19. Jahrhundert aus internationaler Perspektive. Nineteenth Century Anti-Semitism in International Perspective. Göttingen, S. 41–58.

Ja ich hab da diesen Tick,
ich will in die Politik"
(Dritte Wahl 2001).

Es gibt etliche Beispiele dieses Bildes von der betrügenden und lügenden Politik in Punktexten,[12] die in einer Subkultur, die sich gegen „das System" stellt nicht überraschen. Dies zeigt nur ein weiteres Mal, welche Gefahr sich hinter solchen akkumulierten Vereinfachungen verbirgt: Die oben beschriebenen Betrachtungen ergeben im Gesamtkontext ein Weltbild, an das sich antisemitische Argumentationsmuster gut andocken lassen.

Ein weiteres Fragment antisemitischer Ideologie, das im Punk aufzuspüren ist, findet sich in verkürzter Kapitalismuskritik. Punk als Subkultur, die auf den Grundpfeilern der Gesellschaftskritik ruht, artikuliert viele dieser Verkürzungen ganz ungeniert und fungiert entsprechend häufig als Träger dieser antisemitischen Struktur. Verkürzte Kapitalismuskritik meint eine Kritik am kapitalistischen System, die nicht in Marxscher Tradition die gesellschaftlichen Verhältnisse und Zusammenhänge analysiert, sondern diese auf einzelne Akteur*innen herunter bricht, durch welche die Ungerechtigkeiten im Kapitalismus ausgelöst und gesteuert würden. Das Abstrakte – das diffuse Unbehagen im kapitalistischen System – wird an konkreten Institutionen oder Menschen festgemacht und suggeriert, dass durch ihren Sturz ein Ausweg aus der wahrgenommenen Ungerechtigkeit geöffnet würde. Der Kapitalismus wird also nicht als System begriffen, das durch komplexe Zusammenhänge getragen wird, in die wir alle eingebunden sind, sondern als Konstrukt, das von einer Gruppe einflussreicher Menschen gesteuert und beherrscht wird. Hier offenbart sich erneut der Anknüpfungsmoment für Verschwörungsideologien. Anstelle einer tiefgreifenden Gesellschafts- oder Kapitalismuskritik rücken durch derlei Verkürzungen eindimensionale Personifizierungen der wahrgenommenen Ungerechtigkeiten in den Fokus. Das Bedürfnis, eine schuldige Instanz zu finden – was der Logik eines warenvermittelten Herrschaftssystems, wie es der Kapitalismus ist, widerstrebt – ist bei vielen Menschen

---

12 Zur Illustration zwei weitere Beispiele: „Ihr klammert euch an Illusionen / Weltfrieden, Vereinte Nationen / Es hat doch alles keinen Sinn / Morgen ist hier alles hin / Keiner glaubt mehr ihr Blabla / Wozu sind sie dann noch da / Sie sind so hilflos und so klein / Regieren tun sie nur zum Schein / Politik, Politik führt doch immer nur zum Krieg" (Normahl 1984) und „Sie bescheißen um Milliarden / Die Herren der Republik / Und scheren sich einen Dreck um uns / Und nennen es Politik" (Troopers 1996).

so groß, dass solche personifizierten Feindbilder des Kapitalismus dankend angenommen werden. Dies können wahlweise Coca Cola, McDonald's[13], die Deutsche Bank oder auch „die Bonzen" sein. Frust und Wut werden so auf konkrete Akteur*innen oder Gruppen fokussiert, statt das abstrakte System dahinter in Frage zu stellen. Insbesondere Reiche müssen hier im Punk oft herhalten. Ein paar Beispiele: „Ja wer das Geld hat, hat die Macht / denkt sich das fette Bonzenschwein / doch wenn es unter'm Auto kracht / dann hilft es gar nichts reich zu sein" (Die Skeptiker 1991), „Jagt die Bonzen in die Flucht!" (WIZO 1991), „Ham' wir erst die Barrikaden erklommen / Und Bonzen die nur von uns Schnorrn / Dann endlich in der Hölle schmor'n" (Normahl 1985). An dieser Stelle soll noch einmal Moishe Postone zu Wort kommen:

> „Die Struktur entfremdeter gesellschaftlicher Beziehungen, die dem Kapitalismus eigen ist, hat die Form einer quasi-natürlichen Antinomie, in der Gesellschaftliches und Historisches nicht mehr erscheinen. (...) Formen antikapitalistischen Denkens, die innerhalb der Unmittelbarkeit dieser Antinomie verharren, tendieren dazu, den Kapitalismus nur unter der Form der Erscheinung der abstrakten Seite dieser Antinomie wahrzunehmen, zum Beispiel Geld als ‚Wurzel allen Übels'" (Postone 2005: 185).

Diese Verkürzung des Geldes als Sinnbild des Schlechten, das es zu überwinden gilt, ist in Punkmusik ebenso zu finden. Zum Beispiel richten sich Heiter bis Wolkig in „Hey Rote Zora" gegen „Staat und Macht und Geld" (Heiter bis Wolkig 1990) und Toxoplasma glauben „Es gibt noch ein Entkommen aus dieser Welt / Man braucht nur Mut und überhaupt kein Geld / Kein Geld!" (Toxoplasma 1983). Ein schönes Gegenbeispiel für fast schon dialektisches Denken in Bezug auf Geldwirtschaft liefern hingegen Schleimkeim mit ihrem Song „Geldschein": „Ein Geldschein sein / Heißt in gute und in böse Sachen verwickelt sein / Heute kauft man mit mir Blumen für die Liebste ein / Doch morgen schon kann ich der Lohn für eine Untat sein" (Schleimkeim 1995).

Selbst wenn in einer artikulierten verkürzten Kapitalismuskritik keine Rede von jüdischen Menschen ist, so wird hier dennoch eine argumentative Leerstelle geschaffen, die von Rezipient*innen (wenn auch unbewusst)

---

13 Dass Punkbands ihre Songs mittlerweile an McDonald's verkaufen, wie es Buzzcocks getan haben, sollte jedoch nicht als reflexives Moment gedeutet werden, sondern gibt nur einen weiteren Hinweis darauf, dass Punk wohl doch schon lang gestorben ist (vgl. Sliskovic 2016).

oft mit antisemitischen Figuren gefüllt wird. Dies liegt daran, dass sich Antisemitismus tief ins kulturelle Gedächtnis unserer Gesellschaft eingeschrieben hat. Die Assoziation von Geld, Macht und Judentum reicht weit in die Vergangenheit zurück und hatte schon immer wenig mit gesellschaftlicher Wirklichkeit zu tun. Der diffuse Hinweis auf unbekannte Mächte im Hintergrund trägt stets auch einen Verweis auf jüdische Verschwörungsmythen und antisemitische Annahmen in sich. Das antikapitalistische Moment in der antisemitischen Ideologie entstand mit der Ausprägung des modernen Antisemitismus im 19. Jahrhundert. Postone beschreibt diese folgendermaßen:

> „Es handelt sich dabei nicht um die bloße Wahrnehmung der Juden als Träger von Geld – wie im traditionellen Antisemitismus; vielmehr werden sie für ökonomische Krisen verantwortlich gemacht und mit gesellschaftlichen Umstrukturierungen und Umbrüchen identifiziert, die mit der raschen Industrialisierung einhergehen: explosive Verstädterung, der Untergang von traditionellen sozialen Klassen und Schichten, das Aufkommen eines großen in zunehmendem Maße sich organisierenden industriellen Proletariats und so weiter. Mit anderen Worten: Die abstrakte Herrschaft des Kapitals, wie sie besonders mit der raschen Industrialisierung einhergeht, verstrickt die Menschen in das Netz dynamischer Kräfte, die, weil sie nicht durchschaut zu werden vermochten, in Gestalt des „internationalen Judentum" wahrgenommen wurden" (Postone 2005: 180f.).

Zusammengehörig ist dies mit der Idee vom raffenden versus schaffenden Kapital – also der Annahme, es gäbe auf der einen Seite ehrliche Arbeit, die Mehrwert schafft, und auf der anderen Seite anrüchige Geldvermehrung durch bspw. Börsengeschäfte (in dieser Denke fest mit „den Juden" assoziiert). Die negativen, bzw. als solche wahrgenommenen Entwicklungen des Industriekapitalismus werden auf die Weise personifiziert und „dem Juden" zugeschrieben. Diese Ideologie des Antisemitismus muss als Grundlage der Judenvernichtungspolitik des NS verstanden werden. „Die Überwindung des Kapitalismus und seiner negativen Auswirkungen wurde mit der Überwindung der Juden gleichgesetzt" (Postone 2005: 190). Der moderne Antisemitismus entwickelte sich so zu einer welterklärenden Ideologie, durch die die Widersprüche der kapitalistischen NS-Gesellschaft aufgelöst wurden. Eine tiefgreifende Aufarbeitung dieses Phänomens blieb in der breiten Bevölkerung bis heute aus. Auch die Verbindung zwischen Antisemitismus und linken Bewegungen bleibt bis heute wenig beachtet, obwohl sie offensichtlich ins Auge springt – ob in KPD-Publikationen der 1920/30er Jahre, den Bündnissen der RAF oder aktuellen Verbindun-

gen zwischen linker Politik und antiisraelischem Antisemitismus.[14] Die
„Krake" als gern genutztes antikapitalistisches Symbol, die die Welt mit
ihren Fangarmen gefangen hält, kontrolliert und auspresst, ist ein Zeugnis
des achtlosen Umgangs linker Antikapitalist*innen mit antisemitischen
Figuren der NS-Zeit.[15]

Nun macht es selbstverständlich einen Unterschied, ob Menschen ein
geschlossenes antisemitisches Weltbild haben oder unbewusst antisemitische Klischees bedienen. Es ist davon auszugehen, dass im Punk vornehmlich letzteres der Fall ist. Wie schon deutlich gemacht, sind antisemitische
Figuren, Sprache und Bilder Teil unserer christlich-deutschen Kulturgeschichte und es passiert entsprechend häufig, dass solche unbedarft verwendet werden, ohne dass die antisemitische Dimension erkannt wird
oder beabsichtigt ist. Zwei Beispiele sollen verdeutlichen, dass sich derlei
antisemitische Fußabdrücke auch im deutschen Punk finden lassen. Der
Song „Judas" von den Troopers ist ein Paradebeispiel für die unkritische
Anwendung antijudaistischer Motive:

„Unsere Herren bescheißen weiter
Führen uns hinter's Licht
Faule Reden Tag für Tag
Sie suhlen sich im Glanz
Wovon zu träumen Niemand wagt
Judas belügt, Judas betrügt
Judas bringt Unheil über's Land
Judas belügt, Judas betrügt
Judas regiert mit Blut an der Hand
(...)
Judas schürt Intrigen
Er badet sich in Unschuld
Windet sich in Lügen"
(Troopers 2004).

---

14 Olaf Kistenmacher konnte viele antisemitische Stereotype in der Roten Fahne,
dem Publikationsorgan der KPD, nachweisen (vgl. Kistenmacher 2010). Die RAF
kooperierte unter anderem mit der PLO, Fatah und PFLP (vgl. Stein 2011). Die
Linke ist nicht nur von innerparteilichen Kontroversen diesbezüglich geprägt,
sondern unterstützt in Teilen offen antisemitische Akteur*innen (vgl. Salzborn
2011).
15 Geprägt wurde der Krake als antisemitisches Symbol im Stürmer, einer der
wichtigsten antisemitischen Wochenzeitungen des Nationalsozialismus. Weiterführende Literatur dazu: Franziska Krah: ‚Ästhetik' des Antisemitismus. Mediale
Judenbilder im 21. Jahrhundert. Oldenburg 2018.

Bis heute wurde in der biblischen Figur des Judas, der Jesus Christus gegen Geld verraten haben soll, die uralte antijüdische Kultur und Tradition des Christentums bewahrt und überliefert. In der Nutzung dieser Metapher liegt immer ein antijüdischer Verweis. Nun kommt in diesem Textbeispiel noch dazu, dass weitere sprachliche Mittel genutzt werden, die einen antisemitischen Grundtenor verbreiten: Die lügenden und betrügenden Herrscher, die Intrigen schmieden und ihren Reichtum genießen. Der Text verknüpft damit das Judas-Motiv mit einer gesellschaftspolitischen Dimension und artikuliert es auf diese Weise antisemitisch. Ein weiteres Beispiel liefern Dritte Wahl mit ihrem Song „Dämon":

> „Es geht ein Wesen um seit vielen Jahren schon
> Ein kleiner häßlicher, gefährlicher Dämon
> Er bringt den Menschen Angst und Verunsicherung
> Für viele Kriege war nur er allein der Grund
> Er kennt keine Grenzen, überall ist er zuhause
> Er hat tausende Gesichter und sieht doch immer ähnlich aus
> Er hat viele Namen doch egal wie man ihn nennt
> Es bleibt stets dasselbe Wesen, das ein jeder von uns kennt
> Und immer wenn wir denken der Bösewicht ist weg
> Dann zeigt er voller Freude, er hat sich nur versteckt
>
> Und jeder kleine Frieden, den man noch so schwer erreicht
> Ärgert ihn gewaltig und zur Stelle ist er gleich
> Und er bringt seinen Nebel mit aus Furcht und Aberglauben
> Und streut giftigen Sand in ihre Augen
> Er flüstert ihnen böse Lügen in ihr Ohr
> Einfache Lösungen gibt er ihnen vor
> In ihre Nasen strömt ein selten süßer Duft
> Und viel zu viele folgen wenn er zu den Waffen ruft
> (...)
> Und immer wenn wir denken der Bösewicht ist weg
> Dann zeigt er voller Freude, er hat sich nur versteckt
> Er ist noch immer hier kein Wort von dem ist wahr
> Und noch genauso stark wie er es immer war"
> (Dritte Wahl 2001).

Im Gegensatz zu dem Troopers-Song findet sich in diesem Text kein direkter Verweis auf „den Juden", trotzdem wird hier mit Bildern gearbeitet, die in einer antisemitischen Tradition stehen. Das beschriebene dämonische Wesen vereint diverse Zuschreibungen auf sich, die genauso in der antisemitischen Figur „des Juden" zu finden sind: hässlich, angsteinflößend, agiert aus dem Versteck, getarnt mittels vieler Namen und Gesichter, letztlich aber immer der Gleiche, lebt in der ganzen Welt verstreut ohne Grenzen, vergiftet, lügt, löst Kriege aus und besitzt viel Macht. Es ist davon auszugehen, dass Dritte Wahl nicht bewusst an „den Juden" gedacht haben, als dieser Text geschrieben wurde, vielmehr scheint es ein Versuch, „das Böse" zu beschreiben und zu personifizieren. Da genau dies – die Personifizierung des Bösen – die antisemitische Figur „des Juden" ausmachte, die spätestens im NS massiv verbreitet wurde, besteht hier ein Zusammenhang. Unterbewusst, bzw. kulturell tradiert, werden für die Beschreibung des Bösen genau jene antisemitischen Bilder genutzt.

Zuletzt sei noch ein Beispiel aufgezeigt, in dem diverse problematische Momente miteinander kulminieren, der Song „Krieg" von Aufbruch:

> „Wir saßen dort in der Kneipe
> Der Wirt machte den Fernseher an
> Coca Cola, McDonalds, Mercedes Benz
> Werbeprogramm
> Sportnachrichten, Börse
> Amerikas Sieg
> Und dann diese Bilder
> Von diesem Krieg:
> Schüsse peitschen durch Felder
> Jede Patrone 'ne Mark
> Krater gefüllt mit Dollar
> Aus britischem Pfund jeder Sarg
> Schreiende Redner an Fronten
> Wer hat die bezahlt?
> In die Zerstörung, die Blutfontänen
> In die Trauer von Mutter und Kind
> In die Verzweiflung der Amputierten
> Brachte uns der Wind
> Das Gelächter der Weltbeherrscher
> Die Falschheit die die Ohnmacht frisst
> Denk an die Tränen dieser Kinder
> Und du weißt was zu tun ist"
> (AufBruch 2005).

Nicht nur findet sich darin die simple Verkürzung der Kapitalismuskritik via „Coca Cola, McDonalds, Mercedes Benz", auch wird hier die Figur der Weltbeherrscher, denen das Leid von Kindern gänzlich egal ist, bedient, die antisemitisch gefärbt ist.[16] Der Text suggeriert auch Mächte, die im Hintergrund handeln („Wer hat die Redner bezahlt?"). Außerdem gibt es einen Verweis zu den USA, als Teil des Problems der grausamen Gesamtsituation. Benutzen wir diesen Verweis als Brücke zum nächsten Kapitel, in dem das schwierige Verhältnis zwischen nicht-amerikanischem Punk und den USA betrachtet wird.

5. Fuck the USA – Antiamerikanismus als Zwilling des Antisemitismus

> *„USA – Das Blut fließt durch sie jeden Tag*
> *USA – Das Blut fließt durch sie seit dem Tag, seit dem es sie gibt*
> *Yankees raus, Yankees raus*
> *Wir sind Millionen und wir schreien es raus*
> *Yankees raus, Yankees raus*
> *Wir sind Millionen und wir schreien es raus*
> *Amis raus!"*
> *(Slime 1982 „Yankees raus")*

Punk ohne Antiamerikanismus ist schwer vorstellbar und ganz im Gegensatz zum Antisemitismus tritt er völlig unverhohlen zu Tage. „Fuck the USA" oder „Yankees raus" sind populäre Schlachtrufe, an denen im Punk kaum ein Vorbeikommen ist. Gebrüllt werden sie in diesen beiden Fällen von Briten (The Exploited) und Deutschen (Slime). Andrei S. Markovits formuliert treffend: „Man kann über europäischen Antisemitismus schreiben, ohne vom Antiamerikanismus zu reden. Das Umgekehrte, behaupte ich, ist unmöglich" (Markovits 2008: 174). Nun gehört es im Punk zum guten Ton, eine gewisse Abneigung gegenüber den USA kenntlich zu machen. Ausdruck findet diese Haltung in einer breiten Klaviatur der Distanzierung, Verhöhnung, Dämonisierung, Anklage, Abwertung oder Verächtlichmachung. Ernst und brachial wie in „Kolonie BRD":

„Ihr bedroht Millionen von Leben
Nur mit blanker Gewalt
Und wer nicht nach eurer Pfeife tanzt

---

16 Das antisemitische Bild von jüdischen Menschen, die Kinder ermorden, ist uralt und tatsächlich bis heute nicht ausgestorben. In dem Beispieltext wird es in dieser Deutlichkeit nicht reproduziert, die Brücke ist aber schnell geschlagen. Weiterführende Literatur dazu: Schwarz-Friesel, Monika/Reinharz, Jehuda (2013): Die Sprache der Judenfeindschaft im 21. Jahrhundert, Berlin/Boston.

Den macht ihr einfach kalt
Ihr wollt den Osten mit Raketen bedrohen
Tod nur das ist unser Lohn
Bitte Ronald Reagan geh
Aus der Kolonie BRD!"
(Normahl 1984),

oder auch „Yankees raus": „Ghettos in Frisco, Slums in L.A / Das ist
der „American Way" / Im Land der Freiheit sind alle gleich / So gleich
wie damals im Dritten Reich" (Slime 1982). Aber auch mittels ironisch,
verspieltem Klamauk wie zum Beispiel in „Amerikaner": „Amerika ist
wunderbar / wir wandern alle aus / let's go to Philadelphia / Philadelphia
da sind so viele Cops da / (...) die schlagen dir die Zähne ein / (...) bist
du nicht weiß bist du das Schwein / bist du nicht weiß sagst'e smile smile
smile" (Hans-A-Plast 1979) oder „Amerika":

„Die Autos sind schicker
Und die Straßen viel breiter
In Amerika
Die Kinder sind dicker
Auch die Penner sind heiter
In Amerika
Hurra Hurra wir sind in Amerika
(...) Die Burger sind billig
Und die Tellerwäscher willig
Die Cops sind krimineller
Und die Gangster schießen schneller
In Amerika"
(Terrorgruppe 1989).

Doch was genau ist Antiamerikanismus und wie hängt er mit Antisemitismus zusammen, so dass wir ihn in dieser Auseinandersetzung betrachten
müssen? Um das deutlich zu machen, bedarf es zunächst einer Definition.
Dafür bedienen wir uns Paul Hollander, der in seinem Werk „Anti-Ameri-
canism: Critiques at Home and Abroad, 1965–1990" folgende Definition
aufmacht:

„Antiamerikanismus ist die Anfälligkeit für Feindseligkeit den Vereinigten Staaten und der amerikanischen Gesellschaft gegenüber, ein
unbarmherzig kritischer Impuls gegenüber amerikanischen sozialen,
wirtschaftlichen und politischen Institutionen, Traditionen und Werten; er geht einher mit einer Aversion gegen amerikanische Kultur
und ihren Einfluß im Ausland, verachtet häufig den amerikanischen

Nationalcharakter (oder was dafür gehalten wird), mag amerikanische Menschen, Stile, Verhalten, Kleidung usw. nicht, lehnt die Amerikanische Außenpolitik ab und ist fest davon überzeugt, daß amerikanischer Einfluss und amerikanische Präsenz wo auch immer auf der Welt schlecht sind" (Hollander 1992, zit. nach Markovits 2008: 17).

Markovits stellt dazu ergänzend fest: „Es handelt sich um ein allgemeines und umfassendes Mißfallen, das zumeist keine konkreten Gründe oder Anlässe benötigt, um auf der Bildfläche zu erscheinen und dort weitere Blüten zu treiben" (Markovits 2008: 17). Die Verbindung zum Antisemitismus kann nun auf verschiedene Arten und Weisen gezogen werden. Zum einen wohnen dem ideologischen Antiamerikanismus Abwehrmomente inne, die in gleicher Weise auch in antisemitischer Ideologie zum Tragen kommen: Diese wenden sich gegen die Moderne, kapitalistische Gesellschaften, Börse und Finanzwesen. Dan Diner erkennt im Antiamerikanismus eine Welterklärung, in der „Amerika immer wieder als Ursprung und Quelle aller nur möglichen Übel identifiziert [wird]. Insofern weist der Antiamerikanismus in Form wie Inhalt manche Affinität zum Antisemitismus auf, ohne mit diesem identisch zu sein" (Diner 2008: 8). Vergleichbar zum Antisemitismus sind auch die Ambivalenzen, mit denen die Projektionsfläche USA bedacht wird: Über- und Unterlegenheit zum Beispiel – das Bild der USA als Supermacht, die die Welt kontrolliert, aber auch als kulturloser, verkommener Ort, bar jeder Menschlichkeit. Allmachts- und Weltverschwörungsfantasien finden sich ebenso in beiden Ideologien, wie die Verknüpfung mit Geld, Zinsen und der Börse. Beiden Ideologien ist der psychologische Effekt gemein, dass sie das menschliche Bedürfnis nach Sinnzusammenhang befriedigen, indem ein solcher auf simple Weise hergestellt wird.

> „Angesichts einer zunehmend komplexer werdenden Welt braucht das verwirrte Bewusstsein Amerika als alles beherrschende Macht, als Hort der Kabale, der Ränke und des Bösen. Solcher Manichäismus erleichtert zweifellos die Orientierung in einer unübersichtlichen Zeit. Und so gesehen ist Antiamerikanismus auch eine Weltanschauliche Reduktion von Komplexität" (Diner 2008: 161).

Hier wirken entsprechend ähnliche Mechanismen, wie sie im Zusammenhang mit Antisemitismus schon beleuchtet wurden. Diner erkennt im 20. Jahrhundert eine Entwicklung, infolgedessen sich Kapitalismus als

> „polemischer Kampfbegriff für die übel beleumdeten Symptome der Moderne eingebürgert [hat]. Es ging also weniger darum, Geltung und Wirkung einer Produktionsweise zu beschreiben, als vielmehr

in schrillem antimaterialistischem Geschrei die wenig anheimelnden Erscheinungen des modernen Wirtschaftslebens anzuklagen und zu verurteilen. (...) und bei all dieser schwarz eingefärbten Zukunftsschau sitzt Amerika als zumeist stummer Dritter mit am Tisch. Mag es sich dabei um die moderne Großstadt handeln, um die Folgeprobleme des modernen Wirtschaftslebens (Kapitalismus) um das ‚Wesen' der bürgerlichen Gesellschaft, um Individualismus, Massengesellschaft, Pressewesen und öffentliche Meinung, um die Rolle der Intellektuellen oder um die Frauen – in all diesen Fragen, vor allem aber im Urteil über Amerika, besteht Einigkeit auf der Grundlage eines antiökonomischen Affekts, eines geradezu instinktiven Gefühls, mit dem durch Amerika verkörperten System eines vollendeten Kapitalismus sei eine neue Geschichtsmacht in die Welt getreten, die das Ende der europäischen Kultur besiegle. Und die hinter dem Wort vom ‚Kapitalismus' lauernde Gestalt Amerikas ist maßlos, gierig, naturzerstörend und entfremdend" (Diner 2008: 188f.).

Die Ähnlichkeiten zum antisemitischen Bild des allesverschlingenden „internationalen Judentums" sind offensichtlich.

An dieser Stelle soll der Blick nun aber auf einen anderen Aspekt der Verbindung zwischen Antisemitismus und Antiamerikanismus gelegt werden, der im Zusammenhang mit Israel steht. Eine moderne Ausprägung des Antisemitismus ist jene, die sich in irrationaler Weise gegen Israel richtet. Dieser sogenannte israelbezogene Antisemitismus wird – im Gegensatz zu alten Formen wie antijudaistischem oder rassistischem Antisemitismus – insbesondere von einer linken Öffentlichkeit getragen.

> „Aufgrund ihrer allgemeinen Akzeptanz und Legitimität sind die linke ‚Israelkritik' und der linke Antisemitismus weitaus relevanter und besorgniserregender als das rechte Pendant, das sich kaum verändert hat. Die Neonazis von heute sind häßlich und unangenehm, doch sie bleiben auch weiterhin jenseits der Grenzen dessen, was im europäischen Diskurs salonfähig ist" (Markovits 2008: 190).

Erklären lässt sich diese linke Variante des Antisemitismus unter anderem über eine, eigentlich begrüßenswerte, Positionierung der Neuen Linken im Laufe des vergangenen Jahrhunderts: auf die Seite der Schwachen, Unmündigen und Unterdrückten. Nicht zuletzt durch das kollektive NS-Verbrechen an der jüdischen Bevölkerung, das im industriellen Massenmord gipfelte, spielt offener Antisemitismus in einer linken, liberalen Öffentlichkeit keine Rolle. Solidarität mit der jüdischen Minderheit scheint zunächst ein linkes Selbstverständnis zu sein – zumindest, wenn Juden und Jüdinnen die schwache Opferrolle einnehmen, die ihnen angedacht wird. Dieses Bild kongruiert allerdings nicht mit dem hochentwickelten Staat Israel, der wegen seiner militärischen Selbstverteidigung und durch seine starke Verbündete USA häufig als übermächtig wahrgenommen wird.

> „Es ist die Figur des harten, aggressiven, skrupellosen und rücksichtslosen Juden in Gestalt des machtvollen und brutalen Israeli, die dem europäischen Antisemitismus von heute eine neue Dimension gibt. Und es ist wiederum die Stärke und (militärische) Macht, die dem Antiamerikanismus eine zusätzliche und unersetzliche Rolle in dieser neuen Form des Antisemitismus als Israelfeindschaft (...) zuweisen und diese zwei Phänomene zu politisch potenten Zwillingen in ganz Europa machen" (Markovits 2008: 187).

Aus einer Analyse der „Europäischen Stelle zur Beobachtung von Rassismus und Fremdenfeindlichkeit" geht hervor, dass in der europäischen Linken Antipathien gegen Israel häufig mit Aversionen gegen die USA verknüpft sind (vgl. Bergmann/Wetzel 2002). Gespeist wird dieses Denken aus antiimperialistischen und postkolonialen Motiven, die mit antisemitischem Geist eine Verbindung eingehen. In der deutschen Linken fällt auf, dass zu Israel und den USA gehäuft NS-Vergleiche gezogen werden (wie auch in dem schon zitierten Slime Song „Yankees raus"). Dies ist ein deutliches Indiz dafür, dass in den Äußerungen keine kritische Haltung gegenüber israelischer Politik, sondern eine Ideologie zum Ausdruck kommt, die sich keines dämonisierenden Vergleichs scheut. Ein weiteres Beispiel für einen derartigen Vergleich liefern Normahl: „BRD, England, USA / Hitler ist bald wieder da" (1985). Auch die Verquickung zu Verschwörungsdenken fehlt in diesem ideologischen Konglomerat selten, in dem entweder Israel oder den USA umfassende Übermächte zugeschrieben werden. Befeuert wurden diese Tendenzen mit den Terroranschlägen von 9/11, seitdem Mythen rund um Israel als geheimer Strippenzieher der USA und andersherum aufblühen (vgl. Diner 2008: 163ff). Diese Verbindung artikuliert sich auch über Sprachbilder der antisemitischen Umwegkommunikation, zum Beispiel im Begriff der „Ostküste", der im deutschen Sprachraum als Metapher für die angeblich jüdisch gesteuerte USA fungiert (vgl. Markovits 2008: 189).

Zurück zum Punk. Wie ist es nun zu beurteilen, wenn Punkbands „USA, du kannst uns mal!" (Amoklauf 2006) wütend von der Bühne brüllen? Zunächst ist festzuhalten, dass damit in der Vergangenheit vor allem auch ein linker Zeitgeist der 1980er/90er Jahre zum Ausdruck gebracht wurde, dem nicht unbedingt eine feste Ideologie zugrunde liegen muss.

Die Reflexionen der Band Beton Combo über dieses politische Denken lesen sich heute so:

> „Der Ami hat damals einfach die Militarisierung, die atomare Aufrüstung, den perversen Kapitalismus verkörpert. Inzwischen ist man ein bisschen älter geworden und denkt: Es gibt Systeme, die deutlich schlimmer sind als das hier', sagt Heske. ‚Das war aber immer schon ambivalent', meint Shake, ‚auf der einen Seite der Moral- und Kulturimperialismus der USA, Reagan, Bush und Trump – und wenn man es historisch betrachtet, könnte man sagen: Gerade uns in Berlin würde es ohne die USA gar nicht geben. Wir sind in einer Art amerikanischer Kolonie groß geworden – und, na klar, wir fanden's auch geil'" (taz 2021).

Das Feindbild USA ist allerdings bis heute im Punk präsent, was mit der Affinität zu antiimperialistischen Standpunkten und unreflektierter Kritik komplexen Weltgeschehens leicht zu erklären ist. Gleichzeitig ist es ein schwieriges Unterfangen zu beurteilen, ob Punktexte von einer kritischen Auseinandersetzung mit amerikanischer Politik oder blinder Ideologie und Ressentiment motiviert sind. Was genau beispielsweise die Terrorgruppe zu der Frage „What is wrong with the Americans?" getrieben hat, das können wir nur vermuten. Sehr eindeutig tönt es hingegen bei OHL: „Stürmt die Amerikanische Botschaft / Ich halte nichts von Deutsch-Amerikanischer Freundschaft" (1981). Letztlich ist es gar nicht notwendig, die Frage nach der Motivation zu beantworten – es zählt die antiamerikanische Stimmung, die im Punk transportiert wird. Imaginieren wir uns nämlich die Hörer*innenschaft, dann bilden auch harmlose Texte à la „Amis, Amis, ihr müsst jetzt geh'n / Ich kann euch einfach nicht mehr seh'n" (Toxoplasma 2011) oder berechtigte Kritiken eine Synergie mit Pauschalisierungen und simplen Feindbildkonstruktionen. Steter Tropfen höhlt den Stein, steter Antiamerikanismus schlägt seine Wurzeln in den Weltbildern der Punkhörer*innenschaft und macht sie entsprechend anfälliger dafür, auch antisemitischen Ideen auf den Leim zu gehen. „Bietest du ihm Knete an / Hilft der Ami wo er kann / Sind die Reichen gegen dich / Amerika hilft dir dann nicht" (Dritte Wahl 1992) – zwar wollen wir die simplen von Wut und Ohnmacht getragenen Texte gegen Amerika auch nicht überinterpretieren, es bleibt jedoch festzuhalten, dass derlei Artikulationen aus einer antisemitismuskritischen Perspektive durchaus Beachtung finden müssen.

6. Zusammenfassung

Punk ist grundsätzlich nicht mehr oder weniger antisemitisch, als dies auf die gesamte Gesellschaft zutrifft. Bezüglich moderner Erscheinungsformen des Antisemitismus, die sich meist in der Auseinandersetzung mit dem Nahostkonflikt Bahn brechen, lässt sich sogar – zumindest für die deutsche Szene – konstatieren, dass dies kaum eine Rolle spielt. Eine interessante Beobachtung, insbesondere unter Berücksichtigung der Debatten innerhalb der deutschen Linken in den letzten 30 Jahren, in denen der Nahostkonflikt eine große Rolle spielte. Warum sich das im Punk nicht widerspiegelt, kann nur spekuliert werden. Nachdem der offene Support für BDS in den USA und Großbritannien wesentlich größer ist, scheint es zumindest plausibel, dass die Diskussionen der letzten 30 Jahre und die geschichtsbedingt größere Vorsicht beim Thema israelbezogener Antisemitismus dabei eine Rolle spielen. Auch die unpolitischen Ursprünge des Punk könnten einen Grund dafür liefern, warum um diese hochpolitisierte und emotional aufgeladene Debatte ein Bogen gemacht wurde. Denkbar ist auch, dass die Zurückhaltung sich daraus ergibt, potenzielle Auftrittsorte und Publikum nicht unnötig verprellen und damit beschneiden zu wollen – allerdings ist dieses Argument nur für einen geringen Teil der Bands relevant, nämlich jene, die von der Musik leben wollten und konnten.

Gleichzeitig muss festgehalten werden, dass es im Punk dennoch zahlreiche Anknüpfungspunkte gibt, die Antisemitismus den Weg ebnen können. Zwar sind weder Antiimperialismus, noch Anarchismus, noch Situationismus, noch Antiamerikanismus zwingend antisemitisch – in allen Bereichen gibt es jedoch Ausformungen, Vertreter*innen oder Elemente, die es sind oder zumindest mit antisemitischen Argumenten arbeiten. Es ist nicht unbedingt erheblich, ob auf der Ebene des Individuums eine tiefgehende Beschäftigung mit der entsprechenden Theorie stattgefunden hat, oder nur ganz oberflächliche Nähe zu den Ideologien besteht. Antisemitische Anknüpfungspunkte können ebenso aus dem Studium bspw. der Texte von Proudhon erwachsen, wie aus der schlichten Ableitung, als Linke*r auf der Seite der Schwachen zu stehen (und palästinensische Selbstmordattentate ausschließlich als Notwehr zu begreifen). Bemerkenswert ist, dass insbesondere gegenüber den USA die „Argumentation" nicht ausschließlich auf der Folie des Antiimperialismus abläuft. In zahlreichen Fällen werden die USA wegen ihrer Kultur bzw. ihrer angeblichen Kulturlosigkeit abgewertet[17]. Wenn Bands Hymnen auf Dosenbier singen und gleichzeitig den „Großen Bruder" nicht nur wegen Pershing 2, sondern auch wegen McDonalds und Coca Cola vom Hof jagen wollen, dann steht nicht die Sorge um die „Volxgesundheit" im Vordergrund, sondern dann bricht sich Bahn, dass einem tief im Inneren eben doch der Bismarck-Hering näher ist als der Hamburger.

Wer den „Denk selbst!"-Grundsatz des Punk ernst meint, muss die problematische Komponente sehen, die in der Vermittlung politischer Inhalte von einer Bühne liegt; auch Slime haben das erkannt:

> „Daß wir von der Bühne herab damit angefangen haben, dem Publikum zu erklären, wie es zu handeln und zu leben hätte, war für uns der eigentliche Beweggrund, Slime erst einmal aufzulösen. Es war der Moment, an dem eigentlich alles der Punk-Idee widersprochen hat, der Idee mit dem Publikum eine Einheit zu bilden, nicht von oben nach unten zu kommen" (Dirk Jora (Slime) o.J., zit. nach Büsser 2006: 22).

Möglicherweise lässt sich auch an dieser Stelle der Punk vom Hardcore scheiden: Wo Punk Ablehnung und Unversöhnlichkeit zum Ausdruck brachte, versuchte der Hardcore Auswege aufzuzeigen. Hardcore gab damit das auf, was Punk auszeichnete und wirkungsvoll machte. Punk wollte nicht das Bestehende in Form einer konstruktiven Intervention oder Kritik reformieren. Es sollte besser werden, aber Punk hat nicht versucht vorwegzunehmen, wie dieses „Besser" konkret aussehen könnte. Deshalb muss auch die Frage gestellt werden, ob Punk denn noch als solcher bezeichnet werden sollte, wenn er sich hauptsächlich in aktivistischen Parolen ausdrückt. Werden hier die Grundfesten des Punk nicht so weit verlassen, dass eben jener verloren geht? Büsser bezeichnet daher die zahlreichen Kritiker*innen des Punk, die sich dann teilweise im Hardcore betätigten, letztlich als „[...] kläglicher gescheitert, als ein Punk der mit Leberzirrhose auf offener Straße verreckte" (Büsser 2006: 122). Diese drastischen Worte sind Ausdruck einer Enttäuschung darüber, wie schnell sich Punk von dem entfernt hat, wozu er anfangs angetreten war – zumindest, wenn es nach Büsser, O'Hara, Andersen und vielen anderen Protagonist*innen und Chronist*innen des Punk geht. An dem Punkt, an dem Punk aufhört

---

17 Beispielhaft kann hier Hans-A-Plast angeführt werden, die sich in „Amerikaner" über die „karierten Hosen" der amerikanischen Tourist*innen lustig machen oder Toxoplasma, die in „Fatamorgana" Kaugummi und Hamburger als Probleme ausmachen.

Fragen zu stellen und stattdessen beginnt Antworten zu geben, hört Punk auf Punk zu sein.

Ist Punk nun anfällig für Antisemitismus? Je ursprünglicher er daherkommt, desto klarer lässt sich das mit „Nein" beantworten. Selbst wenn falsche Fragen ein falsches Bewusstsein erzeugen können, nie könnten sie das in gleichem Maße wie es falsche Parolen vermögen. Mit zunehmender Politisierung mehren sich im Punk die Anknüpfungspunkte für antisemitische Ressentiments. Verkürzte Kapitalismuskritik und simple Personifizierungen „des Bösen" können nicht nur auf die Kürze der Punksongs geschoben werden. Auch die vereinfachten Gut-Schlecht und Unten-Oben-Denkfiguren bieten einen guten Nährboden für antisemitische Ausdeutung. Die Verbindung des Punk mit politisch linkem Denken brachte auch den Zugang zu typischen Formen des linken Antisemitismus mit sich. Punk birgt darum durchaus das Potenzial, Wegbereiter zu einem antisemitischen Weltbild zu sein – aber eben auch nicht mehr als der dauerhafte Konsum von Michael Moore-Filmen oder so manche Karikatur in der Süddeutschen Zeitung. Gleichzeitig vermittelt Punkmusik ein Gefühl von Rebellion, Nonkonformität und Infragestellen, was wiederum wichtige Werkzeuge sind, um eben nicht auf traditionelle, problematische Gedankenpfade hereinzufallen. Und vielleicht gibt es kein besseres Fazit als jenes: Punk war und ist ambivalent.

Literatur

Balsam, Johanna/Lelle, Nikolas (2020): Struktureller Antisemitismus ist Antisemitismus (noch) ohne Juden, online, https://www.belltower.news/tacheles-struktur eller-antisemitismus-ist-antisemitismus-noch-ohne-juden-108281/, 22.04.2021.

Baumeister, Biene/Negator,Zwi (2006): „Situationistische Revolutionstheorie" – Communistische Aktualität und linke Verblendung, in: Stephan Grigat/Johannes Grenzfurthner, Johannes/Günther Friesinger (Hg.): Spektakel – Kunst – Gesellschaft. Guy Debord und die Situationistische Internationale, Berlin, S. 5–35.

Bergmann, Werner/Wetzel, Juliane (2003): Manifestations of anti-Semitism in the European Union. First Semester 2002. Synthesis Report on behalf of the EUMC. European Monitoring Centre on Racism and Xenophobia, Wien.

Brumlik, Micha (1992): Antisemitismus im Frühsozialismus und Anarchismus, in: Ludger Heid/Arnold Paucker (Hg.): Juden und deutsche Arbeiterbewegung bis 1933. Soziale Utopien und religiös-kulturelle Traditionen (= Schriftenreihe wissenschaftlicher Abhandlungen des Leo-Baeck-Instituts. 49), Tübingen, S. 35–42.

Büsser, Martin (2006): If the kids are united... Von Punk zu Hardcore und zurück, Mainz.

Cambridge Dictionary (2021): punk, online, https://dictionary.cambridge.org/de/worterbuch/englisch/punk, 27.3.2021.

Diederichsen, Dietrich (1993): Alright? Kids!, in: konkret 6/93, S. 48–52.

Diederichsen, Dietrich (2016): Respektlosigkeit und Diskursethik – Punk als Methode der universellen Infragestellung, online, https://igbildendekunst.at/bildpunkt_/respektlosigkeit-und-diskursethik/, 26.3.2021.

Diner, Dan (2002): Feindbild Amerika. Über die Beständigkeit eines Ressentiments, München.

Duden (2021): Punk, online, https://www.duden.de/rechtschreibung/Punk, 27.3.2021.

Grigat, Stephan (2006): Fetischismus und Widerstand. Guy Debords Rezeption der Kritik der Politischen Ökonomie und die Schwierigkeiten der Gesellschaftskritik nach Auschwitz, in: Stephan Grigat/Johannes Grenzfurthner/Günther Friesinger (Hg.): Spektakel – Kunst – Gesellschaft. Guy Debord und die Situationistische Internationale, Berlin, S. 37–78.

Hiller, Joachim (2001): Vorwort, in: Craig O'Hara: The Philosophy of Punk. Die Geschichte einer Kulturrevolte, Mainz.

Kistenmacher, Olaf (2010): „Nazis für jüdisches Kapital" (Rote Fahne 182, 7. September 1932). Antisemitische Stereotype und antifaschistisches Selbstverständnis in der Tageszeitung der KPD während der Endphase der Weimarer Republik, 1928–1933, in: Birte Löschenkohl et al (Hg.): Der sich selbst entfremdete und wiedergefundene Marx, Paderborn, S. 143–160.

Krah, Franziska (2018): ‚Ästhetik' des Antisemitismus. Mediale Judenbilder im 21. Jahrhundert, Oldenburg.

Kucharz, Monika (2017): Das antisemitische Stereotyp der „jüdischen Physiognomie". Seine Entwicklung in Kunst und Literatur, Wien.

Markovits, Andrei S. (2004): Amerika, dich haßt sich's besser. Antiamerikanismus und Antisemitismus in Europa, Hamburg.

O'Hara, Craig (2001): The Philosophy of Punk. Die Geschichte einer Kulturrevolte, Mainz.

Pfahl-Traughber, Armin (2020): Antisemitismus im Anarchismus: Michail Bakunin als Beispiel, online, https://www.hagalil.com/2020/07/bakunin/, 28.3.2021.

Postone, Moishe (2005): Deutschland, die Linke und der Holocaust. Politische Interventionen, Freiburg.

Salzborn, Samuel/Voigt, Sebastian (2011): Antisemiten als Koalitionspartner? Die Linkspartei zwischen antizionistischem Antisemitismus und dem Streben nach Regierungsfähigkeit, in: Zeitschrift für Politik Vol. 58, No. 3, S. 290–309.

Schulz, Oliver (2019): Der ‚jüdische Kapitalist'. Anmerkung zu Ursprung und Entwicklung eines antisemitischen Stereotyps im Frankreich der 1840er-Jahre, in: Mareike König/Oliver Schulz (Hg.): Antisemitismus im 19. Jahrhundert aus internationaler Perspektive. Nineteenth Century Anti-Semitism in International Perspective, Göttingen, S. 41–58.

Schwarz-Friesel, Monika/Reinharz, Jehuda (2013): Die Sprache der Judenfeindschaft im 21. Jahrhundert, Berlin/Boston.

Sliskovic, Dominik (2016): Morrissey kritisiert Punk-Band wegen McDonald's-Werbung, online, https://www.musikexpress.de/morrissey-aergert-sich-ueber-buzzcocks-vertonte-mcdonalds-werbung-577589, 21.04.2021.

Stein, Timo (2011): Zwischen Antisemitismus und Israelkritik. Antizionismus in der deutschen Linken, Wiesbaden.

Swash, Rosie (2008): John Lydon accused of racist attack on Kele Okereke, online, https://www.theguardian.com/music/2008/jul/22/john.lydon.racist.assault, 20.03.2021.

Uthoff, Jens (08.01.2021): Zurück zum Beton, online, https://taz.de/Berliner-Punrockklassiker-Beton-Combo/!5738689, 22.04.2021.

Quellen

Antifa Frankfurt (2005): Banda Bassotti in der AU, online, http://antifa-frankfurt.org/au/banda.html, 22.04.2021.

Biafra, Jello (2018): Thoughts On Visit To Israel, online, https://alternativetentacles.com/2018/05/24/thoughts-on-visit-to-israel-jello-biafra, 19.04.2021.

BRDIGUNG: Offizielle Bandseite BRDIGUNG, online, http://www.brdigung.com/start, 16.04.2021.

Cooper, Sam (2019): Eyes for Blowing up Bridges: The Situationist International, Malcolm McLaren, and Punk Rock, online, https://situationistresearch.wordpress.com/2019/06/08/eyes-for-blowing-up-bridges-the-situationist-international-malcolm-mclaren-and-punk-rock/, 18.3.2021.

Kirstein, Max (2019): Screaming At A Wall. Antisemitismus, Antizionismus und „Israelboykott" im Punk und Hardcore, in: Ox-Fanzine, Ausgabe 147, Dez/Jan.

PROPAGANDHI (2010): Boycott, Divestment and Sanctions, online, https://propagandhi.com/news/2010/boycott-divestment-and-sanctions, 19.04.2021.

Lieder

Alarmsignal (2006): Keine Marionette, Album: Nazis nehmen uns die Arbeitsplätze weg, Nix Gut Records.

Amoklauf (2006): USA, Album: Kommt Zeit Kommt Rat Kommt Attentat, Nix Gut Records.

A+P (1981): Dachau, Album: „A+P", Jupiter Records.

Aufbruch (1996): Krieg, Album: Abend in der Stadt, Nix Gut Records.

Baffdecks (1993): Todesschlaf, Album: Die Zeit Ist Ein Mörder, Armageddon.

Dead Kennedys (1981): Nazi Punks Fuck Off, Album: Nazi Punks Fuck Off!, Alternative Tentacles.

Dead Kennedys (1986): Chickenshit Conformist, Album: Bedtime For Democracy, Alternative Tentacles.

Die Kassierer (1989): Anarchie & Alkohol, Album: Sanfte Strukturen, Rude Records.

Die Ärzte (1994): Punk Rock Girl, Album: Ab 23 (Mixe, B-Seiten und anderer unveröffentlichter Müll), Daniel Records.

Die Ärzte (1984): Schlaflied, Album: Debil, CBS.

Die Skeptiker (1991): Deutschland halt's Maul, Album: Sauerei, Our Choice.

Dritte Wahl (1992): Amerika. Auf „Fasching in Bonn". Rostock: Amöbenklang.

Dritte Wahl (1992): Verlorenes Paradies, Album: Fasching in Bonn, Amöbenklang.

Dritte Wahl (2001): Ich hab da diesen Tick, Album: Und jetzt?, Dröönland Production.

Dritte Wahl (2001): Dämon, Album: Halt mich fest, Dröönland Production.

Dritte Wahl (2005): Feige Helden, Album: Fortschritt, Dritte Wahl Records.

Hans-A-Plast (1979): Amerikaner, Album: Hans-A-Plast, Lava Records.

Heiter bis Wolkig (1990): Hey Rote Zora, Album: S.E.K. Sonder Einsatz Komödie, C.U. Later Studios.

Middle Class Fantasies (1981): Party in der Gaskammer, Album: Tradition", Aggressive Rockproduktionen.

Normahl (1984): Kolonie BRD, Album: Der Adler ist gelandet, Mülleimer Records.

Normahl (1984): Politik, Album: Der Adler ist gelandet, Mülleimer Records.

Normahl (1985): Schwarz Rot Gold, Album: Harte Nächte, Mülleimer Records.

Normahl (1989): Am Tage X, Album: Kein Bier vor Vier, Ariola.

Normahl (1993): Punk ist keine Religion, Album: Auszeit, Rebel Rec.

OHL (1981): Botschaftslied, Album: Heimatfront, Rock-O-Rama Records.

OHL (1998): Blitzkrieg, Widerstand Produktionen.

OHL (2003): Ein Volk ein Reich ein Führer, Album: Zurück zur Front, Teenage Rebel Records.

Oi Polloi (1987): Commies And Nazis, Album: Unite And Win!, Oi! Records

PROPAGANDHI (1993): Haillie Sallasse, Up Your Ass, Album: How To Clean Everything, Fat Wreck Chords.

Schleimkeim (1995): Geldschein, Album: Mach Dich Doch Selbst Kaputt, HöhNIE Records.

Schleimkeim (2000): Chaos, Punk & Anarchie, Album: Nichts Gewonnen, Nichts Verloren Vol. 1, HöhNIE Records.

Ska-P (1996): El Vals Del Obrero, BMG.

Slime (1982): Yankees raus, Album: Yankees raus, Aggressive Rockproduktionen.

Terrorgruppe (1998): Amerika, Album: Keiner hilft euch, Gringo Records.

Terrorgruppe (2000): What Is Wrong With The Americans?, Album: 1 World – 0 Future, Epitaph.

Terrorgruppe (2003): Kathedralen, Album: „Fundamental", Destiny Records.

The Exploited (1984): U.S.A., Album: Totally Exploited, Dojo.

Annica Peter/Jan Schäfer

Toxoplasma (1983): Heile Welt, Album: Toxoplasma, Aggressive Rockproduktionen.
Toxoplasma (2011): Fatamorgana, Album: Demos 81/82, Twisted Chords.
Troopers (1996): Gewalt, Album: Troopers, Bad Dog Records.
Troopers (2004): Judas, Album: Mein Kopf dem Henker!, Bad Dog Records.
WIZO (1991): Kein Gerede, Album: Für'n Arsch", Hulk Räckorz.
WIZO (1994): Raum der Zeit, Album: Uuaarrgh!, Hulk Räckorz.

Von „Babylon", „Politricks" und „Mind Control": Verschwörungsmythen und Antisemitismus im Reggae

Maria Kanitz/Lukas Geck

> *„Babylon system is the vampire, yea! (vampire)*
> *Suckin' the children day by day, yeah!*
> *Me say de Babylon system is the vampire, falling empire,*
> *Suckin' the blood of the sufferers, yeah!"*
> *(Bob Marley 1979 „Babylon System")*

Wie auch seine Vorläufer Rocksteady, Ska und Mento ist Reggae stark mit Erfahrungen aus Kolonialherrschaft, Sklaverei, Rassismus und Unterdrückung verbunden (vgl. Helber 2015a: 35). Zentraler Referenzrahmen ist dabei das religiöse Deutungs- und Symbolsystem der Rastafari rund um das Gegensatzpaar Babylon/Zion: Analog zur babylonischen Gefangenschaft der Jüdinnen und Juden im Alten Testament steht Babylon im Denken der Rastafari für Jamaika bzw. die gesamte westliche Welt und damit für (Neo-)Kolonialismus, Imperialismus und Unterdrückung, wohingegen Afrika/Äthiopien als Israel/Zion konstruiert wird, das nicht nur geographisch als Sehnsuchtsort, sondern auch symbolisch den erfahrenen Bruch in der eigenen, von Sklaverei geprägten Geschichte zu überwinden vermag (vgl. Barsch 2003: 56ff.). Mit „Chant down Babylon" (1983) machte Bob Marley eines der Hauptanliegen der Rastafari weltberühmt: Babylon zu überwinden. Auch Schlagworte wie „Vampire", „Mental slavery" oder „Rebel" dienen im Reggae der Auseinandersetzung mit Kolonialismus, sozialen Missständen und im Kampf für soziale Gerechtigkeit. Im Zuge ihrer internationalen Popularisierung in den 1970er Jahren hat sich die Metapher Babylon im Reggae von ihrer ursprünglich religiösen Bedeutung gelöst – aus dem tiefen Misstrauen gegenüber ehemaligen Kolonialmächten und der Kirche entwickelte sich eine generelle Ablehnung der modernen westlichen Welt, der nicht selten ein verschwörungsideologischer Unterton inhärent ist. Beliebtes Feindbild sind die USA, die mit Kapitalismus, Krieg, Ausbeutung und kulturellem Verfall assoziiert und darüber hinaus auf simplifizierende Weise für komplexe gesellschaftliche Zusammenhänge verantwortlich gemacht werden. Im Folgenden wird daher untersucht, welche Rolle Verschwörungsmythen im Reggae spielen.

Geht man davon aus, das Motiv der Verschwörung „in seiner historischen Genese und weltanschaulichen Struktur eng mit Antisemitismus verbunden" ist (vgl. Salzborn 2021: 42), stellt sich darüber hinaus die Frage, in welcher Form Antisemitismus im Reggae in Erscheinung tritt und ob es sich dabei um ein systematisches Problem handelt.

Nach einer kurzen Darstellung einiger wesentlicher Aspekte der Rastafari-Ideologie und ihrer Bedeutung für die Reggae-Musik nimmt der Beitrag ausgewählte Songs in den Blick, um diese auf ihren verschwörungsideologischen Gehalt zu untersuchen. Besonderer Fokus liegt dabei auf der Analyse antisemitischer und antiamerikanischer Stereotype in den Songtexten und die Diskussion ihrer Bedeutung für den Reggae.

Babylon, Zion und Haile Selassie I.

Im Vergleich zur globalen Verbreitung und Popularität des Reggae ist das wissenschaftliche Interesse an dem Genre erstaunlich gering. Thematische Schwerpunkte in der Literatur seit den späten 1970er Jahren sind überwiegend kulturhistorische Entwicklungslinien der jamaikanischen populären Musik, die internationale Verbreitung des Reggae und damit verbundene Transfer- und Umdeutungsprozesse sowie Themen rund um Gender und Sexualität (vgl. Burkhart 2019). Während hegemoniale Männlichkeitsvorstellungen, Homophobie und Gewaltfantasien, die speziell im Dancehall vorkommen, innerhalb der Szene und im akademischen Bereich kontrovers diskutiert werden (vgl. Helber 2015a), sind ähnliche Auseinandersetzungen in Bezug auf Verschwörungsdenken und Antisemitismus kaum vorhanden.

Auch wenn sich im Laufe der Jahre der Reggae musikalisch und textlich stark ausdifferenziert hat und wie Volker Barsch anmerkt, die pauschale Identifizierung des Reggae mit der Rastafari-Bewegung als weit verbreitetes Missverständnis bezeichnet werden kann (vgl. Barsch 2003: 102), ist das religiöse Deutungs- und Symbolsystem der Rastafari bis heute zentraler Bezugspunkt im Reggae. Die in den 1930er Jahren in Jamaika entstandene religiöse Bewegung bezeichnet Nathaniel Murrell als „modern Afro-Caribbean cultural phenomenon that combines concepts from African culture and the 'Caribbean experience' with Judeo-Christian thought into a new sociopolitical and religious worldview" (1998: 4). Im Zusammenhang mit der Entstehung der Rastafari-Bewegung ist insbesondere der jamaikanische Politiker und Publizist Marcus Garvey zu erwähnen, der bereits mit der Gründung der pan-afrikanistischen United Negro Improvement Association (UNIA) im Jahr 1914 großen Einfluss auf die

Verbreitung des Äthiopismus und antikolonialer Ideologie hatte (vgl. Nelson 1994: 69; Lewis 2014: 79).

Gerade die Kombination aus spirituell-religiösen Komponenten des Äthiopismus, Gerechtigkeitsforderungen und politischer Black Empowerment Vorstellungen kennzeichnet auch die spätere Vorstellungswelt der Rastafari. Als Auslöser für die Entstehung der Bewegung gilt die Krönung Ras („Fürst") Tafari Makonnens zum äthiopischen Kaiser „Haile Selassie I." im November 1930, die einige Jamaikaner*innen als Erfüllung einer Marcus Garvey zugeschriebenen Prophezeiung ansehen, nach der in Afrika ein schwarzer König gekrönt werden würde. Haile Selassie I. gilt fortan als der Schwarze Messias und die Reinkarnation des biblischen Gottes JHWH. In Verbindung mit Äthiopiens Geschichte des Widerstands gegen den Kolonialismus und den Erwähnungen Äthiopiens in der Bibel rückten Haile Selassie und Äthiopien in den Mittelpunkt des Rastafari-Gedankens (vgl. Barsch 2003). Auch wenn die Bewegung sich in der Folge sehr heterogen entwickelte, gibt es einige grundlegende Prinzipien, die die Vorstellungen der Rastafari von der Welt und ihrer Rolle darin charakterisieren.

Als religiöse Grundlage für die Rastafari dient die Bibel, die nicht nur Prophezeiung, sondern auch als Anleitung und Inspirationsquelle für das tägliche Leben dient (vgl. Murrell/Williams 1998: 328). Altes und Neues Testament werden jedoch einer radikalen Umdeutung unterzogen, in dessen Folge aus der jüdisch-christlichen eine afrozentrische Theologie hervorgeht. Unter Bezugnahme auf die Dichotomie Babylon/Zion identifizieren die Rastafari die Versklavung der Schwarzen mit der babylonischen Gefangenschaft der Jüdinnen und Juden im Alten Testament. In der neutestamentarischen Offenbarung des Johannes wird Babylon als „die Große, die Mutter aller Huren und aller Abscheulichkeiten der Erde" (Joh, 17,5) bezeichnet, die am Tag des Jüngsten Gerichts verbrennen muss. Zentrales Motiv in der Rastafari-Rhetorik ist „die Apokalypse bzw. die Vernichtung Babylons durch das ‚kosmische Feuer'" (Barsch 2003: 59). Rastafari betrachten sich in dieser Erzählung als die Auserwählten Gottes, die als einzige die Apokalypse überleben und von Gott bzw. dem Schwarzen Erlöser Haile Selassie I. hinausgeführt und endgültig nach Afrika/Zion zurückkehren werden (vgl. ebd.). Afrika dient hierbei als positiv vereinendes Symbol, das für Freiheit, Unabhängigkeit und Ursprung steht, sowie als Rückzugsort aus der babylonischen Gesellschaft.

Auch die Symboliken der Rastafaris weisen eine Analogie zur biblischen Geschichte der Jüdinnen und Juden auf. So ist der Löwe Juda Schutzpatron der Rastafari (vgl. Barsch 2003: 107). Dieser taucht bei den Rastafari und im Reggae-Kontext häufig in Kombination mit dem Davidstern auf. Haile Selassie I. wird nicht nur als Reinkarnation Gottes angesehen,

Maria Kanitz/Lukas Geck

sondern auch als Nachfahre von König David und König Salomon und damit der messianischen Linie zugehörig (vgl. Murrell/Williams 1998: 327).
Ein weiterer Aspekt in der Religion der Rastafari birgt wohl eine nicht
zufällig gewählte Analogie, der Name ihres zu verehrenden Gottes: Jah.
Jah steht für die Abkürzung des Gottes Israels JHWH. Einige Rastafaris
deuten immer wieder darauf hin, dass sie sich aufgrund ihrer Erfahrungen von Vertreibung und Unterdrückung selbst als Jüd*innen verstehen.
Rastafari bedienen sich also nicht nur an den religiösen Grundpfeilern
des Judentums, sondern wenden diese gezielt auf die eigene Geschichte
von Vertreibung, Versklavung und Unterdrückung an. Die Identifizierung
der kolonialen Erfahrungen mit der (biblischen) Geschichte der jüdischen
Diaspora, die sehr eng mit dem Motiv der Erlösung verknüpft ist, liefert
Hoffnung und Sehnsucht. In der Glaubensrichtung der Rastafari kann der
„Zions-Komplex" immer wieder aktiviert werden: als kraftvolle Bestärkung
nach innen und als fruchtbare Perspektive in die Zukunft: Denn die Judä-
er des Alten Testaments kehrten letztlich nach Zion zurück.

Eine wichtige Rolle in der Weltanschauung der Rastafari spielt die Musik, mit der sie die soziale und physische Welt um sie herum zu beeinflussen versuchen. Damit verbunden ist die Vorstellung, dass die Menschen
in Babylon leben, das es aufzudecken und zu bekämpfen gilt. Musik ist
oft die bevorzugte Waffe der Rastafari, um das „babylonische System" der
Ungerechtigkeit und Unterdrückung zu besiegen. In diesem Zusammenhang ist die Rastafari-Phrase „Chant down Babylon" zentrales Motiv, das
auch durch Parolen wie „Fire Pon Babylon" oder „Burn down Babylon"
zum Ausdruck gebracht wird. Reggae-Musik und Rastafari-Gesänge sind
letztlich Werkzeuge der Rastafari, um den Untergang von Babylon herbei-
zuführen (vgl. Barsch 2003: 104).

Rastafari kann nicht mit Reggae gleichgesetzt werden. Dennoch war es
die Reggae-Musik, die nicht nur die Themen der Rastafari wie Rassismus,
Polizeigewalt, Korruption oder Erinnerung an die Sklaverei, Gleichberechtigung der Schwarzen und pan-afrikanische Ansichten adressierte, sondern
auch die dazugehörige Ideologie einem globalen Publikum zugänglich
machte. Neben Bob Marley hatten z. B. sein ehemaliger Bandkollege Peter
Tosh, aber auch Jimmy Cliff, Dennis Brown oder Toots & The Maytals
großen Einfluss auf die Entwicklung des Reggae und die Verbreitung
von Rastafari-Themen. Auch Desmond Dekker, der mit „Israelites" (1968)
insbesondere in den USA und Großbritannien große Erfolge feierte und in
Deutschland im Jahr 1969 als erster Reggae-Künstler überhaupt auf Platz
eins der Charts stand, war bekannt für seine gesellschaftskritischen Texte.
Vieles dreht sich um die Armut und sozialen Probleme der Schwarzen Bevölkerung Jamaikas sowie um Gewalt und rivalisierende Gangsterbanden.

130

Mit der in den 1970er einsetzenden globalen Vermarktung des Reggae verloren die Themen der Rastafari in Jamaika, vor allem jedoch in Europa und Nordamerika an Bedeutung (Rommen 2006: 240). Während sich nach Bob Marleys Tod (1981) der *Slackness*-Stil – eine vulgäre Zurschaustellung sexueller Potenz – im jamaikanischen Dancehall durchsetzte (vgl. Barsch 2003: 102f.), traten afrozentrische Perspektiven, Diskurse über Äthiopien/Afrika und Repatriierung zunehmend in den Hintergrund – es ist gar eine Entpolitisierung zu beobachten. Einige Künstler wie Bob Marley, Peter Tosh oder Jimmy Cliff schrieben weiterhin politische Texte. Die Kommerzialisierung und das damit einhergehende Bild des „Sunshine Reggae" war jedoch kaum aufzuhalten. So wurde die britische Reggae-Gruppe UB40 oder später etwa Shaggy mit Reggae weltberühmt, ohne jeglichen widerständigen Charakter oder Bezug zu den sozialen Problemen und Diskriminierungserfahrungen der Schwarzen Bevölkerung Jamaikas (vgl. Probst o. J.). Mit der steigenden internationalen Popularität lässt sich ein Abkoppeln der Reggaekultur von ihren politischen Inhalten und den Lebensumständen Jamaikas beobachten. Gleichzeitig wurde Reggae außerhalb Jamaikas zur Musik des Widerstands und diente als Ausdrucksmittel und Motivation für Aktivist*innen weltweit. Jimmy Cliffs Protestsong „Vietnam" (1970) bot Anknüpfungspunkte zwischen Reggae und der antiimperialistischen Bewegung. Chinesische Demonstrierende hielten Banner mit der Aufschrift „Get up, stand up, stand up for your rights" während der Tian'anmen Square Demonstrationen im Jahr 1989 hoch (vgl. Schmetzer 1989). Die in den 1990er Jahren in Nordamerika und Europa entstehenden Reggae-Subkulturen griffen ebenfalls das widerständige Potenzial des Reggae auf und adaptierten die sozialen und politischen Kämpfe auf die jeweiligen gesellschaftlichen Rahmenbedingungen (vgl. Probst o. J.). Reggae wurde also trotz des großen Erfolgs einiger „Sunshine"-Reggaekünstler*innen Sprachrohr und Inspiration für Aktivist*innen, die sich weltweit gegen Kapitalismus, Rassismus oder Krieg engagieren.

„*Chant down Babylon*": *Verschwörungsmythen und Antisemitismus im Reggae*

In der Rastafari-Ideologie wird Babylon als Metapher auf verschiedenen Ebenen zur Deskription und Kritik als ungerecht, ausbeuterisch und unterdrückend empfundener Verhältnisse angewandt. Auf internationaler Ebene bezeichnet es mächtige hegemoniale Staaten bzw. Herrschaftssysteme, die andere Menschen und Länder unterdrücken (vgl. Barsch 2003: 59). Im Fokus stehen hier insbesondere die USA und multinationale Konzerne, die in historischer Kontinuität mit dem biblischen Babylon und dem Römischen Reich bis hin zu den kolonisierenden europäischen Großmächten gesehen werden. Heimliches internationales Zentrum ist nach Ansicht der Rastafari der Vatikan, der in Zusammenarbeit mit der Mafia die Welt beherrscht (vgl. ebd.: 60). Dabei gilt der Papst als Personifizierung des Teufels und die Königin von England als „Hure Babylons" (vgl. ebd.). Innerhalb von Staaten – insbesondere im jamaikanischen Kontext – wird aus Sicht der Rastafari die Bevölkerung durch eine „Verschwörung" von Staat und Kirche wirtschaftlich, politisch, religiös und kulturell unterdrückt (vgl. ebd.). Die Politik sei von Korruption bestimmt und diene nur der Ausbeutung der Schwarzen Bevölkerung. Trotz der offiziellen Abschaffung der Sklaverei sind Ausbeutung, Unterdrückung und Marginalisierung weiterhin virulent; an Stelle der Sklavenhalter steht nach Ansicht der Rastafari nun die „Verschwörung" von Staat und Kirche, die die Bevölkerungsmehrheit in geistiger Sklaverei hält und sich auf ihre Kosten bereichert (vgl. ebd.: 61). Babylon steht darüber hinaus für die Vertreter*innen aller staatlichen und kirchlichen Institutionen, wobei insbesondere die Polizei gemeint ist. Letztlich bedeutet der Kampf gegen Babylon eine Distanzierung von der westlichen Gesellschaftsordnung. Bezeichnet wird er von Rastafari als das Verlassen Babylons bzw. Roms, was nicht zwangsläufig mit einer physischen Repatriierung nach Äthiopien gleichzusetzen ist. Zentral ist vielmehr die Bewusstseinsveränderung hin zu einer afrozentrischen Perspektive, weshalb eine Rückkehr auch spirituell erfolgen kann (vgl. ebd.: 63).

Auch wenn die klassischen Rastafari-Themen im Reggae mit der zunehmenden globalen Verbreitung allmählich in den Hintergrund treten, ist das Begriffspaar Babylon/Zion im gesamten Reggae-Spektrum zentrale Bezugsgröße. Unabhängig vom Kontext ist die Metapher Babylon immer negativ besetzt, in der Regel jedoch abwertend für die westliche Welt gemeint. Neben der manichäischen Einteilung der Welt, in der Babylon für alles Schlechte steht und mithilfe stereotyper Feindbilder gesellschaftliche Zusammenhänge stark vereinfacht dargestellt werden, lässt sich im Reggae – wie auch in der Ideologie der Rastafari – eine verschwörungsideologische Grundtendenz beobachten. Insbesondere der Hass gegen die USA, die für die Herrschaft des kapitalistischen und ausbeuterischen Systems steht, ist exemplarisch für das Gut-Böse-Schema und Zentrum der Weltverschwörungsfantasien in der Reggae-Szene. In „Babylon" formulieren Stephen Marley feat. Junior Reid & Dead Prez (2016) eine stark vereinfachende und personifizierende Kapitalismuskritik, in der sowohl antiamerikanische als auch manifeste antisemitische Stereotype zum Tragen kommen:

> „This is capitalism religion, money is god
> America eats the young like cannibal breakfast
> Wall Street is swarming with Hannibal Lecters
> Crooked elections, politricks of the shitstem
> Legal lynchings, modern day crucifixions
> Slaves to the current conditions that we live in".

Kapitalismus wird hier nicht als soziale Struktur oder politisches Phänomen begriffen, sondern als Verschwörung einer übermächtigen, gierigen (Finanz-)Elite identifiziert. Diese sei nicht nur verantwortlich für Korruption und Manipulation, sondern auch für vermeintlich sklavereiähnliche Verhältnisse. Augenfällig sind bei den Äußerungen vor allem das antisemitische Stereotyp des Kannibalismus sowie der strukturell antisemitische Code „Wall Street", der die jüdische Kontrolle über die Börse und letztlich über die gesamte Wirtschaft suggerieren soll.

Der international bekannte Reggaemusiker Alborosie bedient im Song „America" (2009) ebenfalls ein in antikapitalistischen und antiimperialistischen Zusammenhängen gängiges Narrativ von der Amerikanisierung der Welt („Dem want fi globalize di world wid di Americanization"). Dabei handelt es sich nicht um eine positive Bezugnahme auf ökonomische, politische oder kulturelle Aspekte der Globalisierung. Vielmehr wird USA in ihrer angenommenen Funktion als mächtiger Staat eines aggressiv-imperialistischen, kapitalistischen und ausbeuterischen Systems abgelehnt. Darüber hinaus deutet die Formulierung „Dem want" darauf hin, dass eine unbekannte Macht die globale Dominanz Amerikas herbeiführen will. Die Liedzeilen „America trick we and go always from di truth" und „America fool some people sometimes" untermauern diese Ablehnung und bedienen ein gängiges Motiv im Reggae, indem behauptet wird, die Politik (in diesem Falle die USA) habe nicht die Interessen der Menschen im Blick, sondern sei manipulativ und von Korruption bestimmt. Das Motiv der Manipulation greift auch die französische Reggae-Band Danakil im Song „Dub Des Marionnettes" (2012) auf:

> „How them trick us by this way
> How them fool us every day
> Media are the voice of government
> Propaganda from the government".

Danakil behauptet, die Bevölkerung werde täglich durch Staatspropaganda getäuscht; selbst Medien stünden im Dienst der Regierung. In dem Song geht es offenkundig weniger um die Disposition gesellschaftlicher Verhältnisse oder konkret um eine Kritik an möglichen Verletzungen der Pressefreiheit. Widersprüche und Ambivalenzen haben keinen Platz in dem vorgetragenen Gut-Böse-Schema; mit dem Motiv des Marionetten-spielers („Dub Des Marionnettes") wird darüber hinaus eine antisemitische Figur aktiviert, der übermächtige, (welt-)beherrschende Eigenschaften zu-geschrieben werden. Stephen Marley schlägt in „Mind Control" (2007) in eine ähnliche Kerbe und sieht die Menschheit durch eine umfassende „Gedankenkontrolle" durch eine ominöse Macht bedroht:

> „Mind control, it's mind control
> Corruption of your thoughts, yeah
> Destruction of your soul
> Don't let them mold your mind
> They wanna control mankind
> Seems like their only intention
> Is to exploit the earth, yeah".

Der verschwörungsideologische Tenor ist zwar offenkundig, das Motiv der „Mind Control" dient im jamaikanischen Reggae jedoch häufig zur Be-schreibung psychologischer Nachwirkungen der jahrhundertelangen Kolo-nialherrschaft und Sklaverei. Obwohl die Sklaverei offiziell bereits 1834 abgeschafft wurde, existierten Abhängigkeitsverhältnisse und Marginalisie-rung für viele Reggae-Musiker – auch in immaterieller Form – weiter. So fordert Bob Marley in „Redemption Song" (1980): „Emancipate yourselves from mental slavery / None but ourselves can free our minds...". Offenbar sieht sich Stephen Marley in geistiger Fortsetzung des Widerstands gegen koloniale Eroberung und Ausbeutung und steht wie auch schon sein Vater Bob Marley ablehnend gegenüber dem „westlich" definierten Babylon.

Es ist anzumerken, dass Stephen Marley wie viele andere Reggae-Musi-ker, die in ihren Songs das babylonische System anprangern, innerhalb der Strukturen des globalen Kapitalismus operieren, um ihre Musik zu ver-kaufen. Insofern ist anzuzweifeln, ob das Misstrauen gegen Babylon ledig-lich aus einer geistigen Anlehnung antikolonialer Kämpfe in Jamaika ent-springt – was den verschwörungsideologischen Impetus nicht schmälert – oder vielmehr Ausdruck eines grundsätzlich regressiven Gesellschaftsver-ständnisses ist, in dem abstrakte Funktionsweisen der modernen kapitalis-tischen Gesellschaft nicht begriffen und stattdessen simple und personifi-zierende Erklärungsmuster gesucht werden. Im deutschen Reggae sind diese Motive ebenfalls zu finden. So vermutet Reggae-Künstler Patrice in „Million Miles" (2000), dass eine nicht näher definierte Instanz die Kontrolle über die Menschheit erlangen und versklaven will. Individuel-le Handlungen und Entscheidungen sind in der so gezeichneten Welt unmöglich, zu groß und zu mächtig ist der Herrschaftsbereich dieser ominösen Elite:

> „They want to possess our brain
> They want us to labour in their names
> They make the rules and we have to play".

Das Motiv der Verschwörung ist auch bei Mellow Mark zu beobachten. In „Weltweit" (2003) macht er die USA einem manichäischen Weltbild folgend für alles Schlechte in der Welt verantwortlich. Sie steht stellvertretend für den Kapitalismus („Geldgeil warten auf den Weltstaat"), kulturellen Verfall („Weltweit US-amerikanisches Fernsehn"), Ausbeutung („Die Reichen werden reicher / Die Armen werden ärmer") sowie für militärische Aggression. Die USA dienen nicht nur als stereotypes Feindbild, sondern werden zum abstrakten Prinzip erhoben, das stellvertretend für die kapitalistische Moderne steht. Die Einteilung der Welt in „Gut" und „Böse" entspricht letztlich dem Wunsch, komplexe, schwer durchschaubare und abstrakt vermittelte gesellschaftliche und historische Zusammenhänge einfachen Grundsätzen folgend zu ordnen sowie ihrer Widersprüche und Ambivalenzen zu entledigen. Mellow Mark trifft in diesem Song zwar keine Aussage über das Eigene. Es kann aber davon ausgegangen werden, dass die Gegenseite ein politisch, wirtschaftlich und kulturell unter der Herrschaft der USA leidendes (globales) Kollektiv ist, das sich zu den „Guten" zählt.

Während er das Unbehagen an der gesellschaftlichen Modernisierung in „Weltweit" vor allem mithilfe von antiamerikanischen Vorurteilen und Zuschreibungen zum Ausdruck bringt, liegt der Fokus in Songs wie „Movement" (2004a) oder „Weckruf" (2004b) auf der Überwindung des vermeintlich unterdrückerischen und ausbeuterischen Systems – ohne aber konkret die USA anzusprechen. Durch beide Songtexte zieht sich die manichäische Einteilung der Welt, in der nicht nur das „System" näher beschrieben („Und wer Geld hat, hat Immunität, Immunität und Privilegien / Zu bequem, das System ist zu bequem"), sondern vor allem die eigene Rolle in dieser Welt definiert wird. Er sieht die von Manipulation, kulturellem Verfall und Dekadenz gekennzeichneten gesellschaftlichen Verhältnisse („Die große Hure wird uns füttern / Füttern bis wir lahm sind, mit vollen Mägen") als derart unerträglich an, dass diese nur durch einen Umsturz überwunden werden können („Ey, wir könn' es nicht ertragen und wir wagen den Umsturz"). Entsprechend der dualistischen Struktur verschwörungsideologischen Denkens sieht er sich selbst nicht nur als einer von den „Guten", sondern sieht seine Aufgabe darin, die „Schlafenden" zu erwecken („Das ist ein Weckruf an die schlafenden Krieger"). Das

Motiv des „Aufwachens" beschreibt in den Verschwörungsideologien eine Art Erweckungserlebnis, in dem behauptet wird, die Wahrheit über die Welt gefunden zu haben (vgl. Butter 2018). Der selbsternannte Opferstatus tritt in der Folge zugunsten einer Selbstaufwertung in den Hintergrund und resultiert in der Vorstellung, im Widerstand bzw. im Kampf gegen ein übermächtiges „System" zu handeln mit dem Ziel nicht mehr „so fake zu leben" (Mellow Mark 2004). Dabei lässt Mellow Mark auch die in Verschwörungskreisen beliebte Metapher „Matrix" nicht unerwähnt.

In „Movement" (2004) konkretisiert er das noch einmal: „Wir sind nicht sehr mächtig / Doch wir fühlen uns berechtigt / Die Stimme zu erheben und den Widerstand zu beleben". Während er in „Weckruf" noch einigermaßen zuversichtlich gestimmt ist („Lass uns gehen, das System wird vergehen") hätten in „Movement" noch nicht genug Menschen erkannt, in welch unsäglichen Verhältnissen sie wirklich leben:

> „Wir werden streng observiert
> Geschickt abserviert
> Aber draußen in der Welt ist noch immer nichts passiert
> Wir werden wörtlich zitiert
> Und gerne zensiert
> Doch die breite, breite Masse hat's noch immer nicht kapiert".

Neben dem Motiv der Kontrolle und der Selbstwahrnehmung als „aufgewacht" bedient Mellow Mark auch das in neurechten Kreisen vertretene Phantasma einer „Meinungsdiktatur": „Mein Job ist Musiker und ich nutz meine Chance / Die Meinung zu sagen, so lang ich darf". Seine letzte Single „Wo ist die Freiheit" (2020) zeigt, dass er seine Schwurbeleien auch 16 Jahre nach „Movement" noch genauso frei äußern darf wie am Tag seiner ersten Veröffentlichung. Was als Kritik an den Zwängen kapitalistischer Vergesellschaftung daherkommt („Wo ist die Freiheit, für die wir Kriege führen") ist nicht mehr als eine regressive Konsumkritik, in der – wie in seinem Gesamtwerk – verschwörungsideologische Deutungsmuster aktiviert werden: „Man kann nicht wissen, wer hinter den Kulissen spielt […] Überall wo du bist haben sie dich im Blick".

Die verschwörungsideologische Grundtendenz zeigt sich auch im Zusammenhang mit der globalen COVID-19-Pandemie. In ihrem Song „Corona Virus (Plan-demic)" (2020) mischt die eher unbekannte Künstlerin AbiYah Yisrael grundsätzliches Misstrauen gegenüber Babylon („Stay away from Babylon") mit Rastafari-typischen Endzeitvorstellungen („Babylon System is falling") und der diabolischen Absicht ominöser Akteure Babylons die Menschheit mittels Technologie zu versklaven („They want to control us, program and enslave us"). Sie negiert dabei keinesfalls die reale Ansteckungsgefahr des Corona-Virus, sondern stilisiert es vielmehr als „bio-weapon", das von Babylon gezielt zu Unterwerfungszwecken eingesetzt wird. Sie ruft zum Kampf gegen den unsichtbaren babylonischen Aggressor auf und warnt in der Liedzeile „Bush medicine, strong herb tea / Ginger and Garlic keep the temple clean" indirekt vor Impfungen. Ähnliche verschwörungsideologische Deutungen der Pandemie als apokalyptische Bedrohung legen die Musiker Pad Anthony mit „Scientific Warfare" (2020) oder Echo Minott mit „World Scam" (2020) vor. Die Kompilation, auf der sich die Songs befinden, trägt bezeichnenderweise den Namen „Conspiracy Riddim".

Die Auswahl der in diesem Beitrag untersuchten Songs steht zwar nicht repräsentativ für den Reggae; simple, mono-kausale und personifizierende Erklärungen abstrakter gesellschaftlicher Zusammenhänge, damit einhergehende verschwörungsideologische Interpretationen sowie das ausgeprägte Gut-Böse-Schema sind im Reggae jedoch weit verbreitet. Ebendiese Merkmale identifiziert Thomas Haury als charakteristisch für die Strukturen antisemitischen Denkens:

> „Personifizierung gesellschaftlicher Prozesse mit daraus resultierender Verschwörungstheorie; Konstruktion identitärer Konflikte; Manichäismus, der die Welt strikt in Gut und Böse teilt und den Feind zum existentiell bedrohlichen, wesenhaft Bösen stilisiert, dessen Vernichtung das Heil der Welt bedeutet" (2002: 31).

Zur Konstruktion des Feindbilds Babylon bedarf es nicht der expliziten Benennung „des Juden" als Weltverschwörer; die Verwendung antisemitischer Stereotype wie „Wall Street" oder die Figur des Kannibalen ruft – egal in welchem Kontext – eindeutige Konnotationen hervor. Ein ebenfalls häufig geäußertes antisemitisches Stereotyp ist die Figur des blutsaugenden Vampirs, die sich in vielen Reggae-Songs mit dem Motiv der antijüdischen Ritualmordlegende verbindet. Beispiele prominenter Reggae-Interpreten sind etwa Bob Marleys „Babylon System" (1979), Peter Toshs „Vampire" (1987) oder Barrington Levys „Murderer" (1984). Es ist fraglich inwiefern die antisemitische Konnotation des Vampirs auch als solche im jamaikanischen Roots-Reggae reflektiert wird. Ungeachtet seines gesellschaftlichen Kontextes ist sie jedoch eine dämonisierende, entmenschlichende Darstellung, in der die Zersetzung und letztlich Zerstörung eines Volkes imaginiert wird. Das häufig damit verknüpfte Motiv des wehrlosen Kindes kann dabei als Paradigma für ein unschuldiges Opfer gelesen werden. Die Vampir-Metapher wird jedoch nicht nur im jamaikanischen Reggae aktiviert: So bemüht etwa die französische Reggae-Gruppe Dub Incorporation in „See di Youth" (2003) den blutsaugenden Vampir: „And politrics dead, a shitstem is burn, all di blood suckers on di hearth man fiden / Babylon dead, vampire burn, all di blood suckers on di hearth man fiden".

Auch die US-amerikanische Reggae-Gruppe Tribal Seeds nutzt in „Vampire" (2009) das Motiv des Blutsaugers zur Charakterisierung des als ausbeuterisch und zerstörerisch angesehenen „Systems":

> „Corruption a run and spread like viruses
> Freedom and rights will soon come to an end
> The righteous man will soon have his day
> Kings of the earth shall soon not have a say
> Confusion of the world tends to terminate faith
> Wicked just a slaughter
> The system is a vampire
> System is a vampire
> Hiring assassinators
> Lies of a murderer, ey
> [...]
> It's a corrupt authority claiming that they represent you
> Guilty of dishonesty, lacking all integrity
> They come and try to suck our blood while we are sleeping".

In diesem Kontext kann die Metapher „Virus", der zersetzende und bedrohliche Eigenschaften zugeschrieben werden, als antisemitisch gelesen werden.

Die Konstruktion identitärer Konflikte, bei denen nach Haury Jüd*innen und Deutsche „als sich konträr gegenüberstehende, subjekthaft handelnde kollektive Entitäten mit bestimmten Wesenseigenschaften" (2002: 109) gefasst werden, zeigt sich in der Gegenüberstellung von Babylon und einem nicht näher definierten bedrohten Kollektiv bzw. im Sehnsuchtsort Zion. Damit geht eine manichäische Einteilung der Welt in Gut und Böse einher, die nicht nur eines der zentralen Grundprinzipien in der Rastafari-Ideologie, sondern auch in vielen Reggae-Songtexten wiederzufinden ist. Die radikale Zweiteilung der Welt sowie die „Stilisierung des Feindes zum existentiell bedrohlichen, wesenhaft Bösen" (ebd.) ermöglicht es ökonomische, politische und kulturelle Zusammenhänge entlang einfacher Grundprinzipien zu ordnen, wobei Ambivalenzen vollständig ausgeblendet werden. Der Manichäismus wirkt darüber hinaus identitätsstiftend, da er eine vermeintlich moralisch integre Wir-Gruppe/Gemeinschaft schafft, die anschlussfähig für homogene Gruppenkonstruktionen wie Volk und Nation ist. Dieser Vorstellung liegt der Traum von einer harmonischen Welt zugrunde, die einer widerspruchsfreien und identitären Logik folgt.

Dieser Traum äußert sich konkret in beliebten Schlagwörtern wie „Peace", „One Love" oder „Harmony".

Die binäre Einteilung der Welt dient zur Legitimation der Aggression gegen Babylon, das es zu überwinden gilt. Die aus der Rastafari-Ideologie stammenden Parolen „Chant down Babylon" oder „Fire pon Babylon" stehen nicht nur im Widerspruch zu Schlagwörtern wie „Love", „Peace" und „Unity". Vielmehr zeigt sie den in der Rastafari-Ideologie und letztlich in vielen Reggae-Texten artikulierten Wunsch nach der Erlösung von allem Bösen mit dem Ziel eine harmonische, widerspruchsfreie Welt herzustellen, also letztlich eine Perspektive der Vernichtung, die – wenn auch nicht zwangsläufig geäußert – antisemitischem Denken inhärent ist. Die Unaufhebbarkeit der Gegensätze ist grundlegend für den Vernichtungswillen: Erst wenn Babylon als die Inkorporation alles Bösen vollständig zerstört ist, kann Erlösung eintreten. Es darf allerdings angezweifelt werden, dass die im Reggae geäußerte Forderung nach der vollständigen Zerstörung Babylons tatsächlich in Gewalt umschlägt.

Die antisemitischen, antiamerikanischen und verschwörungsideologischen Untertöne bleiben nicht allein auf Textproduktionen beschränkt. Im Jahr 2015 geriet das Rototom Sunsplash im spanischen Benicassim, eines der größten Reggae-Festivals Europas, in die Schlagzeilen, nachdem die Organisator*innen auf Druck des valencianischen Ablegers der anti-israelischen Kampagne Boycott, Divestment and Sanctions (BDS) den jüdischen US-Amerikaner Matisyahu aus dem Programm nahm (vgl. Helber 2015b: 44). Das Festival verlangte von Matisyahu, sich entweder in einer öffentlichen Erklärung für die palästinensischen Belange auszusprechen oder vom Festival fernzubleiben. Der Reggae-Künstler war der einzige Musiker, von dem eine Distanzierung vom israelischen Staat gefordert wurde (vgl. Jüdische Allgemeine 2015). Mit dieser Aktion wird der Künstler in „Kollektivhaft" genommen und für die Politik Israels stellvertretend verantwortlich gemacht, entsprechend der antisemitischen Denkweise, Jüdinnen und Juden hingen alle irgendwie zusammen. Nachdem Matisyahu sich weigerte, ein solches Statement abzugeben und das Festival kurze Zeit später unter großem nationalem und internationalem Protest den Sänger wieder eingeladen und sich bei ihm entschuldigt hatte, trat er schlussendlich doch auf. Nicht zuletzt vor dem Hintergrund des Mottos „Peace Revolution" und der Selbstinszenierung als Festival, das für „peace, equality, human rights and social justice" (Rototom Sunsplash o. J.) steht, bleibt ein fader Beigeschmack. Wie bei vielen Reggae-Festivals im Norden verdeckt der Anstrich aus Menschlichkeit, Toleranz und Frieden reaktionäres und antiuniversalistisches Gedankengut. Patrick Helber merkt an, dass auf diesen primär weiße Europäer*innen ihre exotischen Vorstellungen

Mas...

von Afrika und der Karibik – gepaart mit Antiimperialismus, Esoterik und Verschwörungsideologien – ausleben (vgl. 2015b: 44). Fraglich ist, ob in einem solchen Umfeld kritische Auseinandersetzungen mit antisemitischen Tendenzen überhaupt möglich sind.

Die Vereinnahmung von Reggae durch die BDS-Szene zeigt sich in den vergangenen Jahren nicht zuletzt auch durch Aktionen wie „Reggae For Palestine" im Rahmen der „Israeli Apartheid Week", einer jährlich stattfindenden weltweiten Veranstaltungsreihe zur Unterstützung der BDS-Kampagne. Insgesamt sind Boykottaufrufe und Drohungen durch BDS in der internationalen Reggae-Szene jedoch eher selten. Davon einmal abgesehen wird BDS im Reggae durchaus unterschiedlich bewertet: Erst 2019 wurde der älteste Sohn von Bob Marley, Ziggy Marley, durch die Organisation The Creative Community for Peace (CCFP) für sein Engagement gegen die Boykottbewegung ausgezeichnet (The Jerusalem Post 2019).

Zusammenfassende Bemerkungen

Insbesondere unter dem Einfluss der Rastafari-Bewegung spielte in den Anfängen des Reggaes die Kritik an gesellschaftlichen Missständen, die im Falle Jamaikas historisch unter anderem durch Kolonialismus, Sklaverei, Rassismus, Marginalisierung etc. bedingt waren, eine große Rolle in den Songtexten. Im Zuge seiner globalen Verbreitung treten die Themen der Rastafari zunehmend in den Hintergrund, religiöse Aspekte spielen kaum noch eine Rolle. Die Metapher Babylon und damit zusammenhängende Begriffe wie „Politricks" oder „Mind Control" haben sich im Reggae jedoch global durchgesetzt: Als abwertend gemeinter Ausdruck stehen sie für das „westliche" Gesellschaftssystem, das im Allgemeinen mit Korruption, Ausbeutung, Unterdrückung, kulturellem Verfall etc. in Verbindung gebracht wird. Die Auswahl der untersuchten Songs ist zwar keinesfalls repräsentativ, doch zeigen sie trotz ihrer unterschiedlichen Kontexte ein Gesellschaftsverständnis, das auf einer manichäischen und simplifizierenden Einteilung der Welt in „Gut" und „Böse" basiert. Anstatt die Wirkungsmechanismen und Funktionsweisen der kapitalistischen Gesellschaft in ihrer Gesamtheit zu begreifen, wird nach einfachen Erklärungsmustern gesucht, in dem ominöse Mächte für alles Schlechte in die Verantwortung gezogen werden. Die Songs sind mehr oder minder geprägt von einer verschwörungsideologischen Interpretation abstrakter gesellschaftlicher Zusammenhänge – und die dem modernen Antisemitismus inhärente Unfähigkeit „abstrakt zu denken und konkret zu fühlen" (Salzborn 2018: 23).

Während im modernen Antisemitismus „die Juden" als „Verkörperung und Urheber der Moderne zugleich" (Haury 2002: 106) aufgefasst werden, wird dies im Reggae meist den USA zugeschrieben. Sie steht als abstraktes Prinzip für die kapitalistische Moderne und wird letztlich in der Figur des übermächtigen Herrschaftssystems für sämtliche negative Entwicklungen weltweit personifiziert. Häufig geht damit ein regressiv vorgetragener Antikapitalismus einher, der mit antisemitischen Codes wie „Wall Street" zum Ausdruck gebracht wird.

Bemerkenswert ist auch die Figur des blutsaugenden Vampirs, eine vor allem im jamaikanischen Reggae verwendete Darstellung für den Ausbeutungs- und Zerstörungscharakter des herrschenden „Systems". Auch wenn die Verwendung solcher Metaphern im jamaikanischen Roots-Reggae vor dem Hintergrund jahrhundertelanger kolonialer Erfahrungen anders zu bewerten ist als in europäischen oder nordamerikanischen Produktionen, ist das Beeinflussungspotenzial dennoch vorhanden. Antisemitische Stereotype verbreiten sich auch unabhängig von der Intention des Künstlers/der Künstlerin (vgl. Fritzsche/Jacobs/Schwarz-Friesel 2019). Die Figur des Vampirs wird häufig in Verknüpfung mit der antisemitischen Ritualmordlegende aktiviert. Das Motiv des wehrlosen Kindes steht dabei stellvertretend für den selbst zugeschriebenen Opferstatus, der letztlich nur durch eine (symbolische) Zerstörung Babylons überwunden werden kann.

Ein weiterer Verschwörungsmythos, der eine lange Tradition im Reggae hat und unterschiedlich artikuliert werden kann, ist die Vorstellung, eine ominöse Elite strebe nach „Mind Control", also der Herrschaft über die Gedanken. Es wird unterstellt, die Menschen würden manipuliert, unterdrückt und getäuscht. Selten werden diese jedoch ausführlich vorgetragen – oftmals äußern sie sich in der bloßen Verwendung von Schlagwörtern und Phrasen.

Es steht außer Frage, dass die negativen Auswirkungen des Kapitalismus auf Gesellschaft, Individuum und Umwelt thematisiert werden müssen. Häufig werden im Reggae gesellschaftliche Missstände jedoch auf so simplifizierende Weise kritisiert, dass dem eigenen emanzipatorischen Anspruch antimoderne Tendenzen entgegenstehen. Die insbesondere der Metapher Babylon inhärente manichäische Weltsicht und verschwörungsideologische Weltdeutung kann für Rezipient*innen – insbesondere für junge Menschen – in ihrer Auseinandersetzung mit gesellschaftlichen Themen hilfreich erscheinen. So verspricht der Manichäismus eine individuelle Aufwertung, indem man sich in Abgrenzung zu den „bösen" Eliten auf der Seite der Guten verortet und sich aus verschwörungsideologischer Perspektive als Teil der Erleuchteten wähnen kann (vgl. Butter 2018). Die

Simplifizierung und Personifizierung abstrakter gesellschaftlicher Prozesse wirkt entlastend und bietet Erklärungen für unverstandene Phänomene der modernen kapitalistischen Vergesellschaftung und Modernisierung (vgl. Rensmann 2004: 98). Darüber hinaus erzeugen Phrasen wie „Chant down Babylon" die Illusion von Handlungsfähigkeit – und enthalten ein gewisses Vernichtungsmoment, das im Reggae jedoch metaphorischen Charakters bleibt.

Neben ihrer Funktion als Projektionsfläche für negative Entwicklungen dienen Feindbildkonstruktionen in Verschwörungsideologien der Absicherung einer positiven Kollektividentität (vgl. Jaecker 2004: 11). Als Gegensatz zu Babylon wird eine vermeintlich bedrohte, moralisch integre und harmonische Wir-Gruppe imaginiert; hierbei nimmt Zion eine wichtige Rolle ein.

Den Reggae insgesamt als antisemitisch zu bezeichnen, ist jedoch nicht zielführend. Viele Reggae-Songs kritisieren soziale und politische Missstände, ohne dass Verschwörungsmythen und antisemitische Stereotype aktiviert werden. Gleichwohl kann die Babylon-Metapher als Plattform genutzt werden, verschwörungsideologische Weltbilder zu artikulieren. Eine Auseinandersetzung mit diesem Thema setzt ein Verständnis voraus, dass Antisemitismus in seiner gesamten Breite an Erscheinungsformen fasst. Solange dies aber nur marginal geschieht, werden Verschwörungsmythen, (strukturell) antisemitische und antiamerikanische Stereotype weiterhin Gehör finden.

Literatur

Barsch, Volker (2003): Rastafari: Von Babylon nach Afrika, 7. Aufl., Mainz.

Burkhart, Benjamin (2019): Genre im Diskurs: Integrative Musikanalyse zu Reggae und Dancehall, Münster.

Butter, Michael (2018): „Nichts ist, wie es scheint". Über Verschwörungstheorien, Berlin.

Haury, Thomas (2002): Antisemitismus von links. Kommunistische Ideologie, Nationalismus und Antizionismus in der frühen DDR, Hamburg.

Helber, Patrick (2015a): Dancehall und Homophobie. Postkoloniale Perspektiven auf die Geschichte und Kultur Jamaikas, Bielefeld.

Helber, Patrick (2015b): Antisemitismus im „Zion Train". Die internationale Reggae-Szene neigt zu seltsamen Ansichten, in: iz3w: 351/2015, Freiburg, S. 44.

Jaecker, Tobias (2004): Antisemitische Verschwörungstheorien nach dem 11. September. Neue Varianten eines alten Deutungsmusters, Münster.

Jüdische Allgemeine (2015): „Ich will Musik für alle machen", online, https://www.juedische-allgemeine.de/juedische-welt/ich-will-musik-fuer-alle-machen/, 01.09.2021.

Lewis, Rupert (2014): Marcus Garvey und die frühen Rastafarier, in: Zips, Werner (Hg.): Rastafari. Eine universelle Philosophie im 3. Jahrtausend, 3. unveränderte Auflage, Wien, S. 79–94.

Murrell, Nathaniel S. (1998): Introduction, in: Murrell, Nathaniel/Spencer, William D. /McFarlane, Adrian A. (Hg.): Chanting down Babylon: The Rastafari reader, Philadelphia, S. 1–19.

Murrell, Nathaniel S./Williams, Levin (1998): The Black Biblical Hermeneutics of Rastafari, in: Murrell, Nathaniel/Spencer, William D. /McFarlane, Adrian A. (Hg.): Chanting down Babylon: The Rastafari reader, Philadelphia, S. 326–348.

Nelson, Gersham A. (1994): Rastafarians and Ethiopianism, in Lemelle, Sidney J./ and Kelley, Robin D. G. (Hg.): Imagining Home: Class, Culture and Nationalism in the African Diaspora, London, S. 66–84.

Rommen, Timothy (2006): Protestant vibrations? Reggae, Rastafari, and conscious Evangelicals, in: Popular Music Vol. 25(2), S. 235–263.

Rensmann, Lars (2004): Demokratie und Judenbild. Antisemitismus in der politischen Kultur der Bundesrepublik Deutschland, Wiesbaden.

Salzborn, Samuel (2018): Globaler Antisemitismus. Eine Spurensuche in den Abgründen der Moderne, Weinhein.

Salzborn, Samuel (2021): Verschwörungsmythen und Antisemitismus, in: Aus Politik und Zeitgeschichte, 35–36/2021, Bonn, S. 41–47.

Schmetzer, Uli (1989): Chinese show hunger for change, Chicago Tribune, online, https://www.chicagotribune.com/news/ct-xpm-1989-05-17-8902010641-story.html, 26.08.2021.

THE JERUSALEM POST (2019): Ziggy Marley honored by BDS fighters Creative Community for Peace, online, https://www.jpost.com/bds-threat/ziggy-marley-honored-by-bds-fighters-creative-community-for-peace-603299, 01.09.2021.

Quellen

Die Offenbarung des Johannes, in: Universität Innsbruck (2008): Die Bibel in der Einheitsübersetzung, online, https://www.uibk.ac.at/theol/leseraum/bibel/offb17.html, 26.08.2021.

Probst, Philipp (o. J.): Reggae: Roots of Resistance, online, http://www.perspektiven-online.at/2007/09/29/reggae-roots-of-resistance/#anm15, 26.08.2021.

Rototom Sunsplash (o. J.): Peace Culture, online, https://rototomsunsplash.com/en/rototom/cultura-de-paz/, 020.9.2021.

Lieder

AbiJah Yisrael (2020): Coronavirus (Plan-demic), Single.

Alborosie (2009): America, Album: Escape From Babylon, Greensleeves Records.

Bob Marley & The Wailers (1979): Babylon System, Album: Survival, Tuff Gong/ Island Records.

Barrington Levy (1984): Murderer, Jah Life.

Bob Marley & Wailers (1979): Babylon System, Album: Survival, Tuff Gong/Island Records.

Bob Marley & The Wailers (1980): Redemption Song, Single, Tuff Gong/Island Records.

Bob Marley & The Wailers (1983): Chant Down Babylon, Album: Confrontation, Tuff Gong/Island Records.

Danakil (2012): Dub Des Marionnettes, Album: Echos Du Dub, X-Ray Production.

Desmond Dekker & The Aces (1968): Israelites, Album: The Israelites, Pyramid Records.

Dub Incorporation (2003): See Di Youth, Album: Diversité, Naive.

Echo Minott (2020): World Scam, Album: Conspiracy Riddim, Air Afrique Records & Napem Records.

Jimmy Cliff (1972): Vietnam, Single, Island Records.

Mellow Mark (2003): Weltweit, Album: Sturm, WEA Records.

Mellow Mark (2004a): Movement, Album: Das 5te Element, Homeground Records.

Mellow Mark (2004b): Weckruf, Album: Das 5te Element, Homeground Records.

Mellow Mark & RastaBenji (2020): Wo ist die Freiheit, Single, Life Tree records.

Pad Anthony (2020): Scientifc Warefare, Album: Conspiracy Riddim, Air Afrique Records & Napem Records.

Patrice (2000): Million Miles, Album: Ancient Spirit, Yo Mama's Recording.

Peter Tosh (1987): Vampire, Album: No Nuclear War, EMI Group.

Stephen Marley (2007): Mind Control, Album: Mind Control, Universal Republic Records.

Stephen Marley feat. Junior Reid & Dead Prez (2016): Babylon, Album: Revelation Pt. II (The Fruit Of Life), Ghetto Youths International.

Tribal Seeds (2009): Vampire, Album: The Harvest, Tribal Seeds Music.

„…der Schmock ist'n Fuchs" – Verschwörungsglaube, Autoritarismus und Antisemitismus bei Xavier Naidoo

Jakob Baier/Melanie Hermann

Einleitung

„Gläubig oder durchgeknallt?" – mit dieser Frage betitelte die Jugendzeitschrift *Bravo* 1999 einen Artikel über einen Musiker (vgl. Wolf 2020), der fortan zum erfolgreichsten und bekanntesten deutschsprachigen Pop-Sänger avancieren sollte: Xavier Naidoo. Schon früh formte Naidoo sein Image als gläubiger Sänger, der sein künstlerisches Schaffen als heilige Mission inszenierte. „Gott will nicht, dass ich Autogramme gebe", zitierte die *Bravo* Naidoo weiter, was verdeutlicht: Schon früh wusste Naidoo sein Publikum zu irritieren und sich selbst als sonderbaren und zugleich außergewöhnlichen Künstler in Szene zu setzen. Nach eigener Aussage sind die starken Bezüge zur christlichen Glaubenslehre und Mythologie in Naidoos Selbstinszenierung und Musik auf seine frühe musikalische Sozialisation in kirchlichen Strukturen zurückzuführen (vgl. Ganster 2003: 94f.). Der 1971 in Mannheim geborene Sohn von Einwander*innen aus Südafrika[1], war bereits als Kind und Jugendlicher in kirchennahen Gesangsgruppen aktiv (vgl. ebd. 87). Nach einer abgebrochenen Ausbildung zum Koch, übte Naidoo diverse Gelegenheitsjobs aus. Mitte der 1990er Jahre brachte die Zusammenarbeit mit den Frankfurter Musikproduzenten Moses Pelham und Thomas Hofmann alias *Rödelheim Hartreim Projekt* (RHP) erste kommerzielle Erfolge als Musiker. Auf dem RHP-Album „Direkt aus Rödelheim" (1994) wirkte Naidoo zunächst als Backgroundsänger mit und trat seit Ende der 1990er Jahre vermehrt als Solokünstler in Erscheinung (vgl. laut.de 2021).

Bis zum Frühjahr 2020 galt Naidoo als einer der bekanntesten deutschen Sänger der Gegenwart, der mit seiner eingängigen Pop- und Soulmusik generationsübergreifend Menschen anzusprechen vermochte. Doch nach einer breiten öffentlichen Kritik an einem 2020 veröffentlichten Video, in dem Naidoo sich rassistisch äußert, wendeten sich Unterstützer*in-

---

1 Naidoos Eltern haben indische und irische Migrationsbiografien.

nen und Auftraggeber aus der Unterhaltungsbranche von ihm ab (vgl. *n-tv* 2020). In der öffentlichen Debatte um die Videoaufnahmen gerieten auch frühere verschwörungsideologische Äußerungen und politische Initiativen des Künstlers in den Blick. Dies wirft Fragen auf, die in der folgenden Darstellung von Naidoos verschwörungsideologischen, autoritären und antisemitisch konnotierten Selbstinszenierung erkenntnisleitend sind: Welche Rolle spielt der Verschwörungsglaube in Naidoos Liedern und öffentlichen Verlautbarungen? Inwiefern offenbaren sich dabei antisemitische Argumentationen? Welche Erkenntnisse lassen sich aus der öffentlichen Selbst- und Fremddarstellung von Xavier Naidoo für den Umgang mit Antisemitismus und Verschwörungsglauben in der deutschen Musik- und Unterhaltungsindustrie gewinnen?

Um Antworten auf diese Fragen zu erörtern, rückt die Selbstinszenierung von Naidoo im Verlauf seiner Karriere in den Mittelpunkt der Untersuchung. Diese erstreckt sich von ersten Veröffentlichungen ab Ende der 1990er Jahre über seinen musikalischen Aufstieg in den 2000er Jahren bis hin zu seiner bedeutenden Rolle in der deutschen Musik- und Unterhaltungsbranche in den 2010er Jahren.

Vom musikalischen Prediger zum christlich-fundamentalistischen Hardliner?

Frühzeitig prägten christliche Themen und Motive Naidoos Liedtexte, die er zu Beginn seiner Karriere nach eigener Aussage selbst schrieb (vgl. Ganster 2003: 30). Seine ersten kommerziell erfolgreichen Lieder, wie etwa „20.000 Meilen über dem Meer" (1998) oder „Nicht von dieser Welt" (1998), enthalten bereits eine Vielzahl an religiösen Begrifflichkeiten und Metaphern. Früh zog sich Naidoo daher das Image des „gottesfürchtigen wie stimmgewaltigen Laienprediger[s]" (Köhler 2004) zu, dass er durch eine ostentative Behandlung religiöser Fragen und Motive in seinen Liedtexten bediente. Doch neben Darstellungen von Nächstenliebe, Erweckungs- und Auferstehungsglaube fanden sich in Naidoos Liedern auch religiös begründete, autoritäre Machtfantasien. So singt Naidoo im Lied „Gute Aussichten" (1998):

> „Nur eine Hand voll guter Männer, nicht viel mehr
> Ist alles, was wir sind, doch morgen schon sind wir ein Heer
> Riesengroß, auf dem Weg zu unserem längst verdienten Thron
> Meine Worte sind die Wahrheit und versprechen keine Drohungen
> Doch die, die mich hassen, fühlen sich zu recht bedroht
> Wenn sie nehmen und nicht geben, denn wir brauchen unser Brot

Aus der Not wächst der Widerstand, Feinde seid gewarnt
Denn was aussieht wie ein Zufall, ist ein lang gehegter Plan"
(Xavier Naidoo feat. Moses Pelham 1998).

Auch abseits der Bühne zeigte sich Naidoo als gläubiger Christ und
ließ in öffentlichen Äußerungen ideologische Parallelen zu den Inhalten
seiner Lieder erkennen. So räsonierte er 1999 in einem Interview mit
dem Musikmagazin *Musikexpress* über seine vermeintlichen prophetischen
Weltdeutungsfähigkeiten und seinen Glauben an die eigene göttliche Aus-
erwähltheit. „Ich sehe mich als jemanden, dessen Berufung es ist, solche
Dinge zu sagen. […] Kein Christ darf jemals das Datum der Apokalypse,
des Jüngsten Tages, ansetzen. Man hat aber entdeckt, daß das Armageddon
1992 begann. Davon bin auch ich überzeugt. Denn das war das Jahr,
in dem ich erstmals in der Bibel las." (Naidoo zit. nach von Stahl 2020
[1999]) Darüber hinaus offenbarte Naidoo im Interview seine rigide und
millenialistisch wirkenden Glaubensvorstellungen:

> [Naidoo] „Wie alle, war auch ich im Angesicht des Milleniums auf
> der Suche. 1993 bin ich fündig geworden. Zuvor hatte ich vieles in
> Betracht gezogen. Vieles, was ich jetzt verurteile – Wahrsagerei, Astro-
> logie."
> [Interviewer] „Duldest du wenigstens, daß andere Menschen an einen
> anderen Gott glauben?"
> [Naidoo] „Das erlaubt mir meine Erziehung: Ich habe immer Respekt
> vor dem anderen Menschen. Aber er wird mir niemals erzählen kön-
> nen, daß sein Gott über meinem steht. Jeder Moslem wird sich mit
> mir darüber vortrefflich streiten können – warum soll ich das nicht
> auch tun? Für mich ist das ein legaler Wettstreit der Religionen, der
> nun kurz vor der Entscheidung steht"
> (Naidoo zit. nach *musikexpress* 2020 [1999]).

Im weiteren Verlauf des Interviews untermalt Naidoo seine Glaubensan-
sichten mit rassistisch, antiamerikanisch und nationalistisch konnotierten
Argumentationen:

> [Naidoo] „[…] Mir ist Gott und danach der Mensch als seine Schöp-
> fung heilig. Und bevor ich irgendwelchen Tieren oder Ausländern
> Gutes tue, agiere ich lieber für Mannheim."
> [Interviewer] Sieh an: Xavier, der Rassist?
> [Naidoo] Ja. Aber ein Rassist ohne Ansehen der Hautfarbe. Ich bin
> nicht mehr Rassist als jeder Japaner das auch ist."
> [Interviewer] Ist ein Amerikaner weniger wert als ein Mannheimer?

„Natürlich nicht. Aber ich muß als erstes sagen: Bevor ihr uns diktiert, was wir zu tun haben, hört erst mal auf, uns mit eurer Musik zuzuscheißen. Alles ist amerikanisiert. Da muß ich doch wie ein Gallier dagegen angehen, gegen diese blinde Verherrlichung Amerikas. Gegen die Art, wie Amerika mit der Welt umgeht. Keine Demut, keine Achtung. Ich bin stolz, ein Deutscher zu sein. Und als Schwarzer kann ich das ohne irgendwelche Hintergedanken sagen. […]"
(Naidoo zit. nach *musikexpress* 2020 [1999]).

Solch radikale Glaubensvorstellungen und eine ähnliche aggressive Rhetorik fanden sich fortan auch in diversen Liedern Naidoos wieder. So verhandelte er im Lied „Armageddon" (2000), das er mit seinem Bandprojekt *Söhne Mannheims* auf deren zweiten Album „Zion" (2000) veröffentlichte, theologische Motive und Narrative aus dem Bereich der christlichen Eschatologie. Anders als in seinen bis dahin bekannten Soul-lastigen Pop-Balladen bediente sich Naidoo darin der Stilmittel des Hip-Hop und Reggae und rappt bzw. singt im Mannheimer Dialekt. Dabei fällt besonders die aggressive, teils gewaltgeladene Lyrik auf sowie eine häufige Verwendung von Fäkalwörtern:

„Dass ihr es in die Schädel kriegt
Wir werden geschickt von einer höheren Stelle
Wir bringen Licht in eure dunkle Welt hell
[…]
Du scheißt dir in die Hose aber
Für andere wird's tausendmal schlimmer
Und Armageddon ist nicht Hollywood
Bruce Willis und so einer
Die Nutte Babylon fällt wie Börse
Mit Geld erschüttert die Welt
Wir sind alle geprellt
[…]
Und weiß wo ich drauf kacke
Ich kack auf die falschen Lehrer
Die scheiß Gottverzehrer
Ich schicke sie zum Scherer der Schlachtbank
Armageddon, da werden es viele leddern"
(*Söhne Mannheims* 2000).

Im Lied greift Naidoo eine Metapher auf, die antimoderne, strukturell antisemitische Imaginationen bedient: Die „Nutte Babylon". Zwar wird sie im Lied von Naidoo mit Börse, Geld und Betrug assoziiert. Ihren

Ursprung und ihre negative Aufladung erfährt die Metapher jedoch in biblischen Schriften. Darin erscheint Babylon als die Stadt der Sünde, Habgier und Dekadenz. Sie steht metaphorisch für die absolute Abkehr vom Göttlichen bzw. Guten zugunsten weltlicher, vom Bösen selbst inspirierter Genüsse. Im neutestamentlichen Johannes-Evangelium fällt sie dem göttlichen Zorn zum Opfer. „Die große Babylon", heißt es, sei „die Mutter der Hurer und aller Gräuel auf Erden" (Joh 17, 4–6). „Denn von dem Zorneswein ihrer Hurerei haben alle Völker getrunken, und die Könige auf Erden haben mit ihr Hurerei getrieben, und die Kaufleute auf Erden sind reich geworden von ihrer großen Üppigkeit" (Joh 18, 3). In der christlich-apokalyptischen Vorstellung eines finalen Kampfes zwischen Gut und Böse, wird letzteres durch Babylon verkörpert. Als zentrales Motiv des christlichen Manichäismus und Metapher für die Verdorbenheit der Moderne erfährt Babylon insbesondere über den Reggae (siehe Kanitz/Geck in diesem Band) und Hip-Hop eine popkulturelle Verbreitung. Bob Marley, einer der berühmtesten Vertreter des Reggae und der mit dem Reggae eng verbundenen Rastafari-Religion, sang bereits Ende der 1970er Jahre im Lied „Babylon System" (1979):

„Suckin' the children day by day, yeah!
Me say de Babylon system is the vampire, falling empire,
Suckin' the blood of the sufferers, yeah!
Building church and university[2], wooh, yeah!
Deceiving the people continually, yeah!
Me say them graduatin' thieves and murderers
Look out now they suckin' the blood of the sufferers (sufferers)
Yea!…"
(*Bob Marley & The Wailers* 1979).

Zu genre-typischen Offbeat-Klängen bedient der bis heute gefeierte, streng gläubige Marley die antisemitisch konnotierte Vorstellung der Moderne als gierigem Verführer und Betrüger sowie als blutsaugendem Vampir, der selbst vor den Schwächsten der Gesellschaft, den Kindern, nicht Halt macht. Darüber hinaus verschränken sich im Feindbild Babylon antisemitische mit antifeministischen Motiven. Sie, die „Hure" verführt, indem sie Triebe und Begierden anspricht, die sich die treuen Gläubigen zu versagen wissen (müssen). All jene, im fortwährenden Prozess der Selbstunterdrü-

---

2 Marley identifiziert in Anlehnung an die alttestamentliche Erzählung von Adam und Eva, die vom Baum der Erkenntnis essen, um sodann in Sünde über die Erde wandeln zu müssen, institutionalisierte Bildung als Hort des Betruges.

ckung unerwünschten Gefühle, Sehnsüchte und Begierden, projizieren sie pathisch auf Babylon, um sie an ihr zu vernichten.

Jene regressive Argumentation kolportierte auch Naidoo bereits zu Beginn seiner Karriere. So sang er im Jahr 2001 erneut mit den *Söhnen Mannheims* über das „Babylon-System" und elaborierte sein Feindbild im Zuge dessen:

> „Nenn mich ruhig einen Staatsfeind
> Denn ich weiß nicht, ob er es gut meint.
> Oh Mann, ich gönn ihm seine Auszeit
> Damit die Steuerlast mal ausbleibt
> Und man die Scheiße aus ihm raustreibt!
> Denn jeder Staat
> außer dem Ameisenstaat
> ist mein Feind.
> Hier ist jeder gemeint
> Kommunisten-, Nationalisten-, Kapitalistenschwein
> Es tritt ein Ende ein
> [...]
> Ich guck der Hure Babylon nicht gerne unter den Rock
> Ich bin sicher wir werden sehen,
> wie sich die Dinge für immer dreh'n.
> Denn die Tage sind gezählt,
> dann stirbt das Babylon System."
> (*Söhne Mannheims* 2001).

Im Liedtext bietet Naidoo konkrete Feindbilder – „Kommunisten-, Nationalisten-, Kapitalistenschwein[e]" an –, die als Ausdrucksformen desselben Systems (Babylon) erscheinen. Anders als Naidoo insinuiert, wirkt der Liedtext weniger wie eine Kritik am konkreten Staatswesen. Vielmehr werden negative Phänomene moderner Vergesellschaftung auf das Feindbild Babylon übertragen und die damit verbundenen Ambivalenzen und abstrakten Anteile regressiv abgewehrt. Mit den abgespaltenen, und somit schmerzlich ausgelagerten Sehnsüchten und Affekten („Ich guck der Hure Babylon nicht gerne unter den Rock"), die auf die „Hure Babylon" projiziert werden, kann es – mit Blick auf die manichäische Endzeitrhetorik – keine Versöhnung geben.[3] Ein solch manichäisches Denken, das in Nai-

---

3 Dies erweckt den Eindruck einer „pathischen Projektion" (Adorno/Horkheimer 2017 [1969]: 201), bei der es sich um ein konstitutives Element antisemitischen Denkens handelt das „ein ‚erlaubtes' Schwelgen in verleugneten Bemächtigungen,

doos Texten eine ideologische Konstante bildet, erlaubt keine Widersprüche oder Zwischentöne: Das „Babylon System" muss sterben, damit sich „die Dinge für immer dreh'n".

Zunehmender kommerzieller Erfolg und Aufstieg zur nationalen Identifikationsfigur

Naidoos rassistische Äußerungen, seine christlich-fundamentalistischen Glaubensvorstellungen sowie seine verschwörungsideologisch konnotierten Textzeilen gerieten angesichts seines Images als einfühlsamer Sänger von populären Liebesliedern (z. B. „Sie sieht mich einfach nicht", 1999) und nicht zuletzt durch sein öffentlichkeitswirksames Engagement in der antirassistischen Initiative „Brothers Keepers" aus dem Blickfeld der öffentlichen Wahrnehmung. Zu dem gleichnamigen Verein hatten sich im Jahr 2000 ca. 17 teils prominente schwarze Musiker zusammengeschlossen, um nach dem rassistischen Mord an Alberto Adriano im sächsischen Dessau durch Rechtsextreme auf die Zunahme rechter Gewalt und das Erstarken rechter Akteur*innen in der Bundesrepublik aufmerksam zu machen. Im gemeinsamen Lied „Adriano (Letzte Warnung)" (2001), das mehrere Wochen in den Top 10 der deutschen Charts rangierte (vgl. *Offizielle Charts Deutschland* 2001), sang Naidoo den Refrain. Zudem trat er als prominenter Vertreter der Kampagne in Erscheinung.

In den Folgejahren entwickelte sich Naidoo zu einem der erfolgreichsten Sänger im deutschsprachigen Raum. Seine beiden Alben „Zwischenspiel – Alles für den Herrn" (2002) und „Telegramm für X" (2005) erzielten kurz nach Veröffentlichung jeweils monatelang hohe Platzierungen in den deutschen Charts (vgl. Offizielle Deutsche Charts 2001; ebd. 2005). Im Sommer 2006 sorgte schließlich die Fußball-Weltmeisterschaft in Deutschland für eine weitere Zunahme seiner Popularität. Um die Spieler der deutschen Nationalmannschaft zu motivieren, ließen die beiden DFB-Trainer, Jürgen Klinsmann und Joachim Löw, Naidoos Musik vor den Partien in der Kabine abspielen (vgl. *Stern* 2012). Die preisgekrönte Dokumentation „Deutschland. Ein Sommermärchen" (2006) des bekannten Regisseurs Sönke Wortmann, zeigt u. a. wie Naidoos Lied „Was wir alleine nicht

---

Bestrafungs- und Zerstörungsgelüsten, die den Juden zugeschrieben werden, welche zugleich das Glück verkörpern, das den autoritär Zugerichteten versperrt scheint; den Wohlstand ohne Arbeit, das Glück ohne Macht, die Heimat ohne Grenzstein." (Rensmann 2004: 140).

schaffen" (2005) „die männerbündlerische Szene[n] emotional [unterlegt]"
(Grabbe 2014: 72). Und auch außerhalb des Kreises der Nationalmannschaft fungierte das Lied als Soundtrack zur nationalen Kollektiverfahrung
einer bundesdeutschen Gesellschaft, die – angesichts einer scheinbar plötz-
lichen Unbefangenheit beim Ausleben einer national-begründeten, deutschen Identität – in einen kollektiven Freudentaumel verfiel.[4] Naidoo,
der in Mannheim geborene Nachkomme südafrikanischer Eingewanderter
und Sänger gefühlvoller Balladen, verlieh dem schwarz-rot-goldenen Far-
benrausch einen Anschein von Diversität und Multikulturalität. Zudem
fungierte er als populäre Identifikationsfigur und steigerte seinen Bekannt-
heitsgrad außerhalb seiner Fangemeinde.

Zunahme verschwörungsideologischer Bezüge und antisemitischer
Deutungspotentiale in Naidoos Texten

Ab Ende der 2000er Jahre tauchten in Naidoos Liedtexten vermehrt Bezugnahmen auf Verschwörungserzählungen auf. So singt er im Lied „Gold-
waagen/Goldwagen" (2009) vom (vermeintlichen) Einfluss amerikanischer
Think-Tanks auf die deutsche Medienlandschaft und Verschwörungen
durch den amerikanischen Geheimdienst CIA:

> „Fast die gesamte deutsche Presse ist BILD und taub
> Hat die Atlantik-Brücke euch wirklich alle gekauft?
> […]
> Meine Damen und Herren, ich sage bitte schön
> Der Sumpf ist tief, doch wir packen das schon
> Schließlich sind wir nicht irgendeine Nation [gesungen: Nazi-on],
> Gladio, Gladio Hey (6x)
> Und wenn Den Haag keine Täuschung ist
> Dann bringen wir euch alle vor dieses Gericht
> 911, London und Madrid jeder weiß,
> dass Al Qaida nur die CIA ist

---

4 Beispielhaft hierfür ist das Musikvideo zum Lied „Was wir alleine nicht schaffen"
   (2008). Darin werden u. a. historische Bilder der DDR-Montagsdemonstrationen
   von 1989 – insbesondere von Transparenten auf denen „Auch wir sind das Volk"
   geschrieben steht – sowie Aufnahmen von Helfer*innen bei der sogenannten
   Jahrhundertflut 2002 gezeigt, und mit Szenen aus dem Film „Deutschland ein
   Sommermärchen" (2006) und dem gemeinsamen Auftritt Naidoos mit der Nationalmannschaft auf der sogenannten Fan-Meile am Brandenburger Tor 2006 verwoben.

World Trade Center Nr. 7
Warum ist von dem Gebäude nichts mehr übrig geblieben
Eric-M.-Warburg-Preis entgegennehmen
Heißt: du bist gekauft, Angie
Ich hab's gesehen
Leider musste an dem Tag der King of Pop von uns gehen
Deswegen ist es keinem aufgefallen"
(Xavier Naidoo 2009).

Naidoo verweist zunächst auf Verschwörungserzählungen, die sich um die Anschläge auf das World Trade Center am 11. September 2001 ranken („911", bzw. 9/11) und die als eigentliche Drahtzieher den US-amerikanischen Geheimdienst CIA anklagen. Unmittelbar daran anschließend verweist Naidoo auf die Verleihung des Eric-M.-Warburg-Preises an die deutsche Bundeskanzlerin Angela Merkel. Der Verweis auf Eric Warburg, ein 1990 verstorbener jüdischer Bankier und politischer Berater, erscheint im Lied wie eine semantische Verbindung zwischen einer angeblichen 9/11-Verschwörung – einer der populärsten zeitgenössischen Verschwörungserzählungen (vgl. Harambam 2020: 283 ff.) – und der Deutschen Bundesregierung, vertreten durch Angela Merkel. Dies weckt Assoziationen zum klassisch antisemitischen Verschwörungsnarrativ einer Kontrolle der (deutschen) Politik durch reiche und einflussreiche Juden. Ein solcher Verweis auf jüdische oder jüdisch wahrgenommene Akteur*innen als einflussreiche Mächte im Bereich der Politik und Wirtschaft kann als Umwegkommunikation gedeutet werden, in deren Folge antisemitische Ressentiments als Codes und Andeutungen vermittelt werden.[5] Die Verbindung zum „Jüdischen" erscheint beinahe zufällig, evoziert in den Rezipient*innen jedoch ein Bild, das auf antisemitische Phantasmen von Macht, Gier und Hinterlist rekurriert.

Die verschwörungsideologische Vorstellung, jüdische Akteur*innen seien Strippenzieher*innen, die das Finanzwesen beherrschten und dadurch auch die Politik kontrollieren, bedient Naidoo ein weiteres Mal im Lied „Raus aus dem Reichstag" (2009). Darin heißt es:

„Wie die Jungs von der Keinherzbank, die mit unserer Kohle zocken
Ihr wart sehr, sehr böse, steht bepisst in euren Socken
Baron Totschild gibt den Ton an, und er scheißt auf euch Gockel
Der Schmock ist'n Fuchs und ihr seid nur Trottel

---

5 Zur Funktion der Umwegkommunikation in antisemitischen Diskursen vgl. Schwarz-Friesel 2012: 37.

Noch dümmer als Bernanke, Trichet und King
Deutsche Bänker, unser Schandfleck, lieben jedes krumme Ding
Um den Deutschen das Geld aus der Tasche zu ziehen
Haben die, die Geld verloren haben, es nicht anders verdient
Ich werf' euch alle in 'nen Topf, denn so macht ihr's ja mit uns
Ihr gebt doch eh keine Kredite mehr, an Schmidt, Hinz oder Kunz
Und an uns ja sowieso nicht, denn wir machen ja Kunst
Obwohl, ich glaub wir haben noch nie so viel Papier wie ihr verhunzt
Ihr seid notorische Steuergeldverschwender
Große Schaumschläger, ekelhafte Blender
Fast so eklig wie eure Cousins, die schlechten Manager
Undurchsichtig wie gierige Banker"
(Xavier Naidoo 2009).

Seine komplexitätsreduzierende Auslegung kapitalistischer Vergesellschaftung (Wir vs. die da oben / die mächtige Elite, bzw. schaffend vs. raffend), erscheint erneut in Form der zuvor beschriebenen Umwegkommunikation durch antisemitische Chiffren: „Baron Totschild gibt den Ton an", wenn es darum geht „den Deutschen das Geld aus der Tasche zu ziehen". Bei diesem Wortspiel handelt es sich offenkundig um einen Verweis auf die jüdische Bankiers-Familie Rothschild.[6] Die Umdeutung zu „Totschild" unterstreicht die unterstellte Böswilligkeit und Skrupellosigkeit. „Der Schmock ist'n Fuchs und ihr seid nur Trottel" kann als Verweis auf die Gerissenheit der Verschwörer*innen und die fehlende Wahrnehmung für die Verschwörung durch die Mehrheitsgesellschaft gedeutet werden. Der Begriff Schmock stammt aus dem Jiddischen und wird dort unter anderem als Schmähtitel für unangenehme Menschen der gehobenen Gesellschaftsschichten verwendet.[7] Neben diesen expliziten Bezügen zu antijüdischen Chiffren greift der Text, durch die Stilisierung mächtiger, jüdisch assoziierter Akteur*innen als schlau (im Sinne von verschlagen) und gierig, auch implizit antisemitische Stereotype auf.[8]

Nur wenige Jahre später verbreitete Naidoo öffentlich den, vor allem im rechtsextremen und souveränistischen (Reichsbürger-)Milieu virulenten

---

6 Zur Verbreitung des antisemitischen Rothschild-Mythos in der Populärkultur des 19. und 20. Jahrhunderts vgl. Kugelmann/Backhaus 1996: 7 ff.. Zu seiner Funktion als antisemitische Chiffre in den Kommunikationsräumen des Internets vgl. Schwarz-Friesel 2019: 102f. u. 123f.

7 Zur Etymologie sowie zum Bedeutungswandel des jiddischen Wortes „Schmock" vgl. Gutknecht 2013.

8 Zu jenen Formen der antisemitischen Stereotypie vgl. Rensmann 2004: 73.

Verschwörungsmythos, die Bundesrepublik Deutschland sei von Alliierten besetzt und habe keinen Friedensvertrag. So antwortete der Sänger im Jahr 2011 in einem Interview mit der Fernsehsendung „ZDF-Morgenmagazin" auf die Frage, ob man in Deutschland seiner Meinung nach frei ist: „Was ist das für eine Frage? Aber nein, wir sind nicht frei. Wir sind immer noch ein besetztes Land. Deutschland hat keinen Friedensvertrag, dementsprechend ist Deutschland auch kein echtes Land und nicht frei" (Naidoo 2011). Für das souveränistische Milieu fungieren antisemitische Verschwörungsnarrative als ideologische Klammer. Die Frage, die der Unterstellung einer fehlenden Souveränität im Sinne des internationalen Rechts stets zugrunde liegt, ist, wer anstelle des „Deutschen Volkes", die Geschicke der Deutschen lenke. Der Glaube an eine angebliche Schattenregierung, die das Volk im Geheimen beherrsche, knüpft in seiner Argumentationsstruktur an die Vorstellungen einer jüdischen Weltverschwörung an, „die seit dem Mittelalter in christlichen Gesellschaften und später auf der ganzen Welt mittels der *Protokolle der Weisen von Zion* verbreitet wurde" (Rathje 2017: 49).[9]

Dass es sich dabei keineswegs um unbedachte Äußerungen handelte, legt sein Auftritt auf einer Demonstration am 3. Oktober 2014 nahe, die dem „Reichsbürger-Milieu" zugerechnet wird (vgl. *Jüdisches Forum* 2015; *ARD/Nachtmagazin* 2014). Auf derselben Bühne, auf der zuvor auch der ehemalige NPD-Funktionär und verurteilte Rechtsterrorist Rüdiger Hoffmann eine Rede gehalten hatte, sprach Naidoo über seine Liebe zu Deutschland und abermals von den Anschlägen auf das World Trade Center, die er als Schlüsselereignis bzw. „Warnschuss" (Naidoo zit. nach *Jüdisches Forum* 2015) beschreibt. Dabei vermeidet er konkrete Einordnungen, sondern hält sich stattdessen an vage Andeutungen: „Wer das als Wahrheit hingenommen hat, was darüber erzählt wurde, der hat den Schleier vor den Augen" (ebd.). Wie bereits in seinen früheren Aussagen in Liedern und Interviews bedient Naidoo hier anti-amerikanische Motive. In verschwörungsideologischen Diskursen fungieren die USA als Sinnbild der Moderne und werden insbesondere als konsumorientiert, künstlich und dekadent beschrieben (vgl. Beyer 2014: 32ff.). Insbesondere im deutschen souveränistischen Milieu verbinden sich mit diesem antimodernen Ressentiment revanchistische Affekte, die den historischen Gegner und Kriegsgewinner des Zweiten Weltkrieges ungebrochen als Besatzungsmacht und

---

9 Dass im souveränistischen Milieu auch explizit antisemitische Ressentiments virulent sind, konnte unter anderem der investigative Journalist Tobias Ginsburg bei den Recherchen zu seinem Buch *Reise ins Reich* (2018) nachweisen.

Unterdrücker stilisieren, dem die deutsche Regierung zu Diensten sei (vgl. Rathje 2016).

Die manichäische Vorstellung böser Mächte, die im Geheimen die Geschicke der Welt und insbesondere die Entscheidungen der Bundesregierung lenken, ist ein wiederkehrendes Motiv in Naidoos Musik. Wenige Jahre nach seinem Auftritt auf der Reichsbürger-nahen Demonstration veröffentlicht Naidoo gemeinsam mit den *Söhne Mannheims* das Lied „Marionetten" (2017). Darin heißt es:

> „Wie lange wollt ihr noch Marionetten sein?
> Seht ihr nicht? Ihr seid nur Steigbügelhalter
> Merkt ihr nicht? Ihr steht bald ganz allein
> Für eure Puppenspieler seid ihr nur Sachverwalter
> Wie lange wollt ihr noch Marionetten sein?
> Seht ihr nicht? Ihr seid nur Steigbügelhalter
> Merkt ihr nicht? Ihr steht bald ganz allein
> Für eure Puppenspieler seid ihr nur Sachverwalter
> [...]
> Ihr seid blind für Nylonfäden an euren Gliedern und hasst
> Und hätt' man euch im Bundestags-WC, twittert ihr eure Gliedmaßen
> Alles nur peinlich und sowas nennt sich dann Volksvertreter
> Teile eures Volkes nennen euch schon Hoch- beziehungsweise Volksverräter
> Alles wird vergeben, wenn ihr einsichtig seid
> Sonst sorgt der wütende Bauer mit der Forke dafür, dass ihr einsichtig seid
> Mit dem Zweiten sieht man besser
> [...]
> Eure Parlamente erinnern mich stark an Puppentheaterkästen
> Ihr wandelt an den Fäden wie Marionetten
> Bis sie euch mit scharfer Schere von der Nabelschnur Babylons trennen!
> [...]
> Als Volks-in-die-Fresse-Treter stoßt ihr an eure Grenzen
> Und etwas namens Pizzagate steht auch noch auf der Rechnung"
> (*Söhne Mannheims* 2017)

Naidoo adressiert Politiker*innen als „Marionetten", „Steigbügelhalter" und „Sachverwalter", die nicht im Interesse des „Volkes" handelten, sondern den Willen ihrer „Puppenspieler" ausführten. Letztere haben offensichtlich Böses im Sinn, denn die ihnen willfährigen „Volksvertreter" erklärt Naidoo umgehend zu „Volksverrätern". Dieser Begriff stammt zwar ursprünglich aus dem marxistischen Sprachgebrauch, wurde jedoch spätestens seit dem Ersten Weltkrieg zunehmend innerhalb rechtsextremer Diskurse – insbesondere im Rahmen der sogenannten „Dolchstoßlegende" – adaptiert (vgl. Hertle 2017). Während des Nationalsozialismus wurde der „Volksverräter" zum zentralen Feindbild in der nationalsozialistischen Propaganda sowie eine juristische Täterkategorie in der Rechtsprechung des sogenannten „Dritten Reiches" (vgl. *Gesellschaft für deutsche Sprache e. V.* 2015). Mit Blick auf die historische Entwicklung weist der Begriff folglich sowohl rechtsextreme als auch verschwörungsideologische Bezüge auf.

Darüber hinaus enthält das Lied eine Fülle verschwörungsideologischer Symbole. So taucht zum wiederholten Mal das Babylon-Motiv auf: Die „Nabelschnur Babylons" ist der Faden, an dem die „Marionetten" hängen. Womit *Babylon* nährt, wurde bereits ausgeführt: mit den Verlockungen der Moderne. In der Nabelschnur-Metaphorik werden jene, die an ihr hängen zugleich als Täter und Opfer, als Handelnde, jedoch Abhängige beschrieben, die zwar zur Verantwortung gezogen werden, aber nicht als Verursacher der Misere gelten. Am Ende des Liedes verweist Naidoo noch auf „Pizzagate", eine Verschwörungserzählung, die besagt, dass ein Ring einflussreicher Personen (z. B. die Clintons und die Obamas) einen Kinderhändlerring betrieben, dessen Schaltzentrale sich in einer Pizzeria in Washington, DC befinde. Dieses Narrativ tauchte im Rahmen der Präsidentschaftswahlen in den USA 2016 zum ersten Mal auf Imageboards und in Online-Foren auf, differenzierte sich in den Folgejahren in den diversen Verschwörungserzählungen aus und findet heute insbesondere über die QAnon-Bewegung Verbreitung (vgl. *Amadeu Antonio Stiftung* 2020: 8).[10]

Unnachlässige Akzeptanz Naidoos in der Musikindustrie und in der Unterhaltungsbranche

Trotz der gewaltgeladenen und verschwörungsideologischen Bezugnahmen in seinen Texten, öffentlichen Äußerungen und Initiativen blieb Naidoo ein bedeutender Protagonist innerhalb der deutschsprachigen Unterhaltungsindustrie. Zwischen 1999 und 2015 wurde Naidoo mit dem bis dato renommiertesten Musikpreis ECHO in unterschiedlichen Kategorien ausgezeichnet. Anfang der 2010er Jahre war er in der Rolle des

---

10 Zur Bedeutung der Pizzagate-Verschwörungserzählung als Gründungsmythos für die konspirationistische QAnon-Bewegung vgl. LaFrance 2020.

‚Gesangs-Coach' in der populären Castingshow „The Voice of Germany" (Sat1/ProSieben) zu sehen. Darüber hinaus trat er von 2014 bis 2017 in der Fernsehsendung „Sing meinen Song – Das Tauschkonzert" (VOX) auf. Durch seine Auftritte in jenen Unterhaltungsformaten erfuhr Naidoo, der sich stets als Botschafter für „Liebe, Freiheit, Toleranz, Miteinander" (Naidoo 2015) inszenierte, weiterhin öffentliche Akzeptanz und Anerkennung. Seine verschwörungsideologischen Äußerungen sowie sein Auftritt im Umfeld des rechtsextremen Reichsbürgermilieus rückten dabei punktuell in den Hintergrund. Einzelne Unterhaltungsformate ließen Naidoos Nähe zum Reichsbürgermilieu sogar im Lichte eines harmlosen politischen Aktivismus erscheinen. So deutete die vierstündige Dokumentation „Bei meiner Seele – 20 Jahre Naidoo" (2015) des Senders VOX Naidoos reichsideologische Thesen zu einer Form von Friedensaktivismus und die darauf folgende Kritik an Naidoos politischen Positionen zu einer Verleumdungskampagne um. Die Reportage, die an einem Samstagabend zur Hauptsendezeit gesendet und von über 1.1 Millionen Zuschauer*innen verfolgt wurde (vgl. Schwinger 2015), zeigt Aufnahmen von Naidoos Auftritt auf einer reichsbürgernahen Demonstration vor dem Brandenburger Tor. Dazu erklärt eine Sprecherin der Reportage:

> „Von einer besseren Welt träumt er [Naidoo, Anm. d. Verf.]. Dafür stellt er sich auch mal auf Bühnen, die umstritten sind, bezieht dort Stellung gegen Krieg und hinterfragt kritisch die herrschende Politik. Macht sich zur Zielscheibe für diejenigen, die ihn nicht leiden können und ihn sogar als Rechtsextremen in Verruf bringen wollen" (VOX 2015).

Eine Unterstützung erhielt Naidoo zu diesem Zeitpunkt nicht nur von privaten Fernsehanstalten. Ende 2015 wurde bekannt, dass Naidoo auf Initiative der ARD Deutschland beim europäischen Gesangswettbewerb „Eurovision Song Contest" vertreten sollte. Der ARD-Unterhaltungchef, Thomas Schreiber, begründete die Entscheidung damit, dass „die Sonne aufgeht, wenn Xavier singt" (Schreiber 2015) und erklärte, dass sich Naidoo als besonders geeigneter Kandidat für den Gesangswettbewerb eigne, weil dieser „seit Langem für Werte wie Frieden, Toleranz, Liebe" (ebd.) stehe. Doch kurz nach Bekanntwerden der Nominierung formierte sich Kritik. Dabei gerieten insbesondere Naidoos verschwörungsideologische Positionierungen in den Mittelpunkt der öffentlichen Debatten um die Entscheidung der Sender-Verantwortlichen (vgl. Gasteiger 2015; Bayer 2015). Doch erst der Widerstand von Mitarbeiter*innen der ARD und des NDR schien die Senderverantwortlichen zum Umdenken zu bewegen: In einem internen Schreiben übten 40 Sender-Angestellte eine scharfe Kritik an der Entscheidung von ARD und NDR und protestierten gegen die Nominierung Naidoos (vgl. Ehrenberg 2015). Wenige Tage später zog die ARD die Nominierung schließlich zurück (vgl. Steger 2015). Dies wiederum mobilisierte prominente Akteur*innen der Musikindustrie, die sich öffentlich mit Naidoo solidarisierten. So verteidigte der bekannte Sänger und Musikproduzent, Herbert Grönemeyer, Naidoo in einem Facebook-Post, wie folgt:

> „[…] Xavier ist einer der besten und etabliertesten Musiker und Sänger bei uns, weder homophob, noch rechts und reichsbürgerlich, sondern neugierig, christlicher Freigeist und zum Glück umtriebig und leidenschaftlich. Wir brauchen keine Gesinnungspolizei oder Meinungsüberwachung, sondern hoffentlich 80 Millionen verschiedene Köpfe und Wahrheiten. Solange niemand davon verhetzt, verunglimpft, verletzt oder ausgegrenzt wird, ist das Kultur"
> (Herbert Grönemeyer zit. nach *MEEDIA*/Redaktion 2015).

Weitere Unterstützung erhielt Naidoo von 121 Musiker*innen und Prominenten, die auf Initiative des Konzertveranstalters Marek Liederberg die Solidaritätserklärung „Menschen für Naidoo" unterzeichneten (vgl. Portmann 2015). Die ganzseitige Anzeige erschien Ende November 2015 im Feuilleton der Frankfurter Allgemeinen Zeitung.[11]

2020: Rassistische Äußerungen und Abwendung der Unterhaltungsindustrie

Die Corona-Pandemie, die das Jahr 2020 entscheidend prägte und deren Ende während des Schreibens am vorliegenden Artikel noch nicht absehbar ist, bereitete den Nährboden für verschwörungsideologische Narrative unterschiedlicher Couleur. Insbesondere Personen, die zuvor bereits eine hohe Affinität zu regressiven Welterklärungsmodellen aufwiesen, radikalisierten sich in der globalen Krise. Seitdem bündelt die „Querdenker"-Bewegung Corona-Leugner*innen, Esoteriker*innen, QAnon-Anhänger*innen und Rechtsextreme unterschiedlicher gesellschaftlicher Milieus, die, vereint im Verschwörungsglauben, zu gemeinsamen Großdemonstrationen aufrufen und sich insbesondere über Kanäle der Messenger-App Te-

---

11 Zu den Unterzeichner*innen gehören bekannte Größen des Kultursektors, darunter die Musiker*innen Tim Bendzko, Mousse T oder Jan Delay, aber auch Schauspieler*innen wie Jan Josef Liefers, Anna Loos, Mario Adorf oder Till Schweiger (vgl. Stöcker 2015).

legram organisieren und austauschen (vgl. *ARD/Kontraste* 2021). Auch Xavier Naidoo beteiligt sich seit Frühjahr 2020 aktiv an der verschwörungsideologischen Agitation. Im März 2020 kursierte in sozialen Netzwerken ein selbst aufgenommenes Video von Naidoo (vgl. Klasen 2020). Darin singt er *a capella* ein Lied, dessen Text er nach eigener Aussage bereits zwei Jahre zuvor geschrieben hatte:

> „Ihr seid verlor'n
> Ihr macht nicht mal den Mund für euch auf
> So neh'm Tragödien ihren Lauf
> Eure Töchter, eure Kinder sollen leiden
> Sie sollen sich mit Wölfen in der Sporthalle umkleiden
> Und ihr steht seelenruhig nebendran
> Schaut euch das Schauspiel an
> Das euch alle beenden kann
> Weit und breit ist hier kein Mann, der dieses Land noch retten kann
> Doch Hauptsache es ist politisch korrekt
> Auch wenn ihr daran verreckt
> Und nochmal
> Ich hab' fast alle Menschen lieb
> Aber was, wenn fast jeden Tag ein Mord geschieht
> Bei dem der Gast dem Gastgeber ein Leben stiehlt
> Dann muss ich harte Worte wähl'n
> Denn keiner darf meine Leute quäl'n
> Wenn doch, der kriegt's mit mir zu tun
> Lass uns das beenden und zwar nun
> Ihr seid verlor'n"
> (Xavier Naidoo 2020).

Im Lied reproduziert Naidoo offen das Narrativ des „Gastes", der als Synonym für Geflüchtete gedeutet werden kann. Der „Gast", so der Tenor des Liedes, kommt ins Land, stellt eine Bedrohung für „die Töchter" dar, wird von der „politisch korrekten" Gesellschaft geschützt und kann schließlich ungehemmt wüten, da weit und breit „kein Mann" mehr da sei, „der dieses Land noch retten kann". Jene Argumentationsstruktur zeigt in der Vermischung rassistischer Ressentiments und autoritaristischer Bezüge zur Verschwörungserzählung des sogenannten *Großen Austausches*, die zum ideologischen Repertoire (neu)rechter bzw. rechtsextremer Politik gehört.[12] In den vergangenen Jahren wurde die Verschwörungsideologie des *Großen Austauschs* immer wieder von Rechtsterroristen als politische Legitimation für ihre Attentate herangezogen.[13] Dies verdeutlicht das Mobilisierungs- und Gewaltpotential, das von dieser Verschwörungsideologie ausgeht sowie den eliminatorischen Impetus der Erzählung: Durch sie wird eine Notwehrsituation herbei fantasiert, die sofortiges Handeln erfordert, um „das Land" und vor allem die Kinder zu schützen. Geht es um eine Bedrohung durch den „Gast" bis hin zum „Mord", dann – so die Logik – erscheint die Notwehr nicht nur als legitimes, sondern als ein notwendiges Mittel, um die Schwachen zu verteidigen. Um zu betonen, dass Gewalt nicht seine Idee, sondern nur eine Reaktion auf die Aggression von außen sei, beteuert Naidoo, „fast alle Menschen lieb" zu haben – wer nicht in diese Kategorie fällt, lässt er offen. Stattdessen fordert er: „Lass es uns beenden und zwar nun." Was genau beendet werden soll und welche Mittel dafür als legitim erscheinen, überlässt er der Interpretation und Fantasie der Hörer*innen.

Trotz unzähliger verschwörungsideologischer und ressentimentgeladener Aussagen in Naidoos Musik und in seinen öffentlichen Äußerungen zeigte sich die mediale Öffentlichkeit angesichts der rassistischen Textzeilen schockiert (vgl. *Deutsche Welle* 2020; *Rolling Stone* 2020). Nach der Veröffentlichung des Videos beendete RTL die Zusammenarbeit mit Naidoo, der zu diesem Zeitpunkt als Juror in der RTL-Sendung „Deutschland sucht den Superstar" auftrat (vgl. *Mediengruppe RTL* 2020). Naidoo selbst bekannte sich in der Folgezeit zunehmend offen zu Verschwörungserzählungen um QAnon und Adrenochrome. In einem Anfang April 2020 veröffentlichen Video erzählt er unter Tränen von einer angeblichen Befreiungsaktion, bei der Kinder aus der Gewalt von pädophilen Netzwerken gerettet worden seien. Er betont, dass es sich dabei nicht um Pädophilie im gängigen Sinne handele, sondern um die angebliche Folter von Kindern zur Gewinnung von Adrenochrome. Anhänger*innen der Adrenochrome-Erzählung behaupten, dass eine mächtige Elite Kinder entführe und bis zum Tod quäle, um aus ihrem Blut besagtes Stoffwechselprodukt des Adrenalins zu gewinnen und sich durch dessen Konsum zu verjüngen (vgl. Butter 2020). Sie weist Bezüge zur antisemitischen Ritualmordlegende auf,

---

12 Zur Bedeutung des Antisemitismus in der Verschwörungserzählung des *Großen Austausch* vgl. Botsch 2019: 33.
13 So haben sich etwa Anders Breivik, Brenton Tarrant, Stephan Balliet, Anton Lundin Petterson oder Patrick Wood Crusius in ihren Pamphleten auf das Verschwörungsnarrativ des *Großen Austausch* bezogen.

die Juden unterstellte, christliche Kinder rituell zu Opfern, um ihr Blut zu trinken (ebd.).[14]

Dabei war dies keineswegs Naidoos erste öffentliche Thematisierung des rituellen Kindesmissbrauchs durch mächtige gesellschaftliche Eliten. Bereits 2012 veröffentlichte er gemeinsam mit dem Rapper *Kool Savas* das Lied „Wo sind sie jetzt" (2012), das von pädosexuellen Zeremonien von satanistischen Geheimbünden handelt. Darin heißt es:

> „[Xavier Naidoo]
> Ich schneid' euch jetzt mal die Arme und die Beine ab
> Und dann fick' ich euch in den Arsch so wie ihr's mit den Kleinen macht
> Ich bin nur traurig und nicht wütend trotzdem will ich euch töten
> Ihr tötet Kinder und Föten und dir zerquetsch ich die Klöten
> Ihr habt einfach keine Größe
> Und eure kleinen Schwänze nicht im Griff
> Warum liebst du keine Möse
> Weil jeder Mensch doch aus einer ist?
> [Hook: Xavier Naidoo]
> Wo sind unsere Helfer, unsere starken Männer?
> Wo sind unsere Führer, wo sind sie jetzt?
> Wo sind unsere Kämpfer, unsere Lebensretter?
> Unsere Fährtenspürer, wo sind sie jetzt?
> [Kool Savas]
> Die Stadt strahlt grau, sie treffen sich im Keller und rasten aus
> Zelebrieren den Satan schreien: "Lasst ihn raus!
> Wir liefern dir ein Opfer gerade nackt im Rausch!" Niemand will drüber reden
> Wenn die Treibjagd beginnt, zieh'n sie los um zu wildern
> Denn ihr Durst ist unstillbar und schreit nach 'nem Kind
> Okkulte Rituale besiegeln den Pakt der Macht
> Mit unfassbarer Perversion werden Kinder und Babies abgeschlachtet
> Teil einer Loge, getarnt unter Anzug und Robe
> Sie schreiben ihre eigenen Gebote, Bruderschaften erricht' aus Leid
> Sie fühl'n sich sicher und überlegen, posieren vor uns und lächeln ins Blitzlicht

---

14 Die Darstellung berühmter jüdischer Persönlichkeiten wie z. B. Theodor Herzl oder George Soros als Parasiten und/oder Vampire, geht ebenfalls auf diese antisemitische Legende zurück. Zur biologistischen Semantik und Metaphorik in der antisemitischen Sprache vgl. Bein 1965: 121 ff.; Schmitz-Berning 2010: 460 ff.

Frei von jeglicher Empathie
Gefühlslose Bestien erklären sich zu Göttern, durchs übertreten von Grenzen
Jonglieren mit der Macht, präsentieren sie auf Bühnen
Doch sie könn' so lang spielen
Wie wir uns nicht informier'n, wo sind die Kämpfer hin?"
(Xavas 2012).

Zum Zeitpunkt der Veröffentlichung bezog sich die öffentliche Kritik am Lied vor allem auf die homophobe Textzeilen („Warum liebst du keine Möse") und die Verknüpfung von Pädophilie und Homosexualität (vgl. Genie 2012).[15] Retrospektiv fügen sich die autoritären Inhalte des Liedes – ein manichäischer Glaube an satanische Mächte, die sich aus berühmten Persönlichkeiten rekrutieren („Teil einer Loge, getarnt unter Anzug und Robe" / „lächeln ins Blitzlicht" / „Jonglieren mit der Macht, präsentieren sie auf Bühnen") und „Kinder und Babies" abschlachten, sowie der Ruf nach männlichen Führerpersönlichkeiten („Wo sind unsere Helfer, so sind unsere starken Führer jetzt?") – in Naidoos Weltdeutungsmuster ein, das im Verlauf seiner Karriere stets erkennbar war.

Seit Mitte 2020 tritt Xavier Naidoo öffentlich auf verschwörungsideologischen Online-Portalen auf. Neben der offenen Nähe zu rechtsextremen Akteuren wird er für die verschwörungsideologische und antisemitische Agitation auf diversen Kanälen des Messenger-Dienstes Telegram verantwortlich gemacht. Im Februar 2021 teilte der User „Xavier N." auf dem Kanal „Xavier Naidoo (inoffiziell)"[16], der Naidoo zugerechnet wird, das antisemitische Pamphlet „Die Protokolle der Weisen von Zion" in der Zusammenfassung des NS-Kriegsverbrechers Alfred Rosenberg, Leiter des Reichsministeriums für die besetzten Ostgebiete im Nationalsozialismus (vgl. Rathje 2021).

---

15 Eine Ausnahme bildet ein Kommentar des Musikjournalisten Marcus Staiger. Dieser kritisierte in einem Beitrag für das Wochenmagazin *DIE ZEIT*, dass es sich bei Naidoos Musik um einen „Ruf nach autoritären Strukturen" (Staiger 2012) handele. Zudem bezeichnete er Naidoo als „christlichen Fundamentalisten" (ebd.).

16 Als Administrator des Kanals mit fast 115.000 Abonnent*innen (Stand April 2021) wird u. a. der User „Xavier N." angegeben. Als weiterer Administrator gilt der rechtsextreme Verschwörungsideologe Frank Schreibmüller (User-Name „Frank der Reisende") (vgl. *ARD/Kontraste* 2021). Der Name des Kanals – „Xavier Naidoo (inoffiziell)" – wird von einem weiteren Administrator darin wie folgt begründet: „Inoffiziell weil Xavier hier nicht als Popstar Zugange ist, sondern als Mensch wie du und ich" (*Pinter Chris* zit. nach Holnburger 2021).

Im Juni 2020 erklärte er in einem Interview mit dem als rechtsextrem eingeordneten Portal „Compact TV", dass er seine politische Gesinnung zugunsten seiner Karriere über Jahrzehnte öffentlich zurückhielt (vgl. Naidoo 2020). Im Gespräch mit den beiden prominenten Vertretern der rechtsextremen und verschwörungsideologischen Szene Jürgen Elsässer und Oliver Janich, distanzierte sich Naidoo rückblickend von seinem antirassistischen Engagement im Rahmen der Kampagne „Brothers Keepers" und räsonierte über seine musikalischen Anfänge, in denen er seine politische Gesinnung zu kaschieren versuchte. So habe er seine Weltanschauung in seinen frühen Texten teilweise zurückgehalten, um sich der öffentlichen Kritik zu entziehen:

> „Ich wusste einfach schon immer mit dem ersten Text, den ich je geschrieben habe wahrscheinlich, dass ich clashen werde mit dem System. Mir war doch damals schon bewusst, dass… Meine ersten Songs auf dem ersten Album hießen, dass das System in dem wir Leben, ungerecht ist und schwach, und uns ausbeutet. Das waren in meinen ersten Songs schon Themen. Und mir war klar, wenn ich mir treu bleibe, dann werde ich irgendwann mit diesem System aneinandergeraten. Und deswegen war in mir immer klar: Irgendwann musst du bereit sein, vielleicht alles zu verlieren oder was auch immer" (ebd.).

Gemeinsam mit einer Vielzahl von Musiker*innen, die der rechtsextremen und/oder verschwörungsideologischen Szene zugeordnet werden (vgl. Eßer/Unger 2021), veröffentlichte Xavier Naidoo im Mai 2021 unter dem Bandprojekt *Die Konferenz* das Musikvideo „Ich mach da nicht mit" (2021). In den Liedtexten verbreiten die Musiker*innen unter anderem satanistische Verschwörungsmythen über die Corona-Pandemie sowie QAnon-Verschwörungsnarrative und rufen zum bewaffneten Kampf gegen politische Gegner*innen auf (vgl. Huesmann 2021). Im Musikvideo wird zudem die Sprengung des Bremer Impfzentrums inszeniert. Bekannte Vertreter der rechtsextremen Szene wie etwa Oliver Janich und Markus Lowien verbreiteten das Video über ihre Online-Kanäle (vgl. Eßer/Unger 2021). In einem weiteren Lied des Bandprojektes *Die Konferenz* mit dem Titel „Heimat" (2021) tritt Naidoo unter anderem mit dem Sänger der rechtsextremen Hooligan-Band *Kategorie C*, Hannes Ostendorf, auf. Im Juni 2021 sprach Naidoo in einer virtuellen Gesprächsrunde mit dem rechtsextremen Online-Aktivisten und verurteilten Holocaustleugner Nikolai Nerlinger. Wenige Wochen zuvor hatte er den rechtsextremen Verschwörungsideologen Attila Hildmann als „Bruder im Geiste" (Naidoo zit. nach Leber 2021) bezeichnet. Angesichts einer offenen Kooperation mit zum Teil gewaltbereiten Akteuren der extremen Rechten sprechen Beobachter der rechtsextremen Szene von einer neuen Qualität in Naidoos politischer Radikalisierung (vgl. Speit 2021). Dabei verweisen sie außerdem auf eine steigende Verbreitung antisemitischer und rechtsterroristischer Inhalte auf Social-Media-Kanälen, die Naidoo zugerechnet werden (vgl. Dittrich/Holnburger 2021).

Fazit

Seit vielen Jahren weisen Kritiker*innen auf die verschwörungsideologischen, autoritären und antisemitisch aufgeladenen Motive in der Musik und den öffentlichen Äußerungen von Xavier Naidoo hin. Doch bis zu seinem offenen Bekenntnis zur verschwörungsideologischen und rechtsextremen Szene konnte der Sänger seine Karriere über viele Jahre ausbauen, ohne als politischer Akteur, insbesondere in seinen Ressentiments, ernst genommen zu werden. Dies schmälerte bis zur Pandemie jedoch weder Naidoos Erfolg noch seine Beliebtheit. Nur allzu gerne perpetuierten Vertreter*innen der Unterhaltungsindustrie, Fans und viele Künstler*innen das (Selbst)Bild Naidoos: ein gefühlvoller Schmusesänger, unbequemer Geist, mutiger Chronist seiner Zeit, der nichts weiter im Sinne hat als Liebe in die Welt zu tragen. Unzählige politische Positionierungen in Interviews und Liedern, seine Nähe zu rechtsextremen und antisemitischen Akteuren sowie seine verschwörungsideologische Agitation in sozialen Netzwerken konterkarierten jedoch Naidoos Image des unbequemen, einzig Liebe predigenden Soulsängers.

Erst im Zuge der gewachsenen öffentlichen Sensibilität für Verschwörungsideologien seit Beginn der Corona-Pandemie und deren antisemitischer Stoßrichtung (vgl. Jordan 2020), wurden auch Naidoos rassistische und antisemitisch konnotierten Statements als rote Linie gewertet. So wichtig diese Erkenntnis ist, so spät setzt sie doch ein. Der Radikalisierungsprozess, den Naidoo innerhalb der letzten 20 Jahre vollzogen hat, setzte nicht erst in der Krise der globalen Pandemie ein, sondern erstreckte sich über den gesamten Zeitraum seiner musikalischen Karriere. Die Grundausstattung – ein manichäisches, antimodernes und verschwörungsideologisches Weltbild gepaart mit autoritären Größenfantasien – waren von Beginn an Teil seiner Selbstinszenierung. In einer umfassenden Untersuchung von Naidoos Politisierung sowie seines politischen Aktivismus gilt es, die Rolle von Akteur*innen aus der verschwörungsideologischen Szene, wie etwa Oliver Janich, in den Blick zu nehmen. Öffentliche Aussagen von Naidoo weisen darauf hin, dass beide seit Anfang der 2010er Jahre in engem Austausch miteinander stehen (vgl. Naidoo 2014).[17]

Weder lässt sich bei der Selbstinszenierung von Naidoo der Künstler von seinem Werk trennen noch der Antisemitismus von der Verschwörungsideologie. In seiner verschwörungsideologischen Ausdeutung von gesellschaftlichen Phänomenen, politischen Prozessen und globalen Herrschaftsverhältnissen griff Naidoo immer wieder auf antisemitische Codes und Argumentationen zurück. Am Beispiel von Naidoos Äußerungen und Initiativen sowie der medialen Rezeption seiner Karriere lässt sich zudem aufzeigen, inwiefern strukturell-antisemitische Deutungspotentiale in Liedern und Musikvideos von gefeierten Künstler*innen ignoriert werden und so die Möglichkeit erhalten, sich zu manifestem Antisemitismus zu verdichten. Das Beispiel Xavier Naidoo sollte eine Mahnung sein, antisemitisch konnotierte Weltdeutungen frühzeitig zu erkennen und in ihrem Radikalisierungspotential ernst zu nehmen.

Literatur

Adorno, Theodor W./Horkheimer, Max (2017) [1969]: Dialektik der Aufklärung. Philosophische Fragmente. Frankfurt am Main: Fischer Verlag.

Amadeu Antonio Stiftung (2020): de:hate report #01. QAnon in Deutschland, online, https://www.amadeu-antonio-stiftung.de/wp-content/uploads/2020/11/01-dehate-report-QAnon.pdf, 30.04.2021.

ARD/Kontraste (2021): Radikalisierung auf Telegram, online, https://www.daserste.de/information/politik-weltgeschehen/kontraste/videosextern/radikalisierung-auf-telegram-102.html, 30.04.2021.

Bayer, Felix (2015): Dieser Weg wird kein leichter sein, online, https://www.spiegel.de/kultur/musik/xavier-naidoo-beim-eurovision-song-contest-dieser-weg-wird-kein-leichter-sein-a-1063597.html, 30.04.2021.

Bein, Alexander (1965): „Der jüdische Parasit“. Bemerkungen zur Semantik der Judenfrage, in: Vierteljahreshefte für Zeitgeschichte, 13. Jahrgang, 2. Heft/April, online, https://www.ifz-muenchen.de/heftarchiv/1965_2_1_bein.pdf, 07.06.2021.

Beyer, Heiko (2014): Soziologie des Antiamerikanismus. Zur Theorie und Wirkmächtigkeit spätmodernen Unbehagens, Frankfurt.

---

17 Das Front-Cover des von Oliver Janich im Jahr 2013 publizierten Buches „Die Vereinigten Staaten von Europa. Geheimdokumente enthüllen: Die dunklen Pläne der Elite“ enthält folgende Rezension von Xavier Naidoo: *„Die vereinigten Staaten von Europa* – lest mal nach, so seh' ich's auch“ (Naidoo, zit. nach Janich 2013).

Botsch, Gideon (2019): Rechtsextremismus und „neuer Antisemitismus", in Olaf Glöckner/Günther Jikeli (Hg.): Das neue Unbehagen. Antisemitismus in Deutschland heute, Hildesheim, S. 21–38.

Butter, Michael (2020): Antisemitische Verschwörungstheorien in Geschichte und Gegenwart, online, https://www.bpb.de/politik/extremismus/antisemitismus/32 1665/antisemitische-verschwoerungstheorien, 30.04.2021.

Deutsche Welle (2020): Rassismus-Vorwürfe: Naidoo fliegt aus TV-Primetime-Show, online, https://www.dw.com/de/rassismus-vorw%252525C3%252525 BCrfe-naidoo-fliegt-aus-tv-primetime-show/a-52731780, 30.04.2021.

Die Offenbarung des Johannes, in: Universität Innsbruck (2008): Die Bibel in der Einheitsübersetzung, online, https://www.uibk.ac.at/theol/leseraum/bibel/offb1 7.html, 30.04.2021.

Dittrich, Miro/Holnburger, Josef (2021): Dieser Weg kann ein leichter sein, online, https://cemas.io/blog/naidoo-telegram, 01.07.2021.

Ehrenberg, Markus (2015): Xavier Naidoo wurde erst nach Mitarbeiterprotest zurückgezogen, online, https://www.tagesspiegel.de/gesellschaft/medien/esc-kandi datur-und-der-ndr-xavier-naidoo-wurde-erst-nach-mitarbeiterprotest-zurueckgez ogen/12631036.html, 30.04.2021.

Eßer, Tobias/Unger, Christian (2021): Rechte Rapper im neuen Skandalvideo von Xavier Naidoo, online, https://www.morgenpost.de/vermischtes/article23235375 5/xavier-naidoo-song-video-querdenken-corona-rapper.html, 07.06.2021.

Ganster, Michael (2003): Christlich spirituelle Inhalte in zeitgenössischer Popmusik am Beispiel Xavier Naidoos und ihre Rezeption bei Jugendlichen, Konstanz.

Gasteiger, Carolin (2015): Xavier Naidoo beim ESC ist ein schlechter Scherz, online, https://www.sueddeutsche.de/medien/eurovision-song-contest-xavier-naido o-beim-esc-ist-ein-schlechter-scherz-1.2744477, 30.04.2021.

Gennies, Sydney (2012): Xavier Naidoo wegen Liedtext angezeigt Linken-Jugend prangert homophobe Songs an, online, https://www.tagesspiegel.de/gesellschaft/ panorama/xavier-naidoo-wegenliedtext-angezeigt-linken-jugend-prangert-homop hobe-songs-an/7390198.html, 30.04.2021.

Gesellschaft für deutsche Sprache e. V. (2015): „Volksverräter" und „Lügenpresse": Die Pegida und ihre Wörter. Zum Sprachgebrauch der Protestbewegung, online, https://gfds.de/volksverraeter-und-luegenpresse-die-pegida-und-ihre-woerter /, 30.04.2021.

Grabbe, Katharina (2014): Deutschland – Image und Imaginäres. Zur Dynamik der nationalen Identifizierung nach 1990, Berlin.

Gutknecht, Christoph (2013): Journalisten und andere Schmocks, online, https:/ /www.juedische-allgemeine.de/kultur/journalisten-und-andere-schmocks/, 29.06.2021.

Harambam, Joran (2020): Conspiracy theory entrepreneurs, movements and individuals., in: Michael Butter/Peter Knight (Hg.): Routledge Handbook of Conspiracy Theories, London, S. 278–291.

Hertle, Matthias (2017): „Volksverräter" ist das Unwort des Jahres 2016, online, https://www.faz.net/aktuell/gesellschaft/das-unwort-des-jahres-2016-lautet-volksv erraeter-14612665.html, 30.04.2021.

Huesmann, Felix (2021): Aufruf zum bewaffneten Kampf: neues Musikvideo mit Xavier Naidoo, online, https://www.rnd.de/promis/neues-musikvideo-von-xavier -naidoo-aufruf-zum-bewaffneten-kampf-3ZZ244QPBNCZHP3Z5RWF52NHSM .html, 07.06.2021.

Janich, Oliver (2013): Die Vereinigten Staaten von Europa. Geheimdokumente enthüllen: Die dunklen Pläne der Elite, München.

Jordan, Jonas (2020): Sozialpsychologin Pia Lamberty: „Verschwörungstheorien wurden zu lange belächelt", online https://www.vorwaerts.de/artikel/sozialp sychologin-pia-lamberty-verschwoerungstheorien-wurden-lange-belaechelt, 30.04.2021.

Klasen, Oliver (2020): Xavier Naidoo muss DSDS-Jury verlassen, online, https://ww w.sueddeutsche.de/panorama/xavier-nadioo-musik-soehne-mannheims-rechtsext remismus-rtl-dsds-1.4840623, 30.04.2021.

Köhler, Michael (2004): Stimmgewaltiger Laienprediger: Xavier Naidoo in Darm-stadt, online, https://www.faz.net/aktuell/rhein-main/kultur/soul-stimmgewaltig er-laienprediger-xavier-naidoo-in-darmstadt-1145218.html, 30.04.2021.

laut.de (2021): Rödelheim Hartreim Projekt. Biographie, online, https://www.laut. de/Roedelheim-Hartreim-Projekt, 30.04.2021.

Leber, Sebastian (2021): Trotz Verbreiten von Holocaustleugnung. Xavier Naidoo darf in Berlin singen, online, https://www.tagesspiegel.de/themen/reportage/trot z-verbreiten-von-holocaustleugnung-xavier-naidoo-darf-in-berlin-singen/2728994 4.html, 22.06.2021.

MEEDIA/Redaktion (2015): „Brauchen keine Gesinnungspolizei": Herbert Gröne-meyer ergreift Partei für Xavier Naidoo, online, https://meedia.de/2015/11/25/br auchen-keine-gesinnungspolizei-herbert-groenemeyer-ergreift-partei-fuer-xavier -naidoo/, 30.04.2021.

Mediengruppe RTL (2020): Xavier Naidoo nicht mehr in DSDS-Jury, online, https://kommunikation.mediengruppe-rtl.de/pressemitteilung/Nach-umstrit tenen-Aussagen-Xavier-Naidoo-nicht-mehr-in-DSDS-Jury/, 30.04.2021.

musikexpress (2020) [1999]: Xavier Naidoo im Interview: „Ich bin ein Rassist, aber ohne Ansehen der Hautfarbe", https://www.musikexpress.de/xavier-naidoo-i m-interview-ich-bin-ein-rassist-aber-ohne-ansehen-der-hautfarbe-2-150829/, 30.04.2021.

n-tv (2020): RTL wirft Xavier Naidoo raus, online, https://www.n-tv.de/leute/RTL -wirft-Xavier-Naidoo-raus-article21634677.html, 30.04.2021.

Portmann, Kai (2015): Solidaritätsanzeige für Xavier Naidoo in der „FAZ", online, https://www.tagesspiegel.de/gesellschaft/medien/menschen-fuer-xavier-naidoo-so lidaritaetsanzeige-fuer-xavier-naidoo-in-der-faz/12652042.html, 30.04.2021.

Rathje, Jan (2016): „Reichsbürger". Verschwörungsideologie mit deutscher Spezi-fik, in: Elterninitiative zur Hilfe gegen seelische Abhängigkeit und religiösen Extremismus e.V., München, online: https://www.sektenwatch.de/drupal/sites/d efault/files/files/reichsbuerger_verschwoerungstheorien16.pdf., 30.04.2021.

Rathje, Jan (2017): Reichsbürger, Selbstverwalter und Souveränisten. Vom Wahn des bedrohten Deutsche, Münster.

Rensmann, Lars (2004): Demokratie und Judenbild: Antisemitismus in der politi-schen Kultur der Bundesrepublik Deutschland, Wiesbaden.

Rolling Stone (2020): Xavier Naidoo: Wirbel um rassistisches Netz-Video über Flüchtlinge, online, https://www.rollingstone.de/xavier-naidoo-video-song-fluec htlinge-rechts-rassist-1917643/, 30.04.2021.

Schmitz-Bernin, Cornelia (2010): Vokabular des Nationalsozialismus, Berlin.

Schreiber, Thomas (2015): „Wenn Xavier Naidoo singt, geht die Sonne auf", on-line, https://www.eurovision.de/news/Interview-mit-Thomas-Schreiber-zu-Xavier -Naidoo,schreiber222.html, 30.04.2021.

Speit, Andreas (2021): Was Hooligan so mit Xavier Naidoo trällern, online, https:// taz.de/Was-Hooligans-so-mit-Xavier-Naidoo-traellern/!5775888/, 07.06.2021.

Staiger, Marcus (2012): Satan weiche!, online, https://www.zeit.de/kultur/musik/20 12-11/xavier-naidoo-savas-homophobie, 30.04.2021.

Steger, Johannes (2015): ARD-Pressekonferenz nach Naidoo-Debakel: das große Zurückrudern, online, https://meedia.de/2015/11/25/ard-pressekonferenz-nach-n aidoo-debakel-das-grosse-zurueckrudern/, 30.04.2021.

Stern (2012): Xavier Naidoo. "Was wir alleine nicht schaffen", online, https://www .stern.de/kultur/musik/xavier-naidoo--was-wir-alleine-nicht-schaffen--3606778.ht ml, 30.04.2021.

Stöcker, Christian (2015): Rufrettungsmarketing, online, https://www.spiegel.de/k ultur/musik/xavier-naidoo-anzeige-in-der-faz-rufrettungsmarketing-a-1065060.ht ml, online, 30.04.2021.

Quellen

ARD/Nachtmagazin vom 10.10.2014, online, https://www.youtube.com/watch?v=1 TcCFE8jyfM, 30.04.2021.

Holnburger, Josef (2021): Erwähnenswert: der Kanal heißt „inoffiziell" weil Naidoo dort als „Privatperson" schreibt […], online, https://twitter.com/holnburger/stat us/1363967423095963652, 30.04.2021.

Jüdisches Forum (2015): Xavier Naidoo spricht vor „Reichsbürgern" auf Mon-tagsmahnwache, online, https://www.youtube.com/watch?v=LVx4tBdsu08, 30.04.2021.

Naidoo, Xavier (2014): Sons of Libertas & Xavier Naidoo & Oliver Janich, online, https://www.youtube.com/watch?v=Yp8-U97M-Ck, 30.05.2021.

Naidoo, Xavier (2020): Xavier Naidoo im COMPACT-Interview (Kurzfassung), online, https://www.youtube.com/watch?v=_rbwUh6yafM, 30.04.2021.

Offizielle Deutsche Charts (2001): Brothers Keepers. Adriano (letzte Warnung), online, https://www.offiziellecharts.de/titel-details-4810, 30.04.2021.

Offizielle Deutsche Charts (2002): Xavier Naidoo. Zwischenspiel für den Herrn, online, https://www.offiziellecharts.de/album-details-4017, 30.04.2021.

Offizielle Deutsche Charts (2005): Telegramm für X, online, https://www.offiziellec harts.de/album-details-25079, 30.04.2021.

Rathje, Jan (2021): Gerichte haben befunden [...], online, https://twitter.com/jan_r athje/status/1363964561049673734, 30.04.2021.

Wolf, Andre (2020): Naidoo und die Autogramme: Ist dieser Artikel echt?, online, https://www.mimikama.at/aktuelles/naidoo-und-autogramme/, 30.04.2021.

VOX (2015): Bei meiner Seele – 20 Jahre Xavier Naidoo, Erstausstrahlung am 20.06.2015.

Lieder

Bob Marley & Wailers (1979): Babylon System, Album: Survival, Tuff Gong/Island Records.

Brothers Keepers (2001): Adriano (Letzte Warnung), Album: Lightkultur, WEA Records.

Die Konferenz feat. Xavier Naidoo (2021): Heimat.

Rödelheim Hartreim Projekt (1994): Direkt aus Rödelheim, MCA Music Entertainment.

Söhne Mannheims (2001): Babylon System, Album: Dein Leben / Babylon System, Söhne Mannheims.

Söhne Mannheims (2017): Marionetten, Album: MannHeim, Not On Label.

Söhne Mannheims (2000): Armageddon, Album: Zion, Söhne Mannheims.

Xavas (2012): Wo sind sie jetzt, Album: Gespaltene Persönlichkeit, Naidoo Records.

Xavier Naidoo (1999): Sie sieht mich einfach nicht, Album: Just The Best 2/99, Sony Music Media.

Xavier Naidoo (2002): Zwischenspiel – Alles für den Herrn, Naidoo Records.

Xavier Naidoo (2005): Telegramm für X, Naidoo Records.

Xavier Naidoo (2005): Was wir alleine nicht schaffen, Album: Telegramm für X, Naidoo Records.

Xavier Naidoo (2009): Goldwaagen/Goldwagen, Album: Alles kann besser werden, Naidoo Records.

Xavier Naidoo (2009): Raus aus dem Reichstag, Album: Alles kann besser werden, Naidoo Records.

Xavier Naidoo feat. Moses Pelham (1998): Gute Aussichten, Album: Nicht Von Dieser Welt, Pelham Power Productions.

Faschistische Ästhetik in der Popkultur? Der Fall Laibach vs. Rammstein

Marcus Stiglegger

> *„Den versteinerten Dingen ihre eigene Melodie vorspielen, um sie zum Tanzen zu bringen. Dieser Satz ist von Karl Marx. Das heißt, es steckt in jedem Gift auch das Gegengift. In Bewegung kann ich ein Vorurteil kaum aufrechterhalten."*
> *(Alexander Kluge 2003)*

> *„If Laibach might be considered politically 'problematic' these days, it is not because they really are, but because contemporary discourse has become much more stifled, regimented and ironically a little bit totalitarian. [...] Many Jews (and non-Jews), whether descendants to Holocaust survivors or not (or even survivors themselves), find the transgressive experience of immersing oneself with the mythology, symbology and aesthetics of the Nazis liberating."*
> *(Avi Pitchon 2021)*

1. Deutscher Schockrock

Die deutsche Formation Rammstein erregte bereits mit ihrer ersten Single-Veröffentlichung „Du riechst so gut" (1995) Aufsehen, da sie nicht nur eine frische und attraktive Mischung aus Elementen elektronischer und harter Rockmusik bot, sondern der Gesang von Till Lindemann durch ein markant gerolltes R auffiel.[1] Offenbar erinnerte diese Überakzentuierung der deutschen Sprache an den militärischen Tonfall, den man aus den Filmen des Dritten Reiches kannte, wo er das „Schneidige" des Militärs betonte. Die Selbstdarstellung von Rammstein war zunächst fokussiert auf das Physische und betont Männliche, früh traten Elemente wie Metall und Feuer ins Zentrum der Shows, um Härte, Virilität und Gefahr zu signalisieren. Mit dem kommerziellen Erfolg der Band – vor allem nach

---

1   Ich bin folgenden Personen zu herzlichem Dank verpflichtet, da sie mich mit wichtigen Informationen versorgt und Kontakt geknüpft haben: Alexei Monroe, Avi Pitchon, Nadine Demmler, Alexander Nym und dem Laibach Management.

dem Einsatz im Soundtrack von David Lynchs Film *Lost Highway* (1996) – vermehrten sich auch jene Kritiken, die der Band Deutschtümelei vorwarfen und in der betonten Physis, den (symbolischen) Stahlgewittern der Shows und dem rollenden R eine martialische Ästhetik erkannten, die an die kalte, futuristische Ästhetik des Faschismus anknüpfte. Es ist hier anzumerken, dass gerade in Interviews immer wieder betont wurde, dass die Band bereits in der DDR Wurzeln in der Punkkultur hatte – speziell die Band Feeling B gehört zu ihren künstlerischen Bezügen – und man keine rechten Positionen teile oder akzeptiere. Ein Teil des rechtsoffenen Publikums der Band ließ sich davon nicht beirren, und auch im Ausland (speziell Russland und den USA) ist anzunehmen, dass der Ruf der Band vom berüchtigten Vorwurf der „faschistischen Ästhetik" eher profitierte. Die Band reagierte offensiv auf die Vorwürfe: Im Videoclip zu dem Lied „Stripped" (1998) verwendete sie Szenen aus den *Olympia*-Filmen der Nazi-Regisseurin Leni Riefenstahl – allerdings sorgfältig bereinigt von allen politischen Verweisen; später wurde man deutlicher und erteilte der rechten Lesart in dem Song „Links 2 3 4" (2001) eine deutliche Absage: „Ihr wollt mein Herz am rechten Fleck / doch schau ich dann nach unten weg / dann schlägt es links."

Spätestens, als das Bandlogo Rammsteins erstmals beworben wurde, hätte auffallen müssen, dass deren Geste der Provokation nach einem längst etablierten Vorbild modelliert worden war: Das komprimierte gleichschenklige Kreuz mit dem eingefrästen ‚R' bezog sich auf das Bandlogo der slowenischen Industrial-Rockband Laibach, die bereits in den frühen 1980er Jahren ihr Bandlogo inspiriert von Kasimir Malewitschs schwarzem Kreuz auf weißem Grund entwickelt hatten. Wer bereits die musikjournalistischen Diskussionen um Laibach während der 1980er Jahre verfolgt hatte, erlebte bei Rammstein ein Déja-vu: Und das, obwohl Rammstein geradezu vorsichtig bedacht schienen, bestimmte Grenzen einzuhalten, die Laibach längst überschritten hatten. Ivan Novak, der intellektuelle Kopf hinter Laibach, betonte in Interviews immer wieder: „Rammstein sind Laibach für Kinder, während Laibach Rammstein für Erwachsene sind" (Müller 2020). Der folgende Beitrag wird sich folglich vor allem mit Rammsteins Vorbild auseinandersetzen, das zugleich radikaler, künstlerisch einflussreicher und thematisch relevanter erscheint als die deutschen Schockrocker.

2. Die Geburt des Industrial aus dem Geiste der Punkkultur

Wie bei Rammstein, liegen die Wurzeln der Band Laibach in der Punkkultur der späten 1970er Jahre (vgl. Barber-Kersovan 2005). In autonomen Gemeinschaften lebte man zusammen, diskutierte neue Strategien des kulturellen Widerstands gegen den herrschenden Totalitarismus unter Tito und bezog sich mitunter auf die Zeit der deutschen Besatzung während des Zweiten Weltkrieges, unter der die slowenische Bevölkerung zu leiden hatte. Man gründete das Kollektiv NSK („Neue Slowenische Kunst") provokativ unter deutschem Namen. So wurde die Band Laibach ebenfalls nach dem deutschen Namen von Ljubliana unter der Nazi-Okkupation benannt. Neben den vier Gründungsmitgliedern der Band Laibach bewegte sich auch der heute weltbekannte Kulturphilosoph Slavoj Žižek in diesem Umfeld. In späteren Schriften bezog er sich immer wieder auf Laibach und die NSK, kommentierte deren Kunst und nutzte ihre Aktionen als Ausgangspunkt eigener Thesen (vgl. Monroe 2005). Nachdem Laibach einige subversive Plakat- und Konzertaktionen absolviert hatte, wurde die Band zu staatlich unerwünschten „public enemies" erklärt. Um die eigene Position zu stärken, die man als Retroavantgarde (oder später „Retrogarde") bezeichnete, schlossen sich die Band Laibach, das Malerkollektiv IRWIN, die Theatergruppe Scipion Nasice (heute: Noordung), die Grafiker des Neuen Kollektivismus Studios und die sogenannte Abteilung für reine und angewandte Philosophie zu einem Netzwerk zusammen.

Grundprinzip der NSK-Künstler ist der Kollektivismus. Dabei erscheinen auf Musikalben stets die Band Laibach, nicht aber die einzelnen Musiker als Urheber. In einer radikalen Demonstration dieser Idee ließ man die Band Laibach in zwei unterschiedlichen Besetzungen parallel touren. Die Herrschaft des „Originals" wird in der NSK als beendet betrachtet. Früh spielten Zitat, Pastiche und Neuinterpretation in der NSK die wesentliche Rolle, wobei man sich an der Kunst von Kasimir Malewitsch, Marcel Duchamp, John Heartfield, Joseph Beuys, Andy Warhol, Nam Jun Paik und Anselm Kiefer orientierte.

Inspiriert durch den selbst erlebten Totalitarismus des realen Sozialismus nach dem Tod Titos im Jahr 1980 begannen die Künstler, sich intensiv mit nationalistischen Diktaturen und deren Ästhetik auseinander zu setzen. Dabei wurden die Bildwelten linker und rechter Bewegungen neu kombiniert, die Symbole ausgetauscht und die latenten Ähnlichkeiten und Bezüge in der Selbstdarstellung linker und rechter Diktaturen betont. Die politische Uneindeutigkeit dieses Ansatzes gehört von Beginn an zum Selbstverständnis der Band: Seit ihrer ersten Kunstaktion stehen sie ästhetisch „unter Verdacht". Laibach setzt dabei bereits die von Boris

Groys später in seinem Buch „Unter Verdacht. Eine Phänomenologie der Medien" (2000) formulierte Programmatik um, dass Kunst unter Verdacht stehen müsse, denn:

> „Der Verdacht gilt allgemein als eine Bedrohung für alle überlieferten Werte – für das Hohe, Geistige, Edle, Schöne, Kreative und moralisch Gute. Denn der Verdacht zwingt uns zu der Vermutung, dass sich hinter diesen Werten etwas anderes verbirgt, das womöglich gar nicht so edel und schön aussieht" (Groys 2000: 217).

Während ihrer nunmehr über vierzig Jahre andauernden Existenz hat die slowenische Musikgruppe Laibach die unterschiedlichsten Phasen ihres kreativen Ausdrucks durchlaufen. Die musikalischen Anfänge waren noch stark von atonalen Klangcollagen geprägt, wie sie seit Ende der 1970er bis Mitte der 1980er Jahre auch von vielen anderen Künstlern bekannt sind (etwa SPK, Lustmord oder Cabaret Voltaire). Dieser radikale Rückbau von Klang, Ton und Struktur der Musik bis hin zur Unkenntlichkeit und Beliebigkeit von Lärm entsprang vor allem dem dekonstruktivistischen Moment und dem pessimistischen Realismus der frühen Punkbewegung, die seinerzeit in ganz Europa Einfluss nahm. Diese Form von elektronischer „Anti-Musik" erhielt letztlich durch die englische Band Throbbing Gristle mit dem Terminus Industrial Music auch eine Begrifflichkeit, die aber bei genauerer Betrachtung die teils sehr individuellen Konzepte lediglich auf akustische Gemeinsamkeiten reduziert.

3. Totalitärer Pop

Konsequenterweise nahmen Laibach im Laufe der 1980er Jahre vermehrt Neuvertonungen von bekannten Musikstücken aus der westlichen Pop- und Rockmusik auf und fügten diese durch elektronisch-orchestrale Instrumentierungen in das Klangbild ihrer Musik ein. Dabei wählten sie gezielt Lieder aus, die auf den ersten Blick politisch unverfänglich erschienen, die sie aber durch ein neues musikalisches Gewand und einer an sich richtigen, aber in der Wortwahl teilweise verfremdeten Übertragung der Texte z. B. ins Deutsche, in ihrem totalitären Charakter bloßstellten. Die Absurdität dieses Vorgehens ist ein essenzielles Grundelement in der inhaltlichen Arbeit Laibachs. Sie dient gleichermaßen der Infragestellung totalitärer Ideologien an sich, wie auch der Freilegung totalitärer Momente des demokratisch-freiheitlichen Westens, wenn Laibach etwa dessen Feelgood-Hymne „Life is Life" (1984) von Opus als „Leben heißt Leben" (1987) autoritär adaptierte.

Laibach legten in der Folgezeit weniger Gewicht auf Eigenkompositionen, sondern gaben der Neuvertonung bzw. Neuinszenierung bekannter Stücke den Vorrang. Diese Phase umfasst die Alben von *Let it Be* (1988) bis *NATO* (1994). Die musikalische Komponente blieb innerhalb dieser Zeit überraschend konstant, auch wenn Laibach mit *NATO* einen weiteren deutlichen Schritt in Richtung elektronischer Tanzmusik machten. Im Laufe dieser Zeit war aber eine inhaltliche Umorientierung Laibachs zu beobachten, die im Zusammenhang mit dem Niedergang des Ostblocks und dem Ende des jugoslawischen Staates einhergeht. Der daraus entstehende Balkankrieg fand auf dem äußerst technoiden Album *NATO* seine Aufarbeitung. Die Arbeit Laibachs mit Aspekten totalitärer Systeme stagnierte mit dem Ende Jugoslawiens, und zeigte, wie eng das bislang vertretene Konzept mit der politischen Situation im Heimatland verkettet war.

Eine größere musikalische Neuorientierung brachte das Album *Jesus Christ Superstars* (1996), welches mit dem Kontrast von Rockmusik als Vehikel für die Thematisierung von Religionen arbeitet. Während Laibach die Brisanz inhaltlich religiös motivierter Konflikte vorwegnahmen, stand die musikalische Ausrichtung zum ersten Mal deutlich hinter aktuellen Strömungen in der Popmusik, wo gitarrenorientierte Musik längst bis in die Top Ten etabliert ist. Laibach scheinen mehr zu *reagieren*, statt zu agieren.

Im Jahr 2003 traten Laibach mit dem musikalisch wie konzeptionell starken Album *WAT* – eine Abkürzung, die ebenso „We are Time" wie auch „War Against Terrorism" bedeuten könnte – zurück ins Rampenlicht. Das fast völlig aus Eigenkompositionen bestehende EBM/Future Pop-Album ist inhaltlich geprägt von den Ereignissen des 11. September 2001 und dem US-amerikanischen Krieg gegen den islamistischen Terror, reflektiert aber ebenso die mit der Globalisierung verbundenen Veränderungen: z. B. die Migration nach dem Jugoslawienkrieg in dem Lied „Now You Will Pay", wie gewohnt harsch, provokativ und letztlich uneindeutig. Überraschenderweise findet sich gerade auf diesem Album die bereits in den 1980er Jahren von der NSK intensiv verwendete Arbeitsweise der Überideologisierung durch Verwendung von Ausdrucksmitteln totalitärer Systeme – insbesondere denen des Dritten Reichs – wieder. Diesmal sind es aber nicht die politischen Strukturen des ehemaligen Ostblocks, die Laibach zur Wahl dieses Mittels greifen lassen, sondern vielmehr die totalitären Mechanismen des Kapitalismus und einer globalen Weltordnung mit den USA als Führungsmacht. Einen Schutz vor ideologischer Vereinnahmung schlagen Laibach in Form provokanter Bloßstellung vor, so wie der

Selbstdefinition des Individuums. Ivan Novak betont im Interview mit dem Kulturmagazin *Ikonen*:

> „Auf diesem Album diskutieren wir die Position Laibachs, wir diskutieren diese ganzen Bezüge, wir diskutieren auch die möglichen Vorwürfe und wir stellen uns selbst zur Diskussion. Und das durchaus auch mit einem Quentchen Humor dabei. Nicht mehr oder weniger. Wer das nicht so akzeptieren kann, macht einen klassischen und unwiederbringlichen Fehler, denn damit wird gleichsam die Freiheit attackiert. Wir wollen definitiv *nicht* Faschismus populär machen, sondern ihn ausschließlich diskutieren! Das ist ein himmelweiter Unterschied und eine unumstößliche Tatsache" (zit. nach Stiglegger/Musch 2004: 25).

4. Kalkulierter Tabubruch

Eine besondere Rolle im Rahmen der künstlerischen Strategie der NSK – und somit auch von Laibach – kommt hier dem kalkulierten Tabubruch zu. Oft ist ein solcher Tabubruch der Schlüsselmoment der NSK-Inszenierung, oft zwingt dieser den/die Rezipient*in, sich mit einem gesellschaftlich und kulturell verankerten Tabu auseinander zu setzen. Sigmund Freud stellt in seinem Ansatz aus *Totem und Tabu* fest, dass die Tabuüberschreitung selbst verführerisch sei. Der verführerische Aspekt des Tabu-Modells, auf den Laibach spekulieren, wird in einem späteren Satz von Freud deutlich:

> „Der Mensch, der ein Tabu übertreten hat, wird selbst tabu, weil er die gefährliche Eignung hat, andere zu versuchen, dass sie seinem Beispiel folgen. Er erweckt Neid; warum sollte ihm gestattet sein, was anderen verboten ist? Er ist also wirklich *ansteckend*, insofern jedes Beispiel zur Nachahmung ansteckt, und darum muß er selbst gemieden werden" (Freud 1956: 40).

Dieser Punkt ist für die Kunst an sich sehr wichtig, erklärt er doch, dass ein Kunstwerk bzw. eine Aufführung in konkreter Weise als „Beispiel", also Vorbild empfunden wird und somit als „Versuchung" wirken kann. Interessant bleibt an diesem Aspekt, dass dem tabubrechenden Medium explizit seduktive Qualitäten zugestanden werden: Der Tabubruch, die Grenzüberschreitung selbst ist verführerisch. Und das Bewusstwerden dieser Verführungskraft, das den/die Rezipient*in in eine Krise stürzen soll, gehört zur Strategie der NSK-Projekte.

In der dritten Auflage ihrer CD *Rekapitulacija 1980 – 84* (2002) stellt die NSK-Musikgruppe ihr eigenes politisches Manifest dar (auf Deutsch und Englisch) und beantwortet so bereits im Vorhinein zahlreiche Fragen, die noch heute an sie gestellt werden. Hier leitet sich die Gruppe aus der Tradition der slowenischen Arbeiterbewegung her, die sich nach der russischen Oktoberrevolution in den Bergbaurevieren herangebildet hatte und eine eigene Kunst – Schauspiel, Gesang und Musik – pflegte. Das revolutionäre Potential wird nicht nur als soziale Formungskraft verstanden, sondern auch als kreative Inspirationsquelle: „Der Aufstand ist die immerlebendige Kraft des Lebens, / Der Aufstand ist das von Massen geschaffene Gebet, / Der Aufstand ist die vom Hunger geborene Wut, / Der Aufstand ist es, der die neue Welt erzeugt" zitieren Laibach einen anonymen Arbeiterdichter (1924). Und wie die Stadt Trbovlje eine der Gründungsstädte der sozialistischen Arbeiterbewegung war, wurde sie 1980 zum Gründungsort der Gruppe Laibach.

Laibach schließen an den kämpferischen Geist der sozialistischen Revolution an, ohne unreflektiert die kommunistische Ideologie zu verherrlichen. Vielmehr isolieren sie in ihren Performances und Texten das kämpferische, revoltierende Element. In dem Stück „Sredi Bojev" (1985) deklamieren sie:

> „Welche Kämpfe! / Nur fremde Kämpfe! / Nur fremde Kämpfe! / Wir aber wollen, / DASS ES DIE UNSRIGEN SEIEN!".

So sagen sie in „Mi Kujemo Bodocnost" (1983) dem realen Sozialismus, der sich längst zum totalitären System ausgeweitet hatte, den Kampf an und halten ihm die Werte der Gründungszeit entgegen: „Ein jeder Mensch entflammte sich in die Kräfte und erhob sich heldenmütig, die Faust zum Kampf geballt; / aus dem Morgenrot der Freiheit schöpfen wir den Mut, den Tyrannen das Gewissen und die Freiheit auszuschmieden".

Laibach betrachten sich dabei nie als individuelle Künstler, sondern sprechen als Kollektiv: „Unsere Arbeit ist industriell, unsere Sprache politisch" (dieses und die folgenden Zitate aus: „Perspektive", Laibach 1985). Sie betrachten ihre Arbeit als „ständige systematische, propagandistisch-ideologische Offensive" (ebd.). Laibach als letztlich unpolitische Postmodernisten zu begreifen, mag die Gruppe vielleicht für einen gefälligen Popdiskurs retten, verfehlt jedoch den Punkt: Laibach sind weit mehr – Laibach bedeuten Risiko. „Der musikalische Ansatz von Laibach ist der Übergang auf das Gebiet der reinen Politisierung vom Ton als einem Mittel zum Manipulieren der Masse" (ebd.).

Schlüsselbegriffe im Werk der Gruppe sind also nicht primär Ironie und Pastiche (diese Elemente treten später in den Vordergrund), sondern

Macht, Terror, Angst, Manipulation und Offensive. Die Notwendigkeit, Macht mit Musik und Performance zu thematisieren, wird angesichts einer verschärften politisch-ökonomischen Krisensituation offenbar. Laibach selbst benutzen ihre Auftritte als Akte des Terrors, der Machtdemonstration, die die/den Einzelne*n im Publikum vereinnahmen und faszinieren soll, ihr/sein Bewusstsein leert und sie/ihn mit dem Kollektiv des restlichen Publikums verschmilzt. Nach Laibach ist das Rockkonzert die prototypische Urform einer totalitären politischen Machtbehauptung. In der Programmatik des Kollektivs wird diese Publikumsunterwerfung jedoch möglich als bewusstseinserweiternder Prozess,

> „um mit der Umnachtung des Verstandes den Konsumenten in die Lage der erniedrigenden Zerknirschtheit und völligen Gehorsams/Opferbereitschaft zu bringen, um mit dem Zerstören jeglicher Spuren der Individualität den Einzelnen in die Masse zu verschmelzen und die Masse in ein einziges gedemütigtes Kollektiv" (ebd.).

Man kann die Laibach-Perspektiven auch als Exorzismus totalitärer Gesellschaftstendenzen begreifen, als eine Chance zur Revolte. Das erklärt auch, warum sich die Gruppe von Beginn an sowohl der sozialistischen wie auch der faschistischen, nationalsozialistischen und einer kapitalistisch-technokratischen Ästhetik bedient:

> „Unsere grundlegende Basis [...] bleibt: die industrielle Produktion, Nazi-Kunst, Totalitarismus, Taylorismus, Bruitismus, Disco. Rhythmus als gleichmäßige Wiederholung ist die reinste/radikalste Form des militant-totalitaristisch geregelten Rhythmus' der technizistischen Produktion und als solche das entsprechendste Mittel der Medienmanipulation" (ebd.).

Auch das Credo des faschistischen Schriftstellers Gabriele D'Annunzios – „Der Rhythmus hat immer Recht" – kommt dazu in den Sinn.

Auf einer nächsten Stufe wurde die Gruppe Laibach tatsächlich zur Popband, als sie mit *Opus Dei* (1987) und der Maxi-CD *Sympathy for the Devil* (1989) weltweit große Charterfolge verbuchen konnten. Paradigmatisch ist die Queen-Coverversion „Geburt einer Nation", die deren Stück „One Vision" (1989) Wort für Wort in harte deutsche Reime übersetzt und mit einem stampfenden Marschrhythmus unterlegt. Hier offenbart sich bereits im Text der totalitäre Gehalt einer Rockmusikhymne:

> „Ein Fleisch, ein Blut, / ein wahrer Glaube. / Ein Ruf, ein Traum, / ein starker Wille. / gebt mir ein Leitbild. / Nicht falsch, nicht recht. / Ich

sag's dir: das Schwarz / und Weiß ist kein Beweis. / Nicht Tod, nicht Not. / Wir brauchen bloß / ein Leitbild für die Welt" (Laibach 1989).

Und die Rolling-Stones-Coverversion *Sympathy for the Devil* wird unvermittelt zur Vision der Laibachschen Weltsicht: „Wir waren da von Anbeginn der Zeit". Als mythische Non-Person wohnten sie über die Jahrhunderte dem Niedergang der Zivilisation bei.

5. Reflektionen des Faschismus

Von Beginn an wurden die Live-Aktionen von Laibach als faschistisch gewertet, obwohl sie sich durchweg einer Mischung sozialistischer, nationalsozialistischer und kapitalistischer Elemente bedienten. Ein frühes Stück namens „Drzava" (the State) kann als programmatisch betrachtet werden:

> „The State is responsible for / protecting / raising and exploiting the forests. / The State is responsible for / the people's physical education particularly youths' / in order to raise standards of national health / national working / and defence capability. / It is behaving ever more indulgently / all freedom is allowed. / Authority / here belongs to / the people" (Laibach 1983).

Ein solches slowenisch vorgetragenes Lied reflektierte die slowenische Erfahrung mit nationalsozialistischer und kommunistischer Diktatur, wurde aber außerhalb Osteuropas eher mit Unverständnis und Befremden wahrgenommen. Mit ihren Veröffentlichungen auf westlichen Labels änderten die Musiker von Laibach ihre Strategie und widmeten sich eher grundsätzlich dem totalitären Potential von Popkultur. Sie arrangierten Coverversionen berühmter Pophits in einem spezifischen Stil: mit Wagnerianischem Bombast, martialischem Pathos, roh gegrollten Vocals und u. a. in deutscher Übersetzung. „Life is Life" wurde in dieser Präsentation zu einer semi-nationalistischen Motivationshymne:

> „When we all give the power / we all give the best / every minute of the hour / we don't think about the rest. / and we all give the power/ we all give the best / when everyone gives everything / then everyone everything will get / Life is life!" (Laibach 1987).

Im Innencover dieses ebenfalls *Opus Dei* betitelten Albums fand sich auch ein weiteres Ambivalenz-Symbol, John Heartfields aus vier Äxten konstruiertes Hakenkreuz, das explizit einem Anti-Nazi-Kontext entstammt. Der Künstler, der bürgerlich Helmut Herzfeld hieß, floh 1933 vor den Natio-

Marcus Stiglegger

nalsozialisten in die Tschechoslowakei. Das von ihm entlehnte Axtkreuz ist auch Teil des offiziellen NSK-Logos. Derartige Ambivalenzmechanismen sind der kreative Motor von Laibach-Kunst bis heute.

Das Cover der Maxi-CD *Tanz mit Laibach* (2003), auf den ersten Blick eine Hommage an die deutschen Elektropioniere DAF (Deutsch-amerikanische Freundschaft) und deren Lied „Der Mussolini", ziert ein türkischer Fez mit schwarzer Quaste, einem Totenkopfaufnäher, dem Titelschriftzug und dem Laibachkreuz. Auch dieses Cover steht in der Tradition der Retroavantgarde: einen solchen Fez trug die muslimische Freiwilligendivision Handschar der deutschen Waffen-SS, nur dass auf deren Kopfbedeckungen über dem SS-Totenkopf ein Reichsadler prangte (diese Divisionen trugen eine Kopfbedeckung ohne Schirm, damit die Stirn beim Gebet ungehindert den Boden berühren konnte). Bei näherem Hinsehen wurde auch der Totenkopf von Laibach präpariert: Er hat ein Einschussloch zwischen den Augen. Die neue Kombination verbindet die Absage an das ursprüngliche Symbol (durch das Schussloch) mit der traditionellen türkischen Kopfbedeckung und dem gewohnt ambivalenten Laibach-Symbol, dem Zahnradkreuz.

Die hier aufgeführten Beispiele mögen belegen, dass Laibach furchtlos die einst programmatisch entworfene Strategie verfolgen, mit dem „Verdachtsmoment" der Avantgarde (vgl. Groys 2000) arbeiten und ihren Finger auf immer neue Wunden der Gesellschaft legen – bzw. zeigen, dass die alten Wunden längst nicht verheilt sind. 2003 ließen sich Laibach in schwarzen und grauen SS-Uniformen fotografieren – als Werbekampagne für ihr Album *WAT*. Laibach erregten durch die Verwendung dieser tabubelasteten Ikonografie erneut Aufmerksamkeit und zielten auf eine ambivalente politische Auseinandersetzung ab. Man könnte ihre Methode durchaus dekonstruktivistisch begreifen: Indem sie die Symbole und Fetische aus ihren ursprünglichen Kontexten reißen und selbst neu codieren, ermöglichen sie einen freien und neuen Blick auf diese Phänomene. Diese performative Kulturtechnik ist also aufklärerisch zu verstehen und verdeutlicht einmal mehr das Konzept der „Retrogarde", einer Arbeitsmethode, die „mittels eines ‚emphatischen Eklektizismus' auf die Texte (Zeichen, Bilder, Symbole und Formen der Rhetorik) zurückgreift, die retrospektiv zu Erkennungszeichen bestimmter künstlerischer, politischer, religiöser oder technologischer ‚Erlösungsutopien' des 20. Jahrhunderts geworden sind" (Arns 2002: 164). In der Neukombination bekannter Zeichen sollen die dahinter liegenden Ebenen bewusst gemacht werden. Nur in der „Über-Identifizierung" mit der verdeckten Kehrseite einer Ideologie kann – mit Slavoj Žižek gedacht – Kritik möglich werden, denn ideologische Diskurse denken in ihrem Zynismus heute mögliche Kritik stets mit. „Die

182

Ideologie ‚glaubt' ihren eigenen Aussagen nicht mehr, sie hat eine zynische Distanz zu den eigenen moralischen Prämissen eingenommen" (Arns 2002, 166). Daher ist Ironie als Kritik wirkungslos. Erst in der Über-Identifizierung offenbaren sich die Abgründe der Ideologie, denn nun ist die Distanzierung unmöglich. Laibach nimmt sich impliziter ideologischer Prämissen an und bringt diese in der Performanz zum Vorschein. Erst durch diese Provokation wird das Publikum immer neu zu einer Positionierung und Hinterfragung der eigenen Position aufgefordert.

6. Bezüge zum Antisemitismus

Auf dem Album *WAT* findet sich als letzter Beitrag ein Stück in slowenischer Sprache, das den Titel „Anti-Semitism" trägt. Betrachtet man den Text in seiner englischen Übersetzung, wird deutlich, dass das Stück nur sehr assoziativ mit Antisemitismus zu tun hat. Vielmehr beschreibt es auf poetische Weise frustrierte militante Horden etwa bei Fußballspielen, die in Zusammenhang gebracht werden mit den nationalistischen antikommunistischen Streitkräften in Slowenien (der Bela Garda) während des Zweiten Weltkrieges sowie den Ravemassen der 1990er und 2000er Jahre. Die Elektromusiker Umek und DJ Bizzy hatten auf diesen Aspekt zweifellos Einfluss, da sie an der Produktion beteiligt waren. Die assoziativen Zeilen könnte man übersetzen als: „They go down the road / down the road they go / Against us they go / Against you they go / With a cross on their foreheads / with fire in their eyes / Furiously howling / A pack of wolves" (englische Übersetzung, bereitgestellt von Laibachs Management, Email April 2021).

Inspiriert ist das Lied explizit durch den renommierten slowenischen Dichter Tomaž Šalamun (1941–2014), dem es gewidmet ist. Er hatte in den 1960er Jahren viel Aufsehen mit einem Gedicht erregt, in dem er provokativ formulierte: „Why I am a Fascist" (1969). Das Laibach-Stück enthält einige Fragmente und Zitate aus Texten von Šalamun. Der Titel und die vieldeutigen Bezüge zu dessen Dichtung beschließt ein Album, das sich vielschichtig mit den Siegern und Verlierern des Zweiten Weltkrieges beschäftigt und betonen den Bezug zu dieser Epoche nachdrücklich. Der Titel *WAT* wurde bei Erscheinen oft interpretiert als „War against Terror", was nach den Terroranschlägen am 11. September 2001 durchaus nahe lag, doch tatsächlich codiert er die Phrase „We are Time", die Laibach damals benutzten, um die Zeitlosigkeit ihres Konzepts zu kennzeichnen. So wird auch deutlich, dass die Probleme nach dem Zweiten Weltkrieg nicht gelöst waren: Nationalismus, Rassismus, Antisemitismus – all diese Aspek-

te beschäftigen uns noch heute. Da der Song in Slowenischer Sprache vorgetragen wird, bleibt er für einen Großteil des Publikums hermetisch und
erregte bei Erscheinen wenig Aufsehen. Laibach verfolgen einmal mehr
die Strategie, keine Antworten zu bieten, sondern eine Frage zu formulieren, oder zumindest eine tiefgreifende Irritation an den Schluss ihres Albums zu setzen. Der Titel des Songs verführt nichtsdestotrotz dazu, nicht
nur die für viele Hörer*innen unverständlichen Lyrics im Kontext des Antisemitismus zu lesen, sondern das ganze Album daraufhin zu durchleuch-
ten. Im Sinne von Boris Groys erregen Laibach so gezielt und nachdrücklich „Verdacht", und konfrontieren ihr Publikum umso mehr mit dessen
eigenen dunklen Aspekten und Vorbehalten.

Etwa zur selben Zeit wie das *WAT*-Album tauchten im Merchandise-
shop der Band auch zwei Artikel auf, die wesentlich mehr Aufsehen erregten. So fand man eine Kondompackung mit einem leicht verfremdeten
SS-Totenkopf auf der silbergrauen Verpackung, die „Achtung! Antisemitism" benannt war. Der andere Artikel war ein Stück Seife („Laibach
Organic Soap") im Laibach-Logo-Design (weiß mit dem schwarzen Male-
vitsch-Kreuz), das auf der Umverpackung als „Schwitz Aus!" betitelt ist.
Angepriesen wird der Artikel auf der Band-Webseite mit den Worten:

> „Laibach's Organic Clean Day All Purpose Soap Bar can be used for
> hands, body and soul. This big bar of Saliva, Sweat and Sperm is
> pressed three times to make a rich and creamy soap. A relaxing fra-
> grance for tired and stressed-out souls calms the nerves and soothes the
> body. Perfect for beginning or ending your life" (Laibach o. J.).

Beide Artikel können als typische Beispiele für Laibachs tiefschwarzen Humor gelten, wobei die Seife sich direkt auf den Umstand bezieht, dass im
Konzentrationslager Stutthof Seife aus den Körpern der Toten produziert
wurde – allerdings nicht in industriellem Rahmen.

Gerade die beiden Merchandise-Artikel verweisen zurück in die frühen
1990er Jahre, als Laibach in einer ARTE-Dokumentation mit dem Titel
Rechts im Rock interviewt wurden. Die vier damaligen Bandmitglieder
werden nach ihrem Lieblingswitz gefragt, woraufhin die Antwort lautet:
„Ausch-Witz". Bereits damals erscheint die Band sehr deplatziert unter den
anderen politisch rechtsaktiven Bands, um die es geht. Dieses Wortspiel
verweist auf den oftmals ebenso schwarzen jüdischen Humor, mit dem un-
erträgliche Lebensumstände verarbeitet wurden. Der israelische Journalist
Avi Pitchon betont diesbezüglich in einer unpublizierten Konversation per
Email (April 2021) mit dem Autor: „In that sense, the condoms and the
soap are not in any way unusual considering Laibach's approach to art,
politics and aesthetics. They are but examples of a risky game they always

played in different contexts and arenas." Und darauf aufbauend sieht er einen Schlüssel in dem offensiven Humor, mit dem Laibach sogar einem Thema wie dem Holocaust begegnen:

> „Many Jews (and non-Jews), whether descendants to Holocaust sur-
> vivors or not (or even survivors themselves), find the transgressive
> experience of immersing oneself with the mythology, symbology and
> aesthetics of the Nazis liberating. I consider this practice of 'exorcism'
> a completely legitimate way to handle what is the darkest, most trau-
> matic period in modernity. At the same time, I remember confronting
> these issues earlier through the use of the swastika in early UK punk".

7. Laibach und Rammstein

Wie bereits betont, entstammt die Band Laibach dem slowenischen Punk-kontext der späten 1970er Jahre. Mit Blick auf die britischen Bands der In-dustrial Culture, allen voran Throbbing Gristle, kombinierte man den Ni-hilismus und die Schocktaktiken von Punk und Industrial, um dem Totali-tarismus im eigenen Land Slowenien um 1980 zu begegnen. Da einfache Kritik oder Ironie nicht effektiv schien, wählte man das Mittel der Überaf-firmation totalitärer Ästhetik und Ideologiebausteine. In den frühen Jah-ren wurde die Band von staatlicher Seite massiv bekämpft. Mit dem wach-senden internationalen Erfolg von Laibach wurde die Palette an Stilmit-teln erweitert und internationalen Entwicklungen angepasst, z. B. mit Blick auf George W. Bushs US-Politik nach dem 11. September 2001 oder Wladimir Putins expansive Bemühungen.

Rammstein als deutsche Antwort auf Laibach orientiert sich oberfläch-lich betrachtet an einigen Stilmitteln der Slowenen: der markante Sprech-gesang, die elektronisch rhythmisierten Rockgitarren, das monumentale Bühnenbild. Doch inhaltlich geht es Rammstein nicht primär um politi-sche Themen, sondern um andere, teilweise tabuisierte Lebensbereiche: Sex, Körper, Krankheit und Tod. Die Texte von Till Lindemann zeigen sich eher inspiriert von der Literatur der Schwarzen Romantik des 19. Jahr-hunderts. Den Vorwurf der „Rechtsorientierung" beantworten Rammstein mit expliziten Songs („Links 2 3 4", 2001) oder provokativen Wortspielen („Waidmannsheil", 2009). Erst 2019 setzte sich die Band in dem Lied und dazugehörenden Videoclip „Deutschland" zumindest ambivalent mit dem den Bezügen des eigenen Werks zum Nationalismus auseinander. Auf demselben Album findet sich auch das Lied „Ausländer", dessen Videoclip in plakativen Inselbildern einen ironischen Kommentar zum historischen

Marcus Stiglegger

Kolonialismus formuliert. Einen direkten Bezug zum Antisemitismus findet man im Werk von Rammstein nicht.

Laibach hingegen betonen zwar, sie seien grundsätzlich unpolitisch, wenn sie konkret gefragt werden, doch das seit 1980 entwickelte „Gesamtkunstwerk Laibach" beschäftigt sich primär und offensiv mit totalitären Ideologien und formuliert Fragen und Provokationen, die das Publikum zwingen, sich mit den eigenen Abgründen auseinanderzusetzen. Dabei wird die künstlerische Strategie der Überaffirmation sogar in sehr vorbelastete Bereiche wie antisemitische Tendenzen ausgeweitet. Ob es den transgressiven Humor in diesen Bereichen als geschmacklose Provokation oder bewusstseinserweiternde Konfrontation wahrnimmt, muss das Publikum wie stets selbst entscheiden.

Literatur

Arns, Inke (2003): Irwin Navigator: Retroprincip 1983–2003, in: dies. (Hg.): Irwin Retroprincip, Frankfurt am Main.

Arns, Inke (2002): Neue Slowenische Kunst – NSK. Laibach, Irwin, Gledališče sester Scipion Nasice, Kozmokinetično gledališče Rdeči pilot, Kozmokinetični kabinet Noordung, Novi kolektivizem. Eine Analyse ihrer künstlerischen Strategien im Kontext der 1980er Jahre in Jugoslawien, Museum Ostdeutsche Galerie, Regensburg.

Barber-Kersovan, Alenka (2005): Vom ‚Punk-Frühling' zum ‚Slowenischen Frühling', Hamburg.

Cufer, Eda (1992): NSK Embassy Moscow: How the East Sees the East, Loza Gallery.

Freud, Sigmund (1956): Totem und Tabu, Frankfurt am Main.

Gächter, Holger (1995): Laibach, in: Martin Büsser (Hg.): Testcard 1 – 1995 (September 1995), Pop & Destruktion, S. 100ff.

Groys, Boris (2000): Unter Verdacht. Eine Phänomenologie der Medien, München.

Hanser, Eva-Maria (2010): Ideotopie. Das Spiel mit Ideologie und Utopie der ‚Laibach-Kunst', Wien, online, http://othes.univie.ac.at/8581/1/2010-02-05_0400246.pdf, 18.04.2011.

Hoffmann, Dirk (1996): Interview mit Laibach, in: Zillo Musikmagazin, Ausgabe 11, S. 48.

Irwin (2006): East Art Map, Cambridge.

Kluge, Alexander (2003): Die Kunst, Unterschiede zu machen, Frankfurt am Main.

Mlakar, Peter (1993): Reden an die deutsche Nation, Wien.

Monroe, Alexei: (2005): Interrogation Machine. Laibach and NSK, Cambridge.

Monroe, Alexei (Hg.) (2011): Sate of Emergence. A Documentary of the First NSK Citizen's Congress, Leipzig.

Müller, Tobi (2020): Lasst die Toten singen, in: Berliner Zeitung.

New Collectivism (1991): Neue Slowenische Kunst, AMOK Books and Neue Slowenische Kunst, Los Angeles.

Nym, Alexander/Thalheim, Daniel (2011): Ausstellungseröffnung: Leipziger Dependance der NSK lädt zu Vorträgen und Performances ein, online, http://www .l-iz.de/Kultur/Ausstellungen/2011/06/Ausstellungseroeffnung-Leipziger-Dependance-NSK.html.

N.N. (1987): Shakespearefälschung: Wilfried Minks inszeniert Shakespeares „Macbeth", in: Die Zeit, 38/1987.

Stigglegger, Marcus/Musch, Gernot (2004): „We are Time!" Anmerkungen zur Neuen Slowenischen Kunst und Laibach, in: Ikonen:, Heft 5, S. 22–26.

Stimac, Nina (1994): Laibach – Neue Slowenische Kunst, Interview mit Laibach, in: Subline Musikmagazin, Ausgabe 11, S. 59.

Wolfson, Richard (2003): Warriors of Weirdness, The Daily Telegraph, online, http://www.telegraph.co.uk/culture/music/rockandjazzmusic/3601856/Warriors -of-weirdness.html, 13.7.2011.

Quellen

Laibach (o. J.): Webseite, https://wtc.laibach.org/, 07.07.2021.

Monroe, Alexei (2004): Unsere Geschichte, in: Laibach: Anthems (CD-Booklet), London.

Lieder

Laibach (1983): Drzava, Album: Laibach / Last Few Days, Galerija ŠKUC Izdaja.

Laibach (1983): Mi Kujemo Bodocnost, Album: Through The Occupied Netherlands, Staaltape.

Laibach (1985): Perspektive, Album: Rekapitulacija 1980–1984, NSK Recordings.

Laibach (1985): Sredi Bojev, Album: Laibach, ŠKUC.

Laibach (1987): Opus Dei, Mute.

Laibach (1987): Geburt einer Nation, Album: Opus Dei, Mute.

Laibach (1987): Leben heißt Leben, Album: Opus Dei, Mute.

Laibach (1988): Let it Be, Mute.

Laibach (1989): Sympathy for the Devil, ZKP RTVL/Mute.

Laibach (1994): Nato, Mute.

Laibach (1996): Jesus Christ Superstars, Mute.

Laibach (2002): Rekapitulacija 1980 – 84, NSK Recordings.

Laibach (2003): Now You Will Pay, Album: WAT, Mute.

Laibach (2003): WAT, Mute.

Rammstein (1995): Du riechst so gut, Single, Motor Music.

Rammstein (1998): Stripped, Single, Motor Music.

Rammstein (2001): Links 2 3 4, Single, Motor Music.

Rammstein (2009): Waidmannsheil, Album: Liebe Ist Für Alle Da, Universal Music.

Rammstein (2019): Ausländer, Album: unbetitelt, Universal Music.

Rammstein (2019): Deutschland, Album: unbetitelt, Universal Music.

„Reißt die Schlangenbrut vom Thron!"
Antisemitische Tiermetaphern im Rechtsrock

Timo Büchner

Auf dem Gelände des Hotels *Neißeblick* in Ostritz, einer Kleinstadt mit rund 2.700 Einwohner*innen im sächsischen Landkreis Görlitz, fand am 20./21. April 2018 das erste *Schild & Schwert*-Festival des Neonazis Thorsten Heise statt. Das extrem rechte Festival kombinierte Politik mit Kampfsport, Lifestyle und Musik. Es spielten Rechtsrock-Bands wie *Amok*, *Die Lunikoff Verschwörung*, *Nahkampf* und *Oidoxie*. Die Veranstaltung, deren Motto *Reconquista Europa* lautete, besuchten über 1.300 Neonazis, die aus dem gesamten Bundesgebiet und europäischen Nachbarstaaten angereist waren. Das erste Festival markierte den Auftakt für weitere Veranstaltungen in der ostsächsischen Kleinstadt. Das Logo des *Schild & Schwert*-Festivals zeigt, wie der Name des Events bereits verrät, einen Schild und ein Schwert, wobei das Schwert die Körper dreier Schlangen durchtrennt. Das Logo ist ein Symbol: Es steht für den symbolisierten Kampf des Eigenen gegen seine Feinde – und das Feindbild wird durch die Darstellung der Schlangen entmenschlicht. Die Schlangenmetapher, die in der extremen Rechten und insbesondere in der Rechtsrock-Szene in Erscheinung tritt, steht in einer antisemitischen Tradition (vgl. Hortzitz 1995: 19ff.).

Im Folgenden soll die Frage untersucht werden, welche Rolle antisemitische Tiermetaphern in den Booklets und Liedtexten des Rechtsrock spielen. Um dies zu untersuchen, stellen sich eine Reihe an Fragen: In welchen Formen tritt Antisemitismus im Rechtsrock in Erscheinung? Auf welche Weise wird Antisemitismus vermittelt? Inwiefern sind antisemitische Codes und Stereotype von Bedeutung? Der Schwerpunkt liegt im Vergleich zwischen Karikaturen der antisemitischen NS-Propagandazeitung *Der Stürmer* und ausgewählten Rechtsrock-Booklets und -Liedtexten. An den Beispielen des Parasiten und der Schlange soll die Kontinuität antisemitischer Bildsprache vom historischen Nationalsozialismus zur extremen Rechten der Bundesrepublik veranschaulicht werden. Im Rahmen der Untersuchung der beiden Tiermetaphern wird die Nähe zwischen Dehumanisierung und Vernichtungswille deutlich. Die Grundlage der Untersuchung ist die Durchsicht von 1.050 deutschsprachigen Rechtsrock-Tonträgern (CDs, EPs, Splits; Booklets und Liedtexte), die zwischen 2000 und 2020 von professionellen Labels hergestellt und vertrieben wurden. Entsprechend wurden keine Demoaufnahmen berücksichtigt. Die solide Datenbasis, die im Kern auf der Durchsicht der Artworks und Liedtexte in den Booklets beruht, gewährleistet die Aktualität der Einschätzungen, die im Verlauf der Untersuchung getroffen werden. Abschließend soll die Brücke vom Rechtsrock zum Gesamtspektrum der extremen Rechten geschlagen und verdeutlicht werden, dass die extrem rechte Musik nicht isoliert zu betrachten ist. Schließlich sucht die antisemitische und dehumanisierende Sprache, die auf der Straße, im Netz und in den Parlamenten zum Vorschein kommt, den Anschluss an die *Mitte* der Gesellschaft.

Was ist Rechtsrock?

Die *Schild & Schwert*-Festivalreihe in Ostsachsen reiht sich in eine Vielzahl extrem rechter Musikveranstaltungen ein, die alljährlich in der Bundesrepublik stattfinden. Die Veranstaltungen reichen von lokalen Balladenabenden extrem rechter Liedermacher*innen, die meistens im engen Kreis durchgeführt werden, bis hin zu Konzerten und Festivals, die von hunderten, teilweise tausenden Neonazis aus Deutschland und dem Ausland besucht werden.

Die Musikveranstaltungen sind das Herzstück der extrem rechten „Erlebniswelt" (Glaser/Pfeiffer 2017). Denn sie erzeugen starke Gemeinschaftsgefühle und bringen das Lebensgefühl einer kampfbereiten und wehrhaften Gemeinschaft zum Ausdruck. Allerdings sind die Events lediglich ein Teil der durch Rechtsrock geprägten Erlebniswelt. Rechtsrock konstruiert ein „Wir", das „ideologisch durch Liedtexte und Bilder, lebensweltlich durch Gemeinschaftserlebnisse auf Konzerten oder Aufmärschen" (Raabe 2019: 19) geschaffen wird.

Der Rechtsrock, der Ende der 1970er-Jahre im Kontext der Skinhead-Subkultur in Großbritannien entstanden ist und aus musikalischer Perspektive auf Punk-/Rockmusik begrenzt war, ist heutzutage ein Sammelbegriff für extrem rechte Varianten zahlreicher Musikstile (vgl. Raabe 2019: 21ff.). Extrem rechte Musiker*innen rappen, singen Balladen, spielen Black Metal, Hardcore und Rock. Insofern bildet Rechtsrock „keinen eigenständigen Musikstil" (Dornbusch/Raabe 2002: 9).

Die Musik, die im Rechtsrock-Begriff zusammengefasst wird, eint die extrem rechte Botschaft (vgl. ebd.; Raabe 2019: 19). In den Booklets und Liedtexten sind Antisemitismus und Rassismus, Nationalismus und NS-Verherrlichung von zentraler Bedeutung. Musiker*innen werden erst zum Rechtsrock gerechnet, wenn sich die extrem rechte Ideologie in der

Gesamtheit der Tonträger verdichtet und die Musik einen positiven Bezug zur extrem rechten Bewegung nimmt (vgl. Botsch/Raabe/Schulze 2019: 9).

Antisemitismus im Rechtsrock

Antisemitismus ist in den Publikationen, die in den frühen 2000er-Jahren zum Rechtsrock erschienen sind, kaum thematisiert worden (vgl. Farin/Flad 2001; Erb 2001; Flad 2002), denn der Judenhass spielte im Rechtsrock der 1990er- und 2000er-Jahre eine geringe Rolle. Der Titel *Blut*[1] (1992) der Rechtsrock-Band *Tonstörung*, der Ausdruck des radikalen Antisemitismus in der extremen Rechten ist, bildet eine Ausnahme: „Wetzt die langen Messer auf dem Bürgersteig | Lasst die Messer flutschen in den Judenleib | Blut muss fließen, knüppelhageldick | Und wir scheißen auf die Freiheit dieser Judenrepublik". Das *Blutlied* ist eine antisemitische Variante des antimonarchistischen *Heckerliedes* (vgl. Kohlstruck/Scheffler 2011: 136).

In Rechtsrock-Liedtexten des 21. Jahrhunderts tritt Antisemitismus in unterschiedlichen Formen in Erscheinung: Musiker*innen behaupten, der Sieger schreibe die Geschichte und wolle die Deutschen durch „Schuldkomplex" und „Täterkult" kleinhalten. Die Soldaten seien keine Täter, sondern tapfere Helden gewesen. Zudem behaupten Musiker*innen, der Staat Israel sei eine mörderische Besatzungsmacht, die einen Genozid an der palästinensischen Bevölkerung verübe. Israel sei ein „Völkerfeind", der die Welt in Kriege stürze und in Brand setze. Oftmals fließen antijudaistische Mythen aus dem Mittelalter (z. B. Legende von Ahasverus, dem Ewigen Juden) und rassenantisemitische Stereotype des späten 19. Jahrhunderts (z. B. das Stereotyp der jüdischen Physiognomie) in die Liedtexte ein. Die Mythen und Stereotype werden an die jeweiligen Erzählungen angepasst. Inzwischen hat der Antisemitismus eine zentrale Rolle im Rechtsrock eingenommen. Die Entwicklung spiegelt sich in Forschung über diese Phänomene wider (vgl. Büchner 2018; Schenderlein 2019).

Der indizierte Tonträger *B.Z.L.T.B.* (*Bis zum letzten Tropfen Blut*, 2003) der Rechtsrock-Band *Hassgesang* ist ein eindrückliches Beispiel für die Verdichtung unterschiedlicher Formen des Antisemitismus und für offe-

---

1 Der Titel *Blut* der Rechtsrock-Band *Tonstörung* wurde aufgrund seiner erheblichen Relevanz für die extrem rechte Musikszene zum Namensgeber des Buches und investigativen Dokumentarfilms *Blut muss fließen. Undercover unter Nazis* (vgl. Kuban 2012).

ne Vernichtungsdrohungen (vgl. Schenderlein 2019: 262). Das Booklet veranschaulicht die Shoah in all ihrer Grausamkeit: Das Cover zeigt Elektrozäune eines Konzentrationslagers, die Rückseite das Eingangstor des Stammlagers Auschwitz mit der Inschrift „Arbeit macht frei". Im Booklet sind KZ-Häftlinge, Leichenberge und eine Zyklon B-Dose zu sehen. Das Lied *Final Fight* schließt an die Fotos und Symbole der Shoah an und propagiert die Ermordung der „Zionist occupator". Es heißt:

> „Another day in life, but it's still the same | ZOG rules the world, it really is a shame | When will my race awake and see | Who the enemy is and fight to get free | There is no other chance to survive | We only have to kill, to kill for the Reich | Hand in hand we will march through our land | Zionist occupator, this is our end".

Das Akronym *ZOG* (*Zionist Occupied Government*, deutsch: zionistisch besetzte Regierung) ist, anknüpfend an die „Zionist occupator", ein beliebter Code in der extremen Rechten, um die angebliche Herrschaft des *Weltjudentums* anzudeuten. Das Lied beschwört einen blutigen Rassenkrieg gegen die Jüd*innen, die „our land" – das Territorium des Deutschen Reiches – besetzen würden.

Das Lied *Israel* leugnet das Existenzrecht des israelischen Staates und setzt den Hass gegen den Staat mit dem Hass gegen Jüd*innen gleich. Es ist – ebenso wie *Final Fight* – eine „vertonte Vernichtungsfantasie" (Schenderlein 2019: 265):

> „In Palästina gibt's ein Land | Israel wird es genannt | Für Mord und Raub ist es bekannt | Kleine Kinder werden dort verbrannt | Habt ihr den wahren Feind erkannt | Nehmt die Waffen in die Hand | Die beste Lösung sei genannt | Vernichtet dieses Land".

Das Lied endet mit der Parole: „Atomraketen auf Israel". Im Lied wird die mittelalterliche, über Jahrhunderte hinweg tradierte Ritualmordlegende aktualisiert. Damals wurde Jüd*innen unterstellt, sie würden christliche Kinder für ihre Rituale töten (vgl. Rohrbacher/Schmidt 1991: 355), heute wird Israel unterstellt, der Staat töte palästinensische Kinder. In der nächsten Strophe wird eine Vielzahl antisemitischer Stereotype verwendet. Der faule, raffende Jude erschleiche sich die Entschädigungszahlungen an die Überlebenden der Shoah, um *seinen* Staat aufzurüsten:

> „Es ist bekannt in aller Welt | Dass der Jude nicht viel von Arbeit hält | Lieber nimmt er die Entschädigungsmoneten | Zum Bau von Atomraketen | So entstand über Jahre dort unten am Meer | Eine Supermacht

mit riesigem Heer | Alle Welt hat sich verschrieben den Protokollen | Die dafür sorgen, dass die Juden kriegen, was sie wollen".

Die Erwähnung der *Protokolle* ist, vergleichbar mit der *ZOG*, ein Code für die Herrschaft des *Weltjudentums*. Die *Protokolle der Weisen von Zion* sollen geheime Sitzungsprotokolle einer jüdischen Elite sein. Am Rande des ersten Zionistenkongresses in Basel (1897) habe die Elite über die Weltherrschaft beraten. Die *Protokolle* sind erstmals 1903 unter dem Titel *Das jüdische Programm zur Welteroberung* in einer russischen Zeitung erschienen. Rasch verbreiteten sie sich in Dutzenden Auflagen und Sprachen (vgl. Krah 2017: 8). Bis heute sind die *Protokolle* – obwohl sie eine Fiktion sind (vgl. Segel 2017/[1924]) und ihnen „jeglicher Bezug zur Wirklichkeit" (Sammons 1998: 7) fehlt – eines der wirkmächtigsten Dokumente des modernen Antisemitismus.

Der schuldabwehrende Antisemitismus, der bereits im Lied *Israel* mit den „Entschädigungsmoneten" angeklungen ist, wird im Lied *Schuldpropaganda* in aller Ausführlichkeit thematisiert. Obwohl das Booklet des Tonträgers die Leichenberge der Vernichtungslager zeigt, wird die Ermordung der europäischen Jüd*innen geleugnet. Die Fakten zur Shoah werden als „Lügen über die Vergangenheit" bezeichnet:

> „Früh am Morgen geht es los | Ich schlag die Zeitung auf | Entschädigungen – wieder mal | Hört das denn niemals auf | Unverschämt sind ihre Lügen | Wohlbekannt in aller Welt | Die 6 Millionen Toten | Wollen mal wieder unser Geld | [...] | Refrain: Schluss mit den Lügen über die Vergangenheit | Schuldpropaganda ist das Übel unserer Zeit | Wir haben längst genug | Von diesem Volksbetrug".

Die Lüge im Sinne der „Schuldpropaganda" und des „Volksbetrugs" habe, so wird behauptet, die finanzielle Bereicherung zum Ziel. Im Zuge der Leugnung der Shoah wird das antisemitische Stereotyp des geldgierigen Juden verwendet, der selbst die Shoah nutze, um sich an Entschädigungszahlungen zu bereichern.

Der Rechtsrock des frühen 21. Jahrhunderts ist durch zunehmende staatliche Repression geprägt. Im Zuge des Verbots der deutschen *Blood & Honour*-Division (2000) und des Verbots mehrerer Rechtsrock-Bands nach § 129 StGB (Bildung einer kriminellen Vereinigung) hat sich die Vermittlung antisemitischer Botschaften im Rechtsrock gewandelt: Musiker*innen lassen ihre Tonträger meist vor der Pressung und Veröffentlichung anwaltlich prüfen, um Indizierungen durch die *Bundesprüfstelle für jugendgefährdende Medien* (BPjM) und Straftatbestände (z. B. § 130 StGB, Volksverhetzung) zu vermeiden. Zwar machen einzelne Rechtsrock-Bands in ihren

Liedtexten bis heute keinen Hehl aus ihren Vernichtungsdrohungen, aber inzwischen verschlüsseln die meisten Bands ihre antisemitischen Botschaften durch sprachliche Codes. Am Beispiel der Rechtsrock-Band *Hassgesang* lässt sich diese Entwicklung veranschaulichen. Denn die Musiker*innen wechselten nach der Veröffentlichung des Tonträgers *B.Z.L.T.B.* ihre Strategie. Sie zensierten die SS-Runen ihres Bandlogos und unterließen offenen Judenhass und offene Vernichtungsfantasien. Im Booklet des Tonträgers *Alte Kraft soll neu entstehen* (2005) schrieben sie: „Alle Texte wurden anwaltlich begutachtet und für strafrechtlich unbedenklich befunden." Zwar verschlüsselte die Band fortan ihren Judenhass, aber am Ende wurde der Tonträger dennoch indiziert. Denn zahlreiche Liedtexte verherrlichten die Ideologie des Nationalsozialismus und propagierten Hass und Gewalt.

Weltjudentum & Weltmacht

Im Weltbild der extremen Rechten nimmt das Feindbild „Jude" eine zentrale Position ein: Neonazis behaupten in der Tradition der NS-Propaganda, eine jüdische Elite (*Weltjudentum*) sei die geheime Drahtzieherin des Weltgeschehens. Sie kontrolliere und steuere Medien, Politik und Wirtschaft. Im Rechtsrock scheint das verschwörungsideologische Moment omnipräsent (vgl. Büchner 2018: 82ff.). Ein anschauliches Beispiel liefert *Die Lunikoff Verschwörung* im Lied *Schattenregierung* des Tonträgers *L-Kaida* (2011):

> „Kabbalistische Banker hinter den Kulissen | Schwarzmagische Eliten mit geheimem Wissen | Weil jedes Volk und jedes Land | Regiert die unsichtbare Hand | Refrain: Das ist die Schattenregierung | Die geheime Weltmacht | Über den Erdball | Senkt sich die Nacht | Die Schattenregierung ohne Pardon | Die Wahnsinnigen vom Berge Zion".

Zwar wird der geheime Charakter der Elite betont („geheim", „unsichtbar", „Schatten"), aber das Lied gibt dennoch eindeutige Hinweise zur Herkunft und Zusammensetzung der Elite: Es seien „kabbalistische Banker" vom Zionsberg in Jerusalem. Das antisemitische Stereotyp des reichen Juden wird mit der Kabbala, eine Bezeichnung für überlieferte Lehren und Schriften im Judentum, verbunden. *Zion* ist im rechtsextremen Milieu, vergleichbar mit den *Protokollen der Weisen von Zion* und der *Zionist Occupied Government*, ein sprachlicher Code, um Jüd*innen zu benennen.

Welche Pläne die Elite zur Ergreifung der Weltherrschaft verfolge, veranschaulicht das Rechtsrock-Projekt *Killuminati* im Lied *Konspiration* des Tonträgers *Jetzt sind wir da* (2014):

„Ihr strebt eine One World an, in der kein Mensch mehr frei sein kann | Ein Einheitsmensch ist Euer Ziel, der Völkermord im hohen Stil | Einen willenlosen Konsumenten, der nur dem Geld nachjagt, der nichtmal weiß, was er ist und niemals nachzudenken wagt".

Das Ziel der geld- und machtgierigen Elite sei die allmähliche Zersetzung und schlussendliche Vernichtung der ethnisch homogenen, *freien* Völker Europas. Der Mythos der *One World*-Tyrannei besagt, die Elite wolle aus einer Vielzahl europäischer Völker eine Welt ohne nationale Grenzen und Territorien machen, um einen kosmopolitischen Menschen ohne Heimat, Identität und Kultur zu erschaffen. Die Instrumente, um die *One World*-Tyrannei zu errichten, seien z. B. Immigration, Kriege und Wirtschaftskrisen.

Eine Ausdrucksform im Rechtsrock, um der geheimen Elite einen antisemitischen Charakter zu verleihen, ist die Rede vom „ewigen Tier". Die Rechtsrock-Bands *D.S.T.* und *Sturmkommando* singen im Lied *Erkenne den Feind!* ihres Tonträgers *Morituri Vos Salutant* (2011):

„Das ewige Tier ist seinem Schlaf erwacht | Es zwingt die Welt in eine neue Schlacht | Blutige Erde für Öl und Geld | Das Tier will die Macht | Tod und Versklavung, Folter und Mord | Vertreibung, Vermischung, gebrochenes Wort | So holt das Tier sich seine Beute | Nicht erst morgen, das geschieht schon heute".

Das „ewige Tier" spielt offensichtlich auf die Legende vom *Ewigen Juden* an. Die Legende, die in seiner antijudaistischen Form aus der Frühen Neuzeit stammt, handelt von der jüdischen Figur Ahasver. Er habe Jesus auf dem Weg nach Golgatha die Ruhestätte verweigert und sei daher verflucht worden, in ewiger Wanderschaft durch die Welt zu irren (vgl. Rohrbacher/Schmidt 1991: 246ff.). Das NS-Regime griff den Mythos im Propagandafilm *Der ewige Jude* (1940) auf. In diesem Kontext wurde die Figur mit einer Reihe weiterer antisemitischer Stereotype ausgestattet, die in dem Lied entsprechend gebündelt werden: Jüd*innen wird unterstellt, sie würden nach Geld und Macht streben, die Welt in Kriege stürzen und die Menschheit „vermischen", versklaven, vertreiben.

Einzelne Liedtexte im Rechtsrock verbinden das „ewige Tier" mit einzelnen Formen des Antisemitismus. Das Rechtsrock-Projekt *Global Infected* veröffentlichte 2013 den Tonträger *Das ewige Tier*[2]. In den Liedern *Das*

---

2 Die Rechtsrock-Band *Übermensch* vertonte den Tonträger unter dem Titel *Weltanschauung* (2019) neu. Die beiden Lieder *Das ewige Tier Part I* und *Das ewige Tier Part II* sind in textlicher Hinsicht identisch.

ewige Tier Part I und *Das ewige Tier Part II* wird der israelbezogene Antisemitismus deutlich. Das Projekt singt im ersten Teil:

> „Heute so wie damals schon! Einst Deutschland, heute der Iran und morgen liegt die Welt im Weltenbrand bis alle Völker unterworfen sind, wie es das eine Tier mit freiem Leben immer schon getan."

Damals habe „das eine Tier" – die Jüd*innen – das Deutsche Reich in zwei Weltkriegen vernichten wollen, heute wolle das Tier – die Jüd*innen im Gewand des israelischen Staates – den Iran im Nahen Osten vernichten. Deshalb ruft das Lied zum gemeinsamen Kampf gegen die Jüd*innen auf: „Darum, Volk von deutschem Lande, Palästina und Iran und jedes freie Volk der Welt, steht auf und kämpft für das, was man Euch nahm!" Der zweite Teil beschreibt die angebliche, durch Deutschland und die USA unterstützte Brutalität Israels gegen die palästinensische Bevölkerung. Es wird behauptet, Israel verbreite Terror und verübe einen Genozid an den Palästinenser*innen. Daher sehnt das Lied eine „dritte Intifada", einen palästinensischen Aufstand, herbei.

Antisemitische Tiermetaphern im Rechtsrock & in Der Stürmer

Die Metapher – v. a. Krankheits-, Pflanzen- und Tiermetaphern – ist ein rhetorisches Stilmittel, das in der Geschichte des Antisemitismus besonders häufig genutzt wurde. Denn die Metapher macht abstrakte Inhalte anschaulich, konkret und sichtbar. Das Stilmittel kann Inhalte durchaus wertneutral wiedergeben. Aber es besitzt das Potenzial einer Wertung (vgl. Hortzitz 1995: 21). Die Konnotation einer Metapher hängt mit der Konnotation des gemeinsamen Merkmals (*tertium comparationis*; Eigenschaft oder Verhaltensweise) zwischen Jüd*innen und Metapher zusammen (vgl. ebd.).

Monika Urban untersuchte antisemitische Tiermetaphern in der alten und mittleren Geschichte, in literarischen Werken des 19. und 20. Jahrhunderts sowie in der post-nationalsozialistischen Gesellschaft. Im Zuge ihrer Analyse unterteilte sie die Tiere in drei Kategorien: (1) „uneigentliche", (2) „höhere" und (3) „niedere" Tiere (vgl. Urban 2014: 60). Zur Kategorie der „uneigentlichen" Tiere zählen der Satan/Teufel, Ungeheuer und Vampire. Die Unterscheidung zwischen „höheren" und „niederen" Tieren ist, so Urban, keine biologische, sondern eine triviale, die die Nähe zum Menschen widerspiegelt. „Höhere" Tiere sind z. B. der Hund und die Sau. Bereits im Mittelalter trat die Sau in Erscheinung. Die erste „Judensau" wurde 1230 an einem Säulenkapitell im Brandenburger Dom gesichtet (vgl. Rohrbacher/Schmidt 1991: 157ff.). „Niedere" Tiere sind Insekten (z. B. Parasit), Nagetiere (z. B. Ratte), Reptilien (z. B. Schlange) und Spinnentiere. Bakterien und Viren sind die kleinsten „Tiere". Die Tiermetaphern, die Urban untersuchte, eint die negative Konnotation der Merkmale. Die Merkmale, die den Tieren zugeschrieben werden, stimmen mit den antisemitischen, negativ konnotierten Stereotypen der Falschheit, Listigkeit und Verschlagenheit überein.

Antisemitische Tiermetaphern spielten in der NS-Propagandazeitung *Der Stürmer* eine elementare Rolle. Die Zeitung, gegründet und herausgegeben von Julius Streicher (1885–1946), entwickelte sich innerhalb weniger Jahre zum „reichsweiten Synonym antisemitischer Hetzpropaganda" (Roos 2014: 231). Bereits in den ersten Erscheinungsjahren der 1923 gegründeten Zeitung ist der Judenhass zum Hauptinhalt geworden. In unzähligen Artikeln entmenschlichte *Der Stürmer* die jüdische Bevölkerung. Die Zeitung setzte Jüd*innen mit Ratten, Ungeziefer, Viren etc. gleich und machte sie für sämtliche Übel der Welt verantwortlich. Jedoch vermied *Der Stürmer* nach Einschätzung des Historikers Daniel Roos eine *konkrete* Festlegung zur Lösung der *Judenfrage*. Die Forderungen des *Stürmer* reichten von der Ausweisung und Entrechtung bis zur Internierung und Vernichtung (vgl. Roos 2014: 409). Die antisemitischen Tiermetaphern traten nicht nur sprachlich, sondern auch bildlich in Erscheinung: In der elften *Stürmer*-Ausgabe des Jahres 1924 erschien auf der Titelseite erstmals eine karikaturistische Zeichnung. Ein wenig später, in der 50. Ausgabe des Jahres 1925, veröffentlichte Philipp Rupprecht (Pseudonym: *Fips*, 1900–1975) seine erste Karikatur. Der bildliche Judenhass ergänzte den sprachlichen. Die antisemitischen Karikaturen entwickelten sich im Laufe der Jahrzehnte zur Marke des *Stürmer*. Entsprechend schrieb Streicher im Politischen Testament über seinen Zeichner: „Wenn vom ‚Stürmer' gesprochen wird, muß auch jenes Mannes gedacht werden, der mit seinem begnadeten Zeichenstift sich als wertvoller Mitkämpfer erwiesen hat. ‚Fips' war vom ‚Stürmer' nicht mehr wegzudenken" (Baird 1978: 681). Die antisemitischen *Stürmer*-Karikaturen zeigen – in Anlehnung an Urbans Typologie – „niedere", „höhere" und „uneigentliche" Tiere. Sie zeigen Ungeziefer und Würmer, Schlangen und Spinnen, Fledermäuse und Vampire. Die negativ konnotierten Merkmale der Tiere werden in den meisten Fällen mit antisemitischen Stereotypen verwoben (vgl. Schwarz 2010: 201ff.).

Im Vergleich zur NS-Propagandazeitung *Der Stürmer* nehmen antisemitische Tiermetaphern in den Booklets und Liedtexten des Rechtsrock einen vergleichsweise geringen Anteil der Propaganda ein. Alexa Mathias, die sich mit der Relevanz von Metaphern im Rechtsrock befasste, ermittelte eine Vielzahl feindlicher Outgroups, die in den Liedtexten extrem rechter Musik durch Metaphern abgewertet werden. Um die Vielzahl der Feindbildkategorien zu veranschaulichen, seien die zentralen Kategorien genannt: Ausländer/Migrant*innen; bürgerliche Gesellschaft; Finanzen/Wirtschaft; Homosexuelle; Jüd*innen; Medien/Presse; Menschen mit Behinderungen; politische Gegner*innen; rassistisch-biologistisch motivierte Feind*innen; Religion; Sinti*ze und Rom*nja; Staat und seine drei Gewalten (vgl. Mathias 2015: 170–171). Mathias weist in der Kategorisierung auf die partielle Überschneidung einzelner Feindbildkategorien hin. Sie hat Jüd*innen in einer eigenen Kategorie verortet, „da sie historisch betrachtet eine nicht nur religiös, sondern vor allem auch rassisch-ethnisch begründete Feindgruppe vor dem Hintergrund eines biologischen Paradigmas darstellen" (Mathias 2015: 171). Die Metaphern, die von Rechtsrock-Bands zur Abwertung ihrer Feindbilder genutzt werden, hat Mathias in verschiedene Themenfelder kategorisiert. Unter den Feldern befinden sich „Fauna & Ungeziefer" und „Krankheit & Medizin" (vgl. Mathias 2015: 181). Mit Blick auf den Antisemitismus stellt Mathias fest: „Das einzige Feld mit nennenswerten Befunden zur metaphorischen Enkodierung antijüdischer Stellungnahmen ist das Feld KRANKHEIT & MEDIZIN mit 13,01 der in diesem Feld untersuchten Belege" (Mathias 2015: 309). Der geringe Anteil antisemitischer Metaphern liegt nicht zuletzt an der Tatsache, dass Feindbildkategorien wie Migrant*innen und politische Gegner*innen in den Liedtexten deutlich präsenter sind und deutlich häufiger durch Metaphern abgewertet werden. Aber die bloße Nutzung von Tiermetaphern ist aufgrund ihrer starken Präsenz in der NS-Propaganda eine Fortsetzung der antisemitischen Geschichte der Tiermetaphern (vgl. Salzborn 2014: 119f.). Im Folgenden sollen antisemitische Tiermetaphern im *Stürmer* mit denen in Booklets und Liedtexten des Rechtsrock verglichen werden.

Beispiel: Parasit

Der Parasit ist ein Lebewesen, das *per definitionem* einen Wirt braucht, um sich ernähren und überleben zu können. Es besteht eine einseitige Abhängigkeit zwischen Parasit und Wirt, denn der Parasit lebt auf Kosten seines Wirts. Durch das parasitäre Verhalten wird der Wirt in den meisten Fällen geschädigt (Krankheit, Tod).

Der Rassenantisemitismus des späten 19. und frühen 20. Jahrhunderts sah in der jüdischen Bevölkerung eine parasitäre Rasse (vgl. Bein 1965: 128): Jüd*innen seien Parasiten, die nur auf Kosten ihrer *Wirtsvölker* überleben könnten. Da sie sich vom Blut ihrer Wirte ernährten, würden die

Wirte geschädigt und letztendlich vernichtet (vgl. ebd.). Die Vorstellung ist keineswegs neu gewesen: Bereits im Mittelalter galten Jüd*innen als Ausbeuter und Blutsauger (vgl. von Braun 1995: 80ff.). Insofern schloss der Rassenantisemitismus an die bestehenden Stereotype an. Allerdings erfuhr das antisemitische Bild vom Parasiten durch den Rassenantisemitismus eine zunehmende „Naturalisierung" (Bein 1965: 134). Die Vorstellung, Jüd*innen seien schädliche Parasiten, entwickelte sich vom Vergleich zur scheinbar *natürlichen* Tatsache. Der Naturalisierungsprozess war in der Sprache des Nationalsozialismus abgeschlossen (vgl. Schmitz-Bering 2007: 461). So schrieb Hitler in *Mein Kampf*: „Er (*der Jude*, Anm. d. Verf.) ist und bleibt der typische Parasit, ein Schmarotzer, der wie ein schädlicher Bazillus sich immer mehr ausbreitet, sowie nur ein günstiger Nährboden dazu einlädt" (Hitler 1936: 334).

Aus der imaginierten Schädlichkeit der *jüdischen Rasse* resultiert die Vernichtungsfantasie: Wenn der Parasit seinen Wirt zu vernichten droht und der Wirt sein Überleben sichern will, muss der Parasit unschädlich gemacht und vernichtet werden. Die NS-Propagandazeitung *Der Stürmer* schrieb entsprechend: „Das jüdische Volk ist das größte Parasitenvolk der Welt. Es ist nicht wert, daß es existiert" (5/1927, Nr. 19, zit. nach Urban 2014: 191). Nach Einschätzung des Historikers Alexander Bein stand das Giftgas am Ende des Naturalisierungsprozesses: „Waren die Juden wirklich Parasiten, Bazillen und Ungeziefer, so war nicht nur geboten, sie auszurotten, es lag auch nahe, diese Ausrottung mit den Mitteln durchzuführen, mit denen man Bazillen und Ungeziefer vertilgt: dem Giftgas" (Bein 1965: 148). Die unmittelbare Verbindung zwischen Dehumanisierung und Vernichtung wird kontrovers diskutiert. Beispielsweise widerspricht Bernhard Pörksen der Einschätzung Beins, denn die Entmenschlichung belege keinen inneren Zusammenhang zwischen sprachlicher Dehumanisierung und physischer Vernichtung (vgl. Pörksen 2000: 190).

Im *Stürmer* erfüllt die antisemitische Tiermetapher vom parasitären Ungeziefer eine wichtige Funktion. Die Metapher verbildlicht Jüd*innen zur ekelhaften, lästigen Plage und propagiert deren Beseitigung. Das kommt beispielsweise in der Karikatur mit dem Titel „Das Ungeziefer" (siehe Bild 1) zum Ausdruck: Das monströse Ungeziefer, das über die Erdkugel kriecht, wird zur konkreten Bedrohung bzw. Gefahr für den Fortbestand der Erde. Die Monstrosität des Ungeziefers wird durch einen Davidstern mit der Inschrift „Du sollst die Völker der Erde fressen"[3] ergänzt. Das

---

3 Die Worte beziehen sich auf das Alte Testament (vgl. Roos 2014: 419). Es heißt im 5. Mose 7, 16: „Du wirst alle Völker verzehren, die der HERR, dein Gott, dir

Ungeziefer selbst sticht durch das antisemitische Stereotyp der jüdischen Physiognomie hervor. Es hat einen machtgierigen Gesichtsausdruck und eine große, lange Nase. Im Zentrum der riesigen, schwarzen Augen steht ein Dollar- und ein Hammer-und-Sichel-Symbol. Die beiden Symbole deuten die Gier nach Macht / Reichtum und einer bolschewistischen Weltrevolution an. Der Untertitel prophezeit die Vernichtung des monströsen Ungeziefers: „Das Leben ist nicht lebenswert, | Wo man nicht dem Schmarotzer wehrt, | Als Nimmersatt herumzukriechen, | Wir müssen und wir werden siegen.". Erst mit der Vernichtung des Ungeziefers werde das Leben lebenswert.

Bild 1: „Das Ungeziefer", Karikatur im Stürmer (1944)

Die antisemitische Tiermetapher vom Ungeziefer lebt in Liedtexten des Rechtsrock fort: *Straftat*, ein Projekt des *Oidoxie*-Sängers Marko Gottschalk, singt im Lied *Parasit* des Tonträgers *Hail C18* (2007):

---

geben wird. Du sollst ihrer nicht schonen und ihren Göttern nicht dienen; denn das würde dir ein Strick sein."

„Seit Anbeginn der Zeit | Ist er auf dieser Welt | Ein Parasit ist unter uns | Getrieben von Macht und Geld | Er ist der Parasit | Er lügt und betrügt | Es gibt nichts, was ihm genügt".

Das Lied, das antisemitische Stereotype des geld- und machtgierigen Juden reproduziert, führt die Parallelen zur *Stürmer*-Karikatur vor Augen. In der dritten Strophe singt das Rechtsrock-Projekt, der Parasit strebe nach der Weltherrschaft: „Er will die Welt beherrschen | Und kennt dabei keine Gnade | Was ist er nur für ein Untier | Das ist hier die Frage".

An einer Stelle des Liedes stellt *Straftat* ihre antisemitische Motivation zur Schau. Das Rechtsrock-Projekt spielt in der letzten Strophe auf *das auserwählte Volk* an: „Er glaubt, er sei der Auserwählte | Vor nichts schreckt er zurück | Ich werde ihn bekämpfen | Und gehe nicht vor ihm gebückt". Ein ähnliches Beispiel zur Verwendung der antisemitischen Tiermetapher des Ungeziefers liefert die Rechtsrock-Band *W.U.T.* im Lied *Parasitäre Infektion* ihres Tonträgers *Kleiner Ohrinfarkt* (2019):

„Parasit | Hetzen, Lüge, Kriege treiben | Du bringst über uns großes Leiden | Hetzen, Lügen, Kriege treiben | Dein Ziel: von uns soll nichts übrigbleiben | Für die Rettung der Menschheit ist es nicht zu spät, seine Bekämpfung hat höchste Priorität".

In ähnlicher Weise werden antisemitische Stereotype kommuniziert. Die Band behauptet, der Parasit hetze, lüge und wolle die Menschheit zerstören. Die beiden Lieder münden, wie bereits die *Stürmer*-Karikatur propagierte, in die Bekämpfung – ergo: Vernichtung – des Parasiten.

Beispiel: Schlange

Ernst Hiemer (1900–1974), zwischen 1938 und 1942 der Hauptschriftleiter des *Stürmer*, veröffentlichte die antisemitischen Kinder- und Jugendbücher *Der Giftpilz* (1938; illustriert von Philipp Rupprecht) und *Der Pudelmopsdackelpinscher* (1940; illustriert von Willi Hofmann). In elf Kurzgeschichten seines Buches *Der Pudelmopsdackelpinscher und andere besinnliche Erzählungen* stellte er die (angeblichen) Eigenschaften und Verhaltensweisen unterschiedlicher Tiere vor. Die Tiere eint ihre negative Konnotation: Bazillen, Heuschrecken, Schlangen, Wanzen etc. Am Ende jeder Kurzgeschichte setzte Hiemer die Tiere mit Jüd*innen gleich.

In der Kurzgeschichte *Die Giftschlangen* entdecken die beiden Mädchen Else und Inge eine Kreuzotter. Während Inge in ihrer Naivität glaubt, die Schlange sei harmlos, klärt das Mädchen vom Lande Else ihre Freundin aus der Großstadt über die Gefährlichkeit des Tieres auf. Sie sagt, die Schlange sei eine „heimtückische Mörderin" (Hiemer 1940: 66), die sich „unter der Maske eines harmlosen Wurmes" (ebd.) an ihre Opfer heranschleiche. Die Eigenschaften und Verhaltensweisen, die der Schlange in der Kurzgeschichte zugeschrieben werden, sind durchweg negativ konnotiert: Heimtücke / List, Mimikry / Täuschung, giftig / tödlich. Die Mädchen eilen in das nahegelegene Bauernhaus und reden mit Elses Vater. Er behauptet: „Um sich vor diesen Bestien zu schützen, gibt es nur ein wirksames Mittel …" (Hiemer 1940: 69). Man müsse, so der Vater, die Schlangen töten. Denn: „Töten wir nicht die Giftschlangen, dann töten sie uns!" (ebd.).

Die Kurzgeschichte *Die Giftschlangen* geht nahtlos in *Die Volksvergifter* über. Die Episode schlägt die Brücke von der Schlange zum Juden: „Giftschlangen gibt es nicht nur unter den Tieren, sondern auch unter den Menschen. Es sind die Juden" (Hiemer 1940: 70). Es heißt, „der Jude" sei die „Giftschlange unter den Menschen" (ebd.). Die negativ konnotierten Eigenschaften und Verhaltensweisen der Schlange werden auf Jüd*innen übertragen. Das gilt insbesondere für die Blutvergiftung: „Wie die Schlange durch ihren Biß das Blut ihres Opfers vergiftet, so vergiftet der Jude seine Gastvölker. Menschen, die sich mit dem Juden einlassen, verlieren die Reinheit ihres Blutes" (Hiemer 1940: 71). Jüd*innen vergifteten und töteten die Völker. Deshalb müsse das Judentum vernichtet werden. Es heißt in Analogie zur tödlichen Gefahr der Schlange: „Töten wir nicht die jüdische Giftschlange, dann tötet sie uns!" (Hiemer 1940: 74).

Die Ursprünge der antisemitischen Stereotype, die in der Episode verbreitet werden, reichen Jahrhunderte zurück: Die Vorstellung des heimtückischen, täuschenden Juden, der die Menschheit vergifte, fußt in den antijudaistischen Mythen der *jüdischen Mimikry* und des *Brunnenvergifters* (vgl. Rohrbacher/Schmidt 1991: 194ff.). Die Ursprünge der negativen Konnotation der Schlange reichen gar Jahrtausende zurück: Bereits im Alten Testament (z. B. der Sündenfall im 1. Mose 3,1–24) und in der germanischen / nordischen Mythologie (z. B. Midgardschlange, vgl. Simek 1984: 265) symbolisierte die Schlange das Böse.

Die antisemitische Tiermetapher der Schlange, die im *Pudelmopsdackelpinscher* dargestellt wurde, findet sich in zahlreichen Karikaturen des *Stürmer* wieder. Zwei Beispiele sollen die Reproduktion der Stereotype durch die Schlangenmetapher illustrieren: Die Karikatur mit dem Titel „Schlangenbrut" (siehe Bild 2) zeigt eine übermäßig große Schlange mit dem antisemitischen Stereotyp der jüdischen Physiognomie. Die Schlange hat große, spitzförmige Ohren und eine große Nase. Des Weiteren trägt sie eine Nickelbrille und einen Davidstern. Der listige, trügerische, verschlagene Blick deutet die Falschheit der Schlange an. An den Blick knüpft der Untertitel der Karikatur an. Er lautet: „Der Jud führt nicht umsonst den Wurm als Zeichen | Was er erreichen will, das sucht er zu erschleichen". Der Begriff „erschleichen" zielt auf das antisemitische Stereotyp der Täuschung ab. Die Karikatur suggeriert, die jüdische Schlange sei überall („ALLJUDA") und die „Schlangenbrut" – die ebenso mit dem Stereotyp der jüdischen Physiognomie dargestellten Jüd*innen – vermehre sich rasant. Das stellt die Masse der jüdischen Männer zur Schau.

Bild 2: „Schlangenbrut", Karikatur im Stürmer (1934)

Die Karikatur mit dem Titel „Satansschlange Juda" (siehe Bild 3) verzichtet auf das antisemitische Stereotyp der jüdischen Physiognomie. Stattdessen zeigt sie den Antagonismus zwischen einer aggressiven Schlange (offener Mund, spitze Zähne und lange Zunge) und einer nackten, unschuldigen Frau. Die Schlange, die sich die wehrlose Frau (ängstlicher, erstarrter Blick und verzweifelte Griffe nach der Schlange) zur Beute macht und sich um das Opfer windet, wird mit unzähligen Davidsternen und in Verbindung mit dem Talmud dargestellt. Titel („Satansschlange Juda") und Untertitel („Hinterlistig, giftgezähnt, ist die Schlange es gewöhnt, | Aus des Talmuds finster'n Gründen, um das Opfer sich zu winden") identifizieren das Judentum mit der Hölle.

Bild 3: „Satansschlange Juda", Karikatur im Stürmer (1939)

Wird die Schlangenmetapher in den Booklets von Rechtsrock-Tonträgern verwendet, fehlen äußere Merkmale in den meisten Fällen. Während die beiden *Stürmer*-Karikaturen die Schlange mit Davidsternen und im Falle der ersten Karikatur mit Stereotypen der jüdischen Physiognomie versehen, bleiben die äußeren Merkmale in der Bildsprache des Rechtsrock weitestgehend aus. Eine Ausnahme bildet jedoch z. B. die antisemitische Schlangenkarikatur im Booklet des Tonträgers *Wer mit dem Feuer spielt* (2012) der Rechtsrock-Band *Strafmass*. Die Schlange trägt eine Kippa und weist Merkmale der angeblich jüdischen Physiognomie auf (große, krumme Nase; lange, spitze Ohren; große Augen mit gierigem Blick).

Zwar fehlt die Physiognomie meist, aber die Rolle, die der Schlange in den Booklets zukommt, stimmt mit der Rolle in den *Stürmer*-Karikaturen überein: Die Schlange ist stets der böse, nach Vernichtung strebende Feind. Die negativ konnotierten Merkmale, die der Schlange jeweils zugeschrieben werden, sind identisch.

Ein Beispiel ist der Tonträger *Naturkampf* (2019) des Rechtsrock-Projekts *Blutrein* von Uwe „Uwocaust" Menzel. Das Cover des Tonträgers

(Bild 4) illustriert einen *Naturkampf* durch Tiermetaphern: Ein Adler – in der Bild- und Textsprache des Rechtsrock eine omnipräsente Metapher für das Deutsche – schwingt seine großen, weiten Flügel und scharfen Krallen gegen eine aus der Finsternis emporkriechende Schlange. Der farbliche Bruch im Hintergrund markiert die Grenze zwischen Himmel und Hölle. Während der aggressive, böswillige Ausdruck der Schlange (offener Mund; lange, spitze Zähne; Fauchen) die Angriffshaltung veranschaulicht, macht die Position der Flügelschwingen die Verteidigungshaltung des Adlers deutlich.

Bild 4: Albumcover von „Naturkampf" (Blutrein 2019)

Im dazugehörigen Lied *Kampf der Naturen* deutet *Blutrein* einen steten Überlebenskampf der Ahnen an. Es heißt:

> „1.000 Jahre in den Venen | 1.000 Jahre gleicher Weg | 1.000 Jahre eine Seele | Auftrag und auch Privileg | [...] | Erkenne endlich, wer Du bist | Wenn Deine Seele zu Dir spricht | Die Stimme Deiner Ahnen | Will Dich zum Kampfe mahnen | [...] | Lass Deine Wurzeln nicht verwesen | Deine Natur bestimmt Dein Wesen".

Die Ahnenreihe werde, so „Blutrein", in ihrem Fortbestand durch eine Vielzahl *natürlicher* Feinde bedroht. Aber die Ahnenreihe habe sich gewehrt und bis heute überlebt. Nun habe man, so lautet die Botschaft des Liedes, die Pflicht, die Kampfbereitschaft und Willenskraft an seine Kinder weiterzutragen. Das Lied verdeutlicht: Es geht keineswegs um einen Kampf zwischen realen Tieren, sondern um einen Kampf der menschlichen Ahnenreihe gegen ihre Feinde. Diesen Kampf soll das Cover zum Ausdruck bringen.

Eine ähnliche Kampfsituation zeigt das Booklet des Tonträgers *Manifest* (2009) (Bild 5) der Rechtsrock-Band *Division Germania*: Eine mehrköpfige Schlange (Hydra) mit spitzen Zähnen und scharfen Zungen greift einen Ritter an, der eine Rüstung trägt und mit Schild und Schwert bewaffnet ist.

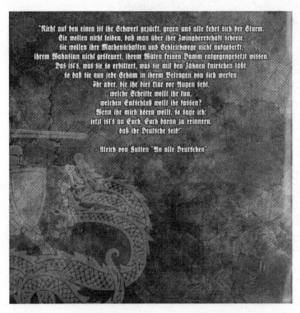

Bild 5: Booklets des Albums „Manifest" (Division Germania 2009)

Mehrere Lieder des Tonträgers bieten textliche Anknüpfungspunkte. Im Lied *Sturm & Streit* wird der Aufstand gegen die „Schlangenbrut" propagiert: „Raus zur Wehr, raus zur Wehr | Aus allen Gassen tönt es her | Rebellion, Rebellion | Reißt die Schlangenbrut vom Thron | Lasst uns gehen, lasst uns gehen | Wer sich verkriecht, der soll untergehen". Das Lied mündet vom Aufruf zur Rebellion in die Ermordung der Mächtigen und

Reichen. Die gewaltsame Rebellion wird zum Richterspruch des Volkes erklärt. Dadurch erhält die Lynchjustiz ihre Legitimität:

> „Keine Rast, keine Rast | Es hält kein Wall und auch kein Palast | Stur und stark, stur und stark | Treibt das Pack aus Gau und Mark | Holt den Strang, holt den Strang | Den Lumpen wird es angst und bang | An die Pflicht, an die Pflicht | Welch schöner Tag, das Volk hält heut' Gericht | [...] | Hep! Hep!".

Das Lied beginnt und endet mit der Parole „Hep! Hep!". Das ermöglicht eine historische Einordnung der geschilderten Szenerie: Die Hep-Hep-Unruhen waren teils spontane, teils organisierte Pogrome, die im August 1819 in Würzburg einsetzten und sich gegen die jüdische Emanzipation richteten. Zwar konnte das Militär die ersten Ausschreitungen gegen Jüd*innen unterbinden, aber in den folgenden Tagen eskalierte die antisemitische Gewalt, weshalb die jüdische Bevölkerung aus der Stadt Würzburg fliehen musste (vgl. Steidle 2001: 30). Die Pogrome gingen in Städte wie Amsterdam, Prag und Wien über. Die Parole „Hep! Hep!" bedeutete vermutlich *Hierosolyma est perdita* (übersetzt: Jerusalem ist verloren) und spielte auf die jüdische Vorstellung an, in der Not „nach Jerusalem und Palästina zurückzukehren und damit der Unterdrückung zu entkommen" (ebd.). In Anbetracht des geschichtlichen Hintergrunds der „Hep! Hep!"-Parole und der antisemitischen Stereotype von Macht / Reichtum („Palast") wird die antisemitische Intention der Schlangenmetapher deutlich. Der Machtfaktor wird im Lied „Seht wer euch (ver)führt" näher betrachtet. Es handelt von einer „Kaste heimlicher Regenten", die „durch alle Menschheitszeiten das Parkett der Macht beschreiten". Die geheime Elite sei verschlagen und lenke Banken, Medien und Politik. Sie predige Freiheit und Gleichheit, aber meine Sklaverei und Tyrannei. Die Merkmale, die der Elite zugeschrieben werden, stimmen mit antisemitischen Stereotypen überein. Die Elite wird im Lied durch die Schlange verkörpert. Es heißt:

> „Die Schlange, die die Völker plagt | Die an der Weltenesche nagt | Doppelzüngig gellt ihr Wort | Vergiftet Heim und Hort | Ganze Staaten Marionetten | Der Globus liegt in ihren Ketten | Der Weltenbrand wird längst geschürt | Seht, wer euch verführt".

Der antisemitische Verschwörungsmythos der Weltherrschaft wird mit der germanischen / nordischen Mythologie vermengt. Die *Midgardschlange*, die gemäß der Mythologie im Urozean lebt und die Erde (*Midgard*) umschlingt, ist ein Weltenfeind (vgl. Simek 1984: 264–265). Sie nagt an der Weltenesche (*Yggdrasill*) und verursacht den Weltenbrand (*Ragnarök*) (vgl.

Simek 1984: 321–322; 467). Die Eigenschaften und Verhaltensweisen der *Midgardschlange* werden mit antisemitischen Stereotypen eines mächtigen *Weltjudentums* verknüpft, das die Staaten der Erde lenke und die Völker vergifte und vernichte.

Von der Dehumanisierung zur Vernichtung?

Antisemitismus tritt in den Liedtexten des Rechtsrock in seinen unterschiedlichen Formen in Erscheinung: Rechtsrock-Bands reproduzieren antijudaistische Mythen und rassenantisemitische Stereotype, sie leugnen die Shoah und dämonisieren den Staat Israel. Rechtsrock-Bands nutzen sprachliche Codes wie *Ostküste*, *Protokolle* und *ZOG*, um Geld- und Machtgier sowie das Streben nach der Weltherrschaft zu unterstellen. Jüd*innen werden – codiert oder nicht-codiert – zur existenziellen Bedrohung erklärt. Daher müsse man sich gegen die jüdische Gefahr wehren. Bekämpfung und Vernichtungsfantasie sind ständige Begleiterinnen des Antisemitismus in Rechtsrock-Liedtexten.

Insgesamt spielen antisemitische Tiermetaphern in den Booklets und Liedtexten des Rechtsrock eine untergeordnete Rolle. Allerdings verdeutlichen die Beispiele, die im Rahmen des Artikels erläutert wurden, die historische Kontinuität der antisemitischen Bildsprache. An den Beispielen des Parasiten und der Schlange ist die Kontinuität vom historischen Nationalsozialismus zur extremen Rechten der Bundesrepublik sichtbar geworden. Zwar verzichten Rechtsrock-Bands im Vergleich zur antisemitischen NS-Propagandazeitung *Der Stürmer* in den meisten Fällen auf das antisemitische Stereotyp der jüdischen Physiognomie, aber die Eigenschaften und Verhaltensweisen, die in Booklets und Liedtexten zur Schau gestellt werden, sind ähnlich. Die Tiermetaphern sind bildliche Codes, um – fernab von Indizierung und strafrechtlicher Relevanz – antisemitische Botschaften an die Hörer*innen extrem rechter Musik zu senden. Zwar besteht kein unmittelbarer Zusammenhang zwischen der Dehumanisierung und Vernichtung des Feindes. Aber die Beispiele aus dem Rechtsrock offenbaren den Zusammenhang zwischen Dehumanisierung und Vernichtungs*wille*.

Der Rechtsrock darf keinesfalls isoliert betrachtet werden. Die dehumanisierende Sprache – die nicht nur im Rechtsrock, sondern auch auf der Straße, im Netz und in den Parlamenten zum Vorschein tritt – hat mit der extrem rechten Ideologie, aber auch mit den Entwicklungen innerhalb der Gesellschaft zu tun. Es ist ein Alarmsignal, wenn extrem rechte Kräfte – ob *AfD*, *PEGIDA (Patriotische Europäer gegen die Islamisierung des Abendlandes)* oder Neonazis – anderen Menschen ohne spürbaren Widerspruch aus der *Mitte* der Gesellschaft das Menschsein absprechen. Lutz Bachmann, Initiator der islamfeindlichen und rassistischen *PEGIDA*-Bewegung, bezeichnete politisch Andersdenkende in seiner Rede vom 07. Oktober 2019 als „Maden", „Parasiten" und „Volksschädlinge". Sie sollten in einen Graben geworfen und zugeschüttet werden (vgl. Der Spiegel 2019). Bereits Mitte 2017 erklärte ein sächsischer *AfD*-Politiker im Rahmen einer *PEGIDA*-Demonstration, das deutsche Volk leide „unter einem Befall von Schmarotzern und Parasiten", die den Deutschen „das Fleisch von den Knochen fressen" wollten (vgl. Der Tagesspiegel 2017). Dies sind lediglich zwei Beispiele öffentlicher Reden, die die Sprache des NS-Regimes und die Dehumanisierung des Feindes dokumentieren. Abseits der breiten Öffentlichkeit tritt die Dehumanisierung in einer Vielzahl an Metaphern und Vergleichen in Posts der Sozialen Medien in Erscheinung. So stellte Mathias ein enormes Ausmaß an Schädlingsmetaphern in der Sprache des *AfD/PEGIDA*-Milieus fest (vgl. Mathias 2017: 79ff.). Das verdeutlicht, wie stark sich in den letzten Jahren die dehumanisierende Sprache im Zuge der rassistischen Mobilisierung in der Gesellschaft verbreitet hat.

Literatur

Baird, Jay W. (1978): Das politische Testament Julius Streichers. Ein Dokument aus den Papieren des Hauptmanns Dolibois, in: Vierteljahreshefte für Zeitgeschichte, 4/1978, S. 660–693.

Bein, Alexander (1965): ‚Der jüdische Parasit'. Bemerkungen zur Semantik der Judenfrage, in: Vierteljahreshefte für Zeitgeschichte, 2/1965, S. 121–149.

Bibel (2021): 1. Buch Mose, Kapitel 3, Vers 1–24, Deutsche Bibelgesellschaft, online, https://www.die-bibel.de/bibeln/online-bibeln/lesen/BB/GEN.3/1.-Mose-3, 10.06.2021.

Botsch, Gideon/Raabe, Jan/Schulze, Christoph (2019): Rechtsrock. Aufstieg und Wandel neonazistischer Jugendkultur am Beispiel Brandenburgs, Berlin.

von Braun, Christina (1995): Viertes Bild: ‚Blut und Blutschande'. Zur Bedeutung des Blutes in der antisemitischen Denkwelt, in: Joachim Schlör/Julius H. Schoeps (Hg.): Antisemitismus. Vorurteile und Mythen, München, S. 80–95.

Büchner, Timo (2018): Weltbürgertum statt Vaterland. Antisemitismus im Rechts-Rock, Münster.

Büchner, Timo (2021): „Rechtsrock. Business, Ideologie & militante Netzwerke", Münster.

Der Spiegel (2019): Polizei Dresden ermittelt wohl gegen Pegida-Gründer Bach-mann, online, https://www.spiegel.de/politik/deutschland/lutz-bachmann-pe gida-gruender-drohen-wegen-einer-rede-wohl-ermittlungen-a-1290696.html, 07.03.2021.

Der Tagesspiegel (2017): So extrem sind die Kandidaten der AfD, online, https://w ww.tagesspiegel.de/themen/reportage/rechte-vor-einzug-in-den-bundestag-so-ext rem-sind-die-kandidaten-der-afd/20350578.html, 07.03.2021.

Dornbusch, Christian/Raabe, Jan (2002): Einleitung, in: Christian Dornbusch/Jan Raabe (Hg.): RechtsRock. Bestandsaufnahme und Gegenstrategien, Münster, S. 19–50.

Erb, Rainer (1999): ,Er ist kein Mensch, er ist ein Jud", in: Dieter Baacke/Klaus Fa-rin/Jürgen Lauffer (Hg.): Rock von Rechts II. Milieus, Hintergründe und Mate-rialien, Bielefeld, S. 142–159.

Erb, Rainer (2001): Der ewige Jude. Die Bildersprache des Antisemitismus in der rechtsextremen Szene, in: Klaus Farin/Henning Flad (Hg.): Reaktionäre Rebel-len. Rechtsextreme Musik in Deutschland, Berlin, S. 131–156.

Farin, Klaus/Flad, Henning (2001): Teil II: Die Texte, in: Klaus Farin/Henning Flad (Hg.): Reaktionäre Rebellen. Rechtsextreme Musik in Deutschland, Berlin, S. 9–84.

Flad, Henning (2002): Trotz Verbot nicht tot. Ideologieproduktion in den Songs der extremen Rechten, in: Christian Dornbusch/Jan Raabe (Hg.): RechtsRock. Bestandsaufnahme und Gegenstrategien, Münster, S. 91–123.

Hiemer, Ernst (1940): Der Pudelmopsdackelpinscher und andere besinnliche Er-zählungen. Nürnberg.

Hitler, Adolf (1936): Mein Kampf. Zwei Bände in einem Band. Ungekürzte Aus-gabe. Erster Band: Eine Abrechnung. Zweiter Band: Die nationalsozialistische Bewegung, München.

Hortzitz, Nicoline (1995): Die Sprache der Judenfeindschaft, in: Joachim Schlör/ Julius H. Schoeps (Hg.): Antisemitismus. Vorurteile und Mythen, München, S. 19–40.

Kohlstruck, Michael/Scheffler, Simone (2011): Das ,Heckerlied' und seine antisemi-tische Variante. Zu Geschichte und Bedeutungswandel eines Liedes, in: Michael Kohlstruck/Andreas Klärner (Hg.): Ausschluss und Feindschaft. Studien zu Anti-semitismus und Rechtsextremismus. Festschrift für Rainer Erb, Berlin, S. 135–158.

Krah, Franziska (2017): Die Bibel der Antisemiten. Geschichte und Gegenwart der Protokolle der Weisen von Zion", in: Franziska Krah (Hg.): Die Protokolle der Weisen von Zion kritisch beleuchtet. Eine Erledigung, von Binjamin Segel (1924), Freiburg im Breisgau, S. 7–29.

Mathias, Alexa (2015): Metaphern zur Dehumanisierung von Feindbildern. Eine korpuslinguistische Untersuchung zum Sprachgebrauch in rechtsextremen Mu-sikszenen, Frankfurt/Main.

Mathias, Alexa (2017): Von ‚Parasiten' und anderen ‚Schädlingen'. Feinddiskreditierung rechtspopulistischer und rechtsextremer Bewegungen in Deutschland, in: Linguistik Online, Bd. 82, Nr. 3, S. 79–94.

Pörksen, Bernhard (2000): Die Konstruktion von Feindbildern. Zum Sprachgebrauch neonazistischer Medien, Wiesbaden.

Raabe, Jan (2019): Rechtsrock in Deutschland. Funktionen, Entwicklung, zentrale Akteure – Umrisse eines wachsenden Problems, in: Gideon Botsch/Jan Raabe/Christoph Schulze (Hg.): Rechtsrock. Aufstieg und Wandel neonazistischer Jugendkultur am Beispiel Brandenburgs, Berlin, S. 19–44.

Rohrbacher, Stefan/Schmidt, Michael (1991): Judenbilder. Kulturgeschichte antijüdischer Mythen und antisemitischer Vorurteile, Reinbek.

Roos, Daniel (2014): Julius Streicher und ‚Der Stürmer' 1923–1945, Paderborn.

Salzborn, Samuel (2014): Antisemitismus. Geschichte, Theorie, Empirie, Baden-Baden.

Sammons, Jeffrey L. (1998): Die Protokolle der Weisen von Zion. Die Grundlage des modernen Antisemitismus – eine Fälschung. Text und Kommentar, Göttingen.

Schenderlein, Laura (2019): Feindbild Jude. Antisemitismus im Rechtsrock, in: Gideon Botsch/Jan Raabe/Christoph Schulze (Hg.): Rechtsrock. Aufstieg und Wandel neonazistischer Jugendkultur am Beispiel Brandenburgs, Berlin, S. 249–270.

Schmitz-Bering, Cornelia (2007): Vokabular des Nationalsozialismus, Berlin.

Schwarz, Julia (2010): Visueller Antisemitismus in den Titelkarikaturen der Zeitung ‚Der Stürmer', in: Werner Bergmann/ Brigitte Mihok/Juliane Wetzel/Peter Widmann (Hg.): Jahrbuch für Antisemitismusforschung, Nr. 19, Berlin, S. 197–216.

Segel, Binjamin (2017/[1924]): Die Protokolle der Weisen von Zion kritisch beleuchtet. Eine Erledigung, in: Franziska Krah (Hg.): Die Protokolle der Weisen von Zion kritisch beleuchtet. Eine Erledigung, von Binjamin Segel (1924), Freiburg im Breisgau, S. 33–505.

Simek, Rudolf (1984): Lexikon der germanischen Mythologie, Stuttgart.

Steidle, Hans (2001): Vorindustrielle Judenfeindschaft am Beispiel Würzburgs, in: Arbeitskreis des deutschen Antisemitismus (Hg.): Antisemitismus – die deutsche Normalität. Geschichte und Wirkungsweise des Vernichtungswahns, Freiburg im Breisgau, S. 17–33.

Urban, Monika (2014): Von Ratten, Schmeißfliegen und Heuschrecken. Judenfeindliche Tiersymbolisierungen und die postfaschistischen Grenzen des Sagbaren, Konstanz/München.

Timo Büchner

Quellen

Division Germania (2009): Manifest, Booklet, PC Records.
Hassgesang (2005): Alte Kraft soll neu entstehen, Booklet, PC Records.
Strafmass (2012): Wer mit dem Feuer spielt, Booklet, Germania Versand.

Lieder

Blutrein (2019): Kampf der Naturen, Album: Naturkampf, PC Records.
Die Lunikoff Verschwörung (2011): Schattenregierung, Album: L-Kaida, PC Records.
Division Germania (2009): Sturm & Streit, Album: Manifest, PC Records.
D.S.T. / Sturmkommando (2011): Erkenne den Feind!, Album: Morituri Vos Salutant, Gjallarhorn Klangschmiede.
Global Infected (2013): Das ewige Tier, One People One Struggle Records.
Global Infected (2013): Das ewige Tier Part I, Album: Das ewige Tier, One People One Struggle Records.
Global Infected (2013): Das ewige Tier Part II, Album: Das ewige Tier, One People One Struggle Records.
Hassgesang (2003): B.Z.L.T.B. (Bis zum letzten Tropfen Blut, 2003), Micetrap Records.
Hassgesang (2003): Final Fight, Album: B.Z.L.T.B. (Bis zum letzten Tropfen Blut), Micetrap Records.
Hassgesang (2003): Israel, Album: B.Z.L.T.B. (Bis zum letzten Tropfen Blut), Micetrap Records.
Hassgesang (2003): Schuldpropaganda, Album: B.Z.L.T.B. (Bis zum letzten Tropfen Blut), Micetrap Records.
Killuminati (2014): Konspiration, Album: Jetzt sind wir da, One People One Struggle Records.
Straftat (2007): Parasit, Album: Hail C18, Frontline Records.
Tonstörung (1992): Blut, Album: Deutsche, marschiert wider den undeutschen Geist.
W.U.T. (2019): Parasitäre Infektion, Album: Kleiner Ohrinfarkt, One People One Struggle Records.

Bildnachweise

Bild 1: „Das Ungeziefer", Der Stürmer, Nr. 39/1944 (Stadtarchiv Nürnberg, E39/II Nr. 917/1).

Bild 2: „Schlangenbrut", Der Stürmer, Nr. 40/1934 (Stadtarchiv Nürnberg, E39/II Nr. 406/1).

Bild 3: „Satansschlange Juda", Der Stürmer, Nr. 23/1939 (Stadtarchiv Nürnberg, E39/II Nr. 644/1).

Bild 4: Blutrein – „Naturkampf", 2019 (Repro Argumente & Kultur gegen rechts e.V.).

Bild 5: Division Germania – „Manifest", 2009 (Repro Argumente & Kultur gegen rechts e.V.).

Verborgener Nazi-Traum? Antisemitismus im volkstümlichen Schlager

Lukas Geck

Renaissance der Heimat

Mit dem Lied „Patrona Bavariae" gelingt dem *Original Naabtal Duo* im Jahr 1988 die Erstplatzierung beim Grandprix der Volksmusik. Damit ist nicht nur der eigene kommerzielle Durchbruch geschafft, sondern der eines ganzen Musikgenres. Der volkstümliche Schlager ist fortan populärster Strang des deutschsprachigen Schlagers (vgl. Grabowksi 1999: 14) und löst in den 1990er Jahren einen regelrechten Boom volkstümlicher Unterhaltung aus. Ihren Ursprung hat die in den 1970er Jahren entstandene Musikrichtung in der Volksmusik – die „sprunghafte Verschmelzung" mit dem Schlager (Heister 1994: 26) macht aus ihr ein unter modernen Produktionsbedingungen erzeugtes, massenwirksames Phänomen. Interpreten wie die *Kastelruther Spatzen*, *die Amigos*, die *Wildecker Herzbuben* oder auch Schlagerstar *Heino* haben großen Anteil an der Popularisierung des Genres und prägen bis heute die Branche. Neben der musikalischen und textlichen Gestaltung volkstümlicher Unterhaltung unterstreicht insbesondere die Fülle an unterschiedlichen Fernsehformaten die Bedeutung visueller Inszenierung. Musikantenstadl, Krone der Volksmusik, Grand Prix der Volksmusik, Superhitparade der Volksmusik oder der Musikantendampfer sind nur einige Beispiele der insbesondere in den 1990er Jahren das Fernsehprogramm dominierenden volkstümlichen Musikshows.[1] Zentraler Bezugspunkt auf inhaltlicher, musikalischer und visueller Ebene ist das Thema *Heimat*. Sie wird durchgängig als idyllisches, bäuerlich-ländliches Universum inszeniert, steht für die Sehnsucht nach einer „heilen Welt"

---

1 Auch wenn einige dieser Formate in den letzten Jahren abgesetzt wurden, ist die Nachfrage nach Volkstümlichkeit nicht gesunken: Mit den Festen der Volksmusik, die seit 2004 fünf Mal jährlich im ARD auf besten Sendeplätzen ausgestrahlt werden, ist es Florian Silbereisen gelungen mit Einschaltquoten von teilweise 7,5 Millionen Menschen eine der erfolgreichsten Shows des deutschen Fernsehens zu produzieren. Der seit den 1980er Jahren erfolgreiche Musikantenstadl wurde 2015 abgesetzt, obwohl *Andy Borg* zwischen 2005 und 2015 eine noch immer erfolgreiche Show moderierte.

und ist geprägt von traditionellen Wertvorstellungen über Gesellschaft, Geschlecht und Familie.

Vor dem Hintergrund seiner kontroversen Begriffsgeschichte (siehe z. B. Korfkamp/Steuten 2022; Costadura/Ries 2016; Bausinger 1990) stellt sich jedoch die Frage, ob und inwiefern sich diese Geschichte auch im Heimatbild des volkstümlichen Schlagers widerspiegelt und welche möglichen ideologischen Implikationen damit verbunden sind. So steht Heimat nicht nur im historischen und ideengeschichtlichen Zusammenhang mit den sich im 19. Jahrhundert ausbreitenden nationalistischen Tendenzen und der völkisch-rassistischen Heimat- und Heimatkunstbewegung des frühen 20. Jahrhunderts, sondern war wesentlicher Bestandteil der Blut-und-Boden-Ideologie des Nationalsozialismus. Alles Volkstümliche wurde im NS-Staat verklärt und ideologisch aufgeladen: Volksmusik und Volkslieder, aber auch der Bergfilm und die aus der Heimatkunst entstehende Blut-und-Boden-Literatur waren wichtige Träger der identitätsstiftenden Heimatsymbolik. Nach 1945 blieb das Themenfeld Heimat trotz seines Erbes auch weiterhin virulent. In den 1950er und 60er Jahren war es zentraler Referenzpunkt im Heimatfilm[2], Literatur und Musik[3] und prägte maßgeblich die alltagskulturelle Grundstimmung der frühen Bundesrepublik Deutschland. Auch wenn direkte Bezüge zur Blut-und-Boden-Ideologie fehlten, erinnerte insbesondere die visuelle Inszenierung, etwa der Heimatfilme, nicht selten an die völkische Heimatromantik des Nationalsozialismus (vgl. Salzborn 2020).

Julia Anspach stellt darüber hinaus fest: „Die Filme konstruieren eine Gemeinschaft als Charakteristikum von Heimat, die eines diffusen Feindbildes bedarf, dem antisemitische Implikationen eingeschrieben sind" (2008: 72). Doch inwiefern trifft dies auch auf den volkstümlichen Schlager zu? Georg Seeßlen formuliert polemisch, dass „jede größere Volksmusiksendung [...] die Rekonstruktion des faschistischen Großdeutschlands in den Grenzen von 1933 [ist]" (1993: 43). Das Ambiente treffe „genau die Balance zwischen Kirchweih und Reichsparteitag" (ebd.: 14).

---

2 Beim Heimatfilm handelt es sich zu einem großen Teil um Neuauflagen der im Nationalsozialismus produzierten Bergfilme, die dem Zwecke der Propaganda und vollständigen ideologischen Durchdringung aller Lebensbereiche dienten, auch wenn (oder gerade wegen) die harmlos wirkenden Erzählungen einen anderen Eindruck vermittelten.

3 In der jungen Bundesrepublik stießen vor allem Schlagerstar *Freddy Quinn* mit Liedern wie „Heimweh" (1956) oder *René Carol* mit „Kein Land kann schöner sein" (1960) auf große Resonanz (vgl. Grabowski 1999: 29).

Eine tiefere Auseinandersetzung mit NS-Kontinuitäten und insbesondere antisemitischen Einlagerungen im volkstümlichen Schlager stellt in der Forschung bislang eine Leerstelle dar. Daran setzt der Beitrag an und versucht sich an einer ersten Annäherung, ob und inwiefern mögliche Anknüpfungspunkte für Antisemitismus in diesem Genre enthalten sind. Als Grundlage für die Analyse dient das von Klaus Holz unter dem Begriff des „nationalen Antisemitismus" (2001) vorgeschlagene Modell zur Analyse antisemitischer Rhetoriken. Damit wird dem Umstand Rechnung getragen, dass sich die im politischen Diskurs und in der postnationalistischen Alltagskultur weiter bestehenden antisemitischen Denk- und Handlungsmuster in ihrer Kommunikation veränderten. Inwiefern antisemitische Semantiken in den Heimatkonstruktionen des volkstümlichen Schlagers enthalten sind, wird in diesem Beitrag anhand zweier Liedbeispiele diskutiert.

Zwischen Geborgenheit und Regression

Gilt Musik gemeinhin als Möglichkeit den Zwängen des Alltags zu entfliehen, wird Hörer*innen des volkstümlichen Schlagers in besonderem Maße der Rückzug in eine realitätsferne Sphäre vorgeworfen (vgl. v. Schoenebeck 1994: 8 ff.). Die Realitätsabkehr wird in der Literatur als Reaktion auf den durch die moderne Gesellschaft evozierten Verlust an Übersichtlichkeit, Geborgenheit und Sicherheit beschrieben (siehe z. B. Mendívil 2008; v. Schoenebeck 1994; Seeßlen 1993; Heister 1994). Charakteristisch für die imaginierte „heile Welt", insbesondere für die seit den 1970er Jahren immer populärer werdenden volkstümlichen Sendungen, ist eine

> „durchgreifende ästhetische Schematisierung und eine starke Verwendung der Landschaft, der Natur, als idealisierte Kulisse. Heimat – das ist die bürgerliche Utopie, die ‚Besänftigungslandschaft', das sind ‚klischierte romantische Naturbilder, überhöht von religiösen Gefühlen'" (Grabowski 1999: 27).

Typisch ist etwa das Tragen von trachtenähnlichen Kleidungen – prominente Beispiele sind etwa Dirndl und Lederhosen. Das Setting besteht häufig aus Bergen im Hintergrund, saftigen Blumenwiesen, plätschernden Bächen und traditionellen Architekturen im Vordergrund (vgl. ebd.: 36). In den Fernseh-Shows werden diese meist vereinfacht und überformt dargestellt, wie etwa die Nachbildungen von Alpenlandhäusern im Musikantenstadl zeigen. Das Publikum, sei es in der Show selbst oder vorm Fernseher, soll die Möglichkeit gegeben werden in eine heile Welt einzutauchen, die nicht nur zum Konsum von Heimat-Bildern und leichter Musik ein-lädt, sondern durch Partizipation – Mitsingen, Klatschen und Schunkeln – eine Art Gemeinschaftsgefühl erzeugen will. Inhaltliche Merkmale, neben heimatbezogenen Themen, sind unter anderem Liebe, Familie, Kindheit, Lebenshilfe, Alkohol und Männerfreundschaften, die rückwärtsgewandt, idealisierend und vereinfachend wiedergegeben werden (vgl. v. Schoene-beck 1994: 17).

Durch sämtliche musikalische Interpretationen ziehen sich Vorstell-ungen einer heilen Welt, die melodisch und textlich bewusst einfach ge-halten sind. Volkstümlicher Schlager ist darüber hinaus nicht nur eine männlich dominierte Musik, sondern beschreibt eine männliche Welt. Es treten mehr Männer als Frauen auf, die Frau ist die Rolle der seelischen und optischen Zierde des Mannes unterworfen, Kleidung und Verhalten signalisieren Tradition und Rollenakzeptanz (vgl. ebd.). Der Abstand zwi-schen Realität und der erzeugten Bilderbuchwelt, die Allgemeinheit der Bilder und die Naturalisierung von Heimat zu einer abgezogenen Vorstel-lung, erlaubt ein Abstreifen aller widersprüchlichen und individuellen Momente, wie Hermann Bausinger zeigt (vgl. 1990: 79f.).

Im Gegensatz zur klassischen Volksmusik weisen die Themen des volks-tümlichen Schlagers keine direkten geschichtlichen oder politischen Hin-tergründe auf. Auch auf melodischer, instrumentaler und ästhetischer Ebene lehnt der volkstümliche Schlager an Volksmusik an, steht jedoch nur noch wenig mit ihren Traditionen in Verbindung (vgl. Linde 2021). Hanns-Werner Heister bezeichnet den volkstümlichen Schlager als Nach-folger der Volksmusik, indem traditionelles Brauchtum massenmedial ge-brochen und unter modernen Produktionsbedingungen fortgeführt wird (vgl. 1994: 25). Während die Volksmusik „handgemacht" ist, arbeitet der volkstümliche Schlager mit elektrischen Instrumenten wie Keyboards, akustischen Effekten und wird in den meisten Fällen „Playback" gespielt. Die Unterschiede bestehen zudem in der ästhetischen Aufmachung der Interpreten auf Platten- und CD-Covers, in Konzerten und ihrer medialen Vermittlung (vgl. Grabowski 1999: 36).

Begriffliche Differenzierungen und die für andere Musikrichtungen ty-pische Abgrenzungspraxis sind innerhalb der volkstümlichen Szene aller-dings weniger von Bedeutung. In der Branche dienen Vereinfachungen, wie etwa die Subsumtion des deutschen Schlagers oder der volkstümlichen Musik unter den Begriff Volksmusik marktwirtschaftlichen Gründen. Ein markantes Beispiel sind die „Feste der Volksmusik" mit Moderator Florian Silbereisen, in denen keine traditionellen Volkslieder des 18. oder 19. Jahrhunderts performt werden, sondern „moderne" volkstümliche Musik, deutscher Schlager, Popmusik und andere verwandte Genres. Letztlich bilden die Musikrichtungen ein gemeinsames diskursives Feld und bedienen sich des gleichen konzeptuellen Systems zur Konstruktion einer deutschen musikalischen Kultur (vgl. Mendívil 2008: 170).

Auf kitschige Art und Weise verkörpert das Genre ein Nationalbewusstsein, dass „nichts anderes mehr sein [kann] als eine Ware, und wie jede Ware muß sie eine glänzende Oberfläche erhalten und einen Mythos verkörpern, der von ‚Natur‘ und ‚Ewigkeit‘ spricht" (Seeßlen 1993: 6). In der „gemeinsamen Regression" (ebd.) sieht Seeßlen eine neue Variante der Volksgemeinschaft, die sämtliche Klassengegensätze aufzuheben vermag. Im Gegensatz zur Pop-Musik, die den gleichen Warencharakter aufweist, werde im deutschen Schlager, und damit auch im volkstümlichen Schlager, der musikalische Wert komplett zugunsten des Tauschwerts aufgegeben und sämtliches widerständige Potenzial durch eine rein passive Konsumhaltung ersetzt (vgl. ebd.). Diese Passivität und die mit dem Topos Heimat verbundene Realitätsflucht mag eine Reaktion auf die Komplexität der modernen Gesellschaft sein. Doch ist fraglich, wie „heil" diese imaginierte Gegenwelt ist und ob in der Realitätsabkehr nicht auch eine Form von Abwehr steckt: nämlich die Weigerung, sich auf inhaltlicher, musikalischer und ästhetischer Ebene kritisch mit möglichen antisemitischen Einlagerungen und der nationalsozialistischen Vergangenheit auseinanderzusetzen.

„Zwischen Kirchweih und Reichsparteitag": Antisemitismus im Volkstümlichen Schlager

Mit Blick auf die Frage, ob und inwiefern sich in der Volkstümlichen Musik antisemitische Einlagerungen finden lassen, ist der Umstand zu berücksichtigen, dass Antisemitismus nach 1945 codiert, chiffriert oder über „Umwege" (vgl. Bergmann/Erb 1986) kommuniziert wird. Judenfeindliche Äußerungen waren nach 1945 zwar tabuisiert, im politischen Diskurs und in der Alltagskultur bestanden antisemitische Denk- und Handlungsmuster aber weiterhin fort.

Ein Analysemodell, das diesen Umstand berücksichtigt und antisemitische Semantiken in den Heimatkonstruktionen der Volkstümlichen Musik aufzudecken vermag, bietet Klaus Holz mit einem Ansatz zur Analyse der Kommunikationsstruktur antisemitischer Ressentiments (vgl. 2001). Konstitutiv für den modernen Antisemitismus ist seine Verknüpfung mit dem Nationalismus, weshalb Holz den Terminus „Nationaler Antisemitismus" vorschlägt. Dieser ist eine Form der Judenfeindschaft, „in der das ‚nationale‘ Selbstverständnis wesentlich durch die Abgrenzung von denen, die als Juden vorgestellt werden, konturiert wird" (ebd.: 16). Holz liefert einen umfassenden Beitrag zur soziologischen Antisemitismusforschung, der antisemitische Semantiken nicht in Abhängigkeit zu gesellschaftlichen, ökonomischen oder politischen Zusammenhängen analysiert, sondern die kontextunabhängige „Sinnstruktur der national-antisemitischen Weltanschauung systematisch zu rekonstruieren" sucht (ebd.: 112). Zur Analyse der Sinnstruktur der modernen Judenfeindschaft stellt er die nachfolgenden Kategorien auf.

Zentrales Merkmal des modernen Antisemitismus ist die Position des „Dritten". Während die nationale Ordnung der Welt auf der Unterscheidung zwischen partikularen Personengruppen (Völker, Staaten, Nationen) beruht, steht „der Jude" außerhalb dieser Ordnung. In dieser Konstruktion wird die nationale Identität der Wir-Gruppe als Gewissheit präsentiert, während „der Jude" in ihr das Gegenprinzip „Nicht-Identität" verkörpert. Die Infragestellung des nationalen Prinzips wird somit im „Juden" personifiziert und dient gleichzeitig als dessen Sicherung. Eng mit der national-antisemitischen Unterscheidung zwischen „(nationale) Identität" und „(jüdische) Nicht-Identität" verbunden ist das im nationalen Antisemitismus virulente Gegensatzpaar „Gemeinschaft/Gesellschaft". Hierbei steht „der Jude" für die Gesellschaft und die mit ihr als abstrakt und komplex assoziierten politischen, wirtschaftlichen, kulturellen und sozialen Prozesse. Die Gesellschaft wird als Bedrohung für die organisch gewachsene Gemeinschaft wahrgenommen, die entsprechend als homogenes, überschaubares Sozialgefüge imaginiert wird.

Ein weiteres Merkmal des nationalen Antisemitismus ist die Dichotomie „Opfer/Täter". Demnach werden Jüdinnen und Juden als Bedrohung der Wir-Gruppe imaginiert, die sich wiederum in der Opferperspektive sieht. Zentral für die Konstruktion der Wir-Gruppe sind einerseits Selbstzuschreibungen und andererseits komplementäre Fremdbilder. Zur Analyse der national-antisemitischen Wir-Gruppe plädiert Holz dafür, nicht ausschließlich das „Judenbild", sondern Selbst- und Fremdbild miteinander verknüpft zu analysieren. In der Logik des nationalistisch-antisemitischen Weltbildes liegt die einzige mögliche Lösung der „Judenfrage" in der Vertreibung oder Ermordung. Im Folgenden werden die Songs „Heimat" von *Heino* (2003) und „HeimatLiebe" von den *Kastelruther Spatzen* (2021) Klaus Holz folgend auf mögliche antisemitische Implikationen untersucht.

Heino: Heimat

Mit zahlreichen Studio- und Livealben, Kompilationen und Singles ist *Heino* einer der kommerziell erfolgreichsten Musiker und Ikone des volkstümlichen Schlagers. Ob „Kein schöner Land in dieser Zeit" (1967), „Schöne deutsche Heimat" (1983), „Ein Lied aus der Heimat" (1991) oder „Deutschland, meine Heimat" (2006): Seit Erscheinen seines gleichnamigen ersten Studioalbums im Jahr 1966 durchzieht das Thema Heimat *Heinos* gesamtes musikalisches Schaffen. Anlass für eine nähere Betrachtung der Musik *Heinos* bieten nicht nur seine eigenen Heimatinterpretationen, sondern auch Neuvertonungen von Heimat- und Volksliedern aus dem 19. Jahrhundert. Für Diskussionen sorgte *Heino* im Rahmen des ersten „NRW-Heimatkongresses" im März 2018. Dort war Heino als „Heimatbotschafter" geladen und überreichte Ministerin Ina Scharrenbach als Gastgeschenk seine 1981 erschienene Schallplatte „Die schönsten deutschen Heimat- und Vaterlandslieder". Die Liedersammlung enthält neben landsmannschaftlichen und kolonialen Stücken auch Soldatenlieder aus dem 19. Jahrhundert, die sich aufgrund ihres Nationalismus und Chauvinismus verherrlichenden Inhalts im Nationalsozialismus gefördert wurden (vgl. Tückmantel 2018). So gibt es unter anderem Überschneidungen mit dem „Liederbuch der SS", wie das Lied „Wenn Alle Untreu Werden" (Max von Schenkendorff 1814) zeigt. Dieses wurde von der Schutzstaffel (SS) als „Treuelied" verwendet. Zwar sind die Lieder nicht im Kontext des Nationalsozialismus entstanden, ihre Vereinnahmung durch die Nationalsozialisten als bloßen „Missbrauch" deutschen Liedguts zu bezeichnen, verkennt jedoch ihre ideologische Nähe zur Vorstellungswelt des Nationalsozialismus und damit mögliche Anknüpfungspunkte für antisemitische Ressentiments. Insofern ist neben der Entstehungsgeschichte der vom Heimatministerium als „historische Dokumente" bezeichneten Lied-Sammlungen auch die Rezeptionsgeschichte nicht außer Acht zu lassen.

Die selbstkomponierten Lieder *Heinos* stehen exemplarisch für den volkstümlichen Schlager: Sie zeichnen sich durch einfach gehaltene, bisweilen trivial erscheinende Texte und Melodien aus, die auf den ersten Blick allesamt harmlos wirken und – abgesehen von Begriffen wie Heimat – ideologischer Implikationen unverdächtig erscheinen. So sind etwa im Lied „Heimat", das 2003 auf dem Album „Freunde fürs Leben" erschien, keine offensichtliche antisemitische Stereotype ersichtlich.

Die erste Liedzeile „Auf der Welt gibt's viele Länder | und gibt's auch dies eine Land" deutet darauf hin, dass sich der Titel nicht auf eine bestimmte regionale Entität oder einen konkreten Ort bezieht, sondern auf Deutschland als Ganzes. Charakteristisch ist die Abgrenzung zu anderen

Ländern, wobei das Deutsche religiös aufgeladen ("und die Menschen, die hier leben | sind vereint in Gotteshand") sowie eine kollektive Bindung an die deutsche Nation unterstellt und in Kontrast zu den "anderen Ländern" überhöht dargestellt wird. Die Formulierungen "Jeden der hier wohnt verbindet | dieses eine starke Band" sowie "Heimat die für uns alle steht" bekräftigen diesen Anspruch; die Zugehörigkeit zu Deutschland wird nicht als individuelles Identitätsangebot verstanden, sondern als kollektiver Identitätszwang, der in ein nationales "Wir" und "Andere" aufteilt. Heimat wird somit zum Ausschlussprinzip, in der die Vorstellung einer homogenen Gemeinschaft inhärent ist. Im Gegensatz zu Julio Mendívil handelt es sich hierbei also keineswegs um ein bloß "ethnisiertes" Bild von Gemütlichkeit (vgl. 2008), sondern beschwört das Deutsche als nationale Identität der Wir-Gruppe. In den Liedzeilen fehlt jedoch die für den nationalen Antisemitismus zentrale Position des "Dritten". Zwar wird die eigene Nationalität überhöht dargestellt, es gibt jedoch weder eine direkte noch eine Umweg-Formulierung, die die nationale Ordnung durch "den Juden" bedroht sieht. Fraglich ist zudem, ob *Heino* eine Abstammungsgemeinschaft besingt – dies lassen zumindest die Liedzeilen "und die Menschen, die hier leben" und "Jeden der hier wohnt verbindet" anzweifeln. Gleichzeitig steckt in dem Satz ein klares Außen, das die Aufnahme ins nationale Kollektiv verunmöglicht. Auch die mit der national-antisemitischen Unterscheidung zwischen "(nationale) Identität" und "(jüdische) Nicht-Identität" einhergehende Dichotomie "Gemeinschaft/Gesellschaft" ist in dem Lied nicht unbedingt ersichtlich.

Der homogenisierende Grundtenor des Liedes deutet jedoch darauf hin, dass *Heino* eine organisch gewachsene und überschaubare Gemeinschaft besingt, die frei von Widersprüchen und bar jeglicher Ambivalenz ist, die moderne Vergesellschaftung mit sich bringt. Möglicherweise ist deshalb die konkrete Nennung der Gesellschaft nicht nötig: Die vereinfachende Darstellung von Heimat und die religiöse Aufladung ("sind vereint in Gotteshand") induzieren ein gewisses antimodernes Moment. Die Dichotomie "Opfer/Täter", die charakteristisch für sekundären Antisemitismus ist, fehlt gänzlich in *Heinos* "Heimat".

Vor dem Hintergrund der fehlenden zentralen Merkmale des nationalen Antisemitismus, die Figur des "Dritten" sowie die "Täter/Opfer"-Dichotomie, sind jedoch auch mit Anwendung des Schemas keine codiert formulierten antisemitischen Ressentiments erkennbar. Die Beschwörung einer homogenen Gemeinschaft, in der das Deutsche zum kollektiven Identitätszwang wird und im Widerspruch zur Moderne steht, bieten jedoch Anknüpfungspunkte für strukturell antisemitisches Denken.

Kastelruther Spatzen: HeimatLiebe

Im Juli 2021 haben die *Kastelruther Spatzen* ihr 43. Studioalbum veröffentlicht. Unzählige Auszeichnungen, darunter 13 Echos, belegen den Erfolg der Südtiroler Gruppe. In der Volkstümlichen Welt ist die Popularität ungebrochen: Nach wie vor gilt sie als „unangefochtene Speerspitze der deutschsprachigen Volksmusik" (o. V. 2021). Sowohl auf textlicher, visueller und auf musikalischer Ebene hat sich seit Bestehen der Gruppe nicht viel verändert.

Beim Hören des 2021 erschienenen Lieds „HeimatLiebe" fallen keine offen antisemitischen Ressentiments auf. Die für die Figur des „Dritten" notwendige Aufteilung in ein nationales „Wir" und „Sie", in dem „der Jude" als Gegenprinzip gilt, ist auf den ersten Blick nicht zu erkennen. Die ersten vier Liedzeilen zeigen jedoch eindrücklich, dass die Konstruktion einer „Wir"-Gruppe auch ohne solche Abgrenzungen auskommt: So stellen die *Kastelruther Spatzen* die Heimat, also das Eigene, überhöht („Denn was ich seh' ist ein Diamant") und religiös aufgeladen („Ein Juwel von Gottes Hand") dar. Die Formulierung „Für das Land, das uns zu Herzen geht" deutet darauf hin, dass auch hier die Zugehörigkeit zu einem Land nicht als individuelles, sondern kollektiv bindendes Identitätsangebot verstanden wird. Heimat kann in dem Lied also als Sozialkategorie gefasst werden, wobei auch nach näherer Betrachtung eine Unterscheidung zwischen Identität und Nicht-Identität nicht erkennbar ist. Das Gegensatzpaar „Gemeinschaft/Gesellschaft" hingegen klingt etwas deutlicher an, wie die Zeilen zeigen: „Denn die Heimat ist der schönste Ort | Wo die Freundschaft immer zählt | Wo man fest zusammenhält, ist der schönste Platz der Welt".

In dem in der Volkstümlichen Musik immer wiederkehrenden Motiv der Freundschaft steckt implizit die Ablehnung des Stadtlebens, das mit Anonymität, Vereinzelung und Dekadenz gleichgesetzt wird. In diesem Zusammenhang ist die Liedzeile „Der Himmel strahlend blau" nicht nur eine „heile Welt"-Metapher in Kontrast zur grauen Stadt, sondern inszeniert etwas Unschuldiges, Eindeutiges, in dem Ambivalenz und letztlich die Moderne keinen Platz haben.

Wie auch in *Heinos* Lied „Heimat" fehlt in „HeimatLiebe" die für den nationalen Antisemitismus charakteristische Täter-Opfer-Umkehr. Aufgrund der ebenfalls fehlenden Konstruktion einer eindeutigen „Sie"-Gruppe, sowie einer Figur des „Dritten", können auch in diesem Lied keine antisemitischen Semantiken nachgewiesen werden. Tatsächlich kommt die Konstruktion einer „Sie"-Gruppe bzw. eines Anderen in der Volkstümlichen Musik selten zum Vorschein. Doch die Idealisierung von Heimat, die nicht nur bei den *Kastelruther Spatzen* gängiges Motiv ist, sowie die volkstümliche Tendenz in Bezug auf Heimat homogene Sozialgefüge zu unterstellen, sind zumindest anschlussfähig an nationalistische Weltdeutungen. Die religiöse und nationale Überhöhung eines als homogen imaginierten Kollektivs und letztlich die antimodernen Elemente, die in der hochstilisierten Ländlichkeit vorhanden sind, bieten Anschluss an antisemitische Weltdeutungen.

Verborgener Nazi-Traum?

Auf textlicher Ebene lassen sich in den Liedern „Heimat" und „HeimatLiebe" weder offene noch codiert formulierte antisemitische Ressentiments wiederfinden. In beiden Liedern fehlt in den Heimatkonstruktionen die zentrale Figur des „Dritten" sowie „Täter/Opfer"-Dichotomien, und auch die Konstruktion einer „Sie"-Gruppe bzw. eines Anderen kommt nicht direkt zum Vorschein. Die Beschreibung der „Wir"-Gruppe enthält jedoch eine Verbindung zwischen geografischem Ort und bevölkerungspolitischer Zuschreibung und kann als Sozialkategorie gelesen werden. So wird in beiden Liedbeispielen eine Auffassung von Heimat vermittelt, die nicht nur religiös und national aufgeladen ist, sondern eine homogene Gemeinschaft beschwört, in der das Deutsche zum kollektiven Identitätszwang wird. Samuel Salzborn weist darauf hin, dass ebendieser Bedeutungsdimension des Begriffs Heimat eine strukturell völkische Dimension inhärent ist,

> „da Menschen eine nicht-soziale und damit vorpolitische Verbindung mit einem konkreten Raum zugeschrieben wird, der zugleich nicht das objektive Zugehörigkeitsgefühl betont, sondern eine kollektive Bindung von Menschengruppen an geografische Orte unterstellt" (2020: 47).

Bei diesem Heimatbegriff geht es letztlich nicht um ein individuelles Identitätsangebot, sondern um kollektiven Identitätszwang, der Menschen in „Wir" und „Andere" aufteilt. Diese Aufteilung beinhaltet vor allem Vorstellungen einer Gesellschaft als homogene Abstammungsgemeinschaft und die Fiktion, dass aus diesem Zusammenhang eine homogene Kultur folge (vgl. ebd.).

Die in den Liedern besungene ländliche Idylle ist nicht bloß Ausdruck einer Infragestellung der Schattenseiten der Moderne, ebenso wenig wie das im volkstümlichen Schlager häufig bemühte Bild der heilen Provinz gegen die sündige Großstadt. Mendívil zeigt mit Blick auf den Schlager, dass die Skepsis gegenüber der Moderne zum Symbol einer feindlichen Haltung gegenüber Aufklärung, Industrialisierung und Urbanisierung schlechthin ist (vgl. 2008: 247). Dieser Antimodernismus sowie das als Reaktion auf die moderne Vergesellschaftung beschworene Gegenbild einer homogenen Gemeinschaft, in der das Deutsche zum kollektiven Identitätszwang wird, steht in Kontinuität zu den antiaufklärerischen und chauvinistischen Heimatvorstellungen der Heimatbewegung des 20. Jahrhunderts (vgl. ebd.: 237) und knüpft nahtlos an die Blut-und-Boden-Ideologie des Nationalsozialismus an.

Mit Shulamit Volkov gesprochen, speist sich der Antimodernismus aus den in der entstehenden Moderne einsetzenden Prozess der Verzahnung antisemitischer Denk- und Weltbilder mit allgemeinen politischen und gesellschaftlichen Phänomenen (vgl. 2000). Als Reaktion auf die politische und rechtliche Emanzipation von Jüdinnen und Juden Anfang des 19. Jahrhunderts und in Verbindung mit der Herausbildung von Nationalstaaten entwickelte sich Antisemitismus als umfassende Weltanschauung, in der „der Jude" zum verhassten Symbol der modernen Welt geworden ist (vgl. ebd.: 29 f.). Sämtliche als ambivalent oder negativ erfahrenen abstrakten gesellschaftlichen, wirtschaftlichen und kulturellen Modernisierungsprozesse werden auf „die Juden" projiziert. Sie werden nicht nur mit dem Abstrakten als solchem gleichgesetzt, sondern als allmächtiges Kollektiv imaginiert, dessen Ziel die Zersetzung des „Volkskörpers" ist. All diese Aspekte müssen nicht unmittelbar in den Liedern des volkstümlichen Schlagers vorhanden sein – dafür sind die Texte meist zu trivial. Dennoch findet sich in der Beschwörung des ländlichen, „heile-Welt"-Idylls, das sich mehr oder minder immer gegen die Moderne richtet, Einfallstore für antisemitisches Denken.

In der antimodernen Haltung steckt noch eine weitere Dimension: Wie Salzborn mit Blick auf die Heimatfilme zeigt, werden soziale Gefüge der

> „Sphäre des Politischen entzogen, zugleich aber in der Verklärung der gegenaufklärerischen Dörflichkeit und der oft als exotisiert gezeichneten und abgelehnten ‚Stadtmenschen' nicht nur einer Glorifizierung der ‚Idiotie des Landlebens' das Wort geredet, sondern in der damit verbundenen Inwendigkeit und Ausweglosigkeit […] der Topos einer Schicksalhaftigkeit inszeniert, der man nicht entrinnen könne" (Salzborn 2020: 48).

Wie Bausinger anmerkt, erlaubt diese Haltung nicht nur ein Abstreifen aller widersprüchlichen Elemente (vgl. 1990: 79f.), sondern auch die Leugnung jeglicher gesellschaftlichen Verantwortung sowie die (mehr oder weniger direkte) Mitschuld an den nationalsozialistischen Verbrechen. Vor diesem Hintergrund ist fraglich, ob sich das Bedürfnis nach Realitätsflucht im volkstümlichen Schlager lediglich aus einer Abwehrhaltung gegen die komplexer werdende Gesellschaft speist oder zu einem gewissen Maße auch mit der Weigerung einhergeht, sich mit der nationalsozialistischen Vergangenheit auseinanderzusetzen. In dieser Haltung steckt letztlich auch der Unwille oder das Unvermögen, sich mit Antisemitismus als zentraler Ideologie des Nationalsozialismus zu beschäftigen.

Es stellt sich jedoch auch die Frage, inwiefern Musik – hier der volkstümliche Schlager – so etwas leisten kann. Wie würden Songtexte aussehen, die den Heimatbegriff historisch-kritisch einordnen? Müsste das Musikantenstadl wegen seiner ästhetischen Nähe zur Heimatsymbolik des Nationalsozialismus auf seine Alpenland-Optik verzichten? Welche Form der Auseinandersetzung mit den nationalsozialistischen Verbrechen ist innerhalb des volkstümlichen Schlagers überhaupt möglich? Diese und weitere Fragen, die die Substanz des volkstümlichen Schlagers in den Blick nehmen, werden wohl kaum innerhalb der Branche thematisiert. Ebenso ist anzuzweifeln, dass der Heimatbegriff und seine ideologischen Implikationen einer kritischen Überprüfung unterzogen werden. Die Schlagerwelt will genau das Gegenteil: aus den Zwängen des Alltags und der Realität entfliehen, Einfachheit vermitteln. Das hypostasierte Bedürfnis nach Sicherheit, Geborgenheit und Schutz bedeutet jedoch auch Resignation und Misstrauen gegenüber allem Unbekanntem (vgl. v. Schoenebeck 1994: 20), insbesondere gegenüber Entwicklungen, die mit der modernen Gesellschaft einhergehen. Insofern gilt auch die Auseinandersetzung mit der nationalsozialistischen Vergangenheit in diesem Zusammenhang eher als Störfaktor.

Das Beschwören einer Gemeinschaft – die Songs von *Heino* und den *Kastelruther Spatzen* können als exemplarisch für das gesamte Genre betrachtet werden – mag kitschig und bisweilen harmlos erscheinen. Dennoch beinhaltet der Topos Heimat Elemente, die über Vorstellungen eines Alpenlandidylls mit plätschernden Bächen und zwitschernden Vögeln hinausgehen. Als Sozialkategorie liegt ihr ein manichäisches, antimodernes Weltbild zugrunde, das Anknüpfungspunkte für antisemitische Weltdeutungen und Stereotype enthält. In dem Wunsch nach einer „heilen Welt", so wie sie im volkstümlichen Schlager gezeichnet wird, kann insofern auch der Wunsch nach einer repressiven, gegenaufklärerischen und bisweilen faschistischen Gegenwelt stecken. Hierbei ist die visuelle Inszenierung nicht außer Acht zu lassen. So weisen Heimatdarstellungen in sämtlichen Musikshows und -clips Kontinuitäten zur nationalsozialistischen Heimat-Ästhetik auf. Es ist zu vermuten, dass von Schunkeln, Mitsingen und Klatschen in Bierzelten keinerlei Gefahr für die demokratische, freiheitliche und pluralistische Gesellschaft ausgeht. Die spezifische Verknüpfung von kognitiven und emotionalen Elementen in der volkstümlichen Unterhaltung kann jedoch ein Einfallstor für antisemitische Ressentiments darstellen. Interessant wäre daher z. B. Rezipient*innen in den Fokus zu nehmen und zu untersuchen, wie sich der Konsum volkstümlicher Musik in politischen Einstellungen niederschlägt. Mit Blick auf die visuelle, textliche und emotionale Inszenierung des volkstümlichen Schlagers kann jedoch festgehalten werden: Er ist verborgener und offener Nazi-Traum zugleich.

Literatur

Anspach, Julia (2008): Antisemitische Stereotype im deutschen Heimatfilm nach 1945, in: Heinz Ludwig Arnold/Matthias N. Lorenz (Hg.): Juden. Bilder, München, S. 61–73.

Bausinger, Hermann (1990): Heimat in einer offenen Gesellschaft. Begriffsgeschichte als Problemgeschichte, in: Will Cremer/Ansgar Klein (Hg.): Heimat. Analysen, Themen, Perspektiven, Bielefeld, S. 76 – 90.

Bergmann, Werner/Erb, Rainer (1986): Kommunikationslatenz, Moral und öffentliche Meinung. Theoretische Überlegungen zum Antisemitismus in der Bundesrepublik Deutschland, in: Kölner Zeitschrift für Soziologie und Sozialpsychologie 38, S. 223–246.

Costadura, Edoardo/Ries, Klaus (2016): Heimat gestern und heute. Interdisziplinäre Perspektiven, Bielefeld.

Grabowski, Ralf (1999): „Zünftig, bunt und heiter“: Beobachtungen über Fans des volkstümlichen Schlagers, Tübingen.

Heister, Hanns-Werner (1994): „Volkstümliche Musik“ zwischen Kommerz, Brauchtum und Politik, in: Helmut Rösing (Hg.): Musik der Skinheads und ein Gegenpart. Beiträge zur Popularmusikforschung, Hamburg, S. 25–45.

Holz, Klaus (2001): Nationaler Antisemitismus. Wissenssoziologie einer Weltanschauung, Hamburg.

Korfkamp, Jens/Steuten Ulrich (2022): Was ist Heimat? : Klärung eines umkämpften Begriffs, Frankfurt/Main.

Kyburz, Kevin (2015): Quotencheck. „Musikantenstadl“, https://www.quotenmeter.de/n/79107/quotencheck-musikantenstadl

Linde, Malte (2021): Volksmusik, online, https://www.planet-wissen.de/kultur/musik/volksmusik/index.html, 15.08.2021.

Mendívil, Julio (2008): Ein musikalisches Stück Heimat: Ethnologische Beobachtungen zum deutschen Schlager, Bielefeld.

o. V. – Weltbild (2021): Heimatliebe, online, https://www.weltbild.de/artikel/musik/heimatliebe_34699904-1, 24.08.2021.

Salzborn, Samuel (2020): Kollektive Unschuld. Die Abwehr der Shoah im deutschen Erinnern, Berlin und Leipzig.

Lukas Geck

Seeßlen, Georg (1993): Volkstümlichkeit: über Volksmusik, Biertrinken, Bauerntheater und andere Erscheinungen gnadenloser Gemütlichkeit im neuen Deutschland, Greiz.

v. Schoenebeck, Mechthild (1994): „Wenn die Heidschnucken sich in die Äuglein gucken…". Politische Inhalte des volkstümlichen Schlagers, in: Helmut Rösing (Hg.): Musik der Skinheads und ein Gegenpart: Die „Heile Welt" der volkstümlichen Musik, Baden-Baden.

Tückmantel, Ulli (2018): Heimatkongress: Ina Scharrenbach – eine Ministerin mit „Vaterlandsliedern", online, https://www.wz.de/politik/landespolitik/heimatkongress-ina-scharrenbach-eine-ministerin-mit-vaterlandsliedern_aid-25751499, 20.08.2021.

Volkov, Shulamit (2000): Antisemitismus als kultureller Code, in: Dies.: Antisemitismus als kultureller Code, 10 Essays, München.

Lieder

Heino (1967): Kein schöner Land in dieser Zeit, Columbia Records.

Heino (1983): Schöne deutsche Heimat, EMI.

Heino (1991): Ein Lied aus der Heimat, EastWest.

Heino (2003): Heimat, Album: Freunde fürs Leben, Shop24Direct.

Heino (2006): Deutschland, meine Heimat, Sony BMG Music Entertainment.

Kastelruther Spatzen (2021): HeimatLiebe, Album: HeimatLiebe, We love Music Records.

Max von Schenkendorff (1814): Wenn Alle Untreu Werden.

Die Affinität zu antisemitischen Stereotypen im deutschsprachigen Gangsta-Rap – Befunde einer qualitativen Befragung von Gangsta-Rap-Hörer*innen

Jakob Baier/Marc Grimm

1. Einführung

Im Frühjahr 2018 löste die Verleihung des Musikpreises ECHO an die beiden Gangsta-Rapper *Kollegah* und *Farid Bang* eine breite Debatte über antisemitische Inhalte im deutschsprachigen Gangsta-Rap aus (vgl. Baier 2019: 108 ff.). Dabei wurde deutlich, dass antisemitische Motive in keinem anderen Genre populärer Musik so offen in Erscheinung treten. Im Fokus der breiten Mediendebatte standen die antisemitisch konnotierten Lieder, Musikvideos und Social-Media-Statements von Felix Blume alias *Kollegah* – bis zu diesem Zeitpunkt einer der erfolgreichsten und bekanntesten Vertreter des deutschsprachigen Gangsta-Rap. Doch auch andere populäre Gangsta-Rapper wie etwa *Massiv*, *Haftbefehl*, *Celo&Abdi*, *Sinan-G* oder *Bushido* rückten aufgrund antisemitischer Textzeilen und öffentlichen Äußerungen punktuell ins öffentliche Blickfeld (vgl. ebd. 111 f.; vgl. Funk 2018).

Seit der Entstehung des deutschsprachigen Gangsta-Rap Anfang der 2000er Jahre sind die darin propagierten Gesellschaftsvorstellungen und Geschlechterbilder Gegenstand öffentlicher Kritik. Die Entwicklung des Gangsta-Rap zu einer dominanten Jugendkultur wurde von einer skandalisierenden Berichterstattung über gewaltgeladene, autoritäre und misogyne, trans- und homofeindliche Textinhalte begleitet (vgl. Grimm/Baier 2020: 432ff.). Bis heute indiziert die Bundesprüfstelle für jugendgefährdende Medien (BPjM) einzelne Veröffentlichungen, sofern eine „Gefährdung von Kindern und Jugendlichen im Sinne einer sozialethischen Desorientierung" (BPjM 2018: 26) besteht. Weder die öffentliche Kritik an den Inhalten des Gangsta-Rap noch Indizierungsverfahren der BPjM gegen bekannte Gangsta-Rapper haben den Erfolg des Genres gemindert – im Gegenteil: Nach wie vor führen Gangsta-Rapper mit ihrer Musik regelmäßig die deutschen Charts an und erreichen als Social-Media-Stars Millionen ihrer meist jugendlichen Fans. „Die Faszination Gangsta-Rap" titelte daher das Magazin *Der Spiegel* Anfang des letzten Jahres in einer Titelstory und fragte mit Blick auf das „Waffengeprotze und [die] frauenverachtenden

Texte" (Backes et al. 2020) zugleich: „Was findet die Generation Greta daran?" (ebd.).

Über das Konsumverhalten von Gangsta-Rap-Hörer*innen im Allgemeinen und die Rezeptionswirkung des Gangsta-Rap im Speziellen ist bislang nur wenig bekannt (vgl. Huber 2018: 12; Seeliger 2021: 14). Einzelne empirische Studien zur Rezeptionsforschung liefern erste Einblicke in das Dunkelfeld. Eine frühe qualitative Studie von Wegener (2007) zeigte, auf welche Weise Gangsta-Rap für jugendliche Hörer*innen als Projektionsfläche für eigene Aufstiegsaspirationen und Anerkennungskämpfe fungieren kann (vgl. Wegener 2007: 54ff.). In einer quantitativen und qualitativen Befragung von Schüler*innen verschiedener Schulformen in Nordrhein-Westfalen hinsichtlich ihres Gangsta-Rap-Konsums ermittelte Markus Sator den Bildungshintergrund als relevanten Faktor bei der Rezeptionswirkung des Gangsta-Rap (vgl. 2016: 60ff.). In einer jüngeren Untersuchung von Hendrik Schneider et al. (2020) wurde deutlich, dass der Großteil der jugendlichen Gangsta-Rap-Hörer*innen hinsichtlich der im Gangsta-Rap verhandelten Themen – insbesondere Gewalt und Kriminalität – zwar zwischen Fiktion und Realität unterscheiden kann. Allerdings diagnostizierte die Forscher*innengruppe „einen kleinen Kreis der Fans dieser Musikrichtung, der sich in den Geschichten der Songs, in der transportierten Einstellung zu Recht und Justiz, Frauen, Gewalt und Drogen wiederfindet und die dort kommunizierten Werte teilt" (ebd.: 72).

Zum Zusammenhang von Gangsta-Rap-Konsum und antisemitischen, autoritären und misogynen Einstellungsmustern seiner Hörer*innen liegen bislang keine empirischen Untersuchungen vor. Mit Blick auf die große Beliebtheit von Gangsta-Rap unter Jugendlichen und jungen Erwachsenen sowie der Genre-immanenten Abwertungsvorstellungen ergeben sich Fragen, auf die dieser Beitrag erste Antworten liefern möchte.

Welche antisemitischen Motive werden über den Gangsta-Rap vermittelt? Wie werden sie von Jugendlichen verstanden? Und welche Herausforderungen ergeben sich bei der Entwicklung von Indizes zur qualitativen Untersuchung der Gangsta-Rap-Rezeption und dem Verhältnis von antisemitischen Einstellungen? Um diese Fragen zu beantworten, erfolgt zunächst eine Darstellung der historischen Genese des Antisemitismus im US-amerikanischen und im deutschsprachigen Rap. Anschließend werden die Ergebnisse einer qualitativen Erhebung diskutiert, die im Rahmen unseres Forschungsprojekts *Die Suszeptibilität von Jugendlichen für Antisemi-*

tismus im Gangsta Rap und Möglichkeiten der Prävention[1] ermittelt wurden. Abschließend werden die Herausforderungen der Instrumentenentwicklung einer jugend(kulturen)bezogenen empirischen Rezeptionsforschung diskutiert.

2. Antisemitismus im US-amerikanischen und deutschsprachigen Gangsta-Rap

In der zweiten Hälfte der 1970er Jahre entstand in den Großstadtghettos der USA die Hip-Hop-Bewegung. Auf selbstorganisierten Blockparties in den New Yorker Stadtteilen Bronx und Queens animierten DJs das Publikum durch Sprechgesangseinlagen zum Tanzen. Dies gilt als die Geburtsstunde des *Rap*, der Ende der 1970er Jahre neben dem *Breakdancing*, *Graffiti-Writing* und *DJing* zur bedeutsamsten Disziplin der Hip-Hop-Kultur avancierte. Allen voran schwarze und hispanische Jugendliche oder junge Erwachsene entwickelten Rap weiter und nutzten ihn zunehmend als Medium, um ihre eigene von Rassismus, Gewalt und sozioökonomischer Ausgrenzung geprägte Alltagswelt des Ghettos zu beschreiben (vgl. Klein/Friedrich 2002: 55 ff.). Im Verlauf der 1980er Jahre entwickelte sich zunächst der *Message*- bzw. *Conscious-Rap* und wenig später *Gangsta-Rap* zu den beiden dominanten und ökonomisch erfolgreichsten Rap-Genres und bedeutsamen Segmenten innerhalb der amerikanischen Musik- und Unterhaltungsindustrie.

In ihren Liedern thematisierten populäre Rapper wie *Chuck D*, *Rakim*, *KRS-One* oder die Gangsta-Rap-Formation *N.W.A* zum einen die soziale und ökonomische Randständigkeit der schwarzen Ghettojugend. Zum anderen übten sie Kritik an staatlichen Institutionen, Medien und/oder politischen Eliten (vgl. Chang 2005: 179). Dabei zeigten einige der bekannten Rapper bereits frühzeitig eine Offenheit gegenüber konspirationistischen Erzählungen und verschwörungsideologischen Akteur*innen, wie etwa der *Nation of Islam* mit ihrem Anführer Farrakhan oder der sogenannten *Nation of Gods and Earths* (auch *Five Percenter* genannt) (vgl. Ogbar 2007: 3; Gosa 2015: 59). Im Verlauf der 1990er Jahre fanden sich in populären Liedern des US-amerikanischen Rap vermehrt Bezugnahmen auf Verschwörungsmythen, die sowohl offen als auch latent antisemitisch konnotiert waren (vgl. Baier 2021).

---

1 Die Projekt-Webseite: https://www.uni-bielefeld.de/fakultaeten/erziehungswissensc haft/zpi/projekte/antisemitismus-gangsta-rap/.

Jene verschwörungsmythologischen Codes und Motive tauchten ab Ende der 1990er zunächst in einzelnen Liedern des deutschsprachigen Untergrund-Battle-Rap auf.[2] Darüber hinaus bedienten die zu diesem Zeitpunkt noch unbekannten Battle-Rapper wie *Kool Savas* und *Taktlo$$* in ihren Liedern Analogien zur Geschichte des Nationalsozialismus.[3] Der Battle-Rap der späten 1990er Jahre – und mit ihm eine auf verbale Enthemmung und moralische Transgression abzielende Rhetorik – bildete einen subkulturellen Nährboden für die Entstehung des deutschsprachigen Gangsta-Rap. Die Pioniere des Gangsta-Rap in Deutschland – allen voran Rapper aus dem Umfeld des 2001 gegründeten Berliner Labels *Aggro Berlin*, wie *Bushido* und *Fler* – knüpften in ihrer Selbstinszenierung als aggressive und autoritäre Herrscherfiguren an die Semantik und Motive des Battle-Rap an. Neben einer gewaltgeladenen Bildsprache provozierten sie unter anderem mit Textzeilen wie „Salutiert, steht stramm, ich bin der Leader wie A." (*Bushido* – „Electro Ghetto", 2004) oder ihr „Tunten werdet vergast" (*Bushido* – „Das Leben ist hart (Demoversion)", 2007) oder mit nationalistischen Argumentationen und Motiven (vgl. *Fler* – „Fremd im eigenen Land", 2008).

In der zweiten Hälfte der 2000er Jahre bildeten sich in weiteren Städten wie Frankfurt, Essen oder Hamburg weitere subkulturelle Zentren des deutschsprachigen Gangsta-Rap. Gangsta-Rapper wie *Xatar* (Bonn), *PA Sports* (Essen), *Kollegah* und *Farid Bang* (Düsseldorf) und – ab den 2010er Jahren – *Celo&Abdi* (Frankfurt) sowie *Haftbefehl* (Offenbach) stiegen zu zentralen Protagonisten des Genres auf und zählen nach wie vor zu den erfolgreichsten und wichtigsten Akteuren des Genres. In ihren Texten bedienten sie „Stereotype vom gewaltaffinen jungen Mann mit Migrations- und ohne Bildungshintergrund" (Seeliger 2021: 206), die bis heute die Sozialfigur des Gangsta-Rappers definieren. Durch das Genre-immanente Motiv des *Battles* finden sich in Liedern und Musikvideos des Gangsta-Rap Gewaltfantasien, die sich gegen reale oder fiktive Gegner*innen, nicht selten aber auch gegen Frauen und/oder sexuelle Minderheiten richten (vgl. Seeliger 2021: 21). Jene gewaltglorifizierenden Elemente des Gangsta-Rap dienen häufig einer hypermaskulinen Selbstinszenierung ihrer fast aus-

---

2 Zum Beispiel in „Kilu..." (1998) von *Taktloss, Derill* und *Kool Savas*.

3 So heißt es beispielsweise im Lied „Bass" (1997) von *Westberlin Maskulin*: „Ich bin ein Nazi / Hitler ist mein Vater / Kool Savas ist mehr Rap als Afrika Bamabaataa [...] Ich zieh Parallelen und sehe mich als Gruppenleiter im ‚Rappen macht frei'-Lager".

schließlich männlichen Protagonisten (vgl. Süß 2019: 29 f.).[4] Darüber hinaus handeln die Genre-Erzählungen auch von sozioökonomischer Marginalisierung, Identitätskonflikten und (migrantischen) Aufstiegsaspirationen (vgl. Süß 2018: 30 f.).[5]

Mitte der 2010er Jahre lässt sich eine deutliche Zunahme von antisemitischen Codes, Motiven und Argumentationen im deutschsprachigen Gangsta-Rap beobachten. Gerade die bekanntesten Genre-Vertreter, wie *Bushido*, *Massiv*, *Sinan-G*, *Celo&Abdi*, *Haftbefehl* oder *Hanybal* bedienten in ihren Liedern, Musikvideos oder Äußerungen in Sozialen Medien antisemitisch konnotierte Verschwörungserzählungen, verbreiteten antisemitische Mythen – insbesondere den antisemitischen Rothschild-Mythos – und/oder propagierten israelfeindliche Positionen bis hin zur Glorifizierung des islamistischen Terrorismus gegen den jüdischen Staat (vgl. Baier 2021). Dabei stach insbesondere *Kollegah* hervor, dessen Lieder, Musikvideos und öffentliche Äußerungen sowohl offene als auch codierte antisemitische Ideologiefragmente beinhalten (vgl. Baier 2019: 112 ff.; Baier 2020: 187 ff.). Bis heute bilden Hypermaskulinität, autoritäre Machtfantasien, Misogynie und Verschwörungsglaube zentrale Elemente in *Kollegahs* Selbstinszenierung.

In den vergangenen Jahren haben die Produktions- und Distributionsbedingungen von Gangsta-Rap-Liedern und -videos – angesichts einer Technologisierung der Produktionsprozesse sowie der steigenden Bedeutsamkeit von Social-Media- und Streaming-Plattformen – eine erhebliche Veränderung erfahren. So ist die Abhängigkeit von großen Streaming-Anbietern wie etwa *Spotify* gewachsen. Über Soziale Netzwerke, wie *Twitter*, *Facebook*, *TikTok* und allen voran *Instagram* erreichen Gangsta-Rapper ihre jugendlichen Zielgruppen. Zwar lässt sich spätestens seit der ECHO-Debatte 2018 ein Rückgang an Gangsta-Rap-Veröffentlichungen beobachten, die antisemitische Inhalte transportieren. Ältere Lieder und Musikvideos, die antisemitische Codes und Motive enthalten, sind jedoch nach wie vor abrufbar und werden teilweise noch heute von Gangsta-Rappern über Soziale Medien beworben.[6] Zudem traten bekannte Genre-Protagonisten,

---

4 Eine Ausnahme bildet die Frankfurter Gangsta-Rapperin *Schwesta Ewa*. Zur Inszenierung von Weiblichkeit im deutschsprachigen Gangsta-Rap am Beispiel von *Schwesta Ewa* vgl. Goßmann/Seeliger 2013.

5 Vgl. hierzu ausführlich Seeliger 2021: 106 ff.

6 Ende 2020 verwiesen *Celo&Abdi* im Podcast-Format *100 % Realtalk* der beiden Rapper *B-Lash* und *MC Bogy* auf ihr Lied „Siedlungspolitik" (2015), in dem antisemitische Codes und Mythen propagiert werden (*B-Lash/MC Bogy* 2020: ab 08:50-min).

wie *Kollegah, PA Sports, Keanush, Leon Lovelock, Nate57* oder *B-Lash* zu Beginn der Corona-Pandemie im Frühjahr 2020 – und teilweise darüber hinaus – besonders in Sozialen Netzwerken mit verschwörungsideologischen Äußerungen hervor (vgl. Baier 2021). Somit stellt eine Untersuchung der Rezeptionswirkung von verschwörungsideologischen und/oder antisemitischen Inhalten im deutschsprachigen Gangsta-Rap nach wie vor ein relevantes Forschungsdesiderat dar.

3. Zur qualitativen Untersuchung der Rezeption von Antisemitismus im deutschsprachigen Gangsta-Rap

Die empirische Forschung zum Antisemitismus ist mittlerweile ein ausdifferenziertes Feld. Antisemitismus-Skalen werden dabei häufig nach dem Patch-Work-Prinzip zusammengestellt. Sie enthalten Fragen und Aussagen, die bereits in anderen Studien genutzt wurden. Ergänzt werden diese durch Fragen und Aussagen, die entweder auf veränderte gesellschaftliche Bedingungen reagieren und daher eine Erweiterung oder Veränderung der Skala notwendig machen. Oder aber die Veränderungen untersuchen den Antisemitismus in Kontexten, die bisher nicht untersucht wurden und die daher einen spezifischen Zuschnitt der Erhebungsinstrumente auf die Zielgruppe notwendig machen.

Die qualitative Untersuchungsphase zielte darauf ab eine forschungsspezifische Antisemitismus-Skala zu entwickeln. Um den Zusammenhang zwischen antisemitischen, misogynen und rassistischen Einstellungen und dem Konsum von Gangsta-Rap zu untersuchen, wurden sowohl bewährte Items als auch Aussagen, Fragen und Reize, die für den deutschsprachigen Gangsta-Rap spezifische Antisemitismen operationalisiert. Die Entwicklung der Antisemitismusskala erfolgte sukzessive, ausgehend vom Objekt *Gangsta-Rap* anhand des (1) Aufarbeitung des Forschungsstandes und der Analyse von Songtexten und Musikvideos von Gangsta-Rappern, der (2) Durchführung und Auswertung einer Vorstudie in Form von sechs Interviews mit Rap-Hörer*innen sowie einer (3) vom kooperierenden Forschungsinstitut Ipsos durchgeführten qualitativen Studie, die aus sechs Gruppendiskussionen und acht Einzelinterviews mit Rap-Hörer*innen bestand. In einer späteren Untersuchung wurde die Skala finalisiert, die dann einer quantitativen Erhebung (N=500) unter Jugendlichen im Alter von 12 bis 21 Jahren in Nordrhein-Westfalen zugrunde lag.

3.1. Die qualitative Vorstudie: Diskriminierungsneigungen in muslimisch geprägten Lebenswelten

Die Datenlage zu den Diskriminierungsneigungen unter Kindern und Jugendlichen ist immer noch relativ dünn. Wie der 16. Kinder- und Jugendbericht der Bundesregierung nüchtern feststellt, gibt es „speziell auf jüngere Altersgruppen fokussierende repräsentative GMF-Jugendstudien (…) bis heute nicht." (BMFSFJ 2020: 94).[7] Allerdings zeigt beispielsweise die aktuelle „Mitte-Studie" für die sehr weit gefasste Gruppe der 16- bis 30-Jährigen, dass die altersbezogenen Unterschiede, die vergangene Studien aufgezeigt haben, bestehen bleiben (vgl. Zick/Berghan/Mokros 2019: 88).[8] Sowohl die Ausprägungen des klassischen als auch des israelbezogenen Antisemitismus sind in dieser Gruppe deutlich geringer als bei den 31- bis 60-Jährigen sowie den über 60-Jährigen. Während in der jüngsten Altersgruppe 17,2 Prozent israelbezogenen Antisemitismus vertreten, liegt der Wert bei den über 60-Jährigen bei 30,4 Prozent (vgl. Zick/Berghan/Mokros 2019: 89). Die vorliegenden Studien zu jugendlichem Rechtsextremismus zeigen zudem, wenig überraschend, einen Zusammenhang von deutsch-nationalen Überzeugungen und Antisemitismus (vgl. Möller et al. 2016: 50; Blank/Schmidt 1997; Erb 1997; Sturzbecher/Freytag 2000; Wahl 2001; Stöss 2010).

Im Hinblick auf die Zusammenhänge von ethnischen und religiösen Sozialisationskontexten sowie der Entstehung von Diskriminierungsneigungen (vgl. Möller et al. 2016: 51)[9] kommen Jürgen Mansel und Viktoria Spaiser zu dem Ergebnis, dass Antisemitismus unter Jugendlichen aus bestimmten, insbesondere muslimisch geprägten Lebenswelten sehr viel stärker ausgeprägt ist als in Vergleichsgruppen (vgl. 2013: 217ff.). Während damit einerseits die Notwendigkeit angezeigt ist, milieuspezifische

---

7 GMF (Gruppenbezogene Menschenfeindlichkeit) steht für eine Form der Erforschung von Vorurteilen (Antisemitismus, Rassismus, Homophobie etc.) die in ihrer wechselseitigen Abhängigkeit überprüft werden.

8 Vgl. auch Unabhängiger Expertenkreis Antisemitismus der Bundesregierung (2018: 68). Auch Decker et al. (2020) verweisen für Ostdeutschland auf abweichende Tendenzen. Dort zeigt die jüngste Altersgruppe stärkere Zustimmung zu antisemitischen Items als die mittlere Altersgruppe, und diese wiederum höhere Werte als die Gruppe der über 60-Jährigen (vgl. ebd. 2020: 46).

9 Vgl. hierzu auch: Heitmeyer/Müller/Schröder 1997; IDA 2004; Alice Salomon Hochschule 2005; Fritz Bauer Institut/Jugendbegegnungsstätte Anne Frank 2006; Scherr/Schäuble 2006; Tietze 2006; Benz/Wetzel 2007; Brettfeld/Wetzels 2007; Holz/Kiefer 2010; Gebhardt/Klein/Meier 2012; Jikeli 2012; 2018; Schäuble 2012; Seidenschnur 2013.

antisemitische Narrative in muslimischen Lebenswelten zu untersuchen, sind damit auch Gefahren verbunden, „etwa die Vereinnahmung durch Rechtspopulisten, die Gefahr der Ausblendung des Antisemitismus der Mehrheitsgesellschaft und eine Verschiebung von Problemen der Mehrheitsgesellschaft auf Muslime" (Grimm/Müller 2021: 13). Allerdings können „all diese Einwände (…) auch dazu benutzt werden, um muslimisch geprägten Antisemitismus zu verschleiern, umzudeuten oder gar zu relativieren" (ebd.). Diese doppelte Herausforderung lässt sich nicht umgehen, sondern muss im Forschungsprozess mitlaufend reflektiert werden.

Aufgrund der starken Ausprägung des Antisemitismus in muslimischen Milieus (vgl. Jikeli 2012 und 2019) wurden im Rahmen der Studie gezielt ein Zugang zu (in unserem Fall: türkisch-)muslimischen Jugendlichen gesucht, die zugleich Rap-affin sind. Damit sollte geprüft werden, wie und in welchen Ausprägungen in diesem Milieu Antisemitismus kommuniziert wird. Die offenen Leitfrageninterviews zielten auf Wissen über den Echo-Skandal, die Einschätzung zu der Songzeile „Mein Körper definierter als von Auschwitz-Insassen", die unter anderem den Anlass für die Kritik bot. Auch *Bushidos* Profilbild, das eine Landkarte zeigt, von der Israel getilgt und das mit *Free Palestine* beschrieben war, diente als Impuls. Zudem wurde nach Hörgewohnheiten, Vorlieben für Künstler und Stile im Rap, den Beziehungen zu Eltern, Geschwistern und Freunden, sowie Zukunftsvorstellungen gefragt. Insgesamt wurden in dieser kurzen Vorstudie sechs Interviews mit Jugendlichen zwischen 10 und 23 Jahren geführt, die im Duisburger Stadtteil Marxloh leben.

Die Jugendlichen gaben an, dass Rap Teil ihres Alltags ist, dieser zu ihrem Leidwesen von den Eltern jedoch nicht gerne gehört wird. Das Harmoniebedürfnis mit den Eltern ist ausgeprägt, Rap dient nicht der Konfrontation oder Provokation der Eltern oder Lehrer*innen, eher zeigt sich eine Ablehnung der Aggressivität der Texte, weil diese dem gemeinsamen Hören mit den Eltern im Wege stehen:

> „Ja, wir hatten mal eine CD von meinem Bruder und dann hat der [Rapper, *Anm. d. Verf.*] halt gesagt: Ich ficke mmh und dann hat der [Vater, *Anm. d. Verf.*] das gehört und dann ist der richtig ausgerastet und hat die aus dem Auto geschmissen."[10]

Misogynie wird in den Texten wahrgenommen, der interviewte 15-Jährige würde nicht wollen, dass seine heute 5-jährige Schwester später einmal Rap hört, wegen der „Beleidigungen, die nur auf Mädchen, Frauen bezo-

---

10 Das anonyme Interview wurde am 20.10.2020 geführt.

gen sind". Die Sensibilität für Misogynie ist hoch, der Umgang damit widersprüchlich.

Vom sogenannten Echo-Skandal 2018 hat er nicht gehört, als er im Interview mit der inkriminierten Zeile konfrontiert und nach einer Einschätzung gefragt wird, antwortet er, „vielleicht nimmt der [Rapper, *Anm. d. Verf.*] das ja nicht ernst, den Text?". Die Antwort kann für die Diskussion über menschenfeindliche Inhalte im Gangsta-Rap als typisch gelten. Nochmals auf das Thema Judenfeindlichkeit im Gangsta-Rap angesprochen, fällt die Einschätzung kurz darauf anders aus.

> „Befragter (folgend *B*): Das ist eigentlich nicht gut.
> Interviewer (folgend *I*): Wieso nicht?
> B: Manche fühlen sich angegriffen.
> I: Ja, wer denn zum Beispiel?
> B: Die Juden.
> I: Und findest du das berechtigt, dass die sich angegriffen fühlen, oder?
> B: Ja, kann man irgendwo verstehen.
> I: Wieso, also wieso kann man das verstehen?
> B: (..) Weil die nur über den reden. Es gibt ja auch andere Sachen, zum Beispiel Muslime, Christen und die werden nicht erwähnt aber nur die Juden. (…) Kann man sich schon angegriffen fühlen."[11]

Die Einschätzung steht in Spannung zur vorherigen Erklärung, auch weil sie nun nicht auf die potenzielle Intention („nimmt das nicht ernst") des Künstlers, sondern die Wahrnehmung der Adressierten abstellt. Bereits aus dem selbstgewählten Perspektivwechsel („kann man sich schon angegriffen fühlen") spricht eine Sensibilität für Diskriminierung und Empathie mit den Diskriminierten. Ein weiterer 15-Jähriger hat ebenfalls nichts vom Echo-Skandal gehört. Auf die entsprechende Zeile angesprochen, sagt er: „Aber das ist natürlich gar nicht gut was er gesagt hat, weil sowas sagt man nicht. Ja."[12] Gegenläufig ist die Einschätzung eines 23-Jährigen:

> „Also ich sach' dir ganz ehrlich, Vorwürfe nehme ich gar nicht wahr […] Ich mein', Vorwürfe gibt es immer wieder. Gegen Rapper, vor allem weil ich auch finde, dass Deutschrap mittlerweile so einen hohen Anstand genommen hat in Deutschland, dass die von der anderen Branche, also von der anderen Genre bisschen neidisch auf Deutschrap sind. Andere Künstler, sage ich mal jetzt. Ich weiß, ich kenne mich mit dem Genre nicht so aus, aber wenn ein Kollegah genauso viele Platten

---

11 Das anonyme Interview wurde am 26.08.2020 geführt.
12 Das anonyme Interview wurde am 20.10.2020 geführt.

verkaufen kann wie ein Schlagersänger in Deutschland, dann würde sich der Schlagersänger ja auch denken „ey, was sind das denn für Texte. Warum hat er genau so den gleichen Erfolg wie ich? Ich mach' mal jetzt einen dummen Kommentar und sag, dass der sexistisch ist.' So, deswegen, also wie gesagt, Vorwürfe nehme ich persönlich gar nicht wahr. Die interessieren mich vor allem auch gar nicht und mich interessiert es ja auch nicht, was der Rapper ist. Ob der judenfeindlich ist, schwulenfeindlich ist, frauenfeindlich, sexistische Texte hat oder nicht. Mich interessiert nur die Musik, das was der macht. Und wenn der halt sexistische Texte, sage ich mal, hat, dann bilde ich mir schon meine eigene Meinung. Dann höre ich den nicht. Dann höre ich das Lied nicht. Aber dann höre ich irgendwas anderes von ihm, dass wiederum das in den Hintergrund stellt."[13]

Hier zeigt sich eine Widersprüchlichkeit in der normativen Bewertung von menschenfeindlichen Inhalten, die zuerst als Vorwürfe abgetan, als Neid rationalisiert und anschließend für irrelevant erklärt werden, um dann direkt anschließend und im starken Widerspruch, das Vorhandensein menschenfeindlicher Inhalte zum Kriterium für den (Nicht)Konsum bestimmter Songs zu machen. Diese Widersprüchlichkeit kann auch als Suchbewegung gedeutet werden, als nicht-abgeschlossener Prozess der Ausbildung einer eigenen Meinung, die nur in Ansätzen vorhanden ist, in der Argumente und Anschauungen gegeneinander stehen, die nicht synthetisiert werden können und die deswegen den Eindruck hinterlassen, dass der Sprecher sich bisher nicht zu diesem Thema artikulieren musste.

Die Thematisierung des Israel-Palästina-Konflikts führt nicht unmittelbar zu Reaktionen. Es ist kein Thema, das Emotionen weckt, und die Unfähigkeit darüber etwas zu sagen, wird mit dem Hinweis auf ein generelles Desinteresse für Politik erklärt. Auf ein antisemitisches Profilbild des Rappers *Bushido* auf einem Social-Media-Anbieter angesprochen, führt jedoch ein 23-Jähriger ruhig aus:

„Ich finde schon. Ich finde schon. Also, das was man alles so mitbekommen hat, was dort [in Israel/Palästina, *Anm. d. Verf.*] abging, was mit den Leuten dort gemacht wurde. Ich meine, das ist schon und das ist schon radikal. So, klar, es gibt immer wieder, sei es jetzt in Deutschland oder in Frankreich, vor allem hier in Frankreich, als während Deutschland gegen Frankreich gespielt hat sogar, die Bombe geplatzt ist, da am Stadion, da wo mehrere ums Leben gekommen sind. Da hat

---

13 Das anonyme Interview wurde am 11.08.2020 geführt.

man ja auch überall die Frankreichfahne als Profilbild gemacht, damit man sagen kann, ey, wir sind für euch da. Und wenn ich selber oder ein Bushido als Moslem sage ich mal jetzt, ein Land, ein muslimisches Land als Profilbild nimmt und Free Palestine darauf schreibt, dann finde ich das auch nicht schlimm. So, es geht um unsere Leute da. […], sowas finde ich jetzt ehrlich gesagt nicht schlimm."[14]

Das Profilbild von *Bushido* ist dem Interviewten nicht bekannt, der Slogan „Free Palestine" aber wird unmittelbar mit der als „radikal" beschrieben Behandlung der Palästinenser*innen durch Israel assoziiert. Für den Interviewten handelt es sich bei Bushidos Profilbild um eine symbolische, solidarische Geste unter Muslim*innen. Ein Bewusstsein für die Problematik des Slogans, der den Wunsch nach einer Zerstörung des israelischen Staates beinhaltet, wird nicht gesehen. Das Argument wird ruhig und die Parallelisierung mit den Terroranschlägen in Paris am 13. November 2015 wie selbstverständlich vorgetragen. Die antiisraelische Grundhaltung erscheint hier religiös-lebensweltlich so stark verankert, dass eine Problematisierung aufgrund der Ausdeutung des Konflikts als religiöser Konflikt, der Umdeutung des Slogans „Free Palestine" in eine harmlose Solidaritätsgeste und der wie selbstverständlich angenommenen Trennung in gute Moslems und schlechte Israelis, verstellt ist.

Die Interviewten hören Rap – wie ersichtlich wird – jedoch tendenziell nicht wegen, sondern trotz der Texte. Wissen über den Rap wird über die sozialen Medien, Erzählungen im Freundeskreis und über Formate wie Podcasts aufgenommen. Die Interviews zeichnen das Bild von jungen Menschen, die eine basale, diffus solidarische Grundhaltung einnehmen. Klassischer oder sekundärer Antisemitismus findet sich in den Interviews nicht. Lediglich ein Interviewter äußert dezidiert israelbezogenen Antisemitismus. Insgesamt ergibt sich, wie zu erwarten, ein wenig einheitliches Bild, in dem antisemitische und nicht-antisemitische sowie antisemitismuskritische Anschauungen nebeneinander stehen. Die Ausbildung von Werten und Meinungen ist unabgeschlossen. Für die weitere Forschung und die Konzeption des Leitfadens für die Gruppengespräche und Interviews ergab sich daraus die Herausforderung, ein differenziertes Bild des Zusammenspiels von Vorwissen, Werthaltungen und Wahrnehmungen von menschenfeindlichen Inhalten im Rap zu erhalten.

---

14 Das anonyme Interview wurde am 11.08.2020 geführt.

3.2. Die qualitative Hauptstudie: Gruppengespräche und Einzelinterviews

Die Ergebnisse der Vorstudie gingen in den Leitfaden für die in Kooperation mit dem Forschungsinstitut Ipsos durchgeführten sechs Gruppengespräche mit jeweils sechs Teilnehmer*innen und sechs Interviews ein. Ziel war es, ein differenziertes Meinungsbild von Jugendlichen zur deutschsprachigen Rap- und Hip-Hop-Szene zu erhalten und mehr über ihren Umgang mit den im Genre des Gangsta-Rap vermittelten Denkmustern und Ideologien zu erfahren. Hierfür wurden insgesamt 44 in Nordrhein-Westfalen wohnhafte Jugendliche im Alter zwischen 12 und 18 Jahren rekrutiert, die laut eigener Aussage mindestens einmal wöchentlich Gangsta-Rap von den folgenden Künstlern konsumieren: *Kollegah, Haftbefehl, Massiv, PA Sports, Celo & Abdi, SadiQ, Farid Bang, Bushido, Fard, Snaga, B-Lash, Kianush, Ali Bumaye, Hanybal, Sinan G.* Die Teilnehmer*innen wurden mittels eines abgestimmten Rekrutierungsplans ausgewählt, um eine gleichmäßige Geschlechterverteilung und eine gute Mischung anhand verschiedener anderer Kriterien zu gewährleisten (z. B. Anteil an Befragten mit Migrationshintergrund, Verteilung nach Regionen, städtischer vs. ländlicher Raum). Für die Gruppendiskussionen wurden die Jugendlichen in drei Alterskategorien gruppiert (12- bis 13-Jährige, 14- bis 15-Jährige und 16- bis 18-Jährige). Männliche und weibliche Befragte wurden ebenfalls in getrennte Gruppen eingeteilt, um eventuell bestehenden Hemmungen im Antwortverhalten vorzubeugen. Auch bei den acht Einzelinterviews wurde auf eine gleichmäßige Verteilung nach Altersgruppen und Geschlecht geachtet.

Um sicherzustellen, dass sowohl die Teilnehmer*innen der Gruppendiskussion als auch der Einzelinterviews sowie jeweils der/die Interviewer*in einen gemeinsamen Bezugspunkt haben, wurden die Teilnehmer*innen vorab gebeten sich Musik-(Videos) und Social-Media-Inhalte anzusehen. Diese waren an vier antisemitischen Themen orientiert: antisemitische Verschwörungsfantasien, israelbezogener Antisemitismus, antisemitische Aggression und Gewalt, sowie manichäische Gesellschaftsbilder. Zu den Videos gehörten unter anderem „Fokus" (2016) von *Kollegah*, „Hang the bankers" (2015) von *Haftbefehl feat. Olexesh*, ein Interview von *Ali Bumaye* mit *Sido*, sowie das bereits genannte Profilbild von *Bushido*.

Der Leitfaden war an unterschiedlichen Themen und Zielen orientiert. Einleitend wurden zunächst die Wertvorstellungen der Teilnehmer*innen erfragt, um zu prüfen, was ihnen allgemein wichtig ist, welche Verhaltensregeln sie wertschätzen und selbst befolgen. Danach wurde der Stellenwert von Musik im Leben der Teilnehmer*innen und anschließend der des deutschen Gangsta-Rap erkundet. Ziel war es damit die Rolle und

Bedeutung des Genres Gangsta-Rap und dessen spezifische Attraktivität zu identifizieren. Herauszufinden galt es auch hier, welche Rolle die Künstler als Kunstfiguren bzw. *Lyrisches Ich* und als reale Personen im Leben der Teilnehmer*innen spielen. Außerdem wurde geprüft, ob und wie die Teilnehmer*innen diesen Unterschied reflektieren. Im Hauptteil rückten die Wahrnehmung und der Umgang der Teilnehmer*innen mit antisemitischen Aussagen, Bildern und Aktionen in den Blick. Ziel war es zu ermitteln, ob die antisemitischen Aspekte erkannt und ob beziehungsweise wie diese übernommen, verteidigt, hinterfragt oder zurückgewiesen werden. Im Gespräch wurde anschließend gefragt, wie die Jugendlichen mit den in Vorbereitung gehörten Musik-(Videos) und Social-Media-Inhalten umgehen, ob und welche Konsequenzen sie daraus für sich selbst ziehen. Abschließend wurde erfasst, ob den Jugendlichen der Begriff Antisemitismus bekannt ist und wie sie dazu stehen.

Die Ergebnisse erlauben das folgende Bild zu zeichnen: Laut den Befragten ist Gangsta-Rap stilistisch durch eine aggressive Atmosphäre sowie durch die sehr häufige Verwendung von Beleidigungen charakterisiert. Inhaltlich werden vor allem die Themen Drogen, Gewalt, Kriminalität, Aggressionen gegen einzelne Rapper, Aufstieg aus schwierigen Verhältnissen, Prostitution aber auch Aufklärung über Missstände in der Welt wahrgenommen. An den einzelnen Gangsta-Rappern wird vor allem geschätzt, dass diese sich laut Wahrnehmung der Befragten aus schwierigen familiären Verhältnissen oder kriminellen Vergangenheiten hochgearbeitet haben und ihren Aufstieg authentisch präsentieren. Jüngere und weibliche Befragte geben öfter an, Gangsta-Rap einfach nur mitzuhören, um von ihren Peers akzeptiert zu werden. Ältere Befragte setzen sich hingegen häufiger inhaltlich mit Künstler*innen und ihrer Musik auseinander. Bildung scheint tendenziell in einem positiven Zusammenhang mit der kritischen Auseinandersetzung zu stehen, der Blick auf den Migrationshintergrund der Befragten lässt sich keine Tendenz feststellen.

Die Untersuchung der Empfänglichkeit für Gangsta-Rap-Inhalte erlaubt es folgende Erkenntnisse zur Deutungsfähigkeit von Jugendlichen hinsichtlich zentraler Genre-Narrative (*Aufstiegserzählung, Hypermaskulinität, Misogyner Chauvinismus / Sexismus*) und dem Rezeptionsverhalten von Jugendlichen (*Medienkompetenz, Textverständnis und kritische Auseinandersetzung mit Inhalten, Reichweite*) zu identifizieren:
Aufstiegserzählung

Die Befragten sind durchaus in der Lage, diese Ideologie im Gangsta-Rap wahrzunehmen und bewerten sie positiv. Sie schätzen die Geschichten von Rappern/ -innen, die sich aus sozioökonomisch schwierigen Verhältnissen

---

oder kriminellen Vergangenheiten hochgearbeitet haben. Auch wenn das nur bedingt auf das eigene Leben übertragbar ist, so können sich die Jugendlichen damit identifizieren, dass auch ihre Idole Probleme haben und schwierige Situationen überstehen mussten.

Hypermaskulinität

Die Befragten nehmen wahr, dass im Gangsta-Rap mit hegemonialer Männlichkeit assoziierte Statussymbole präsentiert werden. So wird das Darstellen eines trainierten Körpers, der auch zum sich Durchsetzen und Beschützen der eigenen Familie angewendet werden kann, als positiv angesehen. Den Fitnessaspekt übernehmen gerade die männlichen Befragten auch oft ins eigene Leben und berichten dementsprechend von häufigen Besuchen im Fitnessstudio. Der Gewaltaspekt wird laut den Befragten hingegen nur als Form des Eskapismus gesehen, und nicht ins eigene Leben übertragen.

Misogyner Chauvinismus / Sexismus

Auch die mit der Darstellung von Hypermaskulinität häufig einhergehende Herabwürdigung von Frauen wird wahrgenommen, aber kritischer betrachtet. Gerade Mädchen sehen es als problematisch an, wenn Frauen in objektifizierter und übersexualisierter Weise als Statussymbole der männlichen Rapper dargestellt werden – was zum Teil auch zum Lossagen von entsprechenden Rappern führt. Generell ist das Thema Sexismus bei den Mädchen wichtig und wird diskutiert. Jungen nehmen wahr, dass sexistische Einstellungen negativ angesehen sind und sprechen sich für die Gleichberechtigung von Männern und Frauen aus. Dennoch sind sie dem Thema gegenüber weniger sensibel und verhalten sich laut Angabe der Mädchen auch häufig sexistisch.

Antisemitismus

Die Befragten haben wenig Wissen über Antisemitismus. Sie identifizieren Juden und Jüdinnen als Religionsgruppe und verfügen über ein Grundwissen über die Judenverfolgung unter dem Nationalsozialismus, die sie als schockierend erachten und ablehnen. Mit Juden und Jüdinnen assoziierte Klischees oder Verschwörungserzählungen kennen sie nur sehr selten und sind auch nicht in der Lage, entsprechende Anspielungen im Rap (z. B. auf den Rothschild-Mythos) zu erkennen. Gleiches gilt für israelbezogenen Antisemitismus. Die Befragten können weder die Landesflagge noch die Landesform Israels identifizieren, noch wissen sie, was mit „Tel Aviv" gemeint ist. Dementsprechend sind sie auch nicht in der Lage, israelfeindliche Inhalte, wie ein Profilbild des Gangsta-Rappers *Bushido* zu dekodieren. Insgesamt gestaltet sich die Diskussion dieses Themas als zäh; Grund dafür scheint fehlendes Wissen zu sein.

Verschwörungserzählungen

Verschwörungserzählungen spielen eine untergeordnete Rolle im Leben der Befragten. Sie nehmen die Welt allerdings als konfliktgeprägt (z. B. Krieg in Syrien) und ungerecht (Schere zwischen arm und reich; machtlos und mächtig) wahr und meinen häufig, dass das Weltgeschehen entgegen dem Interesse der Allgemeinheit durch „Strippenzieher" wie Politiker*innen oder Unternehmensvorständen gelenkt wird. Antisemitische oder israelfeindliche Verschwörungserzählungen in den Videos wie „TelVision" (2016) von *KC Rebell feat. PA Sports, Kianush & Kollegah* werden nicht erkannt. Bei der Auseinandersetzung mit spezifischen Verschwörungserzählungen wird deutlich, dass besonders unplausible Erzählungen (wie etwa die der flachen Erde) abgelehnt werden; teilweise wird hier aber auch eingeräumt, dass man seine Überzeugungen zugunsten der Verschwörungserzählungen kritisch hinterfragen muss. Bei etwas plausibler wirkenden politischen, komplexen Verschwörungserzählungen zeigt sich wenig Gespür für deren Wahrheitsgehalt – stattdessen wird zugrundeliegenden Annahmen der dichotomen Unterteilung der Welt in machtlos und mächtig unkritisch zugestimmt.

Medienkompetenz

Die fehlende kritische Einordnung von fragwürdigen Inhalten wird auch deutlich, wenn es um das Thema Medienkompetenz geht. Die Befragten erzählen häufig davon, Inhalte auf sozialen Medien wie *Instagram* zu konsumieren, deren Seriosität dann nicht kritisch hinterfragt wird. Häufig werden sympathisch wirkende Rapper als Gesellschaftskritiker gesehen, denen dann zugeschrieben wird, dass sie uneigennützig auf Missstände in der Welt aufmerksam machen, sensibilisieren und ungehörte Stimmen unterstützen wollen. Genannte Quellen für Inhalte von Rappern sind neben sozialen Medien wie *Instagram* und *TikTok* außerdem *9Gag, made my day* und die *RAPUpdate*-App. Auch wenn ältere Befragte eher in der Lage sind, mit Informationen und ihren Quellen kritisch umzugehen, so zeigt sich insgesamt ein Mangel an Medienkompetenz. Hinzu kommt dabei, dass die Jugendlichen rund um die Uhr mit verschiedenen Inhalten über diverse Kanäle konfrontiert sind, die kurzweilig Interesse auf sich ziehen sollen, weswegen sich die Jugendlichen selten tiefgründig mit Themen auseinandersetzen.

Textverständnis und kritische Auseinandersetzung mit Inhalten

Zudem zeigt sich, dass die Jugendlichen häufig aufgrund des genrespezifischen sehr schnellen Vortragens komplexer Inhalte und durch die Verwendung wenig geläufiger Ausdrücke und Anspielungen nur einen Teil des im Gangsta-Rap Gesagten wahrnehmen, weswegen sie nicht in der Lage sind, sich ein Gesamtbild der propagierten Ideologien zu machen. Eltern bieten dabei keine Hilfestellung. Viele Jugendliche berichten, dass ihre Eltern nicht mitbekommen, was im Gangsta-Rap gesagt wird – oft auch, weil sich die Jugendlichen darüber bewusst sind, dass ihre Eltern die Inhalte nicht gutheißen und folglich Gangsta-Rap nicht in ihrer Anwesenheit konsumieren. Wenn Eltern etwas mitbekommen, bleibt es oft bei oberflächlicher und kurzer Kritik – so sagen Eltern beispielsweise nur, dass sie das Gesagte nicht gut finden, ohne weiter auf die Gründe dafür einzugehen.

Reichweite

Die Jugendlichen lassen sich nur schwer an die Reflektion über die Reichweite von Gangsta-Rap heranführen. Schließlich zeigt sich jedoch, dass sie sich einiger Gefahren des Gangsta-Rap-Konsums bewusst sind. So meinen sie, dass Gangsta-Rapper gerade junge Hörer*innen mit ihren menschenverachtenden und gewaltverherrlichenden Einstellungen negativ beeinflussen können. Die Gefahr der Beeinflussbarkeit sehen die Befragten aber nur bei Anderen und nie bei sich selbst.

4. Herausforderungen der Operationalisierung in der jugendbezogenen Rezeptionsforschung – ein Fazit

Die Ergebnisse der qualitativen Untersuchung ergeben ein sehr heterogenes Bild, das auf ambivalente Formen der Suszeptibilität von Jugendlichen für antisemitische Stereotype hinweist. Zu den Herausforderungen für die Rezeptionsforschung im Feld lassen sich die folgenden Aspekte benennen: Wir sehen starke Widersprüche, fragmentiertes Wissen und eine starke Perspektivengebundenheit in den Aussagen der Interviewpartner*innen, die sich durchaus mit den vorliegenden Forschungsergebnissen decken (vgl. Scherr/Schäuble 2006: 12f.). Sie offenbaren ein Nebeneinander sowohl von antisemitischen als auch anti-antisemitischen sowie indifferenten Positionen. Wir haben den Antisemitismus auf unterschiedlichen Perspektiven untersucht. Auf Ebene der Werthaltung nehmen die Jugendlichen ausnahmslos humanistische und solidarische Werthaltungen ein und weisen menschenfeindliche Einstellungen ab. Konkreter auf ihr Wissen über Antisemitismus angesprochen, zeigt sich, dass Antisemitismus primär mit der Shoa und dem Nationalsozialismus assoziiert wird. Die Fähigkeit, aktuelle Ausprägungen des Antisemitismus zu erkennen, ist gering ausgebildet, insbesondere bei israelbezogenem Antisemitismus, aber auch bei der Chiffre „Rothschild", die zum Mythenhaushalt antisemitischer Verschwörungserzählungen gehört. Diese wird in den Gruppengesprächen und Einzelinterviews selten gekannt und kann damit auch nicht als antisemitisch benannt und zurückgewiesen werden. Daraus ergeben sich zwei Problemstellungen, die hier als Ausblick der vorgestellten Ergebnisse formuliert werden:

1.

Dass das Wissen über Antisemitismus und antisemitischen Anspielungen gering ausgeprägt ist, sollte nicht als Grund für eine Entwarnung gedeutet werden. Das bild- und textbasierte Erzählrepertoire des Gangsta-Rap ist voller Referenzen, die nicht unmittelbar verstanden werden, bei denen aber davon ausgegangen werden kann, dass diese verfüg- und abrufbar bleiben und antisemitische Erzählungen zu einem späteren Moment plausibilisieren können. Es gibt starke Hinweise darauf, dass insbesondere anti-israelische Haltungen zur Ticketmentalität des Gangsta-Rap gehören und die Zugehörigkeit zur Szene über die Ablehnung Israels verhandelt wird. Es wäre für zukünftige Untersuchungen lohnend zu prüfen, ob diese These bestätigt werden kann und ob sich die Gruppe, die sich hier als besonders offen zeigt, anhand der sozio-demographischen Merkmale näher bestimmen lässt.

2.

In den Interviews wurde zudem deutlich, dass die Thematiken Jüdinnen/Juden, Israel und Antisemitismus nur selten zur Lebenswelt von Jugendlichen gehören. Sie können sich deswegen zwar antisemitisch äußern und handeln, sie sind aber hier kaum artikulations- und teilweise noch nicht einmal auskunftsfähig. Sie sprechen sich selbst die Fähigkeit ab, Aussagen über diese Themen machen zu können. Die insbesondere über Soziale Medien verbreiteten antisemitischen Hassbotschaften und Falschmeldungen im Kontext der Auseinandersetzung zwischen Hamas und Israel im Mai 2021, die nach den Interviews stattfand, machen hier eine weitere Differenzierung und Beobachtung notwendig. Dabei wurde deutlich, dass viele der jugendlichen Nutzer*innen über die tatsächliche Konfliktsituation zwar nicht auskunftsfähig sind, sie sich aber dennoch deutlich israelfeindlich zu positionieren. Hier besteht insbesondere die Gefahr, dass die israelfeindliche Grundhaltung verfestigt wird, insbesondere in Milieus, in denen eine starke Parteinahme gegen Israel lebensweltlich normalisiert ist. Für die Frage gelingender Präventionspraxis ergeben sich hieraus Fragen. Aktuell wird in der Diskussion der Präventionsbemühungen für eine stärkere Berücksichtigung der Affekte (vgl. Grimm 2021) argumentiert. Zudem wird betont, dass Bildung gegen Antisemitismus immer auch das Lernen über den Antisemitismus mit einzuschließen habe. Die skizzierten Ergebnisse werfen hier die Frage auf, ob der Mangel an Wissen über Antisemitismus mit Bildungsinhalten adressiert werden kann, die auf eine Vermittlung kognitiven (und affektiver) Wissensinhalte zielen. Alternativ wäre zu prüfen, ob eine Stärkung der Fähigkeit zur Reflexion und zur Entwicklung von Empathie Schüler*innen in der Auseinandersetzung mit Antisemitismus stärkt – ohne diesen dabei explizit zum Lerninhalt zu machen. Das geringe Wissen über Antisemitismus wirft zudem die Frage nach dem Verhältnis von Dispositionen (Fokus: verantwortungsvolles Individuum) und Dispositiven (Fokus: etablierte gesellschaftliche oder milieuspezifische Meinungen und Praktiken) auf. Jugendliche reproduzieren häufig Meinungen, ohne diese bereits verinnerlicht zu haben. Wenn sie sich in Milieus bewegen, in denen antisemitische Wissensbestände normalisiert sind und deren Ablehnung einen Konflikt mit dem sozialen Nahfeld provoziert, muss der Blick stärker auf die lebensweltliche Verankerung der Individuen (und ihrer gelebten Diskriminierungs- und Toleranzhaltungen und -praktiken) gelegt werden.

Literatur

Backes, Laura et al. (2020): Die Faszination Gangsta-Rap. Lebe fett, gierig und rücksichtslos, online, https://www.spiegel.de/kultur/musik/gangsta-rap-aus-deutschland-sex-protz-und-dicke-schlitten-a-00000000-0002-0001-0000-000169122915, 30.03.2021.

Baier, Jakob (2019): Die Echo-Debatte: Antisemitismus im Rap, in Samuel Salzborn (Hg.): Antisemitismus seit 9/11. Ereignisse, Debatten, Kontroversen, Baden Baden, S. 108–131.

Baier, Jakob (2020): Judenfeindschaft in Kollegahs Apokalypse, in: Dagobert Höllein/Niels Lehnert/Felix Woitkowski (Hg.): Rap – Text – Analyse. Deutschsprachiger Rap seit 2000. 20 Einzeltextanalysen, S. 187–201.

Baier, Jakob (2022): Antisemitismus im deutschsprachigen Gangsta-Rap. Zur Geschichte und Gegenwart eines (sub)kulturellen Phänomens, in: Jakob Baier/Marc Grimm (Hg.): Antisemitismus in Jugendkulturen. Erscheinungsformen und Gegenstrategien, Frankfurt am Main.

Blank, Thomas/Schmidt, Peter (1997): Konstruktiver Patriotismus im vereinigten Deutschland? Ergebnisse einer repräsentativen Studie, in: Amélie Mummendey/Bernd Simon (Hg.): Identität und Verschiedenheit. Zur Sozialpsychologie der Identität in komplexen Gesellschaften, Bern, S. 127–148.

Chang, Jeffrey (2005): Can't Stop Won't Stop. A History of the Hiphop-Generation, New York.

Decker, Oliver/Kiess, Johannes/Schuler, Julia/Handke, Barbara/Pickel, Gert/Brähler, Elmar (2020): Die Leipziger Autoritarismus Studie 2020. Methode, Ergebnisse und Langzeitverlauf, in: Oliver Decker/Elmar Brähler (Hg.): Autoritäre Dynamiken. Neue Radikalität–alte Ressentiments. Leipziger Autoritarismus Studie 2020, Gießen.

Dietrich, Marc (2015): Rapresent what? Zur Inszenierung von Authentizität, Ethnizität und sozialer Differenz im amerikanischen Rap-Video, Bochum.

Dietrich, Marc (2020): Samy Deluxe' Adriano (2018). Eine Analyse von Rassismus(kritik)konstruktionen aus Perspektive der Grounded-Theory-Methodologie, in: Dagobert Höllein/Felix Woitkowski/Nils Lehnert (Hg.): Rap – Text – Analyse. Deutschsprachiger Rap seit 2000. 20 Einzeltextanalysen, Bielefeld, S. 113–125.

Erb, Rainer (1997). Antisemitische Straftäter in den Jahren 1993 bis 1995, in: Jahrbuch für Antisemitismusforschung, 6, S. 160–180.

Fritz Bauer Institut/Jugendbegegnungsstätte Anne Frank (Hg.) (2006): Neue Judenfeindschaft? Perspektiven für den pädagogischen Umgang mit globalisiertem Antisemitismus, in: Jahrbuch zur Geschichte und Wirkung des Holocaust, Frankfurt a.M./New York.

Funk, Viola (2018): Die dunkle Seite des deutschen Rap. Produktion: WDR/ARD. Die Story im Ersten. Staffel 4, Folge 21, online, https://www.daserste.de/information/reportage-dokumentation/dokus/sendung/wdr/die-dunkle-seite-des-deutschen-rap-110.html, 15.02.2019.

Gebhardt, Richard/Klein, Anne/Meier, Marcus (Hg.) (2012): Antisemitismus in der Einwanderungsgesellschaft. Beiträge zur kritischen Bildungsarbeit, Weinheim.

Gosa, Travis L. (2015): The fifth element: knowledge, in: Justin A. Williams (Hg.): Cambridge Companion to Hip-Hop, Cambridge, S. 56–70.

Goßmann, Malte/Seeliger, Martin (2013): „Ihr habt alle Angst, denn ich kann euch bloßstellen!" Weibliches Empowerment und männliche Verunsicherung im Gangstarap, online, https://pure.mpg.de/rest/items/item_2171503/component/file_2171501/content, 01.01.2019.

Grimm, Marc/Baier, Jakob (2020): Misogynie und Antisemitismus im deutschen Gangsta-Rap, in: Evangelische Zentralstelle für Weltanschauungsfragen (Hg.): Zeitschrift für Religions- und Weltanschauungsfragen, 83. Jahrgang, S. 432–437.

Grimm, Marc/Müller, Stefan (2021): Bildung gegen Antisemitismus – aber wie und gegen welchen?, in: Marc Grimm/Stefan Müller (Hg.): Bildung gegen Antisemitismus. Spannungsfelder der Aufklärung, Frankfurt am Main, S. 7–20.

Heitmeyer, Wilhelm/Müller, Joachim/Schröder, Helmut (1997): Verlockender Fundamentalismus. Türkische Jugendliche in Deutschland, Frankfurt a.M.

IDA – Informations- und Dokumentationszentrum Antirassismusarbeit (2004): Jugendliche zum Thema Antisemitismus: Zwischen „bin sowieso nicht interessiert" und „wichtig, sich mehr damit zu beschäftigen". Ergebnisse einer projektbezogenen Umfrage des IDA, Düsseldorf.

Jikeli, Günther (2012): Antisemitismus und Diskriminierungswahrnehmungen junger Muslime in Europa. Ergebnisse einer Studie unter jungen muslimischen Männern. Schwalbach/Ts.

Jikeli, Günther (2019): Antisemitismus unter Muslimen in Deutschland und Europa, in: Olaf Glöckner/Günther Jikeli (Hg.): Das neue Unbehagen. Antisemitismus in Deutschland heute, Hildesheim, S. 49–72.

Klein, Gabriele/Friedrich, Malte (2011): Is this real? Die Kultur des HipHop, 4. Aufl., Frankfurt am Main.

Mensel, Jürgen/Speiser, Viktoria (2013): Ausgrenzungsdynamiken. In welchen Lebenslagen Jugendliche Fremdgruppen abwerten, Weinheim Basel.

Möller, Kurt/Grote, Janne/Nolde, Kai/Schumacher, Nils (2016): „Die kann ich nicht ab!" – Ablehnung, Diskriminierung und Gewalt bei Jugendlichen in der (Post-) Migrationsgesellschaft, Wiesbaden.

Ogbar, Jeffrey O.G. (2007): Hip-Hop Revolution. The Culture and Politics of Rap, Kansas.

Sator, Markus (2016): Gangsta-Rap – eine Studie zur Rezeption von Schülerinnen und Schülern der Sekundarstufe I. Zulassungsarbeit an der Universität Karlsruhe. WS 2015/16, online, https://phka.bsz-bw.de/frontdoor/deliver/index/docId/81/file/Gangsta-Rap+–+eine+Studie+zur+Rezeption+von+Sch%c3%bclerinnen+und+Sch%c3%bclern+der+Sekundarstufe+I.pdf, 30.03.2021.

Schäuble, Barbara (2012): „Anders als wir". Differenzkonstruktionen und Alltagsantisemitismus unter Jugendlichen. Anregungen für die politische Bildung, Berlin.

Scherr, Albert/Schäuble, Barbara (2006): „Ich habe nichts gegen Juden, aber ..." – Ausgangsbedingungen und Ansatzpunkte gesellschaftspolitischer Bildungsarbeit zur Auseinandersetzung mit Antisemitismen, online, https://www.researchgate.net/publication/264746458_ich_habe_nicht_gegen_Juden_aber_Ausgangsbedingungen_der_Bildungsarbeit_gegen_Antisemitismus, 25.03.2021.

Schneider, Hendrik/Beusch, Hannah/Borsalino, Giulia/Gonska, Hans-Henning/Ostermiller, Johann (2020): Kriminalität, Recht und Justiz in den Texten des deutschsprachigen Gangster-Raps. Genre mit strafrechtlichem Gefährdungspotential?, in: NK Neue Kriminalpolitik. Jahrgang 32 (2020), Heft 1, S. 57–74.

Seeliger, Martin (2013): Deutscher Gangsta-Rap. Zwischen Affirmation und Empowerment, Berlin.

Seeliger, Martin (2021): Soziologie des Gangsta-Rap, Weinheim.

Seidenschnur, Tim (2013): Antisemitismus im Kontext. Erkundungen in ethnisch heterogenen Jugendkulturen, Bielefeld.

Stöss, Richard (2010): Rechtsextremismus im Wandel, 3. Aufl., Berlin.

Sturzbecher, Dietmar/Freytag, Ronald (2000): Antisemitismus unter Jugendlichen. Fakten, Erklärungen, Unterrichtsbausteine, Göttingen.

Süß, Heidi (2018): Sex(ismus) ohne Grund? Zum Zusammenhang von Rap und Geschlecht, in: Aus Politik und Zeitgeschichte, 26/2018, Bonn, S. 27–33.

Süß, Heidi (2019): „Ich wär' auch gern ein Hipster, doch mein Kreuz ist zu breit" – Die Ausdifferenzierung der HipHop-Szene und die Neuverhandlung von Männlichkeit, in: Tim Böder et al. (Hg.): Stilbildungen und Zugehörigkeit. Materialität und Medialität in Jugendszenen, Wiesbaden, S. 23–44.

Süß, Heidi (2021): Eine Szene im Wandel? Rap-Männlichkeit zwischen Tradition und Transformation, Frankfurt am Main.

Unabhängiger Expertenkreis Antisemitismus der Bundesregierung (2018): Antisemitismus in Deutschland – Aktuelle Entwicklungen, online, https://www.bmi.b und.de/SharedDocs/downloads/DE/publikationen/themen/heimat-integration/e xpertenkreis-antisemitismus/expertenbericht-antisemitismus-in-deutschland.pdf; jsessionid=2BE30D5936C33115C081DBBAD8C13660.1_cid364?__blob=publica tionFile&v=7, 25.03.2021.

Wahl, Klaus (Hg.) (2001): Fremdenfeindlichkeit, Antisemitismus, Rechtsextremismus. Drei Studien zu Tatverdächtigen und Tätern, Bonn.

Wegener, Claudia (2007): Rap im Kontext sozialer Benachteiligung. Alltagskultur und subjektive Deutung, in: tv diskurs. 11. Jg., 2/2007, Ausgabe 40, S. 74–79.

Wolbring, Fabian (2015): Die Poetik des deutschsprachigen Rap, Göttingen.

Zick, Andreas/Küpper, Beate/Berghan, Wilhelm (2019): Verlorene Mitte – Feindselige Zustände. Rechtsextreme Einstellung in Deutschland 2018/19, Bonn.

Quellen

B-Lash und MC Bogy (2020): 100 % REALTALK Podcast #55 | Celo & Abdi | 385i | Parallelen RMX | Bushwick Bill | Frankreich vs. BRD, online, https://youtu.be/c Hjp9rmJj3I, 30.04.2021.

Bundesministerium für Familie, Senioren, Frauen und Jugend (BMFSFJ) (2020), online, https://www.bmfsfj.de/kinder-und-jugendbericht/gesamt, 4.12.2020.

Bundesprüfstelle für jugendgefährdende Medien (BPjM) (2018): Entscheidung Nr. 6244 vom 06.09.2018 bekannt gemacht im Bundesanzeiger AT vom 28.09.2018, Bonn.

Huber, Michael (2018): Gangsta-Rap – Wie soll man das verstehen?, in: Bundesprüfstelle für jugendgefährdende Medien (BPjM): BPjM Aktuell 03/18, online, https://www.bundespruefstelle.de/resource/blob/128956/a443538e6df7b950b470 5bf83748f8ba/201803-gangstarap-data.pdf, 30.03.2021.

Jakob Baier/Marc Grimm

Lieder

Bushido (2004): Electro Ghetto, Album: Electro Ghetto, Ersguterjunge.
Bushido (2007): Das Leben ist hart (Demoversion), Ersguterjunge.
Celo & Abdi feat. B-Lash (2015): Siedlungspolitik, Album: Akupunktur, 385idéal.
Fler (2008): Fremd im eigenen Land, Aggro Berlin.
Haftbefehl feat. Olexesh (2015): Hang the bankers, Album: Unzensiert, Urban.
Kollegah (2016): Fokus, Album: Imperator, Alpha Music Empire.
Taktloss, Derill und Kool Savas (1998): Kilu…, Album: BRP 1, FDB REKORDZ.
Westberlin Maskulin (1997): Bass, Album: Hoes, Flows, Moneytoes, Home Recordings.

„Eine U-Bahn, eine U-Bahn, eine U-Bahn bauen wir…!"[1] – Antisemitismus in den Gesängen der deutschen Fußballfankultur

Nico Unkelbach

Keine Sportart polarisiert die Menschen in Deutschland so stark wie Fußball. Dabei ist insbesondere der Fußball der Männer allgegenwärtig: Der Ballsport nimmt einen Großteil der Sportbeiträge in Nachrichten ein, (ehemalige) Fußballer bewerben im Auftrag ihrer Sponsor*innen Produkte und zu internationalen Wettbewerben der Nationalmannschaft werden Sondereditionen in verschiedenen Konsumbereichen herausgebracht.[2] Diese Omnipräsenz lässt vermuten, dass der Fußball nicht nur Spiegelbild der Gesellschaft ist. Vielmehr wirken die Ereignisse auf den Traversen der Stadien wie ein Brennglas, das die Probleme der Gesellschaft sichtbar macht. Dies geschieht in der Regel weniger durch optische Darbietungen, sondern vielmehr über das wichtigste Stimmungselement in der Unterstützung der eigenen Mannschaft: Den Fangesängen. Fangesänge sind *das* identitätsstiftende Moment zur Herstellung einer Wir- und einer Sie-Gruppe. Sie dienen nicht nur der Unterstützung des eigenen Teams sondern sind häufig abwertend gegenüber dem gegnerischen Team und deren Anhänger*innen. Dabei wird sich auch antisemitischer Ressentiments, Codes und Chiffren bedient. Der nachfolgende Beitrag untersucht die Gründe für die enorme Präsenz an antisemitischen Gesängen in Fankulturen. Dazu werden die unterschiedlichen Artikulationsformen des Antisemitismus, vom Antijudaismus mit seinen Ursprüngen im Christentum, bis hin zu einem strukturellen Antisemitismus, der als Kapitalismuskritik getarnt eine angebliche Traditionslinie zu ziehen

---

1 Das Zitat bildet den Anfang des berüchtigten und wegen Volksverhetzung strafbaren sogenannten „U-Bahn-Liedes" ab, angeblich entlehnt aus dem Lied „Bibi Blocksberg" der extrem rechten Band „Kommando Freisler". Es ist nach dem Präsidenten des damaligen Volksgerichtshofs Roland Freisler (1893–1945), der durch seine antisemitischen Hetztiraden gegen Angeklagte berüchtigt war, benannt.

2 Unvergessen an diesen teils skurrilen Produkten dürfte eine Klobürste in den Farben der Fahne der Bundesrepublik Deutschland zur Fußball-Europameisterschaft 2016 bleiben.

versucht, im Kontext der Fangesänge analysiert. Ergänzend dazu wird der Einfluss des Rechtsrocks auf die Politisierung von Fangesängen und die Übernahme von gesellschaftlichen Feindbildern, genauso wie die Skizzierung eines offenen und gegen jüdische Vereine gerichteten Antisemitismus, einer Betrachtung unterzogen. Vorangestellt ist eine Kurzübersicht über das Wechselspiel zwischen Kultur und Dynamik auf den Rängen von Sportstätten und außerhalb dieser, weil das Selbstverständnis als Fan über den Ort des Stadions weit ins Privatleben hineinreicht. Der Beitrag zeigt dabei ebenso historische Kontinuitäten des Antisemitismus in Fangesängen bzw. in der sportlichen Auseinandersetzung auf. Antisemitismus, so die These, ist im Fußball kein Relikt aus vordemokratischen Zeiten, sondern Ergebnis der tiefen Verankerung des Antisemitismus in der Mehrheitsgesellschaft.

Der „Volkssport" Fußball im Spannungsfeld der Emotionen

Um den Fußball als Sport hat sich eine feste Form der Fangemeinschaft mit eigenen Regeln und eigener Kultur gruppiert. Diese Gemeinschaft folgt in Teilen nicht den zivilisatorischen Errungenschaften der demokratischen Mehrheitsgesellschaft, sondern basiert auf manichäischen Strukturen der Exklusion und Inklusion (vgl. Schäfers/Lehmann 2006: 79ff.). Die selbst erwählten Regeln dieser Fangemeinschaft haben naturrechtliche und sozialdarwinistische Ideen als Grundlage (vgl. Wolf 1970: 197ff.). Die Auseinandersetzung zweier Teams auf dem Rasen und zweier Fanszenen auf den Rängen ist ein Aufeinandertreffen von unterschiedlichen Gemeinschaften: Wir und die Anderen.

Die letzten Jahrzehnte begleiteten Fans den sportlichen Wettbewerb, neben der in der Mehrheit stattfindenden optisch und akustisch kreativen Unterstützung der eigenen Mannschaft, unter anderem auch mit einer „Kommunikationskultur der Provokation, Beschimpfung und Herabsetzung" (Schubert 2019: 9). Dieses aggressive Element dient auch als Unterstützung der eigenen Mannschaft, um nicht nur sportlich auf dem Platz, sondern auch gemeinschaftlich auf den Rängen eine Dominanz, wenn nicht gar der Sieg, zu erringen. Dabei führt das gemeinschaftliche, choreographierte Singen, Klatschen und sich Bewegen zur bewussten Aufgabe der eigenen Individualität und zum Aufgehen in der Masse. So werden innerhalb des Kollektivs eigene Regeln und (kommunikative) Codes erzeugt. Mit Elias Canetti kann von der Masse als Vehikel gesprochen werden, „das Leben (der Stadt und) ihrer Beziehungen, ihrer Regeln und Gewohnheiten dort zurück" (1960: 25) zu lassen. Folgt man Canetti, muss sich die Masse in der „Arena"/ im Stadion nach innen entladen, weil sie durch das Gebäude des Stadions physisch begrenzt ist. Die dadurch innewohnende Gruppendynamik führt dazu, dass auch Menschen Teil an antisemitischen Fangesängen, Schlacht- oder Zwischenrufen nehmen, die ansonsten Antisemitismus ablehnen (vgl. Blaschke 2014).

Die oft von den Ultras (exzessive und organisierte Fanzusammenschlüsse) initiierte und angeleitete Fangemeinschaft versteht sich durchaus als Sub- oder als Jugendkultur, die ein starkes Zusammengehörigkeitsgefühl und nach Innen eine Form von Gleichheit produziert. Dies deckt sich jedoch nicht mit der realen demografischen Struktur der Ultra- und Fanszene, die im Grunde sehr heterogen ist: Sowohl die Alters- als auch Geschlechtsstruktur, die Art der Unterstützung (in manchen Fanszenen sind Ultras verpönt, in anderen wiederum unterscheiden sich die Ultras untereinander in Rhythmus, Melodie oder Kontinuität), die politischen Präferenzen (von progressiv bis regressiv und das Bestreben der, teils auch gewaltvollen, Durchsetzung dieser untereinander) oder die Akzeptanz oder gar der Einsatz von Gewalt unterscheiden sich erheblich.

„Don't hate the player, hate the game"

Der vermeintliche und im Stadion betonte Unterschied zweier Gemeinschaften kann sich an scheinbar banalen ebenso wie tatsächlich wichtigen Dingen ausdrücken. Eine bedeutende Auseinandersetzung in der Fanszene ist die Diskussion über das Wesen des modernen Fußballs. Mithin ist damit die wachsende bzw. allumfassende Kommerzialisierung des Fußballs gemeint, bei der nicht mehr der Sport an sich im Mittelpunkt steht, sondern Profitinteressen. Als markantes Beispiel für diese Entwicklung gilt gemeinhin Rasenballsport Leipzig. Die Initialen, RB, sowie das Wappen verweisen bewusst auf den Großinvestor des Vereins, den Getränkehersteller Red Bull. Mit viel Geldeinsatz und teils namhaften Spielern gelang RB Leipzig innerhalb weniger Jahre der Aufstieg von der Oberliga Nordost (5. Liga) in die 1. Bundesliga. Je organisierter die Fanszenen der gegnerischen Vereine waren, desto geballter schlug dem sächsischen Verein und seiner Fanszene der Hass entgegen. Augenfällig war, dass sich die Kritik in der optischen wie akustischen Auseinandersetzung vor allem auf einen Antikapitalismus stützt, der sich gegen den modernen Fußball und seine scheinbar dafür gehaltenen Vertreter*innen aus Leipzig und Hoffenheim[3] richtet. Insbesondere in Bezug auf RB Leipzig kann sich die Kapitalismuskritik regressiv äußern: Der Kommerzialisierung des Fußballs und seiner Wandlung in ein finanz- wie konsumstarkes Produkt mit all seinen Schattenseiten für zum Beispiel die ökonomisch schwachen Fußballliebhaber*innen wird hierbei ein idealisierter Ursprungszustand gegenübergestellt, der in dieser Konstruktion zurück erkämpft bzw. verteidigt werden müsse. Die Rückschrittlichkeit in der Kapitalismuskritik der Fangesänge richtet sich dann jedoch nicht gegen den Kapitalismus als herrschende Wirtschaftsordnung, sondern gegen einzelne Personen und Institutionen. Die Kapitalismuskritik bzw. die Kritik an seinen Mechanismen wird personifiziert.

Zur Heranführung seien hier nachfolgend zwei immer wieder in ihrer Anwendung vorkommende Beispiele genannt: Das erste Beispiel bezieht sich auf die oft verwendete Verballhornung des Vereinsnamens „Rasenball" bzw. „Rasenballsport" mit „Rattenball", die biologistisch verschiedene antisemitische Bilder aufnimmt. So trugen zum Beispiel im September 2014 Dutzende Fans des 1. FC Union Berlin bzw. Mitglieder eines Fanclubs Shirts mit dem Druck „Rattenball Leipzig" auf der Vorder- und „Schädlingsbekämpfer" auf der Rückseite. Das Bild der krankheitsübertragenden und allgemein negativ konnotierten Ratte dient in diesem Zusammenhang der Dehumanisierung, die einhergeht mit einer Abwertung als minderwertiges Tier. Es handelt sich hierbei um einen Enthemmungs- und Legitimationsprozess gegenüber anderen Menschen (vgl. Büchner 2021). Der Vergleich mit der Ratte geht allerdings über die Klassifizierung dieser als Ungeziefer hinaus: Die Nagetiere haben biologisch einen ausgeprägten Hortungsdrang und werden so als Sinnbild für menschliche Raffgier genutzt.

Eine Zuschreibung, die nicht zuletzt die Nationalsozialist*innen über die Unterscheidung in „gutes", „schaffendes Kapital" und „schlechtes", „raffendes Kapital" an den Jüd*innen vorgenommen haben. In dieser nationalsozialistischen „Kapitalismuskritik" werden Jüd*innen von jenen unterschieden, die durch „ehrliche" eigene Arbeit zu Reichtum gelangt seien. Jüd*innen wird in dieser Konstruktion unterstellt sie seien durch die finanzielle Not der (nichtjüdischen) Menschen mithilfe von Geldverleih zu ihrem Reichtum gekommen. Die NSDAP forderte daher in ihrem

---

3 Auch der TSG 1899 Hoffenheim schlägt immer wieder Hass entgegen, weil ihr vorgeworfen wird, dass sie nur durch die finanzielle Unterstützung ihres Mäzens und SAP-Mitbegründers Dietmar Hopp den sportlichen Durchmarsch in die höchste Liga bewerkstelligen konnte.

„25-Punkte-Programm" bereits 1920 die „Brechung der Zinsknechtschaft" und die „Abschaffung des arbeits- und mühelosen Einkommens" (NSDAP 1920). Das zweite Beispiel für regressiven Antikapitalismus macht sich in Schmähgesängen an der Person Dietmar Hopp fest, an der ebenso die Mechanismen des Kapitalismus personifiziert werden und die Kritik an diesem damit verkürzt wird. In dieser Verkürzung wird nicht der Kapitalismus als Ursache, sondern die Kapitalist*innen bzw. die Besitzenden als Nutznießer*innen bekämpft.

Dieser Logik obliegt ein verschwörungsideologisches Element, wonach die „Reichen" den Kapitalismus erfunden haben, um Menschen in „mittellos" und „vermögend" aufzuteilen und den „Armen" eine Teilhabe am gesellschaftlichen Reichtum zu verwehren. Dies führt dazu, dass die Symptome des aktuellen Wirtschaftssystems von diesem entkoppelt und an einzelne Personen festgemacht werden. An der Auseinandersetzung mit Hopp lässt sich jedoch auch die Intersektionalität von Antifeminismus und Antisemitismus aufzeigen (vgl. Kanitz 2019). Bei dem in „Dietmar Hopp, Sohn einer Hure" wird Hopp nicht nur als Mäzen von Hoffenheim angegriffen und in ihm der Kapitalismus personifiziert. Die Bezeichnung „Sohn einer Hure" dient als Diffamierung und Entwertung von Frauen. Kanitz beschreibt unter anderem, „dass Antifeminismus und Antisemitismus sich ähnlicher Muster bedienen und somit eine glühende Liaison mit wahnhaften Elementen eingehen können" (Kanitz 2019: 7), weil sie beide voraufklärerisch sind und sich gegen die Moderne bzw. gegen den Liberalismus richten (vgl. Salzborn 2017: 146). Im Dominanzgebaren zwischen Fanszenen spielt dabei männliche Sexualität oft eine wichtige Rolle. Dies zeigt sich nicht nur in Bezug auf Sexarbeit und dem daraus abgeleiteten Überlegenheits- und Machtverständnis über einen Menschen, sondern auch über einen homo- und transfeindlichen Charakter. Dies äußert sich mitunter im Absprechen von „Männlichkeit" und „Stärke", wenn bei gefoulten und wehklagenden Spielern zum Beispiel eine vermeintliche „Verweichlichung" mit dem einzelnen Ausruf „Schwuchtel" aus den Reihen von Fans abgefeuert werden oder durch das gemeinschaftliche und wiederholende Rufen von „Schwule, Schwule, Schwule" in Richtung der gegnerischen Fanszene. Auch hier findet eine Verschränkung mit Antisemitismus statt, wie man zuletzt bei einem Aufkleber aus den Reihen der Fans des 1. FC Kaiserslautern gesehen hat, der sich gegen den regionalen Kontrahenten aus Saarbrücken richtete und zwei stereotypisierte jüdische

Männer in Vereinsklamotten und der Aufschrift „Beine breit und bücken: Scheiß Saarbrücken!" beim Geschlechtsakt zeigte (Schirmeister 2020).[4]

Antijudaismus in Blöcken und Kurven

Neben dem regressiven Antikapitalismus spielt auch ein auf das Christentum zurückzuführender Antijudaismus eine gewisse, wenn auch kleine Rolle bei akustischen Äußerungen in deutschen Stadien. Die nach dem Neuen Testament historische Figur des Judas Iskariot gilt als einer der zwölf Jünger des Jesus von Nazareth. Historische Bekanntheit erlangte Iskariot in der mehrheitlichen christlichen Geschichtsschreibung, dass er Jesus gegen Bezahlung – den sogenannten „Judaslohn" – als „Erlöser aller Menschen" verraten haben soll. Während die frühchristliche Rezeption durchaus differenziert die Rolle von Iskariot bewertete, überwogen die Stimmen, die den Antijudaismus als christlichen Vorläufer des Antisemitismus den Weg ebneten. Zu den Wegbereiter*innen zählt unter anderem der spätantike Theologe Eusebius von Caesarea, der in Juden den Gegenentwurf der Christen sah und in ihnen die Kinder des „Verräters" Judas (vgl. Staffa 2020: 57f.).

Die synonyme Verwendung von „Judas" als Verräter findet sich im gegenwärtigen Sprachgebrauch genauso wie der „Judaslohn", wenn man eine Begünstigung aufgrund einer als verräterisch empfundenen Handlung erhält. Insbesondere „Judas" erfährt im Fußball Anwendung. Vornehmlich als Zwischen- oder Schlachtruf wird er von Fans – auch optisch zum Beispiel auf als Tapeten beschriebene Spruchbänder – bei für sie verräterische Handlungen eingesetzt. Die Fans bedienen sich auf diesem Weg antijudaistischer Bildnisse. Solche Handlungen können zum Beispiel der Wechsel eines (beliebten) Spielers zu einem (verhassten) Verein sein, am schlimmsten in Verbindung mit einer als unmoralisch empfundenen Summe Geld. Für die Fans wird es gar als Verrat wahrgenommen, wenn der Spieler vorher seine Loyalität gegenüber dem Verein bekundete und ihn nie verlassen zu wollen. Doch auch ein subjektiv wahrgenommenes einseitiges Pfeifen eines Schiedsrichters wird häufig von „Judas"-Rufen begleitet, weil unterstellt wird, er sei von Dritten gekauft worden. Wie weit die Verwendung dieser Metaphorik verbreitet und auch ein Stück

---

4 Wie Videos auf der Plattform YouTube zeigen, handelt es sich hierbei nicht nur um eine rein optische, sondern auch um eine akustische Verschränkung und Verwendung des Aufkleber-Spruchs als Schlachtruf.

weit normalisiert ist, zeigt eine Auflistung der Online-Fußballplattform „OneFootball", die im April 2020 mit einer Galerie von Fußballern unter dem Titel „Judas XI: Die größten Verräter im Fußball" warb (OneFootball 2020).

Das berüchtigte „U-Bahn-Lied" und der Einfluss von Rechtsrock

Neben den skizzierten Erscheinungsformen von Antisemitismus bzw. Antijudaismus drängte sich das Singen des sogenannten „U-Bahn-Liedes" in und von Fanszenen geradezu für die objektiven Betrachter*innen auf. So wird in der Regel von der Fanszene der Gästemannschaft bei bestimmten Konstellationen ein Lied angestimmt, dass sich Deportationen über eine U-Bahn-Strecke von der gastgebenden Stadt in das Vernichtungslager Auschwitz herbeisehnt. Warum gerade mit einer U-Bahn ließ sich nicht rekonstruieren: „Eine U-Bahn, eine U-Bahn, eine U-Bahn bauen wir! Von [Name der Stadt/des Stadtteils des gegnerischen Vereins] bis nach Auschwitz, eine U-Bahn bauen wir!"[5]

Als Urheberin der Zeile wird die Band „Kommando Freisler", die vor allem für ihre stark antisemitischen Texte bekannt ist, genannt. Als Beleg dient hier das Outro ihres Liedes „Bibi Blocksberg", das vor allem von der Vernichtung von Jüd*innen handelt (Speit 2017). Als Stilbruch wird das „U-Bahn-Lied" im Outro, im Gegensatz zum Rest des Liedes, wie ein Fußball-Fangesang angestimmt. Es entfaltet sich daher die Wirkung, dass es sich hier um eine Hommage handelt und der Ursprung des Liedes woanders zu finden sei. Denn während das Lied im Fußball-Kontext nur noch vereinzelt gesungen wird, wurde es bereits bis Mitte der 1990er Jahre „in der Bundesliga massiv intoniert" (Blaschke 2014). Das Lied „Bibi Blocksberg" und das in ihm beinhaltete „U-Bahn-Lied" waren jedoch Teil des erst 2003/2004 produzierten bzw. verbreiteten und indizierten Albums „Geheime Reichssache". Daher sei an dieser Stelle festgehalten, dass der eigentliche Ursprung des „U-Bahn-Liedes" nicht bekannt ist. Mehrere Gerichte haben das Singen des Liedes nach Jahrzehnten unter Strafe gestellt, sowohl in Versionen mit dem Namen der gegnerischen Stadt/des gegnerischen Stadtteils, als auch mit der Nennung von Jerusalem als Synonym.

Zum generellen Einfluss von Rechtsrock auf Fans und ihre Gesänge sei an dieser Stelle ein kurzer Exkurs gestattet: Als gesellschaftliches Brenn-

---

5 Im von der extrem rechten Band „Kommando Freisler" gesungenen Zeile wird hier die Stadt Jerusalem als Synonym für den jüdischen Staat genannt.

glas kommt es verständlicherweise auch in und zwischen Fanszenen zu politischen Auseinandersetzungen. Wenn Fanszenen oder einzelne Gruppierungen im Fußball-Kontext sagten, dass sie „unpolitisch" agieren wollen, weil es nicht um Politik, sondern um die Unterstützung der eigenen (Vereins-)Farben ginge, bedeutete dies in der Regel eine rechtsoffene Flanke zu besitzen. Eine wichtige Scharnierfunktion zwischen „unpolitischen" oder nicht rechten Fans zu extrem rechten Versatzstücken bildete hierzu zumeist die Musik der Rechtsrockband „Kategorie C – Hungrige Wölfe",[6] die sich ihres Zeichens ebenso als „unpolitisch" gab, obwohl ihr Sänger einer der Führungspersonen der extrem rechten Bremer Hooligangruppe „Standarte Bremen" ist bzw. war. Doch auch die offene Übernahme von ganzen, für den eigenen Zweck angepassten, Strophen aus Liedern von Rechtsrockbands ist als Extrembeispiel in Fangesängen vorhanden. So sang die Fanszene des Karlsruher SC vereinzelt noch bis vor wenigen Jahren das sogenannte „Mond-Lied", das auf dem Lied „KKK" der Rechtsrockband „Landser" (2002) über den unter anderem antisemitischen Ku Klux Klan basiert:

Version Rechtsrockband „Landser"

> „In dem guten, alten Süden,
> brennen Kreuze in der Nacht
> und ein Reiter in weißer Robe
> hält auf dem Hügel Wacht.
> Und der Mond, zieht seine Bahn,
> über'm Reich des Ku Klux Klan.
> Und der Mond, zieht seine Bahn,
> über'm Reich des Ku Klux Klan.
> Durch die Fluten des Mississippi
> fährt ein Dampfer langsam vorbei
> und der Käpt'n grüßt die Kreuze,
> die da leuchten in der Dunkelheit."

Version Fanszene Karlsruher SC

> „In der alten bad'schen Hauptstadt

---

6 „Kategorie C" verweist hierbei auf die Einordnung von Fans seitens der Sicherheitsbehörden. „Kategorie C" steht hierbei für „gewaltsuchende Fans", in der Regel Hooligans. Die Kategorien „A" und „B" stehen für „friedliche" und für „gewaltbereite" Fans. Die Daten von Fans der Kategorien "B" und "C" werden zur Einsatzplanung an Spieltagen auf Bundes- und Landesebene in entsprechenden Dateien gespeichert.

wehen Fahnen in der Nacht
und ein Ultrà mit dem Bengalo
hält vor dem Wildparkstadion Wacht.
Und der Mond zieht seine Bahn,
über'm Reich der Karlsruher.
Und der Mond zieht seine Bahn,
über'm Reich der Karlsruher.
Auf dem guten alten Rhein
fährt ein Dampfer an uns vorbei
und der Käpt'n grüßt die Karlsruher,
die da feiern in der Dunkelheit."

Zwar ist das Lied nicht per se antisemitisch bzw. kommt ohne offensichtliche antisemitische Chiffren aus, doch bezieht sich positiv auf den amerikanischen Geheimbund Ku Klux Klan und der künstlerischen Urheberin, die als kriminelle Vereinigung geltende Band „Landser". Der protestantische Fundamentalismus des Klans spiegelt sich hierbei im Lied an den brennenden Kreuzen, die gegrüßt werden, wieder. Jede*r, „der nicht dem Ideal des bürgerlichen, protestantischen, viktorianischen Amerika entsprach, war der Feind." Hierzu gehörten Kommunist*innen, Katholik*innen, Immigrant*innen, Jüd*innen, Sex-Arbeiter*innen, People of Colour, Künstler*innen oder Intellektuelle. Die symbolische Vorlage lieferte der rassistische Stummfilm „The Birth of a Nation" aus dem Jahre 1915 (vgl. Schmitz 2014).

Fangesänge und Zwischenrufe gegen „Judenvereine" und jüdische Vereine

Der Fußball in Deutschland verweist gerne auf seine traditionsreiche Geschichte zurück, auch wenn die Zeitspanne von 1933 bis 1945 in der Regel ausgeblendet oder in Vereinschroniken schlecht beleuchtet wird. Neben der Zerschlagung der Arbeiter*innenvereine, kam es auch zu erzwungener (Selbst-)Auflösung von Sport- und Fußballvereinen, die vor allem von jüdischen Funktionär*innen geprägt wurden.[7] Wie der Rest der deutschen Gesellschaft wurden darüber hinaus auch die restlichen Vereine gleichge-

---

7 Unter der zweiten Amtszeit von Kurt Landauer (1884–1961) konnte der 1. FC Bayern München erhebliche sportliche Erfolge bis hin zur deutschen Meisterschaft im Jahre 1932 verzeichnen. Im April 1933 musste Landauer aufgrund seiner Zuordnung als Jude durch die Nationalsozialisten seine Präsidentschaft niederlegen. Er wurde 2013 posthum zum Ehrenpräsidenten des Vereins ernannt.

schaltet sowie demokratische und jüdische Vereinsfunktionär*innen und Spieler*innen aus den Vereinen gedrängt und zumeist durch NSDAP-Mitglieder ersetzt. Die antisemitische Schmähung als „Judenverein" lebt bei manchen sportlichen Auseinandersetzungen bis heute fort. Auch in der DDR, in der durch einen Beschluss des Alliierten Kontrollrats in der Sowjetischen Besatzungszone unter anderem alle Sportvereine aufgelöst wurden, kam es unter dem Label „Judenverein" zu antisemitischen Ausschlüssen. Durch die DDR-Sportstruktur sollten alle Werktätigen in neuzugründende und an Volkseigene Betriebe angeschlossene Betriebssportgemeinschaften (BSG) erfasst werden.[8] Ein fremdfinanzierter Profisport bzw. -fußball sollte so vorgebeugt werden. Die Sportler*innen sollten tagsüber an der Werkbank und nach Feierabend mit ihren Kolleg*innen trainieren. Der Staatsführung in Ost-Berlin wurde jedoch bewusst, dass sie mit dieser Regelung gegenüber den westdeutschen und -europäischen Vereinen sportlich ins Hintertreffen geriet. Daher wurden als Gegenpol zu den bisherigen Betriebssportgemeinschaften speziell geförderte und leistungsorientierte Sportclubs und später Fußballclubs gegründet.[9]

Diese spezielle Förderung stieß bei den BSGen und deren Fans selbstverständlich auf wenig Gegenliebe. Besonders die Fußballclubs, die im

---

8 Die „Reorganisation des Sports auf Produktionsebene" erfolgte nach Gewerkschaftsbereichen. Den jeweiligen Bereich erkannte man an den Namenszusätzen in den Vereinsnamen: „Aktivist" (Bergbau), „Aufbau" (Bauen), „Chemie", „Einheit" (staatliche und kommunale Verwaltung), „Empor" (Handel und Versorgung), „Fortschritt" (Textil und Leder), „Lokomotive" (Reichsbahn und Verkehrsbetriebe), „Medizin", „Motor" (Fahrzeug- und „Post", „Rotation" (Presse, graphische Betriebe, Bühne, Film und Funk), „Stahl" (Hütten- und Schwermaschinenbaubetriebe), „Traktor" (Land- und Forstwirtschaft), „Turbine" (Elektrizitäts-, Gas- und Wasserwerke), „Wismut" (Uranbergbau) und „Wissenschaft". Die Zusätze „Dynamo" und „Vorwärts" verweisen auf die Zugehörigkeit zu den Sportorganisationen der Volkspolizei bzw. der Staatssicherheit und auf die Nationale Volksarmee bzw. kasernierte Volkspolizei.

9 Zu der speziellen Förderung gehört unter anderem das „Delegieren" von den besten Spielern aus den BSGen zu den Fußballclubs. Das unrühmlichste Beispiel dürfte der SC Empor Rostock sein, aus dem dann der F.C. Hansa Rostock hervorging: Damit die Sportclubs und späteren Fußballclubs einigermaßen gleichmäßig über das Staatsgebiet verteilt waren, wurde eine ganze Mannschaft aus dem sächsischen Lauter im Erzgebirge an die Ostsee delegiert. Doch auch die „Vorwärts"-Vereine standen ihrer herausragenden Stellung als Sportverein der bewaffneten Organe in nichts nach. So kam es vor, dass gute Spieler von anderen Mannschaften zum Armeedienst einberufen wurden, damit sie dann bei "Vorwärts" spielen konnten. Allgemein bekannt dürfte auch die „spezielle" Förderung des BFC Dynamo sein, der als Lieblingsverein des Ministers für Staatssicherheit Erich Mielke, ein „Abonnement" auf die Meisterschaft hatte.

Verdacht standen von der Staatsführung oder finanzstarken Betrieben protegiert zu werden oder wurden, sind Ziel der Konstruktion geworden, dass hinter ihnen „Kapitalkraft und Lobby" stehen würden, die ihnen „unlautere Wettbewerbsvorteile" verschafften (N.N. o. J.: 146). Dem liegt das antisemitische Stereotyp zu Grunde, dass Jüd*innen über erhebliche Geldmittel verfügten und durch diese auch im Hintergrund die Geschicke der Gesellschaft bestimmten. Diese antisemitisch konnotierte Erzählung, dass im Hintergrund Eliten zum eigenen Vorteil und zum Nachteil von Dritten oder einer imaginären Mehrheit agieren würden, lässt sich unter anderem auf die antisemitischen „Protokolle der Weisen von Zion" zurückführen, die ein angebliches Treffen jüdischer Weltverschwörer*innen dokumentierten.

Die als „jüdisch" gelesenen Vereine und Fanszenen werden bis heute nicht nur optisch,[10] sondern auch mit antisemitisch konnotierten Fangesängen angegangen. Dies geschieht zumeist in Schlachtrufen mit der Nennung des gegnerischen Vereins- oder Stadtnamens. Ein Ziel für antisemitische Schmähungen ist hier immer wieder der FC Erzgebirge Aue, der als BSG Wismut Aue die finanzstarke Wismut AG bzw. Sowjetisch-Deutsche Aktiengesellschaft Wismut als Trägerbetrieb hinter sich wusste. Aue wird daher von gegnerischen Fanszenen mit dem wenig subtilen Schlachtruf „Wismut Aue: Jude! Jude Jude!" bedacht. Doch auch die SG Eintracht Frankfurt wird aufgrund ihrer Historie als „Judenverein" gelesen und mit dem gleichen, auf sie angepassten, Schmähruf bedacht[11] oder direkt in Gaskammern gewünscht.[12] Ein weiterer, abgewandelter Schlachtruf bezieht sich ebenso auf den damaligen finanzstarken Hintergrund einer BSG: Mit der schnellen Wiederholung von „Juden Jena!" kommt es wieder zu Schmähungen von Verein und Fanszene, meist durch den Lokalrivalen

---

10 Für mediale Aufmerksamkeit sorgte zum Beispiel das Zeigen eines Banners der Fanszene von Energie Cottbus in Richtung der Fans von Dynamo Dresden im Jahre 2005, auf dem das „D" des Dynamo-Wappens in einem „JuDen"-Schriftzug eingearbeitet war. Doch auch mit Graffiti versuchten Teile der Cottbusser Fanszene ihren Antisemitismus nicht mal zu verstecken als sie bei einem Heimspiel gegen Babelsberg, 2017, den Weg vom Bahnhof zum Stadion unter anderem mit „Babelsberg vergasen" versahen.

11 In den sportlich erfolgreichen Jahren der Weimarer Republik wurde der Vorgängerverein der Eintracht finanziell unter anderem von den jüdischen Schuhfabrikanten Fritz und Lothar Adler und Walter Neumann unterstützt. Der damalige sportliche Höhepunkt war die Vizemeisterschaft 1932 hinter dem FC Bayern.

12 „Anhänger des Rivalen Kickers Offenbach skandierten im Derby gegen den finanziell gesünderen Nachbarn: ‚Zyklon B für die SGE'. SGE steht für Sportgemeinschaft Eintracht (vgl. Blaschke 2015)."

Rot-Weiß Erfurt. Doch auch verklausuliert kam der Schlachtruf bereits zur Anwendung, ohne den antisemitischen Gehalt zu verlieren. Als es zu einem Rechtschreibfehler auf einem wichtigen Spruchband der Jenaer Ultras kam, wurden sie daraufhin bei einem nachfolgenden Spiel mit „Duden Jena!" empfangen. Neben diesen eher brachialen Schlachtrufen werden Schmähungen jedoch auch melodisch vorgetragen.

Ein Hauptziel dieser Lieder ist zumeist der als linksalternativ geltende SV Babelsberg 03. Hier wird der Antisemitismus um eine politische Komponente ergänzt, in dem versucht wird Vereine und ihre Fans als „undeutsch" und außerhalb der („Volks"-)Gemeinschaft stehend zu stigmatisieren. Dies kommt unter anderem mit dem melodisch vorgetragenen „Babelsberg 03: Zecken, Zigeuner und Juden!" zur Geltung, in dem es neben der antisemitischen („Juden"), auch zu einer politischen („Zecken") und antiziganistischen („Zigeuner") Aufladung kommt. Ergänzt wird diese Ausführung zumeist mit dem Wunsch nach Deportation, wenn die gegnerische Fanszene das Lied „Arbeit macht frei: Babelsberg 03!" anstimmt. Doch auch das bereits angesprochene „U-Bahn-Lied" kommt gegen den Verein aus Potsdam immer wieder zum Einsatz. Die Grundlage missliebiger Vereine auf Basis der industriellen Massenvernichtung anzugreifen, macht jedoch auch vor migrantisch gelesenen Vereinen nicht halt.

Bei einer Partie im Jahr 2008 zwischen dem Chemnitzer FC und Türkiyemspor Berlin versammelte sich auf den Rängen eine Gruppierung mit dem Namen „HooNaRa", Abkürzung für „Hooligans, Nazis und Rassisten", die unter anderem den Refrain des rassistischen Liedes „Berlin bleibt deutsch" der Rechtsrockband „Landser" und den rhythmischen Schlachtruf „Wir kommen euch besuchen bald, im KZ von Buchenwald!" anstimmten (Kopp 2008) und damit die gewünschte Ausschaltung der Berliner Mannschaft aus dem öffentlichen Leben und ihre Deportation und Vernichtung propagierten. Schlussendlich treffen antisemitische Schmähgesänge auch originär jüdische und auch Vereine, die sich in ihre Tradition stellen. Der Berliner TuS Makkabi trat 1970 in die Tradition des 1898 als ersten im deutschen Kaiserreich gegründeten jüdischen Sportverein „Bar Kochba Berlin".[13]

Immer wieder müssen Partien von Makkabi aufgrund von antisemitischen Äußerungen oder körperlichen Übergriffen – nicht nur von gegne-

---

13 Der Verein bezog sich auf Simon bar Kochba, der den Bar-Kochba-Aufstand gegen die römische Herrschaft in der Provinz Judäa anführte. Der römische Oberbefehlshaber beantwortete die Erhebung mit der systematischen Zerstörung des jüdischen Siedlungsgebietes.

rischen Fans, sondern auch von Spieler*innen, Funktionär*innen oder Betreuer*innen der Vereine unter- oder gar abgebrochen werden. Ein trauriger Höhepunkt dürfte die abgebrochene Begegnung zwischen TuS Makkabi III und Meteor 06 III gewesen sein, als es zu Äußerungen bzw. Zwischenrufen gegenüber den TuS-Spielern mit „Drecksjude" und „Juden-schwein" kam (Bachner 2015). Doch auch Vorwürfe, den Schiedsrichter als Unparteiischen „gekauft" zu haben, weil es sich bei Makkabi um „Ju-den" handle, sind regelmäßiger Teil antisemitischer Äußerungen. Hierfür reicht es, wenn der Schiedsrichter gegen die eigene Mannschaft pfeift oder es zu Beschwerden über die Höhe der Eintrittspreise kommt, weil man es als „Juden" ja eh nicht brauche. Es sind gängige Zwischenrufe bzw. Bemerkungen (vgl. N.N. o. J.: 145), die antisemitische Stereotype wie das der finanziellen Überlegenheit und Verschwörung im Fußball aufgreifen.

„Israel und FCH: Blau-Weiß ist doch wunderbar!" – der Versuch eines Fazits

Antisemitismus in der akustischen Unterstützung der eigenen Mannschaft oder der Herabwürdigung im deutschen Fußball findet eine Verbreitung in seinen Fanszenen, die stellenweise auf eine Tradition der Gegnerschaft zwischen Vereinen aus der Weimarer Republik und der anschließenden Herrschaft des Nationalsozialismus aufbaut. Jedoch wäre es verkürzt, Anti-semitismus im Fußball nur auf diese Erklärungsmerkmale zu reduzieren. Es wurde gezeigt, dass Antisemitismus und seine Stereotype tief in der Gesellschaft verankert sind und daher auch in den unterschiedlichsten Situationen abgerufen werden können und daher auch im Fußball ihre Anwendung finden. Je nach politischer Ausrichtung der Fanszene tritt der Antisemitismus offen oder verdeckt zu Tage. Wenn man die von Blaschke bereits beschriebene Gruppendynamik als Faktor an der Teilnahme von antisemitischen Gesängen heranzieht, lassen sich der offene und der ver-deckte Antisemitismus in Fangesängen in einen intentionalen und einen nicht-intentionalen Charakter aufgliedern (vgl. Braune/Schwarz-Friesel 2007: 11). Wobei man davon ausgehen kann, dass der nicht-intentionale Charakter bei offenem Antisemitismus als eher gering einzuschätzen sein dürfte, weil das ehemalige Vernichtungslager Auschwitz als Endstation im „U-Bahn-Lied" keine andere Deutung als eine antisemitische zuließe. Ein wahrscheinlich nicht-intentionaler Charakter des Antisemitismus wäre hier an dieser Stelle die Verwendung des Wortes „Judas" als Zwischenruf oder das sich in den letzten Jahren auf Schulhöfen auszubreitende „Jude" als versuchte Beleidigung. Offen und intentional hingegen sind die Rufe und Entgegnungen gegen Vereine wie TuS Makkabi zu verstehen, die sich gezielt gegen ihre Identität bzw. Tradition richten.

Es wurde ebenso beleuchtet, dass es in Fangesängen zu einer Verschränkung von Ideologien kommt und der Antisemitismus alleinstehend dokumentiert, doch zum Beispiel seine Ergänzung im Antifeminismus oder auch in der Homo- und Transfeindlichkeit finden kann. Augenscheinlich wurde dies vor allem im regressiven Antikapitalismus und der damit einhergehenden Personifizierung von gesellschaftlichen Mechanismen.

Schlussendlich wurde eine scheinbar vorhandene Wechselwirkung zwischen aktiver Fankultur und Rechtsrock aufgezeigt, die sich dadurch kennzeichnet, dass musikalische Gruppen inhaltliche und akustische Elemente aus Fanszenen aufnehmen, während diese wiederum sich ebenso an Sprachebenen bedienen. Einzuschränken ist, dass die vorangegangenen Dokumentationen und Bewertungen lediglich einen Einblick in den deutschen Umgang mit Antisemitismus in der Fankultur gewährt hat und – bis auf wenige Ausnahmen – der Schwerpunkt vor allem auf der akustischen Unterstützung lag. Ein pauschales Urteil über europäische Fanszenen lässt sich an dieser Stelle nicht treffen und wäre Aufgabe weiterer Betrachtungen. Heftige verbale Auseinandersetzungen mit Fangesängen, die antisemitisch aufgeladen sind, aber auch von Vereins- und Verbandsseite finden sich beispielhaft in Osteuropa – wie in Serbien, Kroatien oder auch in Polen.[14] Doch auch in Westeuropa werden als jüdisch gelesene Vereine immer wieder von der Wucht des Antisemitismus getroffen. Beispielhaft sei hier Ajax Amsterdam erwähnt, das in seiner Geschichte oft von jüdischen Anwohner*innen, Spieler*innen und Funktionär*innen geprägt wurde, und unter anderem Ziel von antisemitischen wie antiisraelischen Sprechchören wie „Hamas! Hamas! Juden ins Gas!" oder „Adolf, hier laufen noch elf, wenn du sie nicht vergast, tun wir es selbst!" sind bzw. waren (Müller 2011). Gemeinsam mit dem ebenso jüdisch gelesenen Tottenham Hotspur aus London hat Ajax, die wahrscheinlich heftigste Form der akustischen antisemitischen Schmähung, wenn eine Vielzahl an gegnerischen Fans mit Zischlauten einströmendes Gas imitieren. Schlussendlich bleibt jedoch die Wichtigkeit zu betonen, dass zwar Stadien Brenngläser der Gesellschaft sind und daher antisemitische Fangesänge und Schlachtrufe eine Realität darstellen, der man sich zu stellen hat. Es kann jedoch nicht

---

14 Das Social-Media-Team des polnischen Fußballverbands schrieb kurz vor Abpfiff auf Facebook: „Tooooooor! Das ist jetzt schon ein Pogrom! Wir führen gegen Israel mit 4:0." Nach dem Wort Pogrom wurden zwei Emoticons gesetzt: ein Arm mit einem angespannten Bizeps und eine Flamme (Vgl. Schindler 2019).

das Ziel für den Fußball als Subjekt sein, dass dieser wartet bis es keinen Antisemitismus mehr in der Gesellschaft gibt, um selbst keinen mehr zu reproduzieren.

Der Fußball wie seine Fanszenen sind soziale Netzwerke in Form eines freizeitlichen, gemeinschaftlich verbundenen Sozialraums. Doch neben den gemeinsamen Vorlieben für Fußball ist dieser Sozialraum auch ein Lernraum, ein Sozialisationsraum (vgl. Jahnke/Niehaus 1996: 17ff.), ein Raum alltäglicher Erfahrungen, weil die Menschen in ihm im Austausch stehen und Positionen aushandeln. Dadurch ist solch eine (Fan-)Szene auch ein Aneignungsraum für die Auseinandersetzung mit der vorzufindenden Umwelt und ihrer kreativen Gestaltung (vgl. Deinet 2005: 1ff.). Das bedeutet allerdings auch, dass sich eine Subkultur wie die der Ultras, deren soziale Normen sich von der Gesamtgesellschaft unterscheiden, einen speziellen Status bei der Auseinandersetzung mit Antisemitismus in der Unterstützung der eigenen Mannschaft besitzen kann.

Fanszenen und Fans müssen nicht auf die Mehrheitsgesellschaft warten, wenn es um die Bekämpfung von Antisemitismus in Fangesängen und Schlachtrufen geht. Die akustische Unterstützung der eigenen Mannschaft befindet sich kulturell immer in Veränderung und wird stetig angepasst, weil sie etwas Lebendiges ist. Daher greifen auch Argumente ins Leere, die antisemitische Fangesänge, etc. mit dem Argument der Tradition und Beständigkeit der entsprechenden Gesänge verteidigen. Die sportliche wie auch akustische Auseinandersetzung benötigt keinen Antisemitismus, um die eigene Mannschaft zu unterstützen oder sich über den anderen Verein zu erheben. Dieses Streiten für Fangesänge und Schlachtrufe ohne antisemitische Chiffren kann nicht durch Repression seitens der Sportverbände erzwungen werden. Es kann nur aus den Fanszenen selbst heraus entstehen, weil sich dort die entsprechenden sozialen Akteur*innen befinden. Diese Akteur*innen zu befähigen und zu stärken ist ein wichtiger Schritt in der Bekämpfung des akustisch vorgetragenen Antisemitismus im Fußball. Diese Befähigung können die sozialpädagogischen Fanprojekte leisten, über die jedoch nicht jeder Verein verfügt. Dennoch kann der Fußball als „Volkssport" und seine sich in ihm wiederfindende Breite der Gesellschaft eine Rückkoppelung in diese sein, um Antisemitismus erfolgreich zu begegnen.

Literatur

Bachner, Frank (2015): Makkabi gegen Meteor 06 in Berlin. Lange Sperre nach antisemitischen Angriffen, online, https://www.tagesspiegel.de/sport/makkabi-g egen-meteor-06-in-berlin-lange-sperre-nach-antisemitischen-angriffen/12344108. html, 30.04.2021.

Blascke, Ronny (2014): Audio: Ronny Blaschke über rechte Fangesänge im Stadion, online, https://www.bpb.de/politik/extremismus/rechtsextremismus/185703/ audio-ronny-blaschke-ueber-rechte-fangesaenge-im-stadion, 30.04.2021.

Blaschke, Ronny (2015): Antisemitismus im Fußball. Klischees in der Kurve, online, https://www.deutschlandfunkkultur.de/antisemitismus-im-fussball-klische es-in-der-kurve.966.de.html?dram:article_id=308164, 30.04.2021.

Braune, Holger/Schwarz-Friesel, Monika (2007): Geschlossene Textwelten: Konzeptualisierungsmuster in aktuellen antisemitischen Texten, in: Sprachtheorie und germanistische Linguistik, Nummer 17.1, Berlin.

Büchner, Timo (2021): Antisemitismus und Tiervergleiche – Das ewige Tier, online, https://www.belltower.news/tacheles-antisemitismus-und-tiervergleiche-das -ewige-tier-112995, 30.04.2021.

Canetti, Elias (1960): Masse und Macht, Düsseldorf.

Kanitz, Maria (2019): „Gendergaga", „Femilobby", „Frühsexualisierung", … Antifeminismus als Einstiegsideologie der Neuen Rechten, Berlin.

Janke, Klaus/Niehues, Stefan (1996): Echt abgedreht. Die Jugend der 90er Jahre, München.

Kopp, Johannes (2008): Dumpfe Parolen von Rechtsaußen, online, https://www.fr. de/sport/sport-mix/dumpfe-rufe-rechtsaussen-11608028.html, 30.04.2021.

Müller, Tobias (2011): Antisemitismus gegen Ajax Amsterdam. "Hamas, Hamas, Juden ins Gas", online, https://taz.de/!5121291, 30.04.2021.

N.N. I (o. J.): Gegen die "Judenclubs", in: ASP – Agentur für soziale Perspektiven e.V. (Hrsg.): Grauzonen und rechte Lebenswelten – Schnittstellen zwischen "unpolitischen" und extrem rechten Szenen, Berlin.

N.N. II (o. J.): Die Juden haben mal wieder den Schiedsrichter gekauft, in: ASP – Agentur für soziale Perspektiven e.V. (Hg.): Grauzonen und rechte Lebenswelten – Schnittstellen zwischen "unpolitischen" und extrem rechten Szenen, Berlin.

OneFootball (2020): Judas XI: Die größten Verräter im Fußball, online, https:// onefootball.com/de/news/judas-xi-die-groten-verrater-im-fuball-29671423, 30.04.2021.

Salzborn, Samuel (2017): Kampf der Ideen. Die Geschichte politischer Theorien im Kontext, Baden-Baden.

Savage, Jon (2008): Die Erfindung der Jugend (1875–1945), Frankfurt am Main/New York.

Schindler, Frederik (2019): EM-Qualifikation Polen – Israel: „Das ist jetzt schon ein Pogrom", online, https://taz.de/EM-Qualifikation-Polen--Israel/!5599877, 30.04.2021.

Schirmeister, Mailine (2020): Rassistische und diskriminierende Aufkleber: Für den FCK ist eine Grenze überschritten, online, https://www.swr3.de/aktuell/nac hrichten/rassistische-aufkleber-fck-stllungnahme-100.html, 30.04.2021.

Schmitz, Alfried (2014): Ku-Klux-Klan. Mit brennenden Kreuzen für ein weißes und protestantisches Amerika, online, https://www.deutschlandfunk.de/ku-klux -klan-mit-brennenden-kreuzen-fuer-ein-weisses-und.886.de.html?dram:article_id =285160, 30.04.2021.

Schubert, Florian (2019): Antisemitismus im Fußball. Tradition und Tabubruch, Göttingen.

Speit, Andreas (2017): Antisemitische Fußballfans. Eine Frage der Volksverhet-zung, online, https://taz.de/Antisemitische-Fussballfans/!5369074, 30.04.2021.

Staffa, Christian (2020): Von der gesellschaftlichen Notwendigkeit christlicher An-tisemitismuskritik, in: Zentralrat der Juden in Deutschland (Hg.): „Du Jude" – Antisemitismus-Studien und ihre pädagogischen Konsequenzen, Leipzig.

Wolf, Erik (1970): Griechisches Rechtsdenken, Band IV.2, Vittorio Klostermann, Frankfurt am Main.

Quellen

NSDAP (1920): 25-Punkte-Programm der Nationalsozialistischen Deutschen Arbei-terpartei, online, http://www.documentArchiv.de/wr/1920/nsdap-programm.ht ml, 30.04.2021.

Lieder

Landser (2002): KKK, Album: Tanzorchester Immervoll, Wotan Records.

Antisemitismus und Musik in der politischen Bildung. Konzeptionelle Überlegungen für die pädagogische Thematisierung von Jugendkulturen

Kai E. Schubert

Einleitung

Populäre Musik wurde in Deutschland immer wieder für fragwürdige Inhalte kritisiert, etwa für Sexismus und Misogynie, Homo- und Transfeindlichkeit sowie die allgemeine Verherrlichung von Gewalt, Kriminalität und Drogenmissbrauch.[1] Zum Teil wurde vor Musik gewarnt und diese als Bedrohung bezeichnet – insbesondere, wenn jene zu einer politischen Radikalisierung von Personen beitrage. Einerseits ist die allgemeine Bedeutung von Musik z. B. für Jugendliche belegt (vgl. Rathgeb/Schmid 2020). Musik zu hören, gehört aktuell zu den häufigsten Freizeitaktivitäten von Jugendlichen in Deutschland: 57 Prozent der Befragten gaben an, „Musik hören" sei ihre häufigste Freizeitaktivität, diese nahm damit unter allen Antwortmöglichkeiten den Spitzenplatz ein (Albert et al. 2019: 214). Andererseits gilt Musik seit langem auch als Medium zum Ausdruck von gruppenbezogener Menschenfeindlichkeit, insbesondere seitdem sich „das Zeichensystem der jugendkulturell geprägten extremen Rechten" Ende der 1990er Jahre wandelte und sich die entsprechenden Jugendszenen zu diversifizieren begannen (Langebach 2016: 410; vgl. Searchlight Magazine 2000; Schröder 2001; Dornbusch/Raabe 2002). Wie in vielen derartigen Fällen, insbesondere wenn es um von der Gesellschaft als relevant markierte Phänomene wie Antisemitismus geht, wird die Bearbeitung und Lösung dieses gesellschaftlichen Problems durch die (vor allem schulische) politische Bildung eingefordert. Dennoch ist die Frage nach den Voraussetzungen, Potentialen und Grenzen einer Thematisierung von zeitgenössischer Musik und Antisemitismus durch die politische Bildung bislang kaum systematisch aufgeworfen worden. Im Folgenden werden daher grundsätzliche konzeptionelle Überlegungen hierzu angestellt. „Antisemitismus und

---

1 Ich danke der Herausgeberin und dem Herausgeber sowie Berit Praxl für Anmerkungen.

Musik" ist die inhaltliche Klammer, die erstens Musik mit antisemitischen Inhalten, zweitens Antisemitismusdebatten über bestimmte musikalische Werke und drittens solche umfassen soll, die sich dezidiert gegen Antisemitismus wenden, was auch Werke von jüdischen Betroffenen von Antisemitismus einschließen kann und soll(te).

Die hier präsentierten Überlegungen beziehen sich auf alle Praxisfelder der politischen Bildung. Das heißt konkret, sie sind nicht auf den Unterricht an Schulen[2] beschränkt, sondern schließen die außerschulische Jugendbildung ebenso ein wie die Erwachsenenbildung. In Bezug auf letztere ist insbesondere das Feld der Fortbildung der politischen Bildner*innen relevant wie auch die politische Bildung an Hochschulen, etwa in den Lehramts- und anderen pädagogischen Studiengängen, wo beim Thema Antisemitismus generell starke Entwicklungsbedarfe bestehen (vgl. Chernivsky/Lorenz 2020: 141; Salzborn/Kurth 2019: 19–22), oder auch in Polizei- und Verwaltungsstudiengängen (vgl. Schubert 2022).

Der in den Diskursen um Antisemitismus und Bildung dominante Fokus auf die Zielgruppe Jugendliche (oder Multiplikator*innen, die mit Jugendlichen arbeiten) wird auch in diesem Artikel vertreten. Gute Gründe sprechen zunächst dafür: Jugendliche haben in der Regel (noch) keine so gefestigten (eben auch: antisemitischen) Einstellungen wie Erwachsene und sind häufiger bereit, sich auf neue Perspektiven einzulassen (vgl. Siebert 2016: 338f.). Aufgrund der allgemeinen Schulpflicht durchlaufen auch fast alle Kinder und Jugendlichen Bildungsinstitutionen, dies ist nach dem schulpflichtigen Alter nicht mehr der Fall. Allerdings kommen sie in der Schule zum Teil auch erst mit antisemitischen Inhalten z. B. durch Musik in Kontakt. Ausdrücklich nicht begründet wird der Fokus auf Jugendliche an dieser Stelle damit, dass nur oder vor allem diese in Bezug auf Antisemitismus ein Risiko darstellen würden. Vielmehr ist anzunehmen, dass Jugendliche gesellschaftlich allgemein als (un)erwünscht oder (in)akzeptabel geltende Verhaltensweisen noch nicht derart verinnerlicht haben wie die meisten Erwachsenen. Die vorliegenden Studien über die Verbreitung antisemitischer Einstellungen weisen aber dort, wo überhaupt ein statistischer Zusammenhang sichtbar wird, meist auf eine positive Korrelation von Lebensalter und der Zustimmung zu antisemitischen Aussagen hin. Das deutet darauf hin, dass Antisemitismus von jüngeren

---

2 An der Schule ist politische Bildung nicht auf den Politik- bzw. Sozialkundeunterricht beschränkt. Vielmehr kann sie als Prinzip auch in anderen Fächern angewandt werden (vgl. Sander 2013). Beim hier behandelten Thema wäre insbesondere ein fächerübergreifender Unterricht zwischen Musik- und Politikunterricht (und ggf. Geschichtsunterricht) denkbar.

Menschen zumindest nicht häufiger als von Erwachsenen vertreten wird – die zudem ihre Einstellungen eher verbergen (vgl. Kiess et al. 2020: 236f.; Zick et al. 2019: 89).

Im Folgenden wird zunächst das allgemeine Verhältnis der politischen Bildung zum Medium Musik angerissen, anschließend wird der Stand der wissenschaftlichen und didaktischen Auseinandersetzung mit Antisemitismus und Musik skizziert. Hierbei gehe ich zunächst auf Antisemitismus im Kontext rechtsextremer Musik ein, andere Kontexte beleuchte ich im nächsten Unterkapitel. Ein weiteres Kapitel enthält grundsätzliche didaktische Überlegungen, wobei zunächst relevante Prinzipien der Politikdidaktik und der pädagogischen Auseinandersetzung mit Antisemitismus rekonstruiert werden. Anschließend werden Fallbeispiele genannt, die in pädagogischen Settings aufgegriffen werden können. Der Schlussteil fasst die wesentlichen Gedanken zusammen.

Musik in der politischen Bildung

Auch wenn in der politischen Bildung prinzipiell alle Formen von Medien eingebracht werden können, sind visuelle Medien und hier insbesondere Texte wohl nach wie vor die in der politischen Bildung vorherrschenden Medien (vgl. Sander 2013: 223). Auch wenn sich Theorie und Praxis politischer Bildung zunehmend unter anderem für Bilder, Filme und digitale Medien öffnen, werden auditive Medien im Politikunterricht bislang eher selten genutzt (vgl. Massing 2020: 145). In der Folge ist Musik als Medium für die politische Bildung in den entsprechenden Überblickswerken oft wenig oder nicht präsent (vgl. z.B. Sander 2013, Sander/Pohl 2022; Hufer/Lange 2016). Dies mag mit der nach wie vor vorhandenen Wirkung einer bedeutenden Traditionslinie politischer Bildung zusammenhängen, die diese vor allem auf einer kognitiv-rationalen Ebene konzipiert. Demgegenüber ist das Politische in Musik häufig in Verbindung mit Emotionen repräsentiert (vgl. Oeftering 2019). Bis vor einigen Jahren wurden Emotionen in der Politischen Bildung insbesondere als potenzielle Hindernisse betrachtet (vgl. Besand et al. 2019a). Inzwischen wird unter anderem zunehmend thematisiert, dass Emotionen auch Lerngegenstände und -voraussetzungen sind und zur Bildung beitragen (können) (vgl. Besand et al. 2019b; Frech/Richter 2019). Einzelne Autor*innen haben Beiträge über die Thematisierung von Musik in der politischen Bildung vorgelegt (vgl. Kleinen 2005; Kuhn et al. 2014). Einerseits kann mit der Nutzung von Musik als Medium jugendlicher Lebenswelten Interesse am Thema der Bildungsveranstaltung hergestellt werden. Andererseits kann der Inhalt musikalischer Werke auch selbst den Schwerpunkt der Auseinandersetzung bilden. Zustimmende und ablehnende Emotionen können durch den Inhalt bei den Zuhörer*innen ausgelöst werden. Andererseits sind Emotionen dann in der pädagogischen Situation in verdinglichter Form vorhanden, da die Emotionen des*der Interpret*in (bzw. des lyrischen Ichs) sich häufig in Popsongs ausdrücken. Typische Beispiele hierfür können Wut, Trauer, Frustration, Freude und das Gefühl, ungerecht behandelt zu werden, sein. Auch politische Positionierungen des lyrischen Ichs sind häufig in Form emotionaler Narrationen vorhanden. Diese eignen sich als Lerngegenstand, da sie „vielfach Momente der Mehrdeutigkeit, Rätselhaftigkeit, Ambiguität und Kontingenz [aufweisen]. Narrationen vermögen vermeintliche Gewissheiten zu erschüttern, liebgewonnene Wertvorstellungen anzuzweifeln sowie politische Überzeugungen in Frage zu stellen" (Juchler 2014: 469f.).

Antisemitismus und Musik

Antisemitismus in extrem rechter Musik

Antisemitismus in der Musik wurde in den letzten Jahrzehnten wiederholt im Kontext des „Rechtsrock", also rechtsextremistischer, häufig neonazistischer Musik thematisiert (Bundesamt für Verfassungsschutz 2020; Dornbusch/Raabe 2002; Schenderlein 2019). Antisemitismus gilt zumeist als ein konstitutives bzw. „bindendes Element" (Bundesministerium des Innern 2011: 15) rechtsextremer Ideologie. In der Folge zielten wissenschaftliche Beobachtungen und pädagogische Überlegungen vor allem auf rechtsextreme Musik bzw. Rechtsrock ab, die als Radikalisierungsfaktor bei Jugendlichen gilt (vgl. Brüning 2019; Elverich et al. 2009; Schellenberg 2011; Wörner-Schappert 2017). Der Unabhängige Expertenkreis Antisemitismus stellte in seinem Bericht 2011 fest, dass Rechtsrock „zur Verbreitung antisemitischer Inhalte in breitere Bevölkerungskreise – insbesondere unter Jugendlichen – wie kein zweites Medium beigetragen haben" dürfte (Bundesministerium des Innern 2011: 76). In jüngerer Zeit wird die Vorstellung von Rechtsrock als einer „Einstiegsdroge" in die rechtsextreme Szene, die den Ausgangspunkt einer rechten Radikalisierung darstelle, jedoch auch als unterkomplex und irreführend kritisiert (vgl. Hindrichs 2019, 2020). Zu der Frage, inwiefern und ggf. wie und warum problematische, auch antisemitische, Inhalte von Musik von Jugendlichen übernommen und verinnerlicht werden, liegen kaum wissenschaftliche Hinweise vor (vgl. Bundesministerium für Familie, Senioren, Frauen und Jugend 2020:

276).[3] Pauschale Aussagen hierzu und die Annahme eines unmittelbaren Ideologietransfers erscheinen nicht sinnvoll (ebd.).

David Begrich und Jan Raabe (vgl. 2010: 230) beobachten, die klassische rechte Skinhead-Szene, aus der heraus der Rechtsrock produziert und vertrieben wurde, habe ihren Zenit Ende der 1990er Jahre überschritten.[4] Rechtsrock hat sich seitdem teilweise von diesem Szenekontext gelöst und in andere Zusammenhänge (z. B. HipHop) ausgestrahlt.[5] Hier besteht vor allem mit Blick auf rechtsextremen Rap Nachholbedarf. Rechtsextremer Rap hatte jüngst auch kommerziell größere Erfolg in Person von Christoph Zloch alias „Chris Ares", der der Identitären Bewegung (IB) nahesteht. Einige Bildungsmaterialien (vgl. Argumente & Kultur gegen Rechts e.V. 2015) und didaktische Texte gehen dezidiert auch auf den Antisemitismus rechtsextremer Musik ein (vgl. Hößl/Raabe 2017).[6]

Antisemitismus in anderen (politischen) musikalischen Kontexten

Neben dem Rechtsrock ist Antisemitismus außerdem im salafistischen Musikgenre der „Naschids" präsent, das ebenfalls als Radikalisierungsfaktor gilt (vgl. Farschid 2014). Auch hier gilt, dass Antisemitismus zumeist nicht explizit im inhaltlichen Fokus steht, wenn auch die salafistische Ideologie durch einen antisemitischen Antizionismus geprägt ist (vgl. Farschid 2014: 183f.; Bundesministerium des Innern 2017: 180ff.). Islamistische Ideologieversatzstücke sind darüber hinaus zum Teil auch in popkulturellen Musikproduktionen zu finden (siehe unten). Musik taucht in den von Günther Jikeli (vgl. 2012: 267f.) geführten Interviews mit jungen männlichen Muslimen in Europa als eine von diversen Bezugspunkten antisemitischer Positionierungen auf.

---

3 Zur Annäherung an diese Frage wurde ab 2020 an der Universität Bielefeld das Forschungsprojekt „Die Suszeptibilität von Jugendlichen für Antisemitismus im Gangsta Rap und Möglichkeiten der Prävention" durchgeführt (vgl. Grimm (2021); siehe Baier/Grimm in diesem Band).
4 Die Diagnose, Rechtsrock sei derzeit „das wichtigste Medium, über das Jugendliche und junge Erwachsene mit den Inhalten der extremen Rechten in Berührung kommen" (Büchner, 2018: 19) erscheint jedoch fraglich angesichts der massenhaften Sichtbarkeit rechtsextremer Inhalte auf Demonstrationen, in Medien, im Internet sowie in vielen Parlamenten und weiteren Zusammenhängen in Deutschland.
5 Ein weiteres Phänomen stellt Antisemitismus in z. B. völkischen, jedoch nicht zwingend „extremistischen" musikalischen Szenen dar (vgl. Penke/Teichert 2016).
6 Vgl. hierzu auch das Projekt „Grauzonen – Rechte jugendliche Lebenswelten", aus dem ein Materialordner, Broschüren, Videoclips sowie eine Ausstellung hervorgegangen sind: Agentur für soziale Perspektiven (o. J.).

Große mediale Aufmerksamkeit hat in jüngster Zeit das Thema Antisemitismus im (nicht rechtsextremen) Rap erhalten (vgl. sowie i.d.B. Baier 2019). Wissenschaftliche und pädagogische Überlegungen hierzu wurden erst vereinzelt vorgelegt (vgl. Baier 2020; Fritzsche et al. 2019; Hößl 2014; Hößl/Raabe 2017; Loh 2020). Aufgrund der Relevanz von Rap für Jugendliche in Deutschland steht dieser im Zentrum der nachfolgenden Überlegungen. Im Jahr 2020 gaben im Rahmen einer Studie des Deutschen Musikinformationszentrums 75,2 Prozent der 14- bis 19-Jährigen und 60,3 Prozent der 20- bis 29-Jährigen an, HipHop bzw. Rap (sehr) gerne zu hören (vgl. Deutsches Musikinformationszentrum und Deutscher Musikrat 2020: 3). HipHop wird häufig als die international größte Jugendkultur (vgl. Bundesministerium für Familie, Senioren, Frauen und Jugend 2020: 274) bzw. das „dominierende Element in der Pop-Kultur" beschrieben (Loh 2020: 64).

Die Auseinandersetzung mit Antisemitismus in anderen Musikgenres steht noch am Anfang, didaktische Überlegungen hierzu fehlen zum Teil noch gänzlich. Dies ist deswegen relevant, weil antisemitische Gehalte sich in den unterschiedlichen Subkulturen jeweils spezifisch ausdrücken und spezifische Funktionen erfüllen können. Hervorzuheben ist die Arbeit des Vereins Cultures Interactive, dessen Team mit Jugendlichen an der Schnittstelle von kultureller Bildung sowie Sozialpädagogik arbeitet (vgl. Baer/Kossack 2017). Hier werden auch Formen Gruppenbezogener Menschenfeindlichkeit wie Sexismus, Rassismus, Homo- und Transfeindlichkeit und eben Antisemitismus in den verschiedenen Subkulturen und (Jugend-)Szenen thematisiert. Die inhaltliche Auseinandersetzung wird dabei stets mit der Aneignung und Ausbildung praktischer kultureller Fähigkeiten durch die Jugendlichen kombiniert.

Bilanzierend ist zunächst zu bemerken, dass in Bezug auf eine schwerpunktmäßige Auseinandersetzung mit Antisemitismus in zeitgenössischer Musik viele Desiderate existieren, insbesondere, wenn es sich nicht um extrem rechte Musik handelt. Die Verschiebung des pädagogischen Fokus von extrem rechter Musik (die auch Antisemitismus beinhaltet) zu Antisemitismus in der (Pop-)Musik im Allgemeinen hat mindestens drei bedeutsame Konsequenzen:

a) Thematisiert werden nun nicht nur Musikproduktionen, die von marginalisierten Subkulturen und Szenen konsumiert werden. Es geht um zum Teil (auch kommerziell) äußerst erfolgreiche Werke mit weiter Verbreitung in der gesellschaftlichen „Mitte" (vgl. Schwarz-Friesel et al. 2010), was die zentrale Frage aufwirft, wie es überhaupt hierzu kommen konnte und welche Handlungsoptionen bestehen. Ein pädagogisches Potential liegt darin, dass idealerweise vor diesem Hintergrund eine Externalisierung des Antisemitismus an die gesellschaftlichen Ränder, die eine häufig genutzte Entlastungsstrategie darstellt, verhindert wird. Gelingt es, (den Umgang mit) Antisemitismus als gesamtgesellschaftliches Phänomen erkennbar werden zu lassen, kann einem wichtigen Mechanismus der Abwehr gegen die Thematisierung von Antisemitismus entgegengewirkt werden. Diese Verschiebung ist sinnvoll, da „das dröhnend laute Schweigen weiter Teile der Gesellschaft zum Antisemitismus" einer der wesentlichen Gründe für dessen zunehmende Mobilisierungsfähigkeit sei (Salzborn 2018: 184).

b) Damit einher geht eine Verschiebung pädagogischer Ziele: Es gilt nun nicht so sehr darum, Jugendliche vor dem durch Musik begünstigten oder ausgelösten „Abgleiten" in eine „extremistische" Szene zu bewahren, aus der heraus zukünftig kriminelles Verhalten zu erwarten ist, und die „Radikalisierung" dieser Jugendlichen. Auch wird die Musik nicht mehr vorrangig als instrumentell eingesetztes Agitations- und Mobilisierungsinstrument betrachtet.[7]

Dies ist von Bedeutung, weil von staatlicher Seite zunehmend die Erwartung an die politische Bildung gestellt wird, sich am Ziel der Prävention (vgl. Schmitt 2020) zu orientieren. Entwicklungen einer „Versicherheitlichung" des Diskurses der politischen Bildung werden kritisch diskutiert (vgl. Berendsen et al. 2019). Im Kern geht es Kritiker*innen dieser Entwicklung um die Verteidigung einer pädagogischen Grundhaltung, die gegenüber der Auseinandersetzung mit ihren Teilnehmer*innen offen ist, deren vielfältige politische Positionierungen grundsätzlich anerkennt und auch Unkonventionalität und Experimentierfreude wertschätzt. Dies drohe durch die Dominanz einer Präventionslogik untergraben zu werden, die in den Teilnehmer*innen ihrer Veranstaltungen vor allem potentielle Risiken erkennt und deren Ziele nicht primär in der Stärkung demokratischer *Prinzipien* sondern der Affirmation einer konkreten vorhandenen *Staatsordnung* bestehen.

c) Wichtig ist ferner, dass inhaltlich eine Fokussierung stattfindet: In rechtsextremer Musik sind alle von der Antisemitismusforschung differenzierte Erscheinungsformen des Antisemitismus (vgl. Bundesministerium

---

7 Eine ausschließliche Betrachtung von Musik der Perspektive (rechts)extremistischer Agitation kann zu eklatanten Fehldeutungen führen, vgl. den Text „Warum sind Rap und HipHop nicht anfällig für Rechtsextremismus?" (Leopoldseder 2005). Hierzu wäre zu bemerken, dass gerade Antisemitismus bereits früh bei Akteuren im HipHop sichtbar war und eben auch völlig unabhängig von rechtsextremer Weltanschauung, sogar in dezidiert anti-rassistischen Kontexten auftreten kann.

des Innern 2017: 25ff.) anzutreffen, also religiöse, politische, nationale, soziale, rassistische, schuldabwehrende und israelbezogene. Sie tauchen hier sowohl in codierter als auch offener Form auf und sind häufig miteinander verbunden (vgl. Schenderlein 2019). In anderen Zusammenhängen wie dem popkulturellen nimmt der besonders oft unverstandene bzw. umstrittene israelbezogene Antisemitismus wiederum eine zentrale Rolle ein. Anders als häufig im klassischen Rechtsrock äußert sich dieser nicht unbedingt in brachialen Vernichtungsfantasien, sondern kann auch subtilere Formen der Dämonisierung, Delegitimierung und der doppelten Standards gegen Israel umfassen und mit vermeintlich progressiven Friedensforderungen gerahmt werden.

Antisemitismus und Musik in der politischen Bildung: Didaktische Überlegungen

Politische Bildung

Politische Bildung, insbesondere zu potenziell kontroversen Themen, ist nicht primär oder gar ausschließlich als Wissensvermittlung und Instruktion zu konzipieren. Stattdessen sollte Lernen in der politischen Bildung als in hohem Maße kontingenter Prozess begriffen werden, der auf der Autonomie der Teilnehmer*innen und deren Mündigkeit basiert und nicht steuerbar ist (vgl. Sander 2013: 227ff.). Lernen ist ein in hohem Maße aktiver und von subjektiven Voraussetzungen abhängiger Prozess. Die Konzeption einer Bildungsmaßnahme sollte daher vor allem als Gestaltung einer „Lernumgebung" begriffen werden (ebd.: 169). Diese führt im Idealfall zu einer Erweiterung von Denk-, Handlungs- und Urteilsmöglichkeiten der Teilnehmer*innen (vgl. Müller 2020). Es besteht während der Durchführung von Bildungsmaßnahmen jedoch stets die Möglichkeit, dass sich Effekte einstellen, die nicht im Sinne des*der Bildner*in waren oder durch sie nicht antizipiert wurden. Der Verlauf entsprechender Bildungsveranstaltungen ist stark durch subjektive Faktoren wie die Kompetenzen des*der Bildner*in, die Erwartungen, Erfahrungen und Interessen sowie Kenntnisse der Teilnehmer*innen, Dynamiken innerhalb der Lerngruppe, der (ggf. bereits vor der Veranstaltung vorhandenen) Beziehung zwischen Bildner*in und Lerngruppe sowie weitere, z. B. regional- oder institutionenspezifische (vgl. ebd.: 233ff.) Faktoren abhängig. „[K]ontextunabhängige Standardformate" kann es daher sinnvollerweise zu diesem Thema nicht geben (Schäuble 2012: 440).

Orientierung bieten die drei Prinzipien des „Beutelsbacher Konsenses": Subjekt- bzw. Teilnehmer*innen-Orientierung, Überwältigungsverbot und Kontroversitätsgebot (vgl. Sander/Pohl 2022). Diese bilden einen breiten Konsens in allen Praxisfeldern der politischen Bildung ab.[8] Hinzu können die Prinzipien exemplarisches Lernen, Problemorientierung, Handlungsorientierung und Wissenschaftsorientierung treten (vgl. Sander 2013: 190ff.; 2014). In der politischen Bildung lassen sich Popsongs in der Analyse- und Anwendungsphase und insbesondere in die Einstiegsphase einer Bildungsveranstaltung bzw. Unterrichtsreihe einbringen (vgl. Achour et al. 2020: 66). Der Bildnerin sowie weiterführenden Medien und Materialien kommt in der Bildungsveranstaltung eine „Schlüsselrolle zu, indem sie kontroverse Sachverhalte und eine mehrperspektivische Betrachtung von politischen Sachverhalten, Fragestellungen oder Problemen garantieren" (ebd.: 66f.). Wichtig bei der Bearbeitung menschenfeindlicher Inhalte in Medien in Bildungsveranstaltungen ist das vollständige, gründliche und nachvollziehbare Herausarbeiten des z. B. antisemitischen Gehalts von Songtexten. Dies geschieht idealerweise aktiv durch die Teilnehmer*innen. Hierfür sollten diese sich zuvor mit entsprechenden Verständnissen und Definitionen auseinandersetzen. Aus Platzgründen können Überlegungen zu einzelnen mikrodidaktischen Arbeitsschritten, die ohnehin an die konkrete thematische und didaktische Einbettung gekoppelt wären, an dieser Stelle nicht ausgeführt werden. Grundsätzlich kann aber auf die bereits vorliegenden methodischen Vorschläge und Leitfragen zur Auswahl von und Arbeit mit Musik zurückgegriffen werden (vgl. Achour et al. 2020: 65, 67f.; Argumente & Kultur gegen Rechts e.V. 2015: 36f.; Kuhn et al. 2014; Miteinander – Netzwerk für Demokratie und Weltoffenheit in Sachsen-Anhalt e.V. 2016: 26f.). Insbesondere bieten sich vergleichende Analysen (vgl. Brüning 2019) sowie die Betrachtung von Fallbeispielen (siehe 5.) an. Hierbei kann der Dreischritt des Verstehens des Songs, des Auslegens und der Anwendung politischer Kriterien auf ihn angewandt werden (vgl. Achour et al. 2020: 66).

Antisemitismuskritische Bildung

Für die Konzeption von Bildungsveranstaltungen über Antisemitismus ist zu beachten, dass sich „eine weit verbreitete Unkenntnis der Charakteristik und Spezifik antisemitischer Einstellungen und Bilder konstatieren" lässt (Killguss et al. 2020: 10). Verbreitete Alltagskonzepte gehen von Antisemi-

---

8 Dennoch existieren vielfältige interessante Ausdeutungs- und Weiterentwicklungsideen sowie weitere Kritikpunkte, vgl. z. B. Widmaier/Zorn 2016.

tismus als Vorurteil sowie als antijüdischem Rassismus aus und schreiben dem Phänomen entweder in der Gegenwart keine besondere Relevanz zu oder dies lediglich bei Gruppen von „anderen" (z. B. politische „Extremist*innen", im Ausland, Einwanderer*innen, Muslim*innen). Alltagsverständnisse gehen häufig von Vorurteilen als Übergeneralisierungen von Eigenschaften aus, die Mitglieder von Personengruppen tatsächlich haben und die zu Unrecht auf die Gesamtgruppe übertragen würden. Grundlage dieser Zuschreibungen seien demnach reale Konflikte zwischen mehreren Gruppen. Nicht nur in Bezug auf Antisemitismus führen derartige Konzeptionen in die Irre und laufen regelmäßig Gefahr, Fragen nach dem Wahrheitsgehalt antisemitischer Judenbilder aufzuwerfen und Antisemitismus zu rationalisieren oder gar zu legitimieren (vgl. Ranc 2016). Hier gilt es gerade die Kompetenzen politischer Bildner*innen zu erweitern, denn „[a]ntisemitische Einstellungen können durch die unzulängliche und unangemessene Beschäftigung mit jüdischer Geschichte, dem Judentum oder Israel entstehen oder verstärkt werden" (Bundesministerium des Innern 2017: 216) – gleiches gilt für eine unzureichende Auseinandersetzung mit dem Antisemitismus selbst: Diese berge die „Gefahr problematischer Pseudoerklärungen", in denen „den Opfern eine (Mit-)Schuld an ihrer Verfolgung gegeben wird" (Rajal 2020: 185).

Da antisemitische Judenbilder auf Ressentiments beruhen, deren Wahrheitsgehalt für ihre Träger*innen tatsächlich keine Rolle spielt (vgl. Ranc 2016), stellt sich die Frage, warum sie dennoch geglaubt werden. Der Grund hierfür ist in ihren vielfältigen Funktionen zur Aufrechterhaltung bestimmter Selbstbilder zu finden (Vgl. Hößl 2022). Diese Selbstbilder können individuelle Komponenten beinhalten, sind aber auch häufig dadurch geprägt, dass sich Personen bestimmten Gruppen zurechnen. Beeinflusst werden Selbstbilder, die mit antisemitischen Abwertungen verbunden werden, insbesondere durch national(istisch)e, religiöse und politische Identitätsangebote. Sinnvollerweise wird Antisemitismus als ein Deutungsmuster verstanden, dass die genannte Funktion für seine Träger*innen erfüllt. Politische Bildung sollte das Ziel haben, die Kompetenz zu vermitteln, diese Funktion zu erkennen und alternative Deutungsmuster der Realität zu entwickeln.

> „Ziel einer so definierten Bildungsarbeit ist die Befähigung zu Deutungen, in denen antisemitische Topoi und Ideologien nicht nur verzichtbar und überflüssig sind, sondern als Deutungsangebote erkennbar werden, die eigene Denk-, Erfahrungs- und Handlungsmöglichkeiten blockieren. Antisemitische Deutungen verstellen Möglichkeiten der Kommunikation mit und Beziehungen zu Juden, sie behindern die

Entwicklung rational begründbarer und moralisch vertretbarer Positionen und führen zu ideologischen Sichtweisen gesellschaftlicher Zusammenhänge" (Schäuble 2012: 434).

Das Selbstverständnis, nicht antisemitisch sein und auch nicht manipuliert werden zu wollen ist also eine wichtige Grundlage für antisemitismuskritische Bildungsarbeit (Scherr und Schäuble 2006: 7). Mit diesem können eigene Antisemitismen durch die Bewusstmachung des nicht-reflektierten, impliziten Wissens über Jüdinnen und Juden und dessen Folgen kontrastiert werden. Bei der Minderheit möglicher Teilnehmer*innen, die über verfestigte antisemitische Einstellungen verfügt, ist nicht davon auszugehen mit (kurzzeitigen) pädagogischen Maßnahmen diese (schnell) aufbrechen und ändern zu können.

Als Grundhaltung wird an dieser Stelle das Selbstverständnis einer „antisemitismuskritischen" Bildung vorgeschlagen (vgl. Eckmann/Kößler 2020; Mendel 2020; Messerschmidt 2014; Rajal 2020; Stender 2011, 2017). Diese wurde in den letzten Jahren durch vor allem außerschulische Bildungsakteure entwickelt. Wesentliche Elemente entsprechender Ansätze bestehen darin, Pädagogik nicht einfach „anti-antisemitisch" auszurichten, d. h. die etablierten pädagogischen Perspektiven zu hinterfragen, wonach jederzeit, *a priori* und unabhängig von der eigenen Sprecher*innenposition feststehe, was Antisemitismus und wer antisemitisch sei und dass es im Kern darum gehe, die moralische und wahrheitsbezogene Falschheit des Antisemitismus zu vermitteln. Demgegenüber steht eine Reflexion darüber, dass antisemitische Wissensbestände sich strukturell auf die Sozialisation aller Gesellschaftsmitglieder ausgewirkt haben. Alle Beteiligten haben also persönliche Bezüge zu Antisemitismus, die es zu reflektieren gilt. Weniger als eine moralische Erziehung zum Anti-Antisemitismus geht es der antisemitismuskritischen Bildung um die Vermittlung einer selbstreflexiven Kompetenz, mit der eigenen Betroffenheit von Antisemitismus kritisch umzugehen (vgl. Chernivsky 2017) und eine Ambiguitätstoleranz in Bezug auf die mit dieser Betroffenheit verbundenen Affekte auszubilden (vgl. Grimm 2020).

Bildungsarbeit als eine antisemitismuskritische zu konzipieren, bedeutet auch, Antisemitismus nicht als individuell-pathologisches Phänomen der „Abweichung" von einer nicht-antisemitischen Norm oder schlichten Irrtum zu denken, sondern seine gesellschaftliche Dimension zu verdeutlichen und zu reflektieren. Besondere Bedeutung kommt im Kontext von (Pop-)Musik der Möglichkeit zu, durch antisemitische Positionierungen eine „konformistische Rebellion" auszuleben. Gerade weil ein zentrales Motiv des Antisemitismus darin besteht, Jüdinnen und Juden unheimlich-

Kai E. Schubert

verschwörerische Macht bzw. brutal-aggressive Macht dem Staat Israel zuzuschreiben, besteht die Möglichkeit, sich unter Rückgriff auf ihn als Gesellschaftskritiker*in und Tabubrecher*in zu inszenieren, der*die ohne Rücksicht auf eigene Nachteile aus einer Position der Schwäche heraus im Dienste einer gerechten Idee aktiv sei. Reale gesellschaftliche Probleme werden so aber nicht tatsächlich kritisch aufgegriffen, sondern lediglich als Anlass zur Äußerung eigener Ressentiments genommen und als ein Konflikt mit dem Judentum oder Israel dargestellt.

Bildner*innen, die Antisemitismus thematisieren wollen, sollten die Möglichkeit konzeptionell reflektieren, dass es zu auch antisemitischen Äußerungen während einer Bildungsmaßnahme kommen kann. Diese können in voller Überzeugung im Sinne einer judenfeindlichen Weltanschauung getätigt werden. Insbesondere in Hinblick auf Jugendliche sind jedoch mindestens die vom Unabhängigen Expertenkreis Antisemitismus genannten weiteren möglichen Motive relevant: Äußerungen können demnach auch auf fragmentarisches antisemitisches Wissen zurückgehen (z. B. einzelne Mythen über Jüdinnen und Juden), auf Stereotypen, deren antisemitischer Gehalt der Person nicht bewusst ist, auf jugendkulturelle Rhetorik, sowie auf gezielte Provokation (z. B. der Bildnerin, insbesondere, wenn diese als Teil der Mehrheitsgesellschaft identifiziert wird) (vgl. Bundesministerium des Innern 2017: 208). Das Erkennen der jeweils vorliegenden Funktion ist entscheidend für eine angemessene pädagogische Reaktion. Unabhängig von ihr ist es besonders wichtig, auf antisemitische Äußerungen in jedem Fall zu reagieren. Wenn antisemitische körperliche oder verbale Übergriffe auf andere Personen stattfinden, muss der Schutz der betroffenen Person das wichtigste Ziel der verantwortlichen Person sein. Verbreitet ist unter Bildner*innen die Vorstellung, dass in ihren Lernräumen keine Juden und Jüdinnen anwesend seien (vgl. Bernstein 2020; Chernivsky/Lorenz 2020: 126ff.). Da Jüdinnen und Juden ihre Identität häufig (aus nachvollziehbaren Gründen) nicht (dauerhaft) offenbaren, kann es allerdings prinzipiell in jeder Lerngruppe auch jüdische Teilnehmer*innen geben, ohne dass dies den Bildner*innen bewusst ist.

Betroffenenperspektiven werden allgemein in Diskursen über Antisemitismus und auch in Bildungsmaßnahmen über Antisemitismus marginalisiert (vgl. Grimm/Müller 2020: 14, vgl. Zick 2022). Während dieser gilt es, dafür zu sensibilisieren welche Folgen (durch Musik ausgedrückter) Antisemitismus für Jüdinnen und Juden hat und wie diese ihn wahrnehmen und darauf reagieren, was sie für Bedürfnisse und Forderungen in Bezug auf ihn haben. Gleichzeitig ist es wichtig, Jüdinnen und Juden nicht ausschließlich als passive Betroffene von Antisemitismus zu perspektivieren, da so Stereotypen von Jüdinnen und Juden als (schwache) Opfer bestätigt werden können. Besonders interessant für die Bildungsarbeit sind daher jüdische Musiker*innen, die auf gesellschaftlichen Antisemitismus in ihren Werken reagieren (s. u.). Hierbei ist es wiederum wichtig, auch diese jüdischen Perspektiven nicht als repräsentativ für das Judentum generell darzustellen (vgl. Grimm/Müller 2020: 14).

Fallbeispiele

Im Folgenden sollen knapp einige Fallbeispiele zeitgenössischer Popmusik genannt werden, die in Bildungssituationen aufgegriffen werden können. Die Akzeptanz einer Bildungsmaßnahme steigt allerdings, wenn die Teilnehmer*innen die Gelegenheit haben, ihre eigenen Inhalte und Interessen einzubringen. Da zum Antisemitismus in rechtsextremer Musik ein pädagogischer Diskurs vorliegt, auf den oben verwiesen wurde, wird diese Dimension möglicher Beispiele an dieser Stelle ausgespart. Ausführlicher sollen zwei Popsongs dokumentiert werden, die eine musikalische Reflexion über Antisemitismus darstellen. Diese Perspektiven können z. B. nach einer Auseinandersetzung mit antisemitischer Musik eingebracht werden und können zu gewinnbringenden Perspektiverweiterungen der Teilnehmer*innen führen.

Antisemitismus in zeitgenössischer Musik I: „Contraband"

Besonders deutlich kann die Funktion von Feindbildern zur Stützung islamistisch beeinflusster und nationalistischer Selbstbilder anhand des Tracks „Contraband" der Rapper Fard & Snaga von 2014 herausgearbeitet werden (vgl. Fard & Snaga 2014). Der Track nimmt in fast jedem Vers der Rap-Parts Positionierungen der lyrischen Ichs vor, was von diesen befürwortet („pro Mudschahedin, pro Falastin[9]", „pro Freiheit", „pro beef und pro ‚Fuck the Police'") oder abgelehnt wird. Diese letztere Auflistung ist wesentlich länger und besteht unter anderem aus „contra atomar, contra USA", „kontra Korruption, kontra Rüstungsindustrie [...] kontra Konsum, Habgier, Hunger, Afrika [...] Kontra Überwachungsstaat, kontra Gedankenpolizei" und (islamischer Kapitalismuskritik entsprechend) „kontra Zins".[10] Es findet also eine scharfe Abgrenzung statt gegenüber westlichen

---

9 Arabisch für „Palästina".
10 In Auslegungen des islamischen Rechts werden in der Regel das Nehmen von Zinsen bei Geldverleih bzw. von Wucher sowie die Finanzspekulation abgelehnt (vgl. Sons 2009).

Staaten. Suggeriert wird, vor allem der „Parasit USA" sei für die Probleme der Welt, insbesondere in Entwicklungsländern verantwortlich und erhielte diese auch gezielt und mit Gewalt aufrecht. Bemerkenswert ist nun, dass das Musikvideo starke Botschaften der Gewaltbefürwortung und Inszenierungen soldatischer Männlichkeit (im Sinne einer „Gegenwehr") enthält. Entsprechend heißt es im Text: „Kontra Rückzug und kontra Frieden, solange kontra, bis wir siegen". Geschlechterbilder werden auch explizit deutlich in der Beschimpfung des sorglosen („bunte Welt") und hedonistischen „Party-Girls" mit seinem „Schicki-Micki" in Berlin. Das präsentierte antiwestliche Feindbild wird erweitert um eine gleich zweifache Ablehnung „Tel Avivs" bzw. dessen Politik[11], außerdem wird der israelische Ministerpräsident neben anderen Staatschefs als Feind markiert, die lyrischen Ichs sehen sich offenbar auf der Seite der palästinensischen „Intifada". Als antisemitische Chiffre in diesem Zusammenhang kann auch die Ablehnung von „Bilderberger, Volksverräter, Hintermänner" gelten.

Der Song kann an in der Gesellschaft verbreitete diffuse antiwestliche Feindbilder und Formen regressiver Globalisierungskritik ebenso anknüpfen, wie ggf. an eine Identifizierung als Muslim*a und eigene Diskriminierungserfahrungen. Gerade für (männliche) Jugendliche kann das Angebot eindeutig definierter Geschlechterrollen attraktiv sein. Auch an die vielerorts zur nicht hinterfragten Normalität gewordene Wahrnehmung, Israel sei unterdrückerisch und böse, wird angeknüpft. Insbesondere das Musikvideo enthält das Identitätsangebot, sich als Teil eines Kollektivs der marginalisierten mit einem gemeinsamen Feind zu fühlen, an dem man unabhängig von Geschlecht, Herkunft, Hautfarbe oder Behinderung teilhaben kann.

Irritationen und Diskussionen können pädagogisch vielfältig erzeugt werden. So passt das martialische Auftreten der Rapper ja tatsächlich nicht zum zivilen Ungehorsam, für den Mahatma Gandhi bekannt ist, auf den sie sich dennoch beziehen. Ein größeres Missverständnis scheint außerdem beim positiven Bezug auf Martin Luther King vorzuliegen, der nicht nur für gewaltfreien Widerstand eintrat, sondern auch Antizionismus klar als judenfeindlich bezeichnete und für ein Bündnis der US-amerikanischen Schwarzen und jüdischen Bevölkerung warb. Angesichts der im Song vorgenommenen Abgrenzung von Korruption, wäre eine Recherche wertvoll, inwiefern diese eigentlich ein Problem sowohl für Israelis als auch Palästi-

---

11 Dass an dieser Stelle nicht Israels tatsächlicher Regierungssitz Jerusalem genannt wird, ist möglicherweise nicht Unwissenheit der Autoren geschuldet, sondern stellt eine symbolische Delegitimierung der israelischen Souveränität dar.

nenser*innen darstellt. Auffällig ist auch die hervorgehobene („und ja:") Forderung „Todesstrafe für Kinderschänder", die in dieser Formulierung im politischen Diskurs stark von Neonazis besetzt ist (vgl. Lehnert/Radvan 2015).

Antisemitismus in zeitgenössischer Musik II: Kollegah

Die große Bekanntheit des Rappers Kollegah und der öffentliche Skandal, der sich ereignete, als ihm und Farid Bang 2018 der Preis „Echo" verliehen werden sollte, war ein Auslöser für eine erstmalige breite gesellschaftliche Debatte über Antisemitismus im Rap (vgl. Baier 2019). Der „Echo" wurde in Folge der Debatte abgeschafft, nachdem diverse frühere Preisträger*innen dabei gedroht hatten, ihre Preise zurückzugeben, sollte an einer Verleihung an Kollegah und Farid Bang festgehalten werden. Da „die bereits seit Jahren fortschreitende antisemitische Selbstinszenierung von Kollegah in der ECHO-Debatte nur punktuell und oberflächlich in den Blick" geriet, böte sich eine Auseinandersetzung mit weiterem Material von Kollegah an (ebd.: 110). Dies kann die Diskussionsrunde über Antisemitismus umfassen, an der 2017 neben Kollegah Kat Kaufmann, der Rapper Ali As und Shahak Schapira teilnahmen.[12] Unter den Musikstücken Kollegahs bietet sich der aufwändige, große dramaturgische Bögen spannende, 13 Minuten lange Track „Apokalypse" an, der insbesondere chiffrierten Antisemitismus enthält. Baier hat eine ausführliche Analyse der hier zu beobachtenden antisemitischen Gehalte vorgelegt (vgl. Baier 2020).

Musik über Antisemitismus I: „Stolpersteine"

Der Track „Stolpersteine" des aus der DDR stammenden Rappers Trettmann eignet sich insbesondere für den Einstieg in Bildungsveranstaltungen zum Thema aktuelles (ausbleibendes) Gedenken an die Shoah und Nachgeschichte des Nationalsozialismus. Der Song ist inhaltlich niedrigschwellig und kann idealerweise durch die Bezüge zu Clubkultur und

---

12 Anhand derartiger Beispiele kann eine Auseinandersetzung erfolgen, mit welchen Argumenten, Strategien und Inszenierungen die Reflexion möglicher eigener Antisemitismus und entsprechende externe Kritik abgewehrt werden. Auch die Grenzen und Voraussetzungen einer dialogisch orientierten Antisemitismuskritik können so kennengelernt und Überlegungen hinsichtlich anderer Formen der Auseinandersetzung angestellt werden. Derartige Reflexionen sind besonders anspruchsvoll und sollten nur in Lerngruppen initiiert werden, die sich bereits mit Antisemitismus beschäftigen und entsprechend sensibilisiert sind.

den bundesweit als Gedenkzeichen an Opfer des NS verlegten und somit sehr bekannten Stolpersteinen an jugendliche Lebenswelten anknüpfen. Hiervon ausgehend können z. B. auch Recherchen durch die Teilnehmer*innen angestellt werden, an welche Biografien die lokal vorhandenen Stolpersteine erinnern. Das lyrische Ich beschreibt das Opfer als eine normale Person, die Gemeinsamkeiten mit einer weiblichen Bekannten in der Gegenwart hat. Im Chorus wird durch die Wiederholung von „Stolpersteine" auf die unvorstellbare Zahl der NS-Opfer verwiesen. Das lyrische Ich stellt sich die Situation der Deportation realistischerweise so vor, dass Nachbar*innen des Opfers durch ihre Zeug*innenschaft hieran durchaus Anteil hatten, sich jedoch in keiner Weise mit ihm solidarisiert hätten („Alle schau'n, doch kein Licht geht an"). In der dritten Strophe verweist das lyrische Ich darauf, dass es Kontinuitäten bis in die Gegenwart gibt: „Schling'n werden wieder geknüpft / Messer wieder gewetzt / Nein, nicht woanders, hier und jetzt / Der Schoß noch fruchtbar, aus dem das kroch / Fruchtbar noch, aus dem das kroch". Eine politische Lösung bietet der Song nicht an, dies könnte anschließend ebenso diskutiert werden wie die Formen, in denen sich Antisemitismus und andere Formen von Menschenfeindlichkeit heute ausdrücken. Bezüglich des „doing Gender" ist zu bemerken, dass das lyrische Ich eine nachdenkliche und empathische Männlichkeit ausdrückt, die eigene Trauer nicht unterdrückt und offen hierüber kommuniziert. Auch soll die eigene Wut nicht überwältigen, sondern sublimiert werden.

Songtext zu „Stolpersteine" (Trettmann & KitschKrieg 2019):

> „[Part 1]
> Noch unterwegs
> Frühmorgens halb fünf, wurde spät
> Zwei Finger Rum in mei'm Glas
> Zum Runterkomm'n aufm Weg
> Denk' an dich heute vom Rave
> Würde dich gern wiederseh'n
> Warte mal kurz, bleibe steh'n
> Steine aus Messing auf meinem Weg
> Beug' mich nach vorn
> Hier wohnte 'ne Frau mit 'nem Namen
> Les' Zahl'n
> Geboren in'n Zwanziger Jahren
> Abgeschoben nach Polen
> Deportiert April

Ermordet in den letzten Tagen
[Hook]
Stolpersteine, Stolpersteine
Überall Stolpersteine
Stolpersteine, Stolpersteine
In meiner Straße Stolpersteine
Stolpersteine, Stolpersteine
Nächste Haustür Stolpersteine
Stolpersteine, Stolpersteine
Stolper' über
[Part 2]
Okay, in meiner Straße Stolpersteine
Vögel sing'n und ich weine
Hier könnt' jeder Name steh'n, irgendeiner
Irgendeiner, doch hier steht deiner
Was ist wohl passiert, sie war Mitte zwanzig
Selbes Alter, ging sie gern tanzen
Königin vom Ballsaal genau wie du
Ja, genau wie du, Queen im Club
Setz' mich hin vor ihrer Haustür
Sie ging ein und aus hier
Saß sie auch hier, hier im Viertel, wo jeder jeden kennt
Stell' mir vor wie sie mir 'n Lächeln schenkt
Ob es wohl so 'n Morgen, so wie dieser war
Straße menschenleer als der Wagen kam
Reifen quietschen, erste Straßenbahn
Alle schau'n, doch kein Licht geht an
[Part 3]
Sonne geht auf, sitz' immer noch hier
Atme und rauch', was ist passiert?
Schling'n werden wieder geknüpft
Messer wieder gewetzt
Nein, nicht woanders, hier und jetzt
Der Schoß noch fruchtbar, aus dem das kroch
Fruchtbar noch, aus dem das kroch
Wut will mich fressen, doch lass' mich nicht fressen
Denk' an uns zwei aufm Rave
Denk' an dein Lächeln"

Musik über Antisemitismus II: Ben Salomo

Der Rapper Jonathan Kalmanovich, wie Salomo bürgerlich heißt, wurde in Israel geboren und zog im Alter von vier Jahren mit seiner Familie nach Berlin. Er machte bereits als Kind und Jugendlicher vielfältige Antisemitismus- und Diskriminierungserfahrungen. Salomo war Initiator und Moderator des Veranstaltungs- und Internet-TV-Formats „Rap am Mittwoch", das in der Battle-Rap-Szene sehr einflussreich war. 2018 beendete Salomo jedoch die Veranstaltungsreihe aufgrund von verstärkten Antisemitismuserfahrungen insbesondere innerhalb der HipHop-Szene. Salomo hat sich in mehreren Songs mit seiner jüdischen bzw. jüdisch-israelisch-deutschen Identität auseinandergesetzt. Den Song „Deduschka"[13] veröffentlichte er ein Jahr nachdem ein Terrorist im Oktober 2019 daran gescheitert war, an Yom Kippur gewaltsam in die Synagoge von Halle/Saale einzudringen mit dem Ziel, unter den Anwesenden ein Massaker zu verüben. Der Verein „321–2021: 1700 Jahre jüdisches Leben in Deutschland" hat die Produktion dieses Liedes finanziell unterstützt, „um jüdisches Leben sichtbar und erlebbar zu machen. Ziel ist es, mehr jüdischen Stimmen Gehör zu verschaffen und die Diversität der Perspektiven in der Gesellschaft zu fördern" (321–2021: 1700 Jahre jüdisches Leben in Deutschland e.V. o. J.). Salomo stellt den Antisemitismus, den Jüdinnen und Juden in Deutschland erleben, in eine historische Kontinuität und verdeutlicht, dass sich seine persönliche Identität auf Deutschland, Israel und das Judentum bezieht. Trotz der Verzweiflung und der Frustration über die ausbleibende Solidarität der Gesellschaft mit Jüdinnen und Juden formuliert das lyrische Ich einen kämpferischen Trotz und macht deutlich, dass ein Zurückweichen nicht in Frage kommt. An den Song anschließend kann im Sinne der Handlungsorientierung diskutiert werden, was individuell und politisch gegen Antisemitismus unternommen werden kann.

Songtext zu „Deduschka" (Salomo 2020):

> „[Part 1]
> Ich leb schon ne Ewigkeit in diesem Land
> Das Land, für das sich Deduschka entschieden hat
> Ich war noch klein, wurde nicht gefragt
> Von der gemeinsamen Geschichte hab ich nichts geahnt
> Unzählige Generationen
> Millionen meiner Ahnen haben schon hier gewohnt

---

13 Russisch für „Großvater".

Doch dieses Land hat sie nicht verschont
So sehr sie sich bemühten, es wurd nicht belohnt
Wie viele Mahnmale braucht es noch
Bis uns die letzte Träne aus den Augen tropft?
Jüdisches Leben – genau genommen:
Synagogen, Museen, wie ausgestopft
Oder hinter schusssicherem Panzerglas
Bereit für den nächsten, der einen Anschlag plant
Warten auf das nächste Massaker
Als Israelkritik getarnt – das darf man ja
[Pre-Hook]
Deduschka, du hast ihnen vertraut
Doch dein Vertrauen wurde mir geraubt
Trotz all dem bin ich hier zuhaus
Seit 1700 Jahren[14], ist das zu glauben?
Und wenn mich einmal meine Kinder fragen:
Abale[15], wie war es in deinen Kindertagen?
Was soll ich meinen Kindern sagen?
Was werd ich meinen Kindern sagen?
[Hook]
Deduschka, du hast ihnen vertraut
Doch dein Vertrauen wurde hier missbraucht
Trotz all dem sind wir hier zuhaus
Seit 1700 Jahren, ist das zu glauben?
Und wenn mich einmal meine Enkel fragen:
Sabale[16], wie war es in deinen Kindertagen?
Dann möchte ich meinen Enkeln sagen:
‚Euch muss das nicht mehr plagen‘
[Part 2]
Ich blick zurück über den Horizont
Ins Land, aus dem die Väter meiner Ahnen kommen
Bevor die Römer sie vertrieben haben
Die Ahnen der Väter Europas dieser Tage
Wie tausendjährige Olivenbäume
Sind unsere Wurzeln in der Erde Zions nicht zu leugnen

---

14 Salomo bezieht sich darauf, dass im Jahr 2021 das Jubiläumsjahr gefeiert wird anlässlich von 1700 Jahren urkundlicher Erwähnung von Juden auf dem später zu Deutschland gehörenden Gebiet.

15 Hebräisch (verniedlicht) für: „Vater".

16 Hebräisch (verniedlicht) für: „Großvater".

Wir müssen nicht länger davon träumen
Unsere Nation ist auferstanden, um als Licht zu leuchten
[Pre-Hook]
Oh Deduschka, du hast ihnen vertraut
Doch dein Vertrauen wurde mir geraubt
Deshalb war ich niemals hier zuhaus
Seit 1700 Jahren nicht, ist das zu glauben?
Und wenn mich einmal meine Kinder fragen:
Abale, wie war es in deinen Kindertagen?
Dann möchte ich meinen Kindern sagen:
‚Kommt alle her in meine Arme'
[Hook]
Deduschka, du hast ihnen vertraut
Doch dein Vertrauen wurde hier missbraucht
Deshalb warst du niemals hier zuhaus
Seit 1700 Jahren nicht, ist das zu glauben?
Und wenn mich einmal meine Enkel fragen:
Sabale, wie war es in deinen Kindertagen?
Dann werde ich meinen Enkeln sagen:
‚Nie wieder lassen wir uns verjagen'"

Salomo hat ein autobiografisches Buch (Salomo/Fuhrer 2019) vorgelegt und tritt auch in diversen Videoreportagen (Beilfuss 2019; FUNK 2016; Wigard 2017; Y-Kollektiv 2018) und anderen Veranstaltungsformaten auf. 2021 veröffentlichte Salomo den Track „Kronzeuge", der den Antisemitismus in der deutschen Rapszene zentral thematisiert (Salomo 2021). Hierdurch wird eine Vertiefung seiner Positionen und multimediale Annäherung an diese möglich. Insbesondere anhand seines Fallbeispiels bietet es sich an, die Auseinandersetzung mit biografiebezogenen Methoden zu vertiefen. Zur Kontrastierung von Salomos Biografie kann z. B. jene von Arye Sharuz Shalicar genutzt werden. Shalicar kam wie Salomo als Kind mit seiner Familie nach Berlin. Seine Kindheit und Jugend waren durch die Sozialisation in jugendkulturellen und Gang-Kontexten geprägt, zeitweise war Shalicar ebenfalls als Rapper aktiv. Auch Shalicar erlebte regelmäßig Antisemitismus. Anders als Salomo wanderte er schließlich als junger Erwachsener nach Israel aus, er beteiligt sich jedoch regelmäßig an gesellschaftlichen Debatten in Deutschland, unter anderem zum Thema Antisemitismus. Seine autobiografischen Erzählungen liegen in Form eines Buches (vgl. Shalicar 2021) und eines Spielfilms (vgl. Lukacevic 2020) vor.

Schluss

In diesem Artikel wurden Chancen und Grenzen, mögliche Aspekte und Voraussetzungen einer politischen Bildungsarbeit zu Antisemitismus und Musik dargestellt. Dabei wurde herausgearbeitet, dass Musik in der politischen Bildung bislang eine untergeordnete Rolle zukam. In der Arbeit mit Musik bestehen jedoch bedeutende Potentiale für die politische Bildung.

Wissenschaftliche und didaktische Beobachtungen und Überlegungen zu antisemitischer Musik wurden in der Vergangenheit in aller Regel anhand von rechtsextremer Musik angestellt. In der Gegenwart sind breitenwirksame antisemitische Inhalte im Kontext von Musik jedoch in der Regel in nicht-rechten Zusammenhängen zu beobachten. Die Verschiebung des pädagogischen Fokus von extrem rechter zu antisemitischer Musik hat mindestens drei bedeutsame, miteinander verwobene Folgen: I. die Bewegung weg von einem Präventions- und Sicherheitsparadigma, II. die tendenzielle Steigerung der inhaltlichen Komplexität, insbesondere, da sich nun die empirische Bedeutung des israelbezogenen Antisemitismus erhöht sowie III. die Fokussierung der gesellschaftlichen „Mitte" anstatt des „Extremismus".

Zur Auseinandersetzung mit (extrem rechter) Musik liegen diverse praktische pädagogische Vorschläge vor, die auch auf den Gegenstand antisemitische Musik grundsätzlich übertragen werden können. Antisemitismuskritische Bildungsarbeit stellt hohe Anforderungen an die Kompetenzen der Bildner*innen, insbesondere hinsichtlich der Selbstreflexivität. Jedoch liegt in der Thematisierung antisemitischer Popmusik auch eine große Chance, wenn die Inhalte mit jugendlichen Lebenswelten verbunden sind und Interesse und Motivation zur Teilnahme und Mitarbeit geschaffen werden können.

Ausgeführt wurden wichtige Eckpunkte antisemitismuskritischer Bildung: So müssen eingebrachte antisemitische Inhalte immer gründlich dekonstruiert werden, um das Risiko zu mindern, dass gerade ihr menschenfeindlicher Gehalt von Teilnehmer*innen erst „erlernt" wird (Hößl/Raabe 2017: 170). Veranstaltungen der politischen Bildung dienen nicht der politischen Erziehung zu bestimmten Standpunkten, ihr Verlauf ist nicht umfassend steuerbar. Lernvoraussetzung und -ziel bildet vielmehr die Mündigkeit der Teilnehmer*innen (vgl. Müller 2020). Wird dies missachtet, kann das Ergebnis sein, dass diese sich nur noch am sozial erwünschten Verhalten orientieren oder sich Reaktanzen zeigen, was Abwehr gegen die Bildungsmaßnahme umfassen kann, z. B. durch Provokationen und Störungen (vgl. Schäuble 2012: 409, 412). Oberstes Ziel antisemitismuskritischer Bildung ist eine reflexive Mündigkeit, die Fähigkeit, Antisemitismus und seine Folgen erkennen zu können und eine eigene Position jenseits dessen einzunehmen und begründen zu können. Hierfür werden die vorhandenen Ansichten temporär hinterfragt, Perspektivwechsel sollen ein Bewusstsein für die Relativität und Partikularität der eigenen Perspektive schaffen.

Zentral ist es für jede antisemitismuskritische Bildung, antisemitische Stereotype nicht einfach nur zu widerlegen, sondern so über die Funktionen des Ressentiments aufzuklären, dass dies für Teilnehmer*innen erkenn- und erfahrbar ist.

Die Beschreibung unterschiedlicher Fallbeispiele sollte die Komplexität des Themas „Antisemitismus und Musik" verdeutlichen und Anregungen liefern für die praktisch-pädagogische Arbeit. Thematisiert werden können antisemitische Gehalte aktueller Musikstücke, gesellschaftliche Debatten über jene Werke, die sich dezidiert gegen Antisemitismus positionieren sowie jüdische Künstler*innen.

Literatur

Achour, Sabine/Frech, Siegfried/Massing, Peter/Strassner, Veit (Hg.) (2020): Methodentraining für den Politikunterricht, Frankfurt am Main.

Albert, Mathias/Hurrelmann, Klaus/Quenzel, Gudrun/Schneekloth, Ulrich/Leven, Ingo/Utzmann, Hilde/Wolfert, Sabine (2019): Jugend 2019 – 18. Shell Jugendstudie. Eine Generation meldet sich zu Wort, Weinheim.

Argumente & Kultur gegen Rechts e.V. (Hg.) (2015): Rassismus, Antisemitismus, Jugendkultur. Aktuelle Erscheinungsformen, Hintergründe, Theorien und Analysen. Eine Handreichung für die Bildungsarbeit, Bielefeld, online, http://www.beratungsnetzwerk-sachsen-anhalt.de/images/docs/Publikationen/Rassismus-Antisemitismus-Jugendkultur-pdf.pdf, 02.06.2021.

Baer, Silke/Kossack, Oliver (2017): ‚Da ist 'ne Menge möglich'. Jugendkulturarbeit zur Stärkung menschenrechtlich geprägter Haltungen sowie zur Prävention von Rechtsextremismus und Gruppenbezogener Menschenfeindlichkeit, in: Anne Broden/Stefan E. Hößl/Marcus Meier (Hg.): Antisemitismus, Rassismus und das Lernen aus Geschichte(n), Weinheim, S. 144–58.

Baier, Jakob (2019): Die Echo-Debatte: Antisemitismus im Rap, in: Samuel Salzborn (Hg.): Antisemitismus nach 9/11. Ereignisse, Debatten, Kontroversen, Interdisziplinäre Antisemitismusforschung, Bd. 11, Baden-Baden, S. 109–32.

Baier, Jakob (2020): Judenfeindschaft in Kollegahs Apokalypse (2016), in: Höllein, Dagobert/Lehnert, Nils/Woitkowski, Felix (Hg.): Rap – Text – Analyse. Deutschsprachiger Rap seit 2000. 20 Einzeltextanalysen, Bielefeld, S. 187–202.

Begrich, David/Raabe, Jan (2010): Antisemitismus in extrem rechten jugendkulturellen Szenen", in: Stender, Wolfram/Follert, Guido/Özdogan, Mihri (Hg.): Konstellationen des Antisemitismus. Antisemitismusforschung und sozialpädagogische Praxis, Wiesbaden, S. 225–42.

Berendsen, Eva/Rhein, Katharina/Uhlig, Tom David (Hg.) (2019): Extrem unbrauchbar: über Gleichsetzungen von links und rechts, Edition Bildungsstätte Anne Frank, Bd. 2, Berlin.

Bernstein, Julia (2020): Antisemitismus an Schulen in Deutschland. Befunde – Analysen – Handlungsoptionen, Weinheim.

Besand, Anja/Overwien, Bernd/Zorn, Peter (2019a): Gefühle über Gefühle. Zum Verhältnis von Rationalität und Emotionalität in der politischen Bildung – eine Einführung, in: dies. (2019b), S. 11–21.

Besand, Anja/Overwien, Bernd/Zorn, Peter (Hg.) (2019b). Politische Bildung mit Gefühl, Schriftenreihe der Bundeszentrale für politische Bildung, Bd. 10299, Bonn.

Brüning, Christina (2019): Vom Heckerlied zum Sommermärchen – Rassismuskonstruktionen in rechter Musik im Wandel der Zeit, in: Jan Schedler/Sabine Achour/Gabi Elverich/Annemarie Jordan (Hg): Rechtsextremismus in Schule, Unterricht und Lehrkräftebildung, Wiesbaden, S. 141–56.

Büchner, Timo (2018): „Weltbürgertum statt Vaterland": Antisemitismus im RechtsRock, Münster.

Bundesamt für Verfassungsschutz (Hg.) (2020): Lagebild Antisemitismus, online, https://www.verfassungsschutz.de/de/download-manager/_broschuere-2020-07-l agebild-antisemitismus.pdf, 17.11.2020.

Bundesministerium des Innern (Hg.) (2011): Antisemitismus in Deutschland. Erscheinungsformen, Bedingungen, Präventionsansätze. Bericht des unabhängigen Expertenkreises Antisemitismus, Berlin, online, https://www.bmi.bund.de/S haredDocs/downloads/DE/publikationen/themen/heimat-integration/expertenk reis-antisemitismus/antisemitismus-in-deutschland-bericht.pdf;jsessionid=CCD A31C17318E22742DA54B75DCBACAC.2_cid295?__blob=publicationFile&v=3, 24.11.2020.

Bundesministerium des Innern (Hg.) (2017). Antisemitismus in Deutschland – aktuelle Entwicklungen, Berlin, online, http://www.bmi.bund.de/SharedDocs/d ownloads/DE/publikationen/themen/heimat-integration/expertenkreis-antisemit ismus/expertenbericht-antisemitismus-in-deutschland.pdf?__blob=publicationFil e&v=7, 02.06.2021.

Bundesministerium für Familie, Senioren, Frauen und Jugend (Hg.) (2020): 16. Kinder- und Jugendbericht. Förderung demokratischer Bildung im Kindes- und Jugendalter, online, https://www.bmfsfj.de/blob/162232/27ac76c3f5ca10b0e91 4700ee54060b2/16-kinder-und-jugendbericht-bundestagsdrucksache-data.pdf, 24.11.2020.

Chernivsky, Marina (2017): Biografisch geprägte Perspektiven auf Antisemitismus, in: Meron Mendel/Astrid Messerschmidt (Hg.): Fragiler Konsens. Antisemitismuskritische Bildung in der Migrationsgesellschaft, Frankfurt am Main/New York, S. 269–80.

Chernivsky, Marina/Lorenz, Friederike (2020): Antisemitismus im Kontext Schule – Deutungen und Umgangsweisen von Lehrer*innen an Berliner Schulen, Berlin, online, https://zwst-kompetenzzentrum.de/wp-content/uploads/2020/11/For schungsbericht_2020.pdf, 10.11.2020.

Deutsches Musikinformationszentrum, und Deutscher Musikrat (2020): Bevorzugte Musikrichtungen nach Altersgruppen, online, http://miz.org/downloads/statis tik/31/31_Bevorzugte_Musikrichtungen_Altersgruppen.pdf, 17.11.2020.

Dornbusch, Christian/Raabe, Jan (Hg.) (2002): RechtsRock: Bestandsaufnahme und Gegenstrategien, Hamburg.

Eckmann, Monique/Kößler, Gottfried (2020): Pädagogische Auseinandersetzung mit aktuellen Formen des Antisemitismus. Qualitätsmerkmale und Spannungsfelder mit Schwerpunkt auf israelbezogenem und sekundärem Antisemitismus, Genf/Frankfurt am Main, online, https://www.dji.de/fileadmin/user_upload/FG J4/Eckmann_Koessler_2020_Antisemitismus.pdf, 20.06.2020.

Elverich, Gabi/Glaser, Michaela/Schlimbach, Tabea (Hg.) (2009): Rechtsextreme Musik: ihre Funktionen für jugendliche Hörer/innen und Antworten der pädagogischen Praxis, Halle, online, https://www.dji.de/fileadmin/user_upload/bibs/96_11763_Rechtsextreme_Musik_Funktionen_fuer_Jugendliche_und_paedagog ische_Antworten.pdf, 02.06.2021.

Farschid, Olaf (2014): Salafistische Hymnen (Naschids): Religiöse Praxis oder offene Jihad-Werbung?, in: Wael El-Gayar/Katrin Strunk (Hg.): Integration versus Salafismus. Identitätsfindung muslimischer Jugendlicher in Deutschland. Analysen – Methoden der Prävention – Praxisbeispiele, Schwalbach/Ts., S. 85–99.

Farschid, Olaf (2014): Salafismus als politische Ideologie, in: Said, Behnam T./Fouad, Hazim (Hg.): Salafismus. Auf der Suche nach dem wahren Islam, Schriftenreihe der Bundeszentrale für politische Bildung, Bd. 1454, Bonn, S. 160–192.

Frech, Siegfried/Richter, Dagmar (Hg.) (2019): Emotionen im Politikunterricht, Frankfurt am Main.

Fritzsche, Maria/Jacobs, Lisa/Schwarz-Friesel, Monika (2019): Antisemitismus im deutschsprachigen Rap und Pop, online, https://www.bpb.de/politik/extremism us/antisemitismus/285539/antisemitismus-im-deutschsprachigen-rap-und-pop, 16.11.2020.

Grimm, Marc (2020): Qualitätskriterien von Unterrichtsmaterialien für die Bildungsarbeit gegen Antisemitismus. Die Thematisierung von Emotionen, in: Marc Grimm/Stefan Müller (Hg.): Bildung gegen Antisemitismus. Spannungsfelder der Aufklärung, Antisemitismus und Bildung, Bd. 1, Frankfurt am Main, S. 198–213.

Grimm, Marc (2021): Die Suszeptibilität von Jugendlichen für Antisemitismus im Gangsta Rap und Möglichkeiten der Prävention, online, https://www.uni-bielef eld.de/fakultaeten/erziehungswissenschaft/zpi/projekte/antisemitismus-gangsta-r ap/, 21.07.2021.

Grimm, Marc/Müller, Stefan (2020): Bildung gegen Antisemitismus – aber wie und gegen welchen?, in: dies. (Hg.): Bildung gegen Antisemitismus. Spannungsfelder der Aufklärung, Antisemitismus und Bildung, Bd. 1, Frankfurt am Main, S. 7–20.

Hindrichs, Thorsten (2019): Mit Musik die Herzen der Jugend öffnen? Eine musikwissenschaftliche Zurückweisung der fortgesetzten Rede von der ‚Einstiegsdroge Musik‘, in: Gideon Botsch/Jan Raabe/Christoph Schulte (Hg.): Rechtsrock. Aufstieg und Wandel neonazistischer Jugendkultur am Beispiel Brandenburgs, Potsdamer Beiträge zur Antisemitismus- und Rechtsextremismusforschung, Bd. 1, Berlin, S. 179–94.

Hindrichs, Thorsten (2020): „… it is a lot more enjoyable than going to a political meeting‘. Wieso die Denkfigur der Einstiegsdroge RechtsRock sachlich falsch und (bildungs-)politisch kontraproduktiv ist, in: Caroline Roeder (Hg.): Parole(n) – Politische Dimensionen von Kinder- und Jugendmedien, Studien zu Kinder- und Jugendliteratur und -medien, Bd. 2, Berlin, S. 311–22.

Hößl, Stefan (2014): Antisemitismus im deutschsprachigen Rap, in: Christian Brühl/Marcus Meier (Hg.): Antisemitismus als Problem in der schulischen und außerschulischen Bildungsarbeit. Pädagogische und didaktische Handreichungen für Multiplikatoren und Multiplikatorinnen, Köln, S. 47–53.

Hößl, Stefan E./Raab, Jan (2017): Antisemitismus in Jugendkulturen und deren Musik, in: Anne Broden/Stefan E. Hößl/Marcus Meier (Hg.): Antisemitismus, Rassismus und das Lernen aus Geschichte(n), Weinheim, S. 159–72.

Hufer, Klaus-Peter/Lange, Dirk (Hg.) (2016): Handbuch politische Erwachsenenbildung, Politik und Bildung, Bd. 74, Schwalbach/Ts.

Jikeli, Günther (2012): Antisemitismus und Diskriminierungswahrnehmungen junger Muslime in Europa, Antisemitismus: Geschichte und Strukturen, Bd. 7, Essen.

Kiess, Johannes/Decker, Oliver/Heller, Ayline/Brähler, Elmar (2020): Antisemitismus als antimodernes Ressentiment: Struktur und Verbreitung eines Weltbildes, in: Oliver Decker/Elmar Brähler (Hg.): Autoritäre Dynamiken. Neue Radikalität – alte Ressentiments. Leipziger Autoritarismus Studie 2020, Gießen, S. 21 1–48, online, https://www.boell.de/sites/default/files/2021-04/Decker-Braehler-20 20-Autoritaere-Dynamiken-Leipziger-Autoritarismus-Studie_korr.pdf?dimension 1=ds_leipziger_studie, 02.06.20211.

Killguss, Hans-Peter/Meier, Marcus/Werner, Sebastian (2020): Einleitung, in: dies. (Hg.): Bildungsarbeit gegen Antisemitismus: Grundlagen, Methoden & Übungen, Frankfurt am Main, S. 8–15.

Kleinen, Günter (2005): Musik als Medium der politischen Bildung, in: Aus Politik und Zeitgeschichte (11), S. 34–39, online, https://www.bpb.de/apuz/29187/musik-als-medium-der-politischen-bildung, 02.06.2021.

Kuhn, Hans-Werner/Gloe, Markus/Oeftering, Tonio (Hg.) (2014): Musik und Politik. Politisch-kulturelles Lernen als Zugang Jugendlicher zur Politik?! Elf Bausteine für die schulische und außerschulische politische Bildung, Bonn.

Langebach, Martin (2016): Rechtsextremismus und Jugend, in: Fabian Virchow/Martin Langebach/Alexander Häusler (Hg.): Handbuch Rechtsextremismus, Wiesbaden, S. 375–439.

Lehnert, Esther/Radvan, Heike (Hg.) (2015): Instrumentalisierung des Themas sexueller Missbrauch durch Neonazis. Analysen und Handlungsempfehlungen für Zivilgesellschaft und Betroffenengruppen, Berlin, online, https://www.amadeu-a ntonio-stiftung.de/wp-content/uploads/2018/08/instrumentalisierung-des-thema s-sexueller-missbrauch-durch-neonazis-1.pdf, 01.06.2021.

Leopoldseder, Marc (2005): Warum sind Rap und HipHop nicht anfällig für Rechtsextremismus?, in: Ministerium des Innern des Landes Brandenburg (Hg.): Dokumente der Fachtagung Musik und Hass, Potsdam, S. 42–45.

Loh, Hannes (2020): ‚Dialogische Kultur vorleben'. Ein Interview zur Auseinandersetzung mit Antisemitismus in Schule und Bildungsarbeit am Beispiel Hip-Hop, in: Hans-Peter Killguss/Marcus Meier/Sebastian Werner (Hg.): Bildungsarbeit gegen Antisemitismus. Grundlagen, Methoden & Übungen, Frankfurt am Main, 63–78.

Lukacevic, Damir (2020): Ein nasser Hund (Film). Warner Bros. GmbH.

Massing, Peter (2020): Medien, in: Sabine Achour/Matthias Busch/Peter Massing/ Christian Meyer-Heidemann (Hg.): Wörterbuch Politikunterricht, Frankfurt am Main, S. 143–46.

Mendel, Meron (2020): Weil nicht sein kann, was nicht sein darf! Herausforderungen antisemitismuskritischer Bildungsarbeit, in: Aus Politik und Zeitgeschichte 70 (26–17), S. 36–41, online, https://www.bpb.de/apuz/311627/herausforderung en-antisemitismuskritischer-bildungsarbeit, 02.06.2021.

Messerschmidt, Astrid (2014): Bildungsarbeit in der Auseinandersetzung mit gegenwärtigem Antisemitismus, in: Aus Politik und Zeitgeschichte 64 (28–30), S. 38–44, online, https://www.bpb.de/apuz/187421/bildungsarbeit-in-der-auseina ndersetzung-mit-gegenwaertigem-antisemitismus?p=all, 02.06.2021.

Müller, Stefan (2020): Reflexivität in der politischen Bildung. Untersuchungen zur sozialwissenschaftlichen Fachdidaktik, Frankfurt am Main.

Oeftering, Tonio (2019): „I´ve got a Feeling". Musik, Emotionen und politische Bildung", in: Anja Besand/Bernd Overwien/Peter Zorn (Hg.): Politische Bildung mit Gefühl, Bonn, S. 380–94.

Penke, Niels/Teichert, Matthias (Hg.) (2016): Zwischen Germanomanie und Antisemitismus: Transformationen altnordischer Mythologie in den Metal-Subkulturen, Interdisziplinäre Antisemitismusforschung, Bd. 4, Baden-Baden.

Rajal, Elke (2020): Möglichkeiten und Grenzen antisemitismuskritischer Pädagogik. Anregungen für die Bildungsarbeit, in: Marc Grimm/Stefan Müller (Hg.): Bildung gegen Antisemitismus. Spannungsfelder der Aufklärung, Antisemitismus und Bildung, Bd. 1, Frankfurt am Main, S. 182–197.

Ranc, Julijana (2016): „Eventuell nichtgewollter Antisemitismus". Zur Kommunikation antijüdischer Ressentiments unter deutschen Durchschnittsbürgern, Münster.

Rathgeb, Thomas/Schmid, Thomas (2020): JIM-Studie 2020 – Jugend, Information, Medien. Basisuntersuchung zum Medienumgang 12- bis 19-Jähriger, Stuttgart, online, https://www.mpfs.de/fileadmin/files/Studien/JIM/2020/JIM-Studie-2020_ Web_final.pdf, 01.06.2021.

Salomo, Ben/Fuhrer, Armin (2019): Ben Salomo bedeutet Sohn des Friedens, München.

Salzborn, Samuel (2018): Globaler Antisemitismus: eine Spurensuche in den Abgründen der Moderne, Weinheim.

Salzborn, Samuel/Kurth, Alexandra (2019): Antisemitismus in der Schule. Erkenntnisstand und Handlungsperspektiven, Berlin/Gießen, online, https://www.tu-berlin.de/fileadmin/i65/Dokumente/Antisemitismus-Schule.pdf, 14.06.2020.

Sander, Wolfgang (2013): Politik entdecken – Freiheit leben: didaktische Grundlagen politischer Bildung, Politik und Bildung, Bd. 50, 4. Auflage. Schwalbach/Ts.

Sander, Wolfgang/Pohl, Kerstin (Hg.) (2022): Handbuch politische Bildung, Politik und Bildung, Bd. 90, 5., vollständig überarbeitete Auflage, Frankfurt/Main.

Schäuble, Barbara (2012): „Anders als wir": Differenzkonstruktionen und Alltagsantisemitismus unter Jugendlichen: Anregungen für die politische Bildung, Berlin.

Schellenberg, Britta (2011): Unterrichtspaket Demokratie und Rechtsextremismus: Auseinandersetzung mit Rechtsextremismus anhand rechtsextremer Musik, Schwalbach/Ts.

Schenderlein, Laura (2019): Feindbild Juden. Antisemitismus im Rechtsrock, in: Gideon Botsch/Jan Raabe/Christoph Schulte (Hg.): Rechtsrock. Aufstieg und Wandel neonazistischer Jugendkultur am Beispiel Brandenburgs, Potsdamer Beiträge zur Antisemitismus- und Rechtsextremismusforschung, Bd. 1, Berlin, S. 249–70.

Scherr, Albert/Schäuble, Barbara (2006): ,Ich habe nichts gegen Juden, aber ...' – Ausgangsbedingungen und Ansatzpunkte gesellschaftspolitischer Bildungsarbeit zur Auseinandersetzung mit Antisemitismen, Berlin, online, https://www.amadeu-antonio-stiftung.de/w/files/pdfs/schaueblescherrichhabenichtslangversion.pdf, 20.06.2020.

Schmitt, Sophie (2020): Prävention, in: Sabine Achour/Matthias Busch/Peter Massing/Christian Meyer-Heidemann (Hg.): Wörterbuch Politikunterricht, Frankfurt am Main, S. 191–93.

Schröder, Burkhard (2001): Nazis sind Pop, Berlin.

Schubert, Kai E. (2022): Antisemitismus als Gegenstand der akademischen Polizeiausbildung. Überlegungen zu Relevanz, Spezifik und pädagogischer Bearbeitung des Themas, in: ders. (Hg.), Gesellschaftliche Spaltungstendenzen als Herausforderung. Beiträge zur Theorie und Praxis zeitgemäßer politischer Bildung für die und in der Polizei, Frankfurt/Main, S. 81–119.

Schwarz-Friesel, Monika/Friesel, Evyatar/Reinharz, Jehuda (Hg.) (2010): Aktueller Antisemitismus: ein Phänomen der Mitte, Berlin.

Searchlight Magazine (Hg.) (2000): White noise. Rechts-Rock, Skinhead-Musik, Blood & Honour – Einblicke in die internationale Neonazi-Musik-Szene, Reihe antifaschistischer Texte, Bd. 7, Münster.

Shalicar, Arye Sharuz (2021): „Ein nasser Hund ist besser als ein trockener Jude" Die Geschichte eines Deutsch-Iraners, der Israeli wurde. Autobiografie, München.

Siebert, Horst (2016): Lernvoraussetzungen, in: Klaus-Peter Hufer/Dirk Lange (Hg.): Handbuch politische Erwachsenenbildung, Politik und Bildung, Bd. 74, Schwalbach/Ts., S. 335–44.

Sons, Sebastian (2009): "Islamic Finance" und die Finanzmarktkrise, in: Aus Politik und Zeitgeschichte, (20), S. 33–38, online, https://www.bpb.de/apuz/32009/isla mic-finance-und-die-finanzmarktkrise?p=all, 02.06.2021.

Stender, Wolfram (2011): Antisemitismuskritische Bildungsarbeit. Forschungs- stand und Perspektiven, in: Wolfgang Benz (Hg.): Jahrbuch für Antisemitismus- forschung 20, S. 36–54.

Stender, Wolfram (2017): Aspekte antisemitismuskritischer Bildungsarbeit, online, https://www.bpb.de/politik/extremismus/rechtsextremismus/260332/aspekte-ant isemitismuskritischer-bildungsarbeit, 20.06.2020.

Widmaier, Benedikt/Zorn, Peter (Hg.) (2016): Brauchen wir den Beutelsbacher Konsens? eine Debatte der politischen Bildung, Schriftenreihe der Bundeszen- trale für politische Bildung, Bd. 1793, Bonn, online, https://www.bpb.de/system /files/dokument_pdf/1793_Beutelsbacher_Konsens_ba.pdf, 14.11.2020.

Wörner-Schappert, Michael (2017): Fallbeispiel: Musik – virtuelle Propagandawaffe im Internet, in: Stefan Glaser/Thomas Pfeiffer (Hg.): Erlebniswelt Rechtsextre- mismus. modern – subversiv – hasserfüllt. Hintergründe und Methoden für die Praxis der Prävention, 5. Auflage, Schwalbach/Ts., S. 118–27.

Zick, Andreas/Berghan, Wilhelm/Mokros, Nico (2019): Gruppenbezogene Men- schenfeindlichkeit in Deutschland 2002–2018/19, in: Andreas Zick/Beate Küp- per/Wilhelm Berghan (Hg): Verlorene Mitte – Feindselige Zustände. Rechtsex- treme Einstellungen in Deutschland 2018/19, Bonn, S. 53–116, online, https://co lorful-germany.de/wp-content/uploads/2019/04/rassismus_0224.pdf, 22.07.2021.

Zick, Andreas (2022): Missachtete Erfahrungen und Ansichten: Jüdische Perspekti- ven auf den Antisemitismus, in: Julia Bernstein/Marc Grimm/Stefan Müller (Hg.): Schule als Spiegel der Gesellschaft. Antisemitismen erkennen und han- deln, Frankfurt/Main, S. 47–69.

Quellen

321–2021: 1700 Jahre jüdisches Leben in Deutschland e.V. (o. J.): Festjahr 2021, online, https://2021jlid.de/wp-content/uploads/2021/01/Festjahr_2021JLID_Flye r.pdf, 22.07.2021.

Agentur für soziale Perspektiven (o. J.): Grauzonen – Rechte jugendliche Lebens- welten, online, https://grauzonen.info/einfuehrung-1.html, 21.07.2021.

Beilfuss, Christian (2019): Friedmann schaut hin: Antisemitismus in Deutschland, online, https://www.youtube.com/watch?v=nVRSFnbk4J0, 20.11.2020.

FUNK (2016): Germania. Ben Salomo, online, https://www.youtube.com/watch?v= rAPkokZIc6w, 02.06.2021.

Miteinander – Netzwerk für Demokratie und Weltoffenheit in Sachsen-Anhalt e.V. (Hg.) (2016): Methodenkoffer für Interventionsmöglichkeiten in der Jugend- und Schulsozialarbeit, Magdeburg, online, http://beratungsnetzwerk-sachsen-anhalt.de/images/docs/Publikationen/MethodenkofferfuerInterventionsmoeglichkeiteninderJugend-undSozialarbeit.pdf, 19. November 2020.

Salomo, Ben (2021): Deutschrap Realtalk, online, https://www.youtube.com/watch?v=lJ-AkPqfBIs, 21.07.2021.

Wigard, Tuija (2017): Ben Salomo über Jüdische Identität und Antisemitismus, online, https://www.youtube.com/watch?v=_3-wkPgH1KE, 02.06.2021.

Y-Kollektiv (2018): Juden in Berlin – Ist der Alltag ohne Antisemitismus möglich?, online, https://www.youtube.com/watch?v=zKNglpj8iIk, 22.07.2021.

Lieder

Fard & Snaga (2014): Contraband (Intro), online, https://genius.com/Fard-and-snaga-contraband-intro-lyrics#song-info, 21.07.2021.

Salomo, Ben (2020): Deduschka, online, https://genius.com/Ben-salomo-deduschka-lyrics, 22.07.2021.

Trettmann & KitschKrieg (2019): Stolpersteine, online, https://genius.com/Trettmann-and-kitschkrieg-stolpersteine-lyrics#about, 21.07.2021.

Die Autor*innen

Jakob Baier ist Politikwissenschaftler und forscht als Wissenschaftlicher Mitarbeiter am Zentrum für Prävention und Intervention im Kindes- und Jugendalter der Universität Bielefeld zum Thema Antisemitismus in Jugendkulturen und Verschwörungsideologien in modernen Medien. Im Rahmen seines Dissertationsprojekts beschäftigt er sich insbesondere mit Antisemitismus im deutschsprachigen Gangsta-Rap.

Timo Büchner studierte Politische Wissenschaften und Jüdische Studien in Heidelberg. Er volontierte in Yad Vashem (Israel) sowie im Hong Kong Holocaust & Tolerance Centre (VR China) und beschäftigt sich u. a. mit der Musik der extremen Rechten. Zuletzt veröffentlichte er das Buch Rechtsrock. Business, Ideologie & militante Netzwerke (2021).

Nathalie Friedlender ist Bildungsreferentin an der Bildungsstätte Anne Frank im Kompetenznetzwerk gegen Antisemitismus.

Lukas Geck hat Staatswissenschaften und Soziologie in Erfurt und Marburg studiert. Seine Forschungsschwerpunkte liegen im Bereich Antisemitismus, Rechtsextremismus und politische Ideengeschichte. Seit 2021 leitet er das Programm des deutschen Büros der internationalen Holocaust Gedenkstätte Yad Vashem.

Marc Grimm, Dr., ist wissenschaftlicher Mitarbeiter am Zentrum für Prävention und Intervention im Kindes- und Jugendalter der Universität Bielefeld. Er forscht zu Bedingungen jugendlicher Sozialisation und zur Ausbildung von Einstellungen und Dispositionen im Kindes- und Jugendalter, sowie insbesondere zu Möglichkeiten der Aufklärung und Prävention von Antisemitismus.

Melanie Hermann hat bis Ende 2021 das Projekt No World Order bei der Amadeu Antonio Stiftung geleitet und zu Antisemitismus und Verschwörungsideologie gearbeitet. Seit Anfang 2022 promoviert sie zum Zusammenhang von Antisemitismus und Antifeminismus in den Legitimationsstrategien und Subjektkonstruktionen terroristischer Attentäter.

Maria Kanitz ist Antisemitismusforscherin. Ihre Schwerpunkte liegen auf Antifeminismus und Antisemitismus und der Intersektionalität beider Ideologien. Sie lebt und arbeitet in Berlin.

Niels Penke, Dr., Studium der Germanistik, Skandinavistik und Philosophie in Göttingen, Promotion 2011 mit einer Arbeit über Ernst Jünger. Seit 2015 Wissenschaftlicher Mitarbeiter an der Universität Siegen und Koordinator der Forschungsstelle *Populäre Kulturen*. Veröffentlichungen u. a. Populäre Kulturen zur Einführung. Hamburg 2018 (mit Matthias Schaffrick); Jünger und die Folgen. Stuttgart 2018; hrsg. Zwischen Germanomanie und Antisemitismus. Transformationen altnordischer Mythologie in den Metal-Subkulturen. Baden-Baden 2016 (mit Matthias Teichert).

Annica Peter ist Antisemitismusforscherin mit den Schwerpunkten Verschwörungsideologien und Rechtsextremismus. Ihre bisherigen Publikationen bewegen sich in den Bereichen Feminismus, Elternschaft und Antisemitismus.

Nicholas Potter ist ein britisch-deutscher Journalist und seit 2020 Redakteur bei Belltower.News, dem journalistischen Portal der Amadeu Antonio Stiftung. Zuvor war er freier Autor und Übersetzer, seine Artikel sind u.a. in der taz, Jungle World und Der Freitag erschienen. Er schreibt über Rechtsextremismus, Antisemitismus, Clubkultur, Theater und mehr. Er wohnt in Berlin.

Jan Schäfer ist Politikwissenschaftler. Er arbeitet als Wissenschaftlicher Mitarbeiter.

Kai E. Schubert, M.A., laufende Promotion über Perspektiven der politischen Bildung auf israelbezogenen Antisemitismus und den Nahostkonflikt. Stipendiat des Ernst-Ludwig Ehrlich Studienwerks.

Marcus Stiglegger, Prof. Dr., lehrt Filmwissenschaft in Mainz, Regensburg, Klagenfurt, Ludwigsburg und Münster. Dissertation 1999 zum Thema Geschichte, Film und Mythos; Habilitation 2005 zum Thema Seduktionstheorie des Films; Publikationen (Auswahl): Handbuch Filmgenres (Hrsg.; 2020), Schwarz. Die dunkle Seite der Popkultur (2021). Videoessays und Filmmusik, Vorsitzender der Filmbewertungsstelle Wiesbaden; Mitbetreiber des Podcasts Projektionen – Kinogespräche seit 2019.

Tom David Uhlig ist politischer Referent in Frankfurt sowie Mitherausgeber der Zeitschrift für psychoanalytische Sozialpsychologie „Freie Assoziation" und der „Psychologie und Gesellschaftskritik".

Nico Unkelbach ist Politikwissenschaftler und studierte an der Universität Potsdam und dessen An-Institut Moses Mendelssohn Zentrum für europäisch-jüdische Studien. Seine Forschungsschwerpunkte liegen im Bereich der extrem rechten Jugendbewegungen, der NPD und der Neuen Rechten. In seiner Abschlussarbeit untersuchte er die Jungen Nationaldemokraten und deren dynamische Funktion auf ihre Mutterpartei, die NPD, in deren Gründungszeit. Seine Dissertation knüpft daran an und zielt auf eine Gesamtbetrachtung des Jugendverbandes und seines Wirkens.